任 珺——著

身份認同與香港文化政策研究

港澳制度
研究叢書

**A Study on
Identity and
Cultural Policy
in Hong Kong**

總　序

鄒平學 *

　　自國家誕生後，人類社會產生了多少政治的、法律的、經濟的、社會的各種「制度」，可能是一個誰也無法回答的問題。「制度」研究也一直是法學、政治學、經濟學、管理學以及社會學等學科共有的現象。「制度」是什麼？制度就是體系化的規則、規矩。中國人常說，沒有規矩就不成方圓。所有的人、人所組成的各種組織乃至國家、社會，都離不開各種制度。所以，制度很重要，制度研究也很重要。

　　港澳回歸已有 20 多年之久，「一國兩制」實踐和基本法實施開始進入「五十年不變」的中期階段，可謂進入「深水區」。特別是 2019 年以來，中央出手先後制定《香港國安法》、完善香港選舉制度之際，三聯書店（香港）有限公司決定推出一套「港澳制度研究叢書」，可謂恰逢其時，遠見卓識，意義重大。這是出版界第一套專門冠名「港澳制度研究」的叢書，從他們組織策劃叢書的初心與選題設想看，我不禁為香港三聯書店匠心獨具、籌劃周詳而擊節讚嘆。我認為，這套書將努力達成三個「小目標」，或者說將具有三個方面的亮點或特點。

　　第一，抓住港澳研究的根本。港澳回歸以來，港澳研究熱點迭出，成為顯學。從坊間的各種論著看，港澳制度研究最為熱門。鄧小平曾指出：「一九九七年我們恢復行使主權之後怎麼樣管理香港，

---

* 法學博士，深圳大學法學院教授，博士生導師，兼任全國人大常委會港澳基本法委員會基本法理論研究基地深圳大學港澳基本法研究中心主任，教育部國別與區域研究基地深圳大學港澳與國際問題研究中心主任，國務院發展研究中心港澳研究所學術委員會委員兼高級研究員，全國港澳研究會理事，廣東省法學會港澳基本法研究會會長。

也就是在香港實行什麼樣的制度的問題。」[1] 可見，在港澳實行什麼樣的制度，是實踐「一國兩制」、依法管治港澳的根本。習近平總書記指出：「作為直轄於中央政府的一個特別行政區，香港從回歸之日起，重新納入國家治理體系。中央政府依照憲法和香港特別行政區基本法對香港實行管治，與之相應的特別行政區制度和體制得以確立。」[2] 港澳制度實質是港澳被納入國家治理體系後形成和發展的、具有中國智慧和中國風格的「一國兩制」政策的制度呈現。港澳回歸後的實踐表明，在港澳實行的「一國兩制」制度體系，不僅是解決歷史遺留下來的港澳問題的最佳方案，也是港澳回歸祖國後保持長期繁榮穩定的最佳制度安排。「港澳制度研究叢書」的推出，顯然敏銳抓住了「一國兩制」制度體系這個港澳研究的根本。

第二，拓展港澳制度研究的問題論域。坊間以往印行的港澳研究論著，以政法制度研究居多。這說明，港澳政法制度研究是港澳制度研究較為重視的論域。究其原因，是因為「一國兩制」的制度體系是我國國家治理體系的重要組成部分，這一體系是政策、法律和制度的有機構成。政法制度是港澳制度較為根本、活躍和基礎的部分。鄧小平告訴我們，「一國兩制」能不能夠真正成功，要體現在香港特別行政區基本法裏面。根據憲法制定的港澳基本法先後為我國兩個特別行政區設計了一套嶄新的制度和體制，這就是港澳特別行政區制度或者簡稱港澳制度。港澳制度實質就是「一國兩制」政策的法律化、制度化，是根據憲法制定港澳基本法、建構「一國兩制」制度體系來完成的。所以，在港澳政法制度研究的論著裏，較多地是圍繞根據憲法和基本法管治港澳的理論和實踐來展開。數年前，三聯書店（香港）有限公司精心打造推出的、由王振民教授主編的「憲法與基本法研究

1　鄧小平：《鄧小平文選》（第三卷），北京：人民出版社 1993 年版，第 85 頁。

2　〈習近平在慶祝香港回歸祖國 20 周年大會暨香港特別行政區第五屆政府就職典禮上的講話〉，新華社 2017 年 7 月 1 日電。

叢書」即是這方面的積極成果。在當下港澳制度進入重要創新發展階段，「港澳制度研究叢書」的問世，不僅將繼續關注「一國兩制」、憲法和基本法在港澳的實施等問題的宏觀討論，還較大範圍拓展了問題論域，將突出從中觀、微觀角度，去探索港澳制度具體實際運作層面的體制機制層面，深入挖掘港澳研究的中觀、微觀研究板塊，推出更多高質量的、以往被宏觀的「一國兩制」論述所遮蔽的更細緻、更具體的研究成果，拓展、拓深港澳制度研究的格局。特別是，叢書將不僅限於政法制度，還將視野擴及港澳經濟、社會、文化、教育、科技、政府管治、媒體等方面的制度，這將使得港澳制度研究在廣度、深度方面更為拓展和深化，進一步豐富港澳制度研究範疇的包容性和統攝性，為廣大讀者展示港澳制度立體多面的全貌，這十分令人期待。

　　第三，前瞻港澳制度研究的未來發展。港澳制度研究要為港澳「一國兩制」事業做出應有的貢獻，不僅要敏銳抓住研究論域的根本和重點，還要善於把握港澳制度的脈搏和運行規律。毋庸諱言，現有的港澳制度研究成果對制度運行的規律性研究還不夠，高水平、有分量、有深度的成果還不多，特別是能有效解決疑難問題、足資回應實踐挑戰的成果還不多。進入新時代以後，港澳形勢出現的新情況、新問題給中央管治港澳提出了新的挑戰。**在政治方面**，香港維護國家主權、安全、發展利益的制度還需完善，對國家歷史、民族文化的教育宣傳有待加強。2020 年國家層面出台國安法，為解決治理危機提供了有力抓手，但國安法律制度和執行機制如何進一步發展完善還有很多具體和複雜問題需要研究解決。而且，單靠國安法的落地還不夠，還需要認真研究特區教育、媒體、司法、文化、政府管治方面的制度問題。需要指出的是，港澳制度中的「制度」既包括在特區內實行的制度，也包括決定這個制度的制度。因而港澳制度就不能僅僅限於兩個特區內部實行的制度，而首先應從國家治理體系的制度角度出發。

例如目前中央全面管治權的制度機制都面臨一些新情況和新問題，如中央對特區政治體制的決定權、中央對特區高度自治權的監督權包括對特首的實質任命權、特區本地立法向人大的備案審查等制度問題，都存在值得研究的理論和實踐問題。澳門特區政府依法治理的能力和水平，與形勢發展和民眾的期待相比仍需提高，政府施政效率、廉潔度和透明度與社會的發展存在一定的差距。習近平提出，澳門要「繼續奮發有為，不斷提高特別行政區依法治理能力和水平。回歸以來，澳門特別行政區治理體系和治理能力不斷完善和提高。同時，我們也看到，形勢發展和民眾期待給特別行政區治理提出了更新更高的要求」。[3] **在經濟方面**，香港經過幾十年的快速發展，面臨著經濟結構進一步調整等問題，部分傳統優勢有所弱化，新經濟增長點的培育發展需要時間，來自其他經濟體和地區的競爭壓力不斷增大；澳門博彩業「一業獨大」，明顯擠壓其他行業的發展空間，經濟結構單一化問題突出，經濟多元發展內生動力不足，缺乏政策配套和人才支持。**在社會方面**，港澳長期積累的一些深層次問題開始顯現，特別是土地供應不足、住房價格高企、貧富差距拉大、公共服務能力受限等民生問題突出，市民訴求和矛盾增多，中下階層向上流動困難，社會對立加大，改善民生、共用發展成果成為港澳居民普遍呼聲。要解決港澳社會存在的各種問題，歸根結底是要全面準確理解和貫徹「一國兩制」方針，始終依照憲法和基本法辦事，不斷完善與憲法和基本法實施相關的制度和機制，聚焦發展，維護和諧穩定的社會環境。

　　研究解決這些問題，都需要在完善制度機制方面下功夫，而這些正是港澳制度研究的未來，亟待深度開掘。據我所知，本叢書重視和歡迎如下選題：中央權力實際行使需要完善的制度機制，回歸後國家在港澳建立健全的相關制度，全面落實愛國者治港治澳的制度，憲

3　參見習近平：〈推進澳門「一國兩制」成功實踐走穩走實走遠〉（2014年12月20日），載習近平：《習近平談治國理政》（第二卷），北京：外文出版社有限責任公司2017年版，第424頁。

法和基本法上對特區的授權制度，特區依法行使高度自治權的相關制度和機制，特區行政主導體制，特區政府施政能力和管治水平方面的制度，特區行政管理權實施的制度機制，特區立法權實施的制度機制，特區司法權的制度機制（如香港司法審查制度），基本法有關特別行政區經濟、教育、文化、宗教、社會服務和勞工方面的制度運行問題，特區區域組織或市政機構及其制度，特區公務員制度以及香港政黨制度，香港的某些特殊制度（如高官負責制、新界原住民權利），等等。

香港三聯書店特邀請我擔任本叢書的主編，我十分高興，也非常期待和樂意與廣大內地、港澳學人共襄此舉，為實現上述三個「小目標」，為完善「一國兩制」制度體系貢獻智識和力量。「一國兩制」是一個史無前例的偉大事業，我有幸參與研究港澳問題 20 多年，深深體會到，港澳制度的理論和實踐，是中國對於世界治理所能奉獻的獨有的、寶貴的領地，從學術理論上探討和解決上述一系列複雜、敏感和重大的制度運行問題並不斷完善它們，必將有利於回答堅持「一國兩制」制度體系對於維護國家主權、安全和發展利益，保障港澳的長期繁榮穩定，對於推進國家治理體系和治理能力現代化為什麼十分必要、為什麼現實可能、為什麼是歷史必然這一時代命題。因此，我相信本叢書的推出，將對支撐建構中國特色哲學社會科學奉獻中國獨有的理論貢獻和智力支撐，這不但是值得期許的，也是中國學人的使命擔當。

是為序。

鄒平學

2021 年 4 月 1 日於深圳

目　錄

圖表目錄

導　論

一、研究背景及選題來源

　　香港人的身份認同問題，始終未能得到有效解決。相關討論在香港研究中歷久彌新。回顧歷史，香港自開埠以來，華人一直佔大多數。儘管香港有長達 156 年的被英國佔領時期，但香港在文化上是以中華文化為主體的地區，香港文化是中國文化（特別是嶺南文化）的地域性發展，其根源與中國文化主體血脈相連。[1] 香港出土文物反映出其特徵與廣東地區，甚至長江流域、黃河流域某些古文化的同一性。[2] 有關史料也清晰可見：香港不僅百年來與中國內地一直保持互惠互利的關係；而且在英國管治之前，香港就早已納入中國歷代政府行政編制內，其命運始終取決於與內地的聯繫。香港自古是中國對外貿易和交流的大門，很早就有相當顯著的經濟生產，其中製鹽、採珠、香市、陶瓷業等都有重要地位。[3]

　　1997 年 7 月 1 日中國政府恢復對香港行使主權，在香港實施的

1　劉智鵬：〈香港史研究的現狀、功用與設想〉，《港澳研究》2013 年第 1 期；鄭德華：〈增訂版後記〉，載王賡武主編：《香港史新編（增訂版）》下冊，三聯書店（香港）有限公司 2017 年版，第 1101 頁；香港城市大學中國文化中心編：《考察香港——文化歷史個案研究》，三聯書店（香港）有限公司 2005 年版，第 12 頁。

2　香港地方志中心編撰：《香港志：總述・大事記》，中華書局（香港）有限公司 2020 年版，第 18-19 頁。

3　饒宗頤：〈香港考古話由來〉，載《饒宗頤香港史論集》，中華書局（香港）有限公司 2019 年版，第 198-201 頁；王於漸：《香港深層次矛盾》，北京：中國人民大學出版社 2015 年版，第 34 頁。

「一國兩制、港人治港、高度自治」基本方針政策成為國家長期發展戰略。香港與中國內地的互動與融合自此進入嶄新的階段。香港大學民意調查顯示，回歸後十年內香港人對自身作為中國人的認同和歸屬感雖有波折，但總體處於上升趨勢，並在 2008 年達到峰值。[4] 近些年，以年輕人為主體的群體在一系列保育抗爭事件中探尋重塑本土化。這一過程不僅連帶出群體性的公共效應，而且「本土派」（只認同「香港人」）在此後的各種激進主義社會運動中完成了新群體的政治社會化，並以抗拒性認同的方式建構出內向化的防衛性認同，進而將香港社會和政治置於險境。從 2019 年香港發生的修例風波中，我們可以看到香港人身份認同問題再次帶入公眾議題，並因夾雜其他因素及政治經濟問題，導致身份認同衝突不斷放大。

讓人匪夷所思的是：由於「本土派」中的主體基本屬回歸後成長起來的一代，本來更應該認同自己是中國人，卻在調查中顯示出所有年齡層中最低的國家認同。據 2019 年 6 月有關民意調查數據表明，18 到 29 歲年齡組認同「香港人」的高達 75%，而認同「中國人」的只有 2.7%，認同「混合身份」的為 21.7%。[5] 顯然在年輕人中「本土派」成為主流，包括內地新移民中的年輕人也充當了「港獨」急先鋒。這一現象的出現，以及當前香港人身份認同困境的進一步惡化，反映了香港哪些長期積累而導致的深層次矛盾和治理挑戰，我們應如何從歷史的角度看待香港呈現的問題？

美國社會學者曼紐爾・卡斯特（Manuel Castells, 2003）將構建認

4　參見「市民的身份認同感（People's Ethnic Identity）」調查，以下調查數據亦來自這一研究，香港大學民意網站：https://www.hkupop.hku.hk/chinese/popexpress/ethnic/index.html，訪問日期：2020 年 3 月 6 日。

5　這裏需要注意的是民意調查即使是專業機構執行的，也不意味調查結果絕對「客觀真實」，可能存在一定的偏差。調查對象是否實現全覆蓋，還是有一定的偏向性等等，這些均會影響結果。此外，調查問題與選項設計在很大程度上也會對結果產生一定的作用。本書將在文獻綜述中對香港社會相關民意調查研究做進一步的討論。總體上，由於機構立場、議題設置等原因，這類調查呈現出的一些內容反映了問題的局部特徵，也可為我們瞭解香港社會身份認同問題提供一份參考依據。

同的形式和來源歸納為三種：合法性認同（legitimizing identity）、抗拒性認同（resistance identity）和規劃性認同（project identity）。[6] 國民教育缺位或無效、主權回歸後全面社會轉型中香港人身份重塑未完成等等，均導致合法性認同及規劃性認同不能正常運作，這必然為抗拒性認同的興起埋下了伏筆。卡斯特認為抗拒性認同所產生的被排斥者與排斥者之間的相互溝通，是一個重要的社會問題，而解決問題的方法只能從經驗和歷史中尋找。[7] 是以啟發我們亟需對問題的出現作歷史溯源，在今後建設合法性認同及規劃性認同中轉化產生的問題機制，並尋求解決問題的有效途徑。

殖民歷史及自由資本主義市場主導的全球化塑造了香港多元化的認同結構。香港人的身份認同危機主要表現為：體制及意識形態 [8] 中的殖民性未去除，與全球化時代的後殖民文化無意識 [9] 疊加作用，生產出本土身份與國族身份 [10] 相互區隔及複雜對立。中國是一個幅員遼闊的國家，南北文化非常豐富。不同地區文化特色及生活習慣各異是十分自然的事情，各地區往往因為交流而相互促進。當前香港社會的鄉土情懷不能否定，如何將之關聯並增強家國意識是為關鍵。在香港具體實踐中「一國」是根本，根深才能葉茂，本固才能枝榮。[11] 香港的發展不再僅僅是地方事務，也是中央與地方（特別行政區）關

6　〔美〕曼紐爾‧卡斯特：《認同的力量》（第二版），曹榮湘譯，北京：社會科學文獻出版社 2006 年版，第 6 頁。

7　同上，第 8 頁。

8　這裏的意識形態概念是從廣義上來使用的，即它指一種主流的價值觀念，既來源於統治者推行給被統治者的思想觀念，又來源於特定社會中本身具備的或長期存在的觀念價值體系。

9　顧明棟認為，這是文化和無意識經過歷史、心理、話語等因素的互動，而建立的社會心理機制和思考觀察問題的方法論。顧明棟：〈論「文化無意識」：一個批評理論的概念性構建和實用性檢驗〉，《外國文學評論》2022 年第 2 期。

10　本書討論的國族身份，是基於對國家層面的民族（諸如中華民族層次的「民族」）和民族國家的認同。英語中 national Identity 亦包含兩層意思：對國家層面或一體層次的「民族」的「民族認同」和對民族國家的「國家認同」。

11　〈「一國兩制」是保持香港長期繁榮穩定的最佳制度〉（習近平在慶祝香港回歸祖國二十周年大會暨香港特別行政區第五屆政府就職典禮上的講話，2017 年 7 月 1 日），載《習近平談治國理政》（第二卷），北京：外文出版社 2017 年版，第 433-440 頁。

係的具體呈現。歷史經驗表明：改革開放是中國走向現代化的必由之路，中國改革開放四十年來香港在其中發揮了重要的角色和作用。香港長期的繁榮穩定對國家發展意義重大。香港遇到的問題及其解決，對國家整體戰略佈局具有預警價值。

本研究中所涉及的香港人身份認同，在回歸前及回歸後，無論是處境，還是發展狀況都是不一樣的。從語義和概念上看，身份認同有著多層次的內容，並在不同語境中改變其意義。這裏重點探討的是：建立在與內地關係之上的香港人身份認同。在展開論述前，筆者需要對研究對象作一定的界定。英國殖民者統治香港期間，港英政府直到 1949 年 8 月 17 日才將香港身份證制度列為正式法例，並開始推行。本文中的「香港人」，回歸前是指依據香港法例第 177 章《人事登記條例》規定的成為香港地區永久居民和非永久居民的香港華人；回歸後則指依據《中華人民共和國香港特別行政區基本法》第二十四條規定的香港特別行政區居民中的華人華僑。[12] 諸多香港學者認為對於什麼是「香港人」的思考，是在現實的語境中積澱起來的。故法規所界定的概念及範圍，並不能深切反映其中的情感意義。一方面，「積澱」事實上是一種意義的生產、社會建構的過程。「香港人」是日積月累的客觀經驗，更是集體／個體主觀生活經驗，它集中反映了社會和政治變遷過程中一種集體社會心理及對個體產生的影響。

另一方面，「積澱」不僅表現在文化方面（包含情感、思想及價值觀），也是社會結構（與政治經濟和社會體制有關）綜合作用的結果。這種集體現象具有可變性，故其過程也是可追溯、可塑造的，由此奠定了本研究中香港身份建構的立論基礎。由於現代民族國家認同，不僅要有基於社會普遍認可的公共文化認同，也要有對公共制度

12　香港永久性居民除天生獲得之外，還可以通過居住連續滿七年的途徑獲得，且沒有對國籍作任何要求。這是按照中國《國籍法》以血統主義為主導和以出生地主義為輔助的基本原則，同時針對香港特殊情況作了靈活處理——執行國籍與永久性居民身份分離原則。參見李浩然：《「一國兩制」下的香港法治和管治研究》，三聯書店（香港）有限公司 2019 年版，第 264 頁。

和法律的政治認同。[13] 且在特定歷史處境中，具有強制性和目的性的文化建制，對群體類屬身份認同的影響，比人們長期日常生活實踐中形成的慣例更為直接。這一事實啟發本研究從文化政策視角介入對身份建構的考察。研究如何建設性地處理身份認同問題。探究如何從文化政策及制度建設方面轉化、改造、重塑原有問題機制組成要素，並將香港身份建構中國家民族認同的思考從抽象層面落到具體實踐中，突出文化作為社會實踐的價值意義。當前如果我們仍沿用原有造成問題的文化生產方式，去安置香港人身份認同的話，必然會習慣性將其放在被生產的方式上去理解。所以，香港人身份認同問題的探討，需要解構與建構相結合，研究有助於促進香港人國家與民族歸屬感的有效路徑。

二、本研究的理論意義及實踐價值

真實世界的多元性、複雜性很少能用非此即彼來解釋，並存、互動、轉化往往是常態。以往香港人身份認同及身份建構研究中，一直未能脫離非黑即白的二元論思維。內地與香港為什麼經常互不理解？也有這一因素存在。這容易對實際問題定型化或簡單化處理。讓我們無法看到形成問題的演變機制，以及影響身份認同發展邏輯的動態性因素。大部分相關研究多側重於單一方面，對問題形成的歷史過程未能進行深層次分析，對形成問題的解釋與批判，很大程度是基於對現實和歷史的直觀反應。此外，過度依賴西方理論的分析模式，卻未深究直觀反應及外來理論其實並不能幫我們洞識本土問題形成的根源，更無法提供解決問題的路徑。從而導致香港外部對此現狀不理解；香港內部則深陷困頓不得其解。我們若不直面香港人身份認同面

13　許紀霖：〈國家 / 國民、國家 / 民族：國家認同的兩個面向〉，《浙江社會科學》2017 年第 6 期。

臨的嚴峻挑戰及其因應之策，香港社會就會不斷出現分離主義運動，近些年香港所遭遇的困境即可見一斑。

從歷史發展角度來看，當代社會已不再是一個穩定性構成。社會發展不僅依賴於某種制度結構來體現並鞏固；而且更取決於對各類流動性資源的整合能力，及參與治理的各種權力的協商能力。顯然，身份認同與情感成為維繫和凝聚群體的主導因素，尤其趨於互動關係中的情感更具有動員作用。這種人際情感價值不同於以往具有根植性的原鄉情感與依附，而是強調現實交往實踐中生成的歸屬感（sense of belongingness）與自尊／自信（self-esteem）。文化是一種高度參與性的社會活動形式，人類情感價值（sentimental value）往往在這一活動中有顯著表現，即社會參與有助於情感認同，情感認同亦促進社會參與，並通過具體參與實現賦權民眾，民眾亦在參與中獲得興趣和意義。社會群體若喪失對本社會的認同與參與，便很難再建立相關主體公共意識與集體認同感的再造。因此，本文強調文化重建中現代意義的制度性內容，強調將中國文化要義中人際間的互動與和諧關係納入建制過程中。通過日常的文化參與實踐所產生的情感體驗，是發自內心的聯結與認同。本文同時也倡導情感歸屬建構中傳統倫理關係的人文回歸。即將文化因素的考慮包容進制度性的研究框架。

中西文化比較起來，有同有異，不能因為同而抹殺各自的特性，也不能因為異使雙方相互排斥、完全對立。梁漱溟曾指出文化差異並不是文化程度問題，卻是在文化國民性上。[14] 顯然差異來源於民族性格，也受制於不同的文化模式。比如，李光耀曾指出東方文化的根本價值觀是把社會利益放在家庭利益之上，而家庭利益又在個人利益之上。[15] 這顯然與基督教傳統文化發展出來的「讓社會承認每個成

14　梁漱溟：《中國文化要義》，上海：世紀出版集團、上海人民出版社 2011 年第 2 版，第 38、39 頁。

15　李光耀：〈全球化過程中的東方文化──在中國科學家人文論壇第三次會議上的講話〉，《文匯報》2004 年 5 月 7 日「學林」版。

員內在的潛力」「鼓勵內在自我的完整實現」，以及「個體自我實現的需求高於廣大社會的要求」是不一樣的。[16] 人類發展道路始終不是只有一條。這需要我們能夠尊重文化間的共同點和差異性、妥善處理差異問題，平等協商進行跨文化交流和對話，實踐具有包容差異的文化治理模式。

中西文化之間的價值觀念及思維方式差異、體制差異、意識形態領域的差異等等，這些差異矛盾衝突在香港人身份認同問題上顯露無遺。如何傳承中華文化「和而不同」的包容性思想，以「致中和」[17]來平衡化解差異產生的矛盾，以消化吸納異己來壯大自身，是建立中華文化自覺自信的關鍵。從這一角度來看，強世功所言「處理香港問題並不是處理發生在香港的問題，而是處理中華文明復興中最為核心的問題」，[18] 即有其合理性。文明之間交流，如何進行溝通，如何達成共識，如何促進信賴，已成為當今世界的重大課題。

香港的經驗告訴我們：身份認同問題並不能僅停留在法律和政治層面予以解決，還應同時關照到文化和情感層面介入的路徑。文化治理結構及手段亦需要建立自我矯正的機制，充分激活來自於基層的創造力，以和諧化解對抗。通過這一研究，我們可以看到和世界的關係，在身份認同的理解上其實既有差異，也有共同的問題、情感和焦慮。人類社會各種差異無處不在，好的治理就是能夠妥善地處理差異問題。「一國兩制」作為基本國策，踐行的即是承認並保持差異是整個總體的構成原則。國家建構更是需要將差異性與共同性作為社會整合、政治整合的方式。因此，處理香港問題需要方法上充分把握事物

---

16 〔美〕弗朗西斯‧福山：《身份政治：對尊嚴與認同的渴求》，劉芳譯，北京：中譯出版社 2021 年版，第 92、93 頁。

17 《中庸》言：「喜怒哀樂之未發，謂之中；發而皆中節，謂之和；中也者，天下之大本也；和也者，天下之達道也。致中和，天地位焉，萬物育焉。」中國傳統文化中倡導的和是以承認「不同」為前提的，在不同基礎上整合有助於事物的新生和發展。另有語：「和則生物，同則不濟」。（《國語‧鄭語》）

18 強世功：《中國香港：文明視野中的新邊疆》，三聯書店（香港）有限公司 2022 年版，第 381 頁。

發展的根本規律，既要講求順勢引導，又要在不違背「一國兩制」原則的前提下，採取變通的措施、創新實踐。將學術概念及理論，勾連並扎根於社會生活和傳統文化現代轉化之中。有學者指出危機或過渡時期通常是特別強烈的身份建構時期，[19] 面對當前香港人身份認同危機，亟需發展出有效的身份建構路徑。從本質上來看，香港文化領域呈現的問題是社會政治問題的表徵，而不是根源。本書期望能以理論為工具，探討香港人身份認同問題根由及發展邏輯，所提出的文化治理思考及制度設計上的主張，能有助於制定切實應對社會政治難題的策略。

當今時代，經濟全球化與認同本土化並存。全球化的進程所遵循的是以西方為中心的後殖民文化發展邏輯，這使得身份認同問題更加突出。市場經濟及網絡環境對各地區各民族傳統、歷史和價值觀均產生衝擊，而這些原來均為國家認同得以形成的重要資源。身份認同危機易導致政治合法性的危機，香港問題上亦直指兩地政治互信危機，故不可忽視。身份認同是一個歷史的過程，共享價值是習得的，不是生物遺傳下來的；而如今解構速度快於建構速度。與此同時，本土主義思潮和地方保護主義運動出現了復甦，全球普遍存在分裂與離散的時代潮流。伴隨這些思潮和認同政治的發展，使一些發達國家和地區敵視、排斥外來的人流、物流及思想對「自我」生活方式和價值觀念的衝擊，加深了社會內部身份認同的對立。國家認同危機已經變成全球性的認同危機，即便美國也無法置身事外。[20] 由此可見不少問題並不是僅中國存在，香港的困局亦不是孤立的。

身份認同在維護香港及國家利益、地方社會秩序的過程中扮演著積極而重要的角色。如何處理好解構與建構共存性問題，地方認同與國家認同統一性問題，是當前必須面對並亟待解決的重大現實課

---

19 〔美〕于連·沃爾夫萊：《批評關鍵詞：文學與文化理論》，北京大學出版社 2015 年版，第 126 頁。
20 歐樹軍：〈美國的國家認同危機〉，《讀書》2020 年 9 月。

題。當前需要對香港人身份認同問題形成的內在邏輯，進行文化分析和體制機制討論。這不僅能夠讓我們深入認識香港問題產生的根本，而且也更加能夠看清在香港問題上，不可能採用與內地相同的國家認同建構模式。需要重新尋找有效途徑，需要連結外部與內部思想資源，向既具有本土經驗，又具有開放姿態的方向發展。英國哲學家羅素曾判斷，「中國與其說是一個政治實體，還不如說是一個文明實體——一個惟一幸存至今的文明。」[21] 這裏，歷史上形成的「文明國家」不是依託現代國家理論中的社會契約思想，而是以文化歷史傳統的正當性論證「命運共同體」的合法性。「香港自古以來就是中國的一部分」亦是如此。無論從歷史還是從現實來看，中華文化及其認同一直都是維繫國家穩定發展的重要紐帶，今後我們依然需要以文化來加深香港與祖國的血脈聯繫。

馬克思和恩格斯在《德意志意識形態》中曾說過：「它不是在每個時代中尋找某種範疇，而是始終站在現實歷史的基礎上，不是從觀念出發來解釋實踐，而是從物質實踐出發來解釋各種觀念形態……從人們意識中消除這些觀念，就要靠改變了的環境而不是靠理論上的演繹來實現。」[22] 這提醒我們關注現實問題，須實事求是、客觀真實的反映問題，從歷史發展脈絡中具體研究問題並尋找解決現實問題的方案。

本研究將在理論上改進以往單一學科領域的研究方法，以跨學科思維及方法考察身份認同與香港文化政策的互動關係。進而揭示特定政治經濟環境及社會結構關係下，身份建構機制和規律。一方面批判性解構香港人身份認同危機深層次生產機制；另一方面則從建構性角度探析轉化、改造、重塑原有問題機制組成要素。本研究的主要目

21　〔英〕羅素：《中國問題》，載何兆武、柳卸林編：《中國印象》（下冊），桂林：廣西師範大學出版社 2004 年版，第 105 頁。

22　《馬克思恩格斯選集》第一卷，北京：人民出版社 2012 年版，第 172、175 頁。

的是解決以下兩個核心問題：（1）如何闡釋香港人身份認同的歷史變化及問題根源；（2）如何從文化政策及制度層面轉化問題機制，促進香港人的民族文化身份及對國家的認同。本研究致力於填補以下學術空白：即為身份認同研究提供一個文化政策介入的新視角，同時亦從身份認同角度豐富並發展批判性文化政策理論與實踐研究。儘管本書是從身份認同這一西方學術概念起步，但是以中國問題意識著眼，落腳於香港具體的社會—歷史脈絡中展開研究。基於認知論和方法論的反思，本文主張以流動性的視角去邊界化，將差異視為資源而不是障礙；以整體性思維方式處理多樣性與共同體之間關係，倡議融會中西、益以新創。

三、研究內容及方法

（一）內容結構

第一章介紹本研究涉及的核心概念，並作相關研究文獻述評。在本書探討的範疇中，身份認同表現出：個體對自我認識的定位和把握，及對內群體分享和維持的文化傳統、價值觀念及行為規範的確認，對外群體的差異識別，並由此形成國家和社會建構的基礎。文化政策是指文化領域內的公共政策，尤指有關文化產品（包括物質形式及精神內容）生產和管理制度的公共政策。文化政策及其相關立法工作始終處於，管制（公共政策干預）、回應社會需求（市場運作邏輯及公民社會訴求）與制度重構（權力的制約與平衡）的過程中。文化政策內容一般涉及文化政策的目標、文化領域內的立法及行政管理框架、公共財政及社會資源、社會價值建構等，它直接反映了社會的歷史經驗及價值系統。對核心概念展開討論的目的，不是要梳理其發展歷史，而是要指出其中的關鍵問題。本研究確立身份認同是社會建構的學術立場，關注重點為：身份認同與文化及社會的結構關係及其影

響；尤為關注文化制度與身份認同之間相關制約的關係，或彼此強化的態勢；文化政策話語對身份建構的作用。因此，文獻綜述圍繞國外學者基於身份建構與文化政策相關議題探討、國內學者基於全球化背景下文化認同相關探討、以香港人身份認同與文化政策為研究對象的研究內容及方法。

通過研究綜述發現：香港人身份認同危機的根源是制度性及結構性問題所致。導致原有認同機制出現裂痕的因素，不僅需要從內外兩種視角加以分析破解，而且需要從文化與社會結構關係闡釋身份意義形成機制。尤需從制度層面解構問題機制，並尋求新的建構路徑。香港問題的解決必須始終準確把握「一國」和「兩制」的關係。既要從文化制度上處理去殖意識及治理能力現代化提升問題，又要建立對香港人身份認同的重新闡釋。方法上試圖將人們從相對封閉、固定和靜止的認知論中解放出來，去領地化和去邊界化，在共同參與過程中更多強調「我們」及未來面向，並在中華文化自覺自信中釋放出創造性的意義和價值。

第二章對香港人身份認同危機的深層生產機制進行研究。追溯了回歸前香港社會本土意識的形成及香港認同建構。研究認為多種社會條件，均對身份認同的生產有著重要的影響。空間維度上的區隔與邊界設置是香港社會本土意識產生的最直接原因，但這只是表象，關鍵是後續政策措施和結果制度化造成的影響。自 1950 年代殖民政府逐漸加強香港本位的意識形態塑造，從制度上積極構建本地歸屬感和香港認同，這是最重要的決定性因素。冷戰後，香港經濟結構演變及與全球化的互動，這些對香港社會身份建構的影響不可忽視。報章雜誌及副刊專欄的文藝生產與本土意識有著明顯的互動關係。從中可發現：本土意識不是一代人生成的，它有著逐步發展的過程。流行文化的發展對本地認同感和歸屬感只起到推波助瀾的作用，並不是主因。這裏可察覺出意識形態領域的情感流動，發現身份認同是在不斷衝突

中發展的。政府、市場和市民之間明顯存在著張力，牽引著香港認同的建構。

　　回歸後制約香港身份重構的原因既有歷史積累而成的因素，又有新的影響因素在產生。體制中的殖民慣性嚴重影響香港人國民身份建構，體制中的去殖民過程無法展開是香港人身份認同問題的根本原因。這啟發我們，需要從制度層面去解構問題產生的機制。特區政府未能有效處理香港社會經濟和民生問題，導致香港廣大市民對現實不滿，身份認同困局積重難返。有效促進香港經濟及社會民生的可持續發展，提高特區政府的認受性及治理能力，是解決香港人身份認同問題的前提。西方文化霸權持續思想操縱，壓抑了香港社會對國家和中華文化的自豪感和自信心。制度化的知識生產、話語體系建構及公共文化建設是重塑香港文化身份與認同的重要途徑。製造文化差異、建立社會心理邊界所產生的社會情緒，影響香港人認同「現實中國」。重新認識文化身份、持續增進香港對國家民族的認同感，認識「歷史中國」和「文化中國」是基本路徑，社會心理與文化重建不可或缺。公民社會在政治制度外發展，對香港身份重構的影響日益增大；在當今日益多元開放、動態複雜的社會中，妥善處理好公民社會與政府、與市場之間的關係，撫平社會撕裂和焦慮，將成為香港現代化治理的關鍵。

　　本章在追溯香港人身份認同問題歷史根源、研究當前制約因素的過程中，提煉並總結出其中的動力機制及其各種複雜關聯——文化與社會結構關係及其對身份意義形成機制的動態作用。香港被殖民時期社會文化結構所形塑的文化制度，複雜地形成、延續、演化，限制了殖民統治結束後的政策制定、文化形態及價值取捨，從而影響身份認同的延續、選擇和再生產。

　　第三章回顧了香港不同時期文化政策及政府角色在香港人身份建構中所起到的作用。本章首先對 1960 年代至香港回歸前，港英政

府在文化領域干預的動機及推行策略的背景和原因，作了縱深的解讀。揭示出其中殖民主義意識形態的隱性運作及其衝突。剖析了殖民政府支持藝術表現，或者改變政府對殖民地文化藝術領域的行政干預形式，開展支持性措施或執行制約性措施，都是基於一系列管治目標和理據。因此，身份建構的策略是積極構建本地歸屬感和香港認同。

其次，對回歸後香港文化政策新的發展及文化行政架構改革，進行了梳理和探討。重點分析了特區政府對文化政策的理解及運用，對香港文化的定位及發展原則的認知。回歸後香港文化政策從制定到部門執行，囊括了政府部門及半官方性質的公營機構、法定機構、私營機構等，這對文化政策制定方法的開放性、民主協商性，以及文化與城市經濟、社會、政治、生態整體協同性發展均提出了挑戰。回歸前後政治和政權更迭對香港文化政策變遷的影響並不顯著。由於香港文化政策延續港英時代短視、實用主義特徵，強技術、弱系統、輕價值的不平衡發展態勢一直未能改變。自由市場機制內在的缺乏協調和規劃這一弊端在社會文化發展領域日益顯露。這致使一方面港英時期遺留的深層次問題始終得不到解決，另一方面又無法回應新時期文化發展的要求。儘管特區政府視「培育對社會、國家與民族的歸屬感和身份認同」為己任，但社會上則出現香港人身份認同的自我異化——生產出新的一組二元對立。而且這裏還有一個危險，亦即牽涉本土身份與國族身份對立關係可能被固化。這裏亟需文化治理模式在組織設計和決策機制上有新的調整，改變社會力量動員方式，加強地區和基層組織的建設。

其三，這一章試圖用理論結合香港歷史探討文化制度與認同機制之間的關係。文化建制過程既有社會生活中習性、慣例、價值的生成及傳遞，又存在某種強行性規範的制定。這種文化再生產過程是對現行社會制度賦予的觀念及意識形態的再強化。文化制度主要通過歸類及篩選的方式識別差異，將殖民思維內化於制度，進而影響身份建

構，這也是認同機制運作的內在邏輯。後殖民處境的文化建設需要對原有體制中殖民性的運作機制進行解構及重建。香港文化體制具有殖民性—現代性雙重特徵，其現代性特徵既發揮了積極作用又存在一定的局限。

其四，此章即以文化藝術領域諮詢委員會制度為分析基礎，指出香港現代化發展過程中逐步形成的現代化特徵的制度，有其進步意義。但當社會條件已經改變了，若制度仍按慣性未能跟隨社會發展，則會對社會帶來負面影響。鑒於諮詢委員會制度在香港文化治理領域內的發展及與文化決策過程的密切關係，本書建議未來可能的改革方向：一是成為政府與研究機構的中介，連結政府與長遠規劃研究；二是成為政府與公民社會的中介，連結政府與市民溝通政策及施政。強化專業人士和精英階層對政府施政的支撐作用。

本章最後以香港非物質文化遺產保育為例，探討了身份認同的制度性生成機制。香港非物質文化遺產政策出台以及相關文化保育工作的開展，是在「一國兩制」的框架下進行的，延續了歷來國家與地方社會、民眾在統一文化範疇上的互動。形成本土特色並蘊含中華傳統文化價值的非物質文化遺產，可以成為克服傳統與現代、地方歸屬與國家歸屬緊張關係的一種方案，在社會動員、凝聚社會及國家、民族身份認同中發揮積極作用。基於以上研究，本文提出身份認同的文化制度生成機制：一種建立在身份認同與文化制度雙向因果關係之上的理論，並作為通過文化政策及制度介入身份構建的理論依據。這種彼此雙向互為作用的因果關係凝聚成一種路徑鎖定，使參與其中的雙方持續處於一種相互建構的態勢中。在處理香港與國家關係上，當前僅依賴於法理意義上的規定並不能保證香港民眾情感上國家認同的充分性，還需要聚焦於制度設計，改善文化政策，充分尊重並引導基層文化創新實踐，讓治理趨向下沉並更具包容性。

第四章剖析了基於身份表徵的香港文化政策話語，並聚焦問題

解決的話語策略。鑒於權力關係普遍根植於社會網絡系統之中，故不只有國家／地方政府的角色和力量，共同建構政策過程的經濟、社會角色和力量也不容忽視。文化政策內部存在國家／地方政府話語、市場話語、市民／交流話語三種話語結構力量的制衡關係。雖然三種文化政策話語均處於權力結構之中，但它們發揮的作用是不均衡的，並隨著政治社會條件的改變而變化。本章分析總結了香港文化政策三種話語結構中呈現出來的，或是隱藏的意義宣示及價值建構，以及不同歷史時期話語背後的權力對身份建構的作用。

在地方政府話語中，「國家干預」在殖民政府時期是隱性存在的，以「非政治化」消解內部社會潛在矛盾。香港回歸後「公共政策干預」已成為特區政府必須面對的全球發展趨勢，與歷史中形成的「不干預」政策話語形成了對抗。特區政府話語著力建立歸屬於中國的香港人的身份，這裏既反映了香港人在文化身份上的認同傾向，也暗示出自我角色的建構。在市場話語中，「自由經濟迷思」一度成為香港社會的主流敘事，市場成為影響文化生產的主要機制之一。回歸後，特區政府在文化領域並非採用自由放任政策，也介入文化生產經營活動，直接為某些文化生產提供部分融資或資助。進入新千年後，強調市場驅動模式促使文化政策經濟論述的發展。在日益興起的創意經濟背景下，社會的關注點並不是傳統文化部門的成長，而是如何驅動更廣泛的經濟增長。這使得文化本身的價值及社會功能進一步弱化。但文化及創意產業產生的社會效益，以及在整體社會結構中的綜合作用，日益被重視。人們發現這種影響是長期顯現的。這使我們認識到如果將文化及創意產業僅作為經濟政策，必然限制了文化政策更為多樣化、包容性、開放性的內涵和價值。在市民／交流話語中，本土迷思伴隨著游離不定的身份焦慮和認同危機，從論述走向行動。由於重構身份時缺乏對去殖問題的反思，未能尋思傳統文化中有效資源的整合，導致不僅文化主體性失落，缺失一種歷史的自覺。而且未

能真正深耕基層、建立起人際間的互動與和諧關係。井然有序的市民
社會需要具備贊同性國家認同，愛國者治港是香港繁榮穩定的根本保
障。當前香港市民社會發展未能達致促進社會融合，推動社會良性建
構，這是迫切需要注意的問題。

本章還闡明了話語建構身份的路徑，指出身份之所以能夠得以
在話語中確立，與話語參與者之間社會關係如何被制定和協商密切相
關，並受社會環境變遷而發生變化。人們對事物產生的種種分歧，主
要是由於人們採用了不同的概念框架或理論模型來理解問題，實際上
背後是不同的政策隱喻。考察文化政策話語中的身份表徵，即話語中
展現的群體歸屬與價值聯繫，是為了揭示複雜權力結構中的鬥爭衝突
或民主協商，及在身份認同上呈現的問題。從香港文化政策話語分析
中可見：對身份的表徵，並不是一種單一的文化表達或觀念系統的現
實解釋。而是彙集了所有對其加以描述、闡釋、區分、評判等話語實
踐。身份表徵亦不僅是對自我或群體形象或意義的指涉，更是一種主
體的話語實踐和文化實踐。由此建構具有協商民主特徵的、包容性的
話語策略及文化社會實踐，對於香港未來的發展十分必要。身份表徵
策略上需要從文化政策話語秩序、中西文化交流及香港與內地關係上
從區隔走向融合，促進流動與創新。具體建議包括：推動文化政策話
語秩序的民主協商；致力融會中西、兼備體用的文化治理模式；以邊
界轉換的方式實現主體性與共融性合一。香港文化政策三種話語結構
關係反映了政府、市場和社會互動所形成的共生的社會生態，其中呈
現出的問題，亟需制度創新和社會治理等領域有新的思想解放及改革
措施。

（二）研究方法

馬克思在《路易·波拿巴的霧月十八日》中寫道：「人民自己創
造自己的歷史，但是他們並不是隨心所欲地創造，並不是在他們自己

所選定的條件下創造，而是在直接碰到的、既定的、從過去繼承下來的條件下創造。」[23] 可見，特定的生產方式和社會關係，在特定的環境中構成歷史主體，主體的生產處於一個時空確定的社會形態之中。所以，香港經驗有其具體的特徵。對此，方法論上本研究堅持唯物史觀，不以觀念出發來解釋經驗，而是從具體社會中的行為活動表現及論述來揭示各種觀念形態。從圍繞人的環境轉向關注環境中的人及其觀念和歸屬情感。

在研究主題上，放棄或政治或經濟或社會的單一視角，轉而尋求對文化與社會結構中各因素之間互動關係的分析與闡釋。關注身份認同的文化制度生成機制及其兩者之間的互動影響。研究過程避免理論前設及成見，隨研究進展調整研究設計及方案。在研究材料選擇上，利用香港各種歷史文化研究及文獻資料、文化政策文件及政府施政報告等官方文本、顧問 / 諮詢研究報告、香港學者相關研究成果、文藝與文化刊物 / 商業雜誌 / 報章副刊上的文化評論和相關內容的訪談口述資料等，作為文獻文本分析的主要來源。通過引用香港特別行政區政府統計處資料、民間智庫研究資料、政府及公共部門委約研究報告、公眾諮詢報告中的統計分析數據補充論據，建立對文化現象嚴謹、有佐證、有可信度的闡釋。

整體上本文採用的是基於跨學科的文化研究方法。在具體研究過程中綜合理論及經驗視角，依憑文化研究超學科觀念的途徑，靈活運用歷史學、政治學、社會學、語言學、人類學、文學和文化理論、公共管理等多學科領域的知識和方法。建立基於歷史主體——人、社會情境與時空關係的研究框架，對所研究問題的邏輯關係和意義機制進行描述、闡釋。採用文化唯物主義的方法，關注研究問題的歷史性和系統性，注重發現歷史發展過程中各個階段的文化特性和生長規

---

23 《馬克思恩格斯選集》第一卷，北京：人民出版社 2012 年版，第 669 頁。

律。將文化現象重新還原至它所出現的社會 - 歷史脈絡中加以分析和理解。通過對文化實踐及制度的細緻把握，透視殖民現代性問題所呈現或遮蔽的社會構造和複雜關係。採用文獻研究方法，在搜集整理各類文獻過程中，依據歷史事實和現實需要，展開與相關理論的對話，重新歸類研究的構思並提出研究設計。採用思辨分析中的歷史研究方法，運用歷史資料，按照歷史發展的順序對文化政策思想觀念、文化制度安排等進行研究。目的在於系統地研究文化政策發展及其變遷的原因、演變趨向，從歷史事件、制度、政策關聯中找到潛在的因果綫索，總結規限香港目前和將來發展的因素，推理出造成文化政策現狀的原因及未來的可能變化。採用文化社會學的方法，從社會關係和社會發展的角度來研究和理解文化現象，考察文化與社會結構之間的互動，以及觀念意識如何在特定社會語境中被生產出來，如何經由建制作用於日常生活。採用社會—歷史語境下文化分析的方法，回到事件發生的具體情境中考察。一是避免對當前已有論述結構的重申或進行簡單化的普遍性歸納，強調在歷史細節過程中把握研究對象，分析研究對象的具體性、複雜性。二是反思早期香港被殖民時期形成的文化認知差異，對後期人的行為和思維的影響和作用。採用批判性文化政策研究方法，關注文化政策的歷史發展及社會語境、文化制度的運作機制，直指其中支配性的權力結構與話語。關注身份表徵等文化符號生產和流通體系中的文化觀念與社會權力之間的張力。強調文化實踐的能動作用及建設性面向。採用話語分析方法，並側重批判話語分析中的話語歷史背景分析，關注與社會和文化變化相關的文化政策話語變化。揭示不同時期香港文化政策話語中呈現出來的或是隱藏的意義宣示及價值建構，以及話語背後的權力對身份建構的作用及影響。

第一章

相關概念及基本理論綜述

關於身份建構
及文化政策相關問題的研究現狀

◇◇◇

▌一、身份／認同與文化政策基本概念 [1]

　　身份／認同是從英語 Identity 翻譯而來的。美國政治學者弗朗西斯·福山（Francis Fukuyama）認為「身份」是一個現代概念。它是隨著工業革命的深入發展，人類進入現代社會以後，對於個體而言，有了內在自我與外在自我的區分時，方才出現。[2] 二戰後，身份／認同成為當代世界的一個關鍵概念，並廣泛見於文學和文化理論。

　　英語中的 Identity 從語義上來看，含有身份、特質、認同和自我同一性等內涵。從概念上講，則不是一個可以簡單定義的術語，其意義在不同語境中會有所改變。于連·沃爾夫萊（Julian Wolfreys）在《批評關鍵詞：文學與文化理論》中將不同的引語交織起來，呈現「我／身份」（I/DENTITY，詞中插入斜杠試圖表明該術語的「主體性」內涵）這一概念不一致的定義，以論證意義的不確定性。[3] 在英美文

1　部分內容已發表在任珺：〈身份認同與文化建設路徑探討：以文化政策理論為視角〉，《文化藝術研究》2020 年第 3 期。

2　〔美〕弗朗西斯·福山：《身份政治：對尊嚴與認同的渴求》，劉芳譯，北京：中譯出版社 2021 年版，第 27、29 頁。

3　〔美〕于連·沃爾夫萊：《批評關鍵詞：文學與文化理論》，北京大學出版社 2015 年版，第 5-6、122-127 頁。

化研究學者編著的《新關鍵詞：文化與社會的修訂術語》[4] 一書中，凱文·羅賓斯（Kevin Robins）給 Identity 詞條的界定為：

「認同在任何時候、任何情況下都是與一個人或一個社會群體想像的同一性有關。它關係到一個人或一個群體的存在及延續，關係到其本身而不是其他某人或某物的特質。認同也許可以看作是一種虛構，它試圖將一個有序的類型和敘事置於心理世界和社會世界現實的複雜性和多樣性之上。認同問題的核心是主張統一性原則，而不是多元論和多樣性；主張連續性原則，而不是變遷和轉型」。[5]

這裏可以發現：英語世界中的身份／認同存在同一性與差異性、虛構性與真實性二元結構，及統一性與多樣性、連續性與變化性二元對立。在西方理性所支配的結構性思維方式中，對該詞的界定是將同一性或具有一致性的事物看作獨立的個體，以區別於其他事物，即通過區分式方法描述事物的本質。儘管西方學者對身份／認同有不同的理解，但這一方法及思維方式卻獲得了不同程度地採用，並延伸至其他領域。再比如，他們理解一個民族的建構是源於包容和排斥的邏輯。[6]

在中文語境中，身份是名詞，認同是作為動詞來使用的，這使得該詞語本身即包含了動態的習得過程。與西方文化強調主體或本位思想不同，中國傳統文化更強調其中的互動與和諧關係。[7] 這裏對 Identity 語義上的理解，體現了中西文化思維模式上的不同。整體性思維在中國文化中佔主體，西方文化則偏向分界、分析和分割。[8] 無

4　在威廉斯的關鍵詞中還尚未出現 Identity 一詞，可見文化與社會的關係亦隨時代在發生變遷。

5　Tony Bennett, Lawrence Grossberg, and Meaghan Morris, eds., *New Keywords: A Revised Vocabulary of Culture and Society* (Oxford: Blackwell, 2005), p.196.

6　〔比利時〕馬可·馬爾蒂尼埃羅（Marco Martiniello）：《多元文化與民主：公民身份、多樣性與社會公正》，尹明明、王鳴鳳譯，北京：社會科學文獻出版社 2015 年版，第 6 頁。

7　梁漱溟曾在《中國文化要義》中指出：中國文化既不是個人本位，也非群體本位，而是重點放在人際關係上，是倫理本位或關係本位。

8　盧瑋鑾、熊志琴：《雙程路：中西文化的體驗與思考 1963-2003（古兆申訪談錄）》，香港：牛津大學出版社 2010 年版，第 280-281 頁。

論中西語境，身份／認同均被認為是一種文化心理的過程，將自身視為對象或共同體的一部分，從而在社會關係中產生「自我和社會歸屬關係的感覺」[9]。由於身份／認同不僅涉及個人與某些人的共同之處，而且也涉及個人與他者的差異，故身份／認同也給人一種尋覓位置的感覺。[10]身份認同通常被認為是個體對自我認識的定位和把握，及對內群體分享和維持的文化傳統、價值觀念及行為規範的確認，對集體身份的回應或對外群體的差異識別，並由此形成國家和社會建構的基礎。

在本書中主導對這一問題的探詢，不是基於個人主義和心理學的觀點，而是以集體主義和社會學的方法。事實上，當今時代身份認同並不是一個新議題，但在社會實踐和人類認知進程中，由於所處環境不斷變化，往往會呈現出階段性的新問題。皮埃爾·布迪厄（Pierre Bourdieu）曾斷言人們通常根據社會條件、歷史情境，個體或集體的過往經歷來選擇、參照身份認同的不同形式。[11]可見，身份並不是一個穩固的狀態，而是具有開放性特徵。群體內共享價值是後天習得的，不是生物遺傳下來的。它既是一個歷史的過程，也是一個不斷參與建構的動態過程。這一特性決定了身份認同有一個可爭奪的張力空間。斯圖亞特·霍爾（Stuart Hall）稱之有構建逆向文化策略的可能，並力圖實現文化身份被壓制後的重返。[12]具體到香港人身份認同議題上，這裏既包含有確認、歸屬（identification, belongingness）涉及文化—心理內涵的內容，又包含政治—法律範疇上對（國家）

9　〔英〕吉姆·麥圭根：《重新思考文化政策》，何道寬譯，北京：中國人民大學出版社 2010 年版，第 197 頁。

10　Chris Weedon, *Identity and Culture: Narratives of Difference and Belonging* (Open University Press, 2004), p.1.

11　〔法〕阿爾弗雷德·格羅塞：《身份認同的困境》，王鯤譯，北京：社會科學文獻出版社 2010 年版，第二版序言第 3 頁。

12　劉英傑、田雨：〈從反本質主義的「身份」到逆向文化策略——斯圖亞特·霍爾文化身份觀探微〉，《求是學刊》2021 年第 1 期。

政權贊同、同意（approval, agreement）。鑒於香港社會多有民族文化的歸屬而少有對國家政權的贊同，本文認為有效的策略是以強歸屬性認同帶動弱贊同性認同，故加強香港文化建設及人文歸屬是身份建構的關鍵。

　　身份／認同和文化是西方「後殖民」「後現代」的關鍵問題。[13]本書研究涉及後殖民社會文化重建路徑如何展開，故對身份認同的討論重點集中在身份轉化中的積極面向；摒棄後現代流動性及主體身份自我指涉所導致的認同去中心化等負面影響。許多學者對身份認同發生變化的過程和機制作出了闡釋。牙買加裔英國學者斯圖亞特・霍爾（Stuart Hall，1996）將身份界定為一個策略性的、定位性的概念，由面向過去的尋根——「我們是誰」轉換為面向未來的追問——「我們可能會成為什麼」。[14]霍爾對身份認同的界定強調主體的生產過程，因此在他看來身份顯然不是固置在某種本質化的過去，而是受到歷史、文化和權力的影響。

　　作為後殖民理論代表人物之一的印度裔美國學者霍米・巴巴（Homi K. Bhabha, 1993/1994），嘗試通過後殖民經驗將殖民論述分析的焦點轉移至認同構成（identity formation）問題上，針對「整體裏的部分」提出「混雜性」的「介乎之間」策略，將固有的居於中心的權威消解，以打開一個協商的空間。在這裏，協商既非同化，也非協作，而是實踐主動的抵抗形式。[15]巴巴的反殖民主義理論是一種話語賦權的政治實踐。他從非／反二元界綫的角度，探討殖民者與受殖者關係下身份認同建構中的矛盾、混雜狀態。他認為身份和認同不是固

13　Chris Weedon, *Identity and Culture: Narratives of Difference and Belonging* (Open University Press, 2004), p.2.

14　〔英〕斯圖亞特・霍爾：〈導言：是誰需要「身份」？〉，載斯圖亞特・霍爾、保羅・杜蓋伊編著：《文化身份問題研究》，龐璃譯，鄭州：河南大學出版社 2010 年版，第 4 頁。

15　〔美〕霍米・巴巴：〈文化中介〉，載斯圖亞特・霍爾、保羅・杜蓋伊編著：《文化身份問題研究》，龐璃譯，鄭州：河南大學出版社 2010 年版，第 73 頁。

定不變的存在，而是始終保持開放性及未來指向。巴巴構想超越二元思考，以混雜身份的模棱兩可策略對抗殖民統治及其強加的認同，發掘出兩者之間的複雜互動關係，但這種微觀抗爭不足以顛覆殖民權力的整體結構。同時模棱兩可策略亦不能明晰重塑身份的位置和目標，易造成新的混亂和矛盾。

如何改變由霸權體系強加而形成的認同，英國學者凱文・羅賓斯（Kevin Robins，1996）從土耳其歷史經驗出發，批評仿效西方模式的努力幾乎不曾轉化成真正的現代化，也未引發文化創造和解放，反而導致身份的本質論傾向，即向原初和傳統再確認。為此，羅賓斯指出討論文化身份必須在文化關係脈絡下進行，並提出文化交流互惠的重要性，認為文化的相互關係和交流溝通可以提供差異可能，也因其產生創造轉化的潛能。如果文化間相互封閉，則容易被恐懼和焦慮的文化情緒所控制，對他者產生漠視或怨恨的感覺。[16] 開放性及包容性是文明得以延續的重要因素，文化身份的自覺是主體訴求的核心內容。現代化並非西化，現代與傳統也不必然對立。導演張徹曾結合香港經驗指出，現代與傳統貌似相反，其實相成。他認為唯其現代化了，才更領悟到傳統的可貴；而傳統的選擇接受，也要具有現代知識、觀念才行。[17]

對於如何從經驗層面轉化，從方法上重塑文化身份，美國學者勞倫斯・格羅斯伯格（Lawrence Grossberg，1996）基於身份理論其固有的三個現代性邏輯：差異、個體和暫時，提出身份本身無法反現代性，改變需要以非本質性的「他者邏輯」替代「差異邏輯」；用空間邏輯的概念對抗現代性，賦予「能動性」在空間位置中結構化動力的作用。他認為「主體性不是一個本體上的問題，而是脈絡化生產的

16　〔英〕凱文・羅賓斯：〈撕裂的身份：土耳其 / 歐洲〉，載斯圖亞特・霍爾、保羅・杜蓋伊編著：《文化身份問題研究》，龐璃譯，第 79-81、87、104-107 頁。

17　張徹：《回顧香港電影三十年》，三聯書店（香港）有限公司 2019 年版，第 179 頁。

知識論上的價值問題」，是分層化機制所產生的結果。[18]

　　以上學者觀點及理論共識，主要基於西方經驗與實踐或以此為主導的跨文化對話式研究。在這些學者看來，身份認同是一種主體性探索過程，是主體意識實踐的表現。其特徵不僅包含已經固定的存在（being），而且包含成為（becoming）的過程。王明珂從中國歷史經驗出發，立足資源競爭和歷史記憶兩個視角，在解釋為何有認同矛盾或認同變遷發生時，亦發現「認同」可能視情況而定，「認同」並不是一個穩固的形態。他強調「族群認同」既是人們從其生長的社群中所得到的社會與文化身份，又是人類資源競爭與分配的工具。他以華夏邊緣族群為例，指出：族群邊界的形成與維持，是在特定的資源競爭關係中人們為了維護共同資源而產生的；歷史記憶則是人們在其社會情境下，循著既定模式對過去的選擇性記憶、失憶與想像，這裏存在敘述者的社會認同情境、認知體系以及他們表達這些過去時的情感與意圖。[19] 這些學術討論啟發我們更應該關注現實經驗中身份建構的路綫，將有效的、可轉換的、積極面向的資源運用於新的身份建構中。

　　文化政策是指文化領域內的公共政策，尤指有關文化產品（包括物質形式及精神內容）生產和管理制度的公共政策。因此，本文所論及的文化政策是指公共文化政策。文化政策及其相關立法工作始終處於，管制（公共政策干預）、回應社會需求（市場運作邏輯及公民社會訴求）與制度重構（權力的制約與平衡）的過程中。文化政策內容一般涉及文化政策的目標（或公開描述或被隱藏，以其他方式描述）、文化領域內的立法及行政管理框架、公共財政及社會資源、社會價值建構等。它直接反映了社會的歷史經驗及價值系統。凱文・馬

18　〔美〕勞倫斯・格羅斯伯格：〈身份和文化研究：這是全部嗎？〉，載斯圖亞特・霍爾、保羅・杜蓋伊編著：《文化身份問題研究》，龐璃譯，第 116-120 頁。

19　王明珂：《華夏邊緣：歷史記憶與族群認同》，上海：上海人民出版社 2020 年版，第 22、29、42、432-433 頁。

爾卡希（Kevin V.Mulcahy，2017）即認為文化政策是有關文化藝術活動治理的公共政策決定，文化政策的目標取決於其體現的政治制度的性質和意識形態的價值。[20] 不同國家、國際組織，以及學者對文化政策的界定受一定的價值準則和所處的政治、制度背景影響；[21] 定義背後的理論及方法論也是其中的決定因素。學術界也有將「文化政策」置於更為廣義的範圍中去理解。比如《國際文化政策研究》雜誌[22]認為文化政策不只是政府行為，還包括公司、其他機構和個人對文化實踐和價值明確的或隱含的提倡或禁止。是以，在相關研究中，我們可以看到政府和政府間組織、非政府組織（公司、私人機構、慈善機構）及個人在文化實踐領域所發揮的影響。

　　文化政策通常被認為其核心內容與道德倫理及政治規劃相關。[23] 這裏以托比·米勒和喬治·尤迪思（Toby Miller、George Yudice，2002）界定的「文化政策」為例進行說明。他們認為文化政策是聯結美學創造力和集體生活方式的組織力量，它藉由公眾教育和其他文化制度、系統規範的行動引導及論述技巧，發現、提供並培育一種歸屬感，形塑和管理「倫理不完整」的公民個體。[24] 兩位學者致力於從美學和人類學兩方面將文化與公共政策相關聯，強調生產主體的方式是將文化治理性與品味加諸於個人或公眾層面，突出的是文化的價值和功能。這裏實際延續了 19 世紀歐洲對文化的理解，他們傾

20　〔美〕凱文·馬爾卡希：《公共文化、文化認同與文化政策》，何道寬譯，北京：商務印書館 2017 年版，第 1-2 頁。

21　該書第一章對文化政策概念界定、政策內容及研究方法論問題作了概要性探討。參見任珺：《跨域視角下的文化政策研究》，北京：社會科學文獻出版社 2014 年版，第 11-49 頁。

22　《國際文化政策研究》雜誌是奧利弗·本尼特（Oliver Bennett）於 1994 年創辦的同行評審國際期刊。期刊介紹原文表述，"Cultural policy is understood as the promotion or prohibition ofcultural practices and values by governments, corporations, other institutionsand individuals." 參見英國華威大學文化與媒體政策研究中心網址 https://warwick.ac.uk/fac/arts/scapvc/ccmps/research/publications/ijcp，訪問日期：2020 年 5 月 10 日。

23　David B, Kate O., *Cultural Policy: Key Ideas in Media and Cultural Studies* (Routledge, 2015), p.16.

24　〔澳〕Toby Miller、〔美〕George Yudice：《文化政策》，「國立編譯館」主譯，蔣淑貞、馮建三譯，台北：巨流圖書公司 2006 年版，第 1、6、18、22 頁。

向將對文化的闡釋建立在兩種方法之上：一是視文化為藝術實踐或產品；二是將文化納入人類學意義系統。

馬修・阿諾德（Matthew Arnold，1869）關於藝術的文明本質的觀念至今影響西方國家的文化政策，並在此後的一個半世紀中作為文化政策的基本原理。[25] 他提出「文化要確立的是國家，是集體的最優秀的自我，是民族的健全理智」；阿諾德所提倡的「文化」是指「通過閱讀、觀察、思考等手段」獲得的「學習」文明，強調全社會、全民性的啟蒙益智教育。[26] 藉助的手段則是國家權威的行使。

米勒和尤迪思汲取了其中對文化藝術變革性力量的肯定，將國家隱匿在文化制度及公共政策之中，但又不可避免需要文化政策中介市場機制與政府管制兩種話語立場。市場活動增加了參與和文化表達的機會，也參與了個人身份和集體身份的建構，但市場活動並不能作為集體行動的全部。鑒於市場本身固有的逐利特性，實施必要的政府干預在不同制度的國家或地區都是廣泛存在的。

公共文化領域一方面被賦予保障作為公民權的文化權益日益重要的地位，即保證每個公民通過不同的文化表現形式和藝術感受，分享並表達權利的同時不侵害他人的權利；另一方面也被賦予保護作為集體權的文化生活方式，及物質和精神活動創造的特殊性，即保證群體的文化自決權和文化發展權。公共政策從某種角度來看是一項集體管理，文化政策也不例外。

儘管人們試圖給文化政策一個明確的界定和範圍，然而正如吉姆・麥圭根（Jim McGuigan，1996）所言，「文化政策本身是一個不穩定的概念」，[27] 文化政策的職責領域時有拓展。從當今國際趨勢來

25　David B, Kate O., *Cultural Policy: Key Ideas in Media and Cultural Studies* (Routledge, 2015), p.24-25.

26　〔英〕馬修・阿諾德：《文化與無政府狀態：政治與社會批評》，韓敏中譯，北京：生活・讀書・新知三聯書店 2012 年第 3 版，第 64、3、19 頁。

27　〔英〕吉姆・麥圭根：〈文化政策的三種話語〉，載尼克・史蒂文森編：《文化與公民身份》，陳志傑譯，長春：吉林出版集團股份有限公司 2007 年版，第 180 頁。

看，國家干預的合理範圍在有所擴大，以應對其他事態的發展。[28] 文化政策早就從單一議程發展到多元綜合議程階段，文化服務範圍及規模擴大許多。因此所涉及的內容不再僅限於傳統的藝術資助政策，也不只是文化經濟政策，還與社區治理、土地規劃、文化藝術教育，乃至文化外交等相聯繫，成為更具廣泛意義的公共政策範疇。

從民族國家文化政策的發展來看，文化作為治理的客體和工具的雙重屬性非常明顯。[29] 藝術政策發展到文化政策，其內在邏輯已由「為藝術而藝術」而被各種大量的文化功能所替代。因此，許多學者主張需要反思文化藝術的內在價值。文化通常被認為與地域和傳統緊密相關，將身份認同視為在文化中形成的觀點，仍然是文化政策研究的核心。[30] 儘管各國受自身的文化、歷史及政治因素影響，在文化干預模式及文化領域的公共投入方面均存在很大差異，但很多都明確將國家認同或歸屬認同（a sense of belonging）作為文化政策的一項重要內容。

比如，澳大利亞將身份認同列入文化政策基本文化需求目標之中。在德國，文化政策明確被作為一項社會政策用於處理價值體系塑造、移民流動、經濟化、數字化等一系列社會問題。再比如，促進身份認同原則在希臘文化政策中佔主導地位。由於近些年西班牙語言互為分離的地區局勢有所惡化，故促進國家認同也成為西班牙文化政策的主要目標。[31] 美國作為超民族國家，堅持多元文化格局中主流文化的主導性；強調以建立在政治價值之上的「美國人」敘事增強其認同

28　〔英〕維多利亞·D. 亞歷山大、〔美〕瑪里林·魯施邁耶：《藝術與國家：比較視野中的視覺藝術》，趙卿譯，南京：譯林出版社 2021 年版，第 103 頁。

29　任珺：《跨域視角下的文化政策研究》，北京：社會科學文獻出版社 2014 年版，第 273 頁；任珺：〈文化的公共性與新興城市文化治理機制探討〉，《福建論壇（人文社會科學版）》2015 年第 2 期。

30　Carole Rosenstein, *Understanding Cultural Policy* (New York: Routledge, 2018), p.62.

31　保羅·勞塞利·科斯特爾、勞爾·阿韋萊、多·桑奇斯、李傳、王瑩：《歐洲的文化政策》，載胡惠林、陳昕主編：《中國文化產業評論》（第 27 卷），上海人民出版社 2019 年版，第 107-126 頁。

感，並在「大熔爐」中化為具有同一性的「美國人」。英國近幾十年來，同樣面臨著文化和種族的多樣性，多元文化主義、國家和身份認同等成為社會首要議題。[32] 雖然不同文化政策所包含的文化意識形態是不同的，但共同之處均需政府採用行政管理的方式介入個體化的心理、行為機制。

目前大部分民族國家都不是單一民族，多數具有多文化、多族群和多教派的多樣集合特性。雖然內部地區性的各個群體之間千差萬別，但他們也是民族國家共同身份認同的承載者。如何調和社會內部固有的文化和身份的多樣性與民族國家對政治統一及社會凝聚性的訴求？既承認不同群體特定的文化和身份（從文化上而言多樣性更利於文化活力和文化創新），又不會使國家身份（認同）的共識受損，這一挑戰成為民族國家經濟、政治和文化調控治理的內在要求。

由於不同國家的政治體制和社會文化實踐呈現出國家間意識形態的差異，因此我們可以看到治理文化和身份多樣性的基本模式也存在差異。「同化政策」採用的是去類別化的認同管理策略，傾向去除差別，使用統一化的措施建立平等的族群或社群關係。「多元文化主義政策」採用亞類別化認同管理策略，強調公共空間維護文化統一，私人空間寬容多種文化。「多元一體文化政策」採用再類別化認同管理策略，鼓勵不同文化間接觸、對話與溝通。[33] 在全世界範圍內，由文化和身份的多樣性治理引發的博弈、辯論和問題非常複雜，每個社會都會顯示出一種自身特殊形態。

對於任何社會來說，均不是簡單化地採用某種模式，每個社會都必須找到一條適合自己的道路，跳出不同社會融入模式之間固有的

32　Chris Weedon, *Identity and Culture: Narratives of Difference and Belonging* (Open University Press, 2004), p.23.

33　吳瑩：《文化、群體與認同：社會心理學的視角》，北京：社會科學文獻出版社 2016 年版，第 38-40 頁；陳國賁：《漂流：華人移民的身份混成與文化整合》，中華書局（香港）有限公司 2012 年版，第 99 頁。

對立狀態是十分關鍵的一步。費孝通曾在《中華民族的多元一體格局》一文中描述了我國文化治理策略：中華民族多元一體格局即承認中華民族的統一體之中存在著多層次的多元格局。既強調民族間的互助團結、相互影響，又強調中華民族作為一個自覺的民族實體承載著共命運的情感。[34]

以文化政策為研究對象，學術界已形成兩種不同的研究範式。一種是運用「工具性知識」的研究，另一種則是運用「批判性知識」的研究。其內部學術傳統存在不一致因素，甚至產生對抗性的焦點。[35] 以「工具性知識」為範式的文化政策研究，所採用的公共政策理論來源主要是多元政治科學和新古典經濟學。研究路徑從廣義上來說，是對社會活動的不同過程進行分析和評估，狹義理解則對公共政策制定過程進行分析和評估。公共政策研究的政治學視角，是從國家主義出發的，認為決策最終權力歸屬國家，但國家不是一元政治，國家通常被視為利益競爭的複合體。國家需要依法來控制政策制定的運作過程。公共政策研究的經濟學視角，即公共選擇派則提出政策過程的唯經濟論。這種觀點是以市場、效用和優先權等經濟學語言取代政治結構、權力等制度學語言。[36] 文化政策作為公共政策研究的分支領域，也有一致性特徵，但不可忽視的是文化政策還以一種非常基本的方式涉及到價值觀、信仰和資源配置優先順序的問題。[37]

以「批判性知識」為範式的文化政策研究，所採用的文化理論來源主要是具有跨學科性質的文化研究。有學者指出文化政策研究更多方面是從文化研究中生長出來的，而不是政治科學或政策研究的延

---

34 費孝通：〈中華民族的多元一體格局〉，《北京大學學報（哲學社會科學版）》1989 年第 4 期。

35 Scullion, Adrienne, and Beatriz García. "WHAT IS CULTURAL POLICY RESEARCH?" *International Journal of Cultural Policy*, vol. 11(2), 2005, p.113-127; David B, Kate O., *Cultural Policy: Key Ideas in Media and Cultural Studies* (Routledge, 2015), p.63-64.

36 〔加〕文森特·莫斯可著，《傳播政治經濟學》，胡正榮等譯，北京：華夏出版社 2000 年版，第 246-248、256 頁。

37 David B, Kate O., *Cultural Policy: Key Ideas in Media and Cultural Studies* (Routledge, 2015), p.46.

伸。[38] 研究路徑是以政策文本、文化制度、文化機構等相關內容為研究對象，一是繼承馬克思主義批判性人文社會科學研究傳統，關注文化政策的歷史發展及社會語境、文化制度的運作機制和權力生產，著力揭示文化政策中隱匿的複雜現實及背後社會結構的關係網絡。[39] 二是吸納社會學中的自反性概念，不僅關注社會知識生產中的原因與結果／影響的循環性關係，而且更為強調文化實踐、強調個體對於辨識社會化驅動力和改變其在社會結構中所處位置的能力。因此，對於研究者來說，以變革者姿態「去了解文化政策並介入它，是參與文化的一個重要部分」，[40] 其研究本身也是文化實踐的具體體現。本文對香港文化政策的介入研究即採用以批判性知識為範式的研究路徑。

二、國外學者基於身份建構與文化政策相關議題探討

身份認同及身份建構研究是近年來非常具有學術生產性的議題，其研究跨越哲學和語言學、文學和文化學、人類學和民族學、歷史學、地理學、心理學、社會學、傳播學、政治學等多個學科領域，其視角、理解方式及研究方法均是不同的。英語國家近年來對身份建構研究關注度日益提高，且呈現跨學科的趨勢。[41] 學術界對身份認同究竟是被發現的、個人建構的，還是社會建構的等等，存在不同看法。社會建構通常被視為與身份認同密切關聯的分析路徑。美國學者伯格和盧克曼在其著作《現實的社會建構》（Berger/Luckmann，1966）中，從知識社會學領域發展了馬克思關於「人的意識是由他的

38　David B, Kate O., *Cultural Policy: Key Ideas in Media and Cultural Studies*, p.44.

39　蕭博文、陳露：〈文化政策研究：概念演變、學科分析與未來展望〉，《人文天下》2018 年第 19 期。

40　〔澳〕Toby Miller、〔美〕George Yudice：《文化政策》，「國立編譯館」主譯，蔣淑貞、馮建三譯，台北：巨流圖書公司 2006 年版，第 34 頁。

41　有學者指出，任何一門學科的理論和研究方法均不足以對身份建構問題進行全面的闡釋，因此有必要進行跨學科研究。項蘊華：〈身份建構研究綜述〉，《社會科學研究》2009 年第 5 期。

社會存在決定的」觀點，提出對日常生活中人們習以為常的（主觀／客觀）「現實」（reality）的社會建構過程進行經驗考察。他們指出，認同是在社會過程中形成和維持的，它既由社會結構所決定，又反作用於既定的社會結構。是以，認同與社會保持著一種辯證關係。而有關認同的理論則被他們納入符號／象徵性意義共同體及其合法化理論中，被視為「心理學上的」有關主觀現實的社會理論。[42]

認同的社會建構理論對社會交往和社會關係的關注，跳出了本質主義觀點的窠臼。本質主義觀點強調本質化的過去給予身份「穩定、不變的連續的指涉和意義框架」，[43] 而族群意識則是一種「與生俱來」的本然現象。之後，許多學者在認同問題上延續了建構主義（constructivism）的取向，將「社會建構」作為一種研究範式，探討現代國家認同及民族身份等政治想像，努力尋求建構方式及問題本質。立足香港人身份認同變遷的歷史事實經驗分析，本研究的學術立場將延續這一方法，確立身份認同是一種社會性建構，關注重點是身份認同與文化及社會結構關係及其影響。以下我對身份認同與文化政策相關論點的述評，採取了選擇性的策略，側重那些與本研究密切相關的內容。

（一）對身份建構外在決定因素的討論

任何社會群體的身份建構，其中同一感／歸屬感包括內在心理驅動力的產生，是由先存於主體的身份或外在的決定因素所促成的。[44] 對於外在決定因素的理解，學者們有不同的觀點。有的歸為一系列要項組合運作，有的歸為制度的影響、慣例的作用，有的則視為

42　〔美〕彼得‧伯格、托馬斯‧盧克曼著：《現實的社會構建》，汪湧譯，北京大學出版社 2009 年版，第 146-147 頁。他們把制度化過程看作為一種習慣性認知行為的類型化。現實的社會建構是動態的。

43　羅鋼、劉象愚主編：《文化研究讀本》，北京：中國社會科學出版社 2000 年版，第 34 頁。

44　〔美〕于連‧沃爾夫萊：《批評關鍵詞：文學與文化理論》，北京大學出版社 2015 年版，第 123 頁。

社會群體中的「凝聚性結構」，組成的元素可以從過往集體記憶中獲得，也可以從當前社會實踐中內化為經驗。

美國政治學者哈羅德·伊羅生（Harold R. Isaacs，1975）在其經典著作《群氓之族：群體認同與政治變遷》（*Idols of the Tribe: Group Identity and Political Change*）中認為，社會與政治變遷壓力下群體認同的自我打造與塑造存在一種原鄉的情感與依附，其情緒動能來源：部落偶像、身體（包括膚色）、名字、語言（包括口音）、歷史與起源（神話）、宗教、民族及新多元主義八個要項的組合。在個人形成基本群體認同過程中，這些要素互為運作，形成多種不同的組合，從來不曾有過固定的模式。[45] 正是因為存在群體認同各種因素及運作模式的差異，所以引起敵對問題的發生。伊羅生的理論可以解釋發生在世界各地的族群衝突，單一因素在民族國家內部某些方面的影響有可取之處，但以此整體來理解香港人的身份認同問題，說服力還不夠，仍需從具體社會歷史情境中尋找答案。

英國社會人類學家瑪麗·道格拉斯（Dame Mary Douglas，1986）繼承了知識社會學的基本觀點——即人們的所有觀念都是由社會決定的，並進一步論證社會是如何決定知識的。在她看來，認識決定制度，制度通過影響人類認識的基礎，即社會分類，然後影響人類的類比推理等方式來決定認識。她認為成功的集體行動源於共享的信念。當這種信念被神聖化後，其發揮的凝聚作用也更為強大，歷史上這樣的例證很多。她指出人們的身份是制度賦予的。制度在日常生活實踐中產生凝固性和穩定性，給予人們基本範疇上的共識；制度同時賦予或固定事物之間的相似性或相同性，建造一架替人們思考和決策的機器。[46] 道格拉斯提出「人們的思考都是制度性的思考」的觀點，是針

---

45 〔美〕哈羅德·伊羅生：《群氓之族：群體認同與政治變遷》，鄧伯宸譯，桂林：廣西師範大學出版社 2015 年第 2 版，第 12、171、172 頁。

46 〔英〕瑪麗·道格拉斯：《制度如何思考》，張晨曲譯，北京：經濟管理出版社 2013 年版，第79-80 頁。

對理性選擇理論所提出的，是對集體行動理論，即利益偏好決定人們選擇的批判。人們的身份建構如何受制度決定，制度實施有效控制的條件和機制是什麼？本書將在分析香港人身份建構中文化制度的作用時，深入探討這一問題。

德國文化學者揚·阿斯曼（Jan Assmann，1992）認為每種文化都會形成一種發揮連接和聯繫作用的「凝聚性結構」。凝聚性結構將人和他身邊的人連接在一起，其途徑即是構造一個「象徵意義體系」——它們是共同的經驗、期待和行為空間；「這個空間起到了連接和約束的作用，從而創造了人與人之間的相互信任，並且為他們指明了方向」。[47] 阿斯曼視身份認同為政治想像，認為文化記憶和交往記憶對歸屬感及身份認同起確定和強化作用。[48] 這裏對身份認同與文化傳統的繼承延續性、實踐交往性之間關係的探討，對身份建構路徑研究有啟發意義。

如何建構？所需建築材料為何物？美國學者曼紐爾·卡斯特（Manuel Castells，1997）從社會學視角提出類似的觀點，他認為民族是構建起來的文化共同體，「是以歷史、地理、語言和環境等原材料為基礎」，「圍繞被歷史和地理所決定的反應和規劃而物質性地構築起來的」。[49] 同時，他認為如果想產生一種文化認同的共同體，就必須要經歷一個社會動員的過程。通過實踐、通過行為，人們在參與過程中內在化其意義並共享經驗。[50] 英國學者齊格蒙特·鮑曼（Zygmunt Bauman）針對全球化時代所言的「流動的現代性」造成身份彌散，使身份認同不僅成為多元的，而且也成為一種不確定的狀

47　〔德〕揚·阿斯曼：《文化記憶：早期高級文化中的文字、回憶和政治身份》，金壽福、黃曉晨譯，北京大學出版社 2015 年版，第 6 頁。

48　同上，第 8、50-59 頁。

49　〔美〕曼紐爾·卡斯特：《認同的力量（第 2 版）》，曹榮湘譯，北京：社會科學文獻出版社 2006 年版，第 70 頁。

50　同上，第 65 頁。

態。儘管身份認同始終處於一個建構和再建構的過程，但這種流動性或可變性並不意味著身份認同從來沒有過穩定性，我們依然可以看到傳統的力量、歷史的沉積在其中的影響。法國學者阿爾弗雷德·格羅塞（Alfred Grosser，2007）即一方面認為現代社會是建立在身份的多元性之上的，所有的身份都可以改變。另一方面他也指出「集體記憶」對民族集體的身份認同是有作用的，它通過家庭、階層、學校和媒體來傳承。面對當代多元身份認同的困境，他認為必須參與到對歸屬性群體之未來的引導和掌控嘗試中去。[51] 這裏既有社會實踐層面的意義，也有制度建設的內涵。

　　以上立足歷史和實踐的觀點對本研究的啟示是：文化傳統的延續是前提，但不是作為先驗的認同標籤，而是需要作為創造性生產原料加以運用。不能一味在朝內看的歷史中篩選，還需要接納、認可新成員的經驗。因此，新的社會動員及共同實踐參與，是身份認同建構中不可或缺的環節。

（二）作為象徵性概念的身份認同與話語建構

　　「象徵意義體系」一直被作為身份意義形成機制的重要組成部分，語言、話語、敘事等是身份建構得以實現的重要媒介。英裔美國學者本尼迪克特·安德森（Benedict Anderson，1983）關於「想像的共同體」的論述是民族—國家認同研究的經典，多被引述及運用於相關研究中。他從民族情感與文化根源出發，反對意識形態意義上的民族主義，探討民族主義問題及促進族群認同形成的因素。在現代歐洲發展過程中，民族的文化概念可追溯到 18 世紀德國哲學家、詩人約翰·哥特弗雷德·赫爾德（Johann Gottfried Herder）。他認為一個以共同的語言為核心所形成的民族，是共同遺產的保存者與攜帶者。

51　〔法〕阿爾弗雷德·格羅塞：《身份認同的困境》，王鯤譯，北京：社會科學文獻出版社 2010 年
　　版，第 34、91 頁。

政治上的國家概念源自西歐後改革時代建立新國家的理念與典範。以此為起點，「民族」得到了一個最廣泛的意義，即不論個人的出生地或起源，它是所持國家護照的公民身份。[52] 因此，安德烈亞斯・威默（Andreas Wimmer）認為，民族—國家認同（national identity）不是族群同質性的產物，是由公共物品的包容性提供所產生的；國家建構正是由制度建設方面的政治整合及對民族和國家的認同共同運作而得以維持。[53] 這象徵著一種新的文化認同的產生，由此不同民族的相互同化乃得以發生。新的文化建設在民族—國家認同建構中佔有重要地位。在安德森看來，本土語言的大眾識字率和印刷的語言對造就「想像的共同體」起著至關重要的作用。民族歷史的敘事（narrative）乃至報刊、小說等都是建構現代民族想像的重要途徑，這些為閱讀公眾建立了一個共享的敘事體系。國家在介入「國家建構」（nation building）時是藉助群眾性的民族主義熱情，及大眾傳媒、教育體系、行政管制、意識形態灌輸等手段系統展開的。[54]「想像的共同體」的提出，一方面是對本質化共同體的否定，另一方面也說明其始終處於建構性的過程中。

在某一歷史階段中，香港的本土文化是雜誌的文化；香港文藝刊物、報紙的副刊專欄是批評時政與社會民生的文化空間。[55] 許多學者都探討過 20 世紀 70 年代以來香港文藝生產與本土意識的互動關係，以及大眾傳媒在識別並重複身份認同中的作用。這一時期市民共享的敘事體系是由報刊及其他形式多樣的普及文化所建立起來的，從

52　〔美〕哈羅德・伊羅生：《群氓之族：群體認同與政治變遷》，鄧伯宸譯，桂林：廣西師範大學出版社 2015 年第 2 版，第 297、298 頁。

53　〔瑞士〕安德烈亞斯・威默：《國家建構：聚合與崩潰》，葉江譯，上海：上海人民出版社 2019 年版，第 1、2 頁。

54　〔美〕本尼迪克特・安德森：《想像的共同體：民族主義的起源與散佈》，吳睿人譯，上海：上海人民出版社 2005 年版，第 42-46、59-60、66、72-73、153 頁。

55　洛楓：《流動風景：香港文化的時代記憶》，杭州：浙江大學出版社 2011 年版，第 23 頁；也斯：《香港文化十論》，杭州：浙江大學出版社 2012 年版，第 47 頁。

某種程度上促進了市民將自己想像成為一個擁有相同文化特徵和政治命運的共同體。這種對於「想像的共同體」的理解也延伸至對文化身份生產的闡釋。然而媒介及其社會影響並不是穩固永存的，也在不斷發生變化。是什麼新的因素決定了身份意義形成機制，這些為身份認同帶來怎樣的處境和新的問題，仍需要深入的、有針對性的進行具體研究。

儘管民族國家通常被視為與現代性相聯繫的歷史建構，許多理論探討和歷史研究卻認為國家認同是一種象徵性的概念。因此，身份由話語建構的觀點也獲得廣泛支持。美國學者馬丁·雷恩和唐納德·舍恩（Martin Rein/Donald Schön，1993）認為政策是一個話語過程，而政策話語背後的知識框架實際上已經決定了哪些可以作為政策論據，以及如何解釋這些政策論據。這導致了政策爭議往往受認識論限制而難以解決。[56] 話語表達的工具承載著思想和身份意義的再現，身份敘事中可識別的標記是依據某些標準來定位的，而這些標準在不同語境中是變化的，可見於階級的、種族的、性別的、宗教的、區域的等等，不一而足。這提醒我們追尋話語建構身份認同的蹤跡，也是一項不可忽視的重要內容。

一種方法是批判話語分析，側重話語歷史背景及社會互動分析。荷蘭語言學家托伊恩·范·迪克（Teun van Dijk，1998）從話語實踐與意識形態關係角度，指出意識形態是一種社會群體共同觀念的社會再現，由此形成的群體意識直接影響個體成員的思想結構、對具體事件的理解，因此也控制著社會實踐和話語。[57] 范·迪克對任何宣稱「價值中立」和「科學客觀」的方法論均保持審慎態度，在他看來意識形態是普遍存在於各方文化政治訴求中的。英國語言學家諾曼·

56　Rein, M. and Schön, D. 1993. Reframing Policy Discourse, in The Argumentative Turn in Policy Analysis and Planning, edited by F. Fischer and J. Forrester. Durham (NC: Duke University Press), p.145-66.

57　常江、田浩；托伊恩·范·迪克：〈批判話語研究是一種政治立場——新聞、精英話語與意識形態〉，《新聞界》2018 年第 5 期。

費爾克拉夫（Norman Fairclough，2002）認為，話語具有構建知識（包括信仰和常識）體系、社會關係及集體身份的作用。他結合了福柯的話語觀（側重話語之社會意義上的建構屬性）及巴庫廷對互文性的重視（側重文本的結構及其他文本片斷構成），提出歷史的話語分析方法，強調文本構成中的建設性的或「表達的」過程，以及機構的或社會的「話語秩序」長期構造中的建設性的或「表達的」過程。他力主批判的話語分析方法是要將隱蔽著的聯繫和原因揭示出來；同時也發揮調停的作用，為變化中處於不利位置的人提供對策。他指出要避免將話語變化想像為一以貫之、直綫發展的過程；在話語文本和秩序建構方面也存在鬥爭，因此既有可能是追隨話語變化，又有可能是抵制或擱置話語建構。[58] 這一研究方法有助於我們歷史地考察政策話語建構的身份認同變化與社會、文化變遷的關係。

　　另一種方法則是修辭話語分析，側重話語修辭在闡釋身份認同上的功用。美國學者 M. 萊恩·布魯納（M.Lane Bruner，2002）即從話語修辭建構的視角，指出國家認同是一種有力的政治力量。它不僅深深地根植於社會的物質基礎設施和制度安排之中，而且其建構過程的一個重要維度也取決於對修辭吸引力的爭奪，這是社會闡釋的場域。[59] 可見，話語既是社會的產物，也是社會現實的有機組成部分。話語秩序的建立包含著社會權力關係的互動。在理解和溝通過程中，接受群體、被理解的對象，以及闡釋者，能否構成一個相互融合的共同體，要取決於闡釋的有效性。研究身份認同如何被話語建構、維持和轉化的過程及敘事內容的變遷，對社會闡釋的發生及效果是有意義的。從香港歷史經驗來看，身份認同與敘事書寫、集體記憶、公共論述以及政策話語背後的理念有關，這方面研究亦不可忽視，它也是社

58　〔英〕諾曼·費爾克拉夫：《話語與社會變遷》，殷曉蓉譯，北京：華夏出版社 2003 年版，第 8-9、92 頁。

59　〔美〕M. 萊恩·布魯納：《記憶的戰略：國家認同建構中的修辭維度》，藍胤淇譯，北京：商務印書館 2016 年版，第 4、7 頁。

會動員的一種方式。

（三）批判性文化政策研究中的身份認同及身份建構

1. 批判性文化政策研究對文化研究的繼承和發展

當代西方文學批評轉向對社會文化與制度的批判，身份政治（Identity Police）是其中一個主要內容。英國當代文化理論家安吉拉・麥克羅比（Angela McRobbie，1992）指出身份／認同概念是1990年代以後文化研究的關鍵詞之一，它的重要意義在於研究方法上將人們當做行動的主體，並在不斷擴大範圍的文化實踐中表達自我的身份意識。[60] 這一概念在西方社會的運用，繼承了英美經驗主義和法國啟蒙思想將自主性與積極自由並存的看法。文化形式如何形塑群體？集體情感與參與行動是如何產生的？這對立足香港經驗，反思性地探討身份的社會文化建設及制度建構具有啟發意義。克里斯・巴克（Chris Barker，2008）亦指出「認同」完全是社會的和文化的，認同的概念與主體性密切相關。[61] 可見，在文化研究視域下身份是通過實踐來建構的主體性。我們可以看到能動性是主體立場的表現，在不同的文化研究學者的核心概念中有不同的創造性表達。有關身份認同研究的傳統觀點是將其建立在共同的起源或共享的經驗和普遍特徵之上，這容易導致經由排斥性他者（Other）辨識「我們」。身份通常會劃定邊界，製造差異和對抗性位置。反本質主義認識論將身份看作是一個不斷建構的過程，同時主張主體作為實踐者／生產者是有一定能動作用的。是以，關注身份的能動性、開放的可能性問題，成為文化研究領域的熱點。

60　McRobbie, Angela: "Post-Marxism and Cultural Studies: A Postscript" , in: Grossberg, Lawrence et.al. (eds.): Cultural Studies. (New York/London, 1992), p.719-730. 轉引自〔英〕安・格雷：《文化研究：民族志方法與生活文化》，許夢雲譯，高丙中校，重慶大學出版社 2009 年版，第 34 頁。

61　〔英〕克里斯・巴克（Chris Barker）：《文化研究理論與實踐》，孔敏譯，北京大學出版社 2013 年版，第 209 頁。

由於批判性文化政策研究主要來源於文化研究這一脈絡，故文化研究對身份／認同的觀點，自然而然在批判性文化政策研究中得以延伸和發展。英國文化學派代表學者雷蒙德・威廉斯（Raymond Williams，1984）是較早探討身份認同與文化政策關係的學者。他視文化身份的協商建構為文化政策「本身」（cultural policy "proper"）三種內涵之一（其他兩種為藝術資助及媒介調控）；表徵身份其實與文化政策「展示」意義是密切相關的，通過展示地方和國家的形象來彰顯地方／民族特色以及地方／民族身份。[62] 基於威廉斯的文化政策研究，吉姆・麥圭根（Jim McGuigan，1996）從傳播政治經濟學角度介入文化政策討論，批評市場導向的新自由主義對文化政策的操縱，使文化的內涵及多樣性被工具化了。[63] 麥圭根借鑒了福柯的話語理論，提出三種文化政策話語，即國家話語、市場話語與市民／交流話語。這一理論框架可以成為一種分析工具，用以考察文化政策中社會權力的多元結構。特里・伊格爾頓（Terry Eagleton，2016）深受老師威廉斯的影響，堅守並發展了馬克思主義理論，他將視角重新放回到馬克思的階級概念上。他尖銳地拷問文化是否對現代社會起到核心作用，指出大量的文化研究者注意到晚期資本主義文化上的混雜性、多元性等特徵，但卻忽視了物質上社會階級之間貧富差距的擴大。他主張文化政治應將文化的概念擴展到更為現實的層面，這樣才不會遠離根本性變革的前景。[64] 這一批判性觀點對於我們跳出香港文化看香港社會問題具有指導意義。

文化研究中有兩個極具影響力的概念 —— 文化領導權和治理

---

62 〔英〕吉姆・麥圭根：《重新思考文化政策》，何道寬譯，北京：中國人民大學出版社 2010 年版，第 84 頁。

63 胡翼青：〈文化政策的重新思考與再思考——評《重新思考文化政策》〉，《中國圖書評論》2014 年第 7 期。

64 〔英〕特里・伊格爾頓：《論文化》，張舒語譯，北京：中信出版集團 2018 年版，第 167-168、173-174 頁。

性——在批判性文化政策研究中運用較廣。意大利馬克思主義理論家安東尼奧‧葛蘭西（Antonio Gramsci，1968/1971）曾從文化與政治權力的相關設想展開，提出在文化、知識（intellectual）和道德（moral）上建立領導地位，並以此在公民形成和「贏取同意」中發揮教育和塑形的角色。如何取得文化領導權則成為意識形態鬥爭的關鍵。葛蘭西認為統治階級維繫自己對社會的主導統治地位，僅依賴權力（尤指暴力和壓迫）和經濟利益是不夠的；需要通過建立文化領導權影響社會各階層力量，構建一個認可和維護既有社會制度和秩序的廣泛群體。當代社會「文化領導權」在引領身份認同的制度性建構中依然有著重要的學術價值。它啟發我們思考文化治理的有效性如何建立，贏取同意是達致社會共識的唯一路徑。

法國哲學家、社會思想家米歇爾‧福柯（Michel Foucault）的「治理性」觀念引出了現代國家社會調控權力的研究。「治理性」是一個極具發展性的概念，我們可以在後續的批判性文化政策研究中，看到許多學者在此概念基礎上作了進一步探討。這也體現了權力平衡在制度建構和重塑中的重要地位。譬如，羅斯（Ruth）將福柯的「治理性」理解為獨特的治理機制和方案。「治理性」是通過特定的政治制度和敘述事實的策略來運作的，可以消除衝突身份中可能會產生的社會不穩定性。[65] 這裏有強調制度與話語策略對身份建構的影響，這也是本研究將重點關注的兩個領域。再比如，托尼‧本尼特（Tony Bennett，1998/1992）是將傳統英國文化研究轉向文化政策具體實踐的關鍵性引導者。他批評文化研究躲避公共政策問題，因此主張介入文化機制的「治理性」研究領域。本尼特視文化是「一種改革者的科學」，文化革新有助於推動、刺激文化超越主流形式的僵化支配。[66]

---

65 〔英〕托尼‧本尼特：《文化、治理與社會》，王傑、強東紅等譯，上海：東方出版中心 2016 年版，第 265-266 頁。

66 同上，第 227、241 頁。

對於本尼特來說，「文化不只是表現和意識的問題，而且是體制實踐、行政程序和空間安排的問題」。[67] 制度如何運作，從某種程度上決定了文化作為一種改革方式的功效。

2. 文化政策與身份認同實踐及創新

在國家認同形成的歷史背景下，探討「跨國」和「全球化」核心問題時，身份認同成為文化政策關注的重要領域。[68] 比如，托比·米勒和喬治·尤迪思（Toby Miller、George Yudice，2002）將國家和超國家身份認同內容放置於文化政策研究之中，論及許多國家和地區利用文化的特殊性將其整體性合法化、具體化，以建立身份認同。方法上既有去中心化的（如德國），也有經由中心化的（如法國）。有的採取文化保護主義措施通過本土生產的文藝作品／文化產品，提升國家認同；有的依賴政府體制支撐國族文化；有的藉助重建歷史工程、開展藝術運動從而規劃新的、包容性強的國族認同。文化和教育政策被強化，以更為制度化的方式干預公共領域、發展公共文化。[69] 殖民時代遺留的殖民主義與全球化的後殖民特徵所造成的文化壓迫，不僅使得後殖民地社會公共文化創建成為討論焦點，而且處於全球化中的任一民族國家均強烈感受到身份認同的焦慮，及文化安全問題的複雜性。身份建構成為民族國家文化政策必不可少的重要內容。

從當代城市社會角度來看，文化在城市治理領域發揮和諧「維繫」及共同性「構建」方面的雙重作用，也普遍獲得學界的肯定。如德國學者沃爾夫岡·卡舒巴（Wolfgang Kaschuba，2015）不但肯定文化的和諧與混合產生新形式的城市知識有助於創新，而且也明確表

---

67 〔英〕克里斯·巴克（Chris Barker）：《文化研究理論與實踐》，孔敏譯，北京大學出版社 2013 年版，第 449 頁。

68 Constance DeVereaux and Martin Griffin: *Narrative, Identity, and the Map of Cultural Policy:Once Upon a Time in a Globalized World*,Ashgate Publishing,2013. 該書將敘事作為一種結構和技術框架（分析工具）運用於文化政策研究。

69 〔澳〕Toby Miller、〔美〕George Yudice：《文化政策》，「國立編譯館」主譯，蔣淑貞、馮建三譯，台北：巨流圖書公司 2006 年版，第 31-35 頁。

示城市的公共政策必須要融入這種新形勢，這樣才能為城市社會提供具有聯合和結群功用的主題、形象和情感。[70] 這一過程顯然與市民的身份認同是同構的。在充斥著不平等和緊張關係的日常生活世界中，文化成為避免讓分歧佔據主流、凝聚社會創新及活力的一道良方。

　　面對民族國家內部多元化身份衝突難題，尼克‧史蒂文森（Nick Stevenson，2001）為政治意義的公民身份加上文化的維度，提出以「文化公民身份」（Cultural Citizenship）賦予族群內個人自由及族群間平等，並以此來處理社會中差異群體內和群體間和諧共處的問題，促進現代社會更具包容性。[71] 史蒂文森曾組稿對文化與公民身份問題進行過專題討論。其中，麥奎根（Jim McGuigan，2004）即指出文化公民身份之所以被提上公共辯論和學術辯論議程，是因為「許多過去被認為是『社會的』的問題現在則被視為是『文化的』問題，身份和歸屬感的問題也似乎取代了物質權利的問題」；這在許多社會文化政策裏是無法迴避的事實，同時問題的解決也超越了以往文化政策處理社會課題的方式。[72] 事實上，身份和歸屬感問題本質上仍脫離不了公共資源的分配問題，通過實施文化領域的公共政策，國家在此問題上扮演再次分配者角色。國家能否干預，以及干預的程度如何？這也是歐洲干預主義與英美盎格魯—撒克遜式自由模式爭辯的焦點。對於馬可‧馬爾蒂尼埃羅（Marco Martiniello，2011）來說，文化及身份多元化衝突不單是文化問題，更與政治經濟問題密切相關。因此，他提出構建多元文化型公民身份或是公民版多元文化主義。意在民主空間內把公民身份、文化多樣性和社會公平有機地結合在一起；並且主

70　〔德〕沃爾夫岡‧卡舒巴著，包漢毅譯，〈城市，一個碩大的自拍照？——在舞台與舶來品之間游弋的城市性〉，《民俗研究》2018 年第 6 期。

71　〔英〕尼克‧史蒂文森：〈引論：文化與公民身份〉，載尼克‧史蒂文森編：《文化與公民身份》，陳志傑譯，長春：吉林出版集團股份有限公司 2007 年版，第 6 頁。

72　〔英〕吉姆‧麥圭根：《重新思考文化政策》，何道寬譯，北京：中國人民大學出版社 2010 年版，第 45 頁。

張以明確的方式捍衛公共機構介入文化領域的必要性,將公共領域內的象徵性承認與某種再分配政策並行推進。[73]

以上這些策略能否解決文化及身份多樣性問題,對於文化政策來說,至今仍是一個現實的挑戰。在實際狀況中,我們會發現文化在國際衝突中經常被用作意識形態塑造的工具,這時候往往會加劇觀念差異的呈現。可見無論是文化公民身份還是多元文化型公民身份,並不能必然避免其中的政治意義和衝突,關鍵看差異是被視為整合障礙,還是創新的基礎和資源。有學者認為富有成效的做法,不是去考慮將差異最大化或最小化,而是如何將互動最優化。[74]為了避免差異引發的衝突和風險,增進互動中更多益處和潛能,澳大利亞學者約翰·哈特利、賈森·波茨(John Hartley、Jason Potts,2014)從淡化群體身份政治訴求的角度,提出重構群體認同模式的方案。即針對後冷戰時代「新部落主義」的興起,通過創造新的開放性概念——亞部落(Demes,即知識生產/共享的社群)來對抗地區的封閉、保守和族群衝突,並以此作為文化發展動力,重新認識文化創新運作機制。[75]這裏實際上是一種理想,任何社群都存在知識的生產與分享,當群體身份不存在明顯利益衝突時,群體間的政治風險是可以化解的;但身份政治風起雲湧時,生產或共享什麼樣的知識就決定了群體是開放性的還是封閉性的。

對於人類歷史上反覆出現的群體認同矛盾或變遷,哈羅德·伊羅生從人性的基本面去理解,王明珂則歸於資源競爭。人類的群體合作和衝突是否能夠得到整合,以及如何改變普遍—對立的群體認同

---

73 〔比利時〕馬可·馬爾蒂尼埃羅(Marco Martiniello):《多元文化與民主:公民身份、多樣性與社會公正》,尹明明、王鳴鳳譯,社會科學文獻出版社 2015 年版,第 108、117-118 頁。

74 〔德〕李峻石、郝時亞編:《再造異同:人類學視域下的整合模式》,吳秀傑譯,北京:社會科學文獻出版社 2020 年版,第 24 頁。

75 〔澳〕約翰·哈特利、賈森·波茨:《文化科學:故事、亞部落與革新的自然歷史》,何道寬譯,北京:商務印書館 2017 年版,第 80、159、163、221 頁。

模式，建立新的統一性的群體認同模式，哈特利和波茨儘管拋出了許多至今未能解決的問題，然而他們並未能明確指示發展路徑，引發的諸多可能性還需要我們持續思考和探討。[76] 以上學者的觀點為本研究從文化政策及治理機制的角度介入身份建構，提供了理論對話的基礎。可以看到：國家認同（national identity）、族群認同（ethnic identity）或歸屬認同（a sense of belonging）是二戰後民族國家文化政策一項重要內容及目標。對文化身份的訴求，及對族群、國家、文化、宗教身份的確證及肯定日益興起或復興。這是在西方殖民主義後所產生的一個較為複雜且艱難的文化問題。身份敘述，有時是公開的，有時是隱藏在諸多政策考慮之中，尤其是文化政策。當一個高度意識形態化的世界出現時，文化身份敘述即被賦予更多的政治涵義。

諸多學者發現特別是本世紀初發生「911事件」後，一些不可避免的、早已存在的且當時還很隱蔽的深層次問題被推到了風口浪尖。比如國族身份問題開始成為文化研究核心議題，西方國家（尤其是加拿大、澳大利亞、英國、荷蘭等國）所推崇的多元文化主義（multiculturalism）理念開始分化瓦解，反多元文化主義的浪潮逐漸在歐洲和美國佔了上風。[77] 這一思潮對西方國家文化政策有著直接的影響。某些歐洲領導人在承認多元文化主義失敗的同時，再次回歸到新同化主義的道路上來，並在一些主要移民國家重獲活力。事實上，不同國家體制和社會政治實踐在處理治理文化和身份多樣性問題上，始終在融合統一性與多樣性。

現有文獻均認識到身份認同議題在文化政策研究中的重要性，尤其關注全球化語境及後殖民處境中的民族國家文化身份問題。在西方社會，由於文化認同／身份往往被視為文化保守主義方案，有的也

76　任珺：〈「文化科學」如何幫我們理解文化演化系統〉，《中國圖書評論》2019年第8期。

77　常江、田浩；洪美恩：〈文化研究是超越國族的世界主義——不確定時代的身份迷思〉，《新聞界》2018年第3期；〔比利時〕馬可·馬爾蒂尼埃羅：《多元文化與民主：公民身份、多樣性與社會公正》，尹明明、王鳴鳳譯，北京：社會科學文獻出版社2015年版，第14頁。

視其為民族主義的表現，與民粹主義排外情緒雜糅在一起後，成為一個越來越棘手和敏感的話題。當前不同國家或地區所遭遇的身份認同困境是不同的，全球化時代文化認同／身份議題更為複雜、更充滿政治性，故往往溢出一般的文化政策討論範圍。在當前社會討論和政策詢證前沿的系列議題中，國家／政府如何利用文化藝術實現國家建構及民族文化身份的確立，仍置於重要地位。[78] 對於在世界地緣政治格局中的邊緣國家及後殖民地國家／地區，這更是一項巨大的挑戰。

三、國內學者基於全球化背景下文化認同相關探討

內地學者對身份認同及不同文化價值的廣泛探討，是基於 1990 年代中國社會進入全球化歷史背景下展開的，大多數人將之放置於現代性及社會轉型期所呈現的種種問題中觀察與思考。許多人持認同是開放的、動態的過程，需要積極回應時代發展訴求的觀點。也有學者從邊緣性社群及職業歸屬等視角研究社會身份認同，或從文學、影視文本及其他媒介使用進入身份認同問題，但這類研究與本文所涉及的問題不直接相關，故這裏不做具體探討。李春玲（2004）[79]、孫頻捷（2010）[80] 等從社會學視角，朱竑、錢俊希、陳曉亮（2010）[81]，鄭婉卿（2019）[82] 等從地理學視角，曹慧、張妙清（2010）[83]，張淑華、

78　〔英〕維多利亞・D. 亞歷山大著，章浩、沈楊譯《藝術社會學》，南京：江蘇美術出版社 2013 年版，第 140 頁；David B, Kate O., *Cultural Policy: Key Ideas in Media and Cultural Studies* (Routledge, 2015), p.114.

79　李春玲：〈社會階層的身份認同〉，《江蘇社會科學》2004 年第 6 期。

80　孫頻捷：〈身份認同研究淺析〉，《前沿》2010 年第 2 期。

81　朱竑、錢俊希、陳曉亮：〈地方與認同：歐美人文地理學對地方的再認識〉，《人文地理》2010 年第 6 期。

82　鄭婉卿：〈流動與認同：以香港居民為例〉，《人文地理》2019 年第 1 期。

83　曹慧、張妙清：〈認同整合——自我和諧之路〉，《心理科學進展》2010 年第 12 期。

李海瑩、劉芳（2012）[84]，吳瑩（2016）[85] 等從心理學視角，項蘊華（2009）[86]，陳建平、王加林（2014）[87] 等從哲學和語言學角度，張萌萌（2013）[88]，陳薇（2017）[89]，湯景泰等（2021）[90] 從傳播學視角，郭台輝（2013）[91] 等從政治學視角，探討身份概念發展脈絡、身份形成的基礎條件及相關影響因素、身份類型、認同建構路徑、動力機制、研究前沿問題及視角等議題。可見在國內學術界對身份認同問題的研究，介入的學科也是多元的。以文化認同為主綫，對文化的地方性與全球性關係，乃至全球範圍內身份認同問題的討論，是其中一個熱點。主要涉及的內容包括：

（一）對文化認同概念界定及形成方式的討論

崔新建（2004）認為文化認同的核心是意義和價值的認同，認同的衡量指標不是人們的自然屬性或生理特徵，而是後天形成的文化屬性。[92] 這裏一方面將共享的經驗視為基礎，另一方面也肯定了建構性的特徵，而且建構的內容是形成對價值和意義的共識。身份認同在陶家俊（2004）的概念界定中是一種思想和精神遭遇衝擊感的處境。同樣是對價值觀在身份建構中重要位置的肯定，但陶家俊更側重不同觀念相遇所產生的文化衝突，強調「某一文化主體在強勢與弱勢

84　張淑華、李海瑩、劉芳：〈身份認同研究綜述〉，《心理研究》2012 年第 1 期。

85　吳瑩：〈多元文化中的身份認同：文化會聚心理學的視角〉，載《文化、群體與認同：社會心理學的視角》，北京：社會科學文獻出版社 2016 年版，第 13-57 頁。

86　項蘊華：〈身份建構研究綜述〉，《社會科學研究》2009 年第 5 期；項蘊華：〈國外有關身份的社會語言學研究〉，《哲學動態》2009 年第 7 期。

87　陳建平、王加林：〈互文性與身份建構話語策略〉，《中國外語》2014 年第 2 期。

88　張萌萌：〈香港政治傳播中的認同構建〉，《探索與爭鳴》2012 年第 6 期。

89　陳薇：〈香港身份認同的媒體建構：社會建構論的視角〉，《港澳研究》2017 年第 1 期。

90　湯景泰、陳秋怡、徐銘亮：〈情感共同體與協同行動：香港「修例風波」中虛假信息的動員機制〉，《新聞與傳播研究》2021 年第 8 期。

91　郭台輝：〈公民身份認同：一個新研究領域的形成理路〉，《社會》2013 年第 5 期。

92　崔新建：〈文化認同及其根源〉，《北京師範大學學報（社會科學版）》2004 年第 4 期。

文化之間進行的集體身份的選擇」。[93] 雖然身份認同的出現是現代性的產物，但它在不同的社會歷史背景下衍生出不同的範式。故身份認同在概念上有著多層次的內容，許多學者亦從多層面研究身份認同的理論內涵。其中身份的建構性認同方式佔據主流，許紀霖（1996）即認為現代社會的文化認同「不是靜態的對歷史或現實的文化價值的認定，而是以一種積極的、參與性的建構方式，通過開放性討論，比較各種文化價值的意義，在一種動態的過程中逐步構建共同體的文化認同」。[94] 中華文化延續至今，生生不息，並成為五大文明中唯一一個沒有斷代的文明，在很大程度上就是受惠於多元文化交流中的開放包容精神。這既是中華文化傳統，又是當今中國許多學者所秉持的觀念。陳麗君（2011）認為文化認同是人們社會屬性的體現，人們之間或個人同群體之間對共同文化的確認，是憑藉使用相同的文化符號、遵循共同的文化理念、秉承共有的思維模式和行為規範來實現的。[95] 顯然，文化認同是在社會交往中生發的，脫離不了具體的社會歷史情境。

（二）對身份認同方法論問題的討論

費孝通（1997）認為不同群體之間既有共同利益，也有各自需求，有相互依存和具體磋商的需要，文化間相互理解、容忍、欣賞是全球化語境下的相處之道。[96] 他的「各美其美，美人之美，美美與共，天下大同」觀點，被國內學者視為可以化解人類社會潛在衝突危機，處理不同文化群體間關係的有效方法。西方學者對事物本質進行描述時，通常採用區分式方法樹立「邊界」和差異邏輯識別「他者」。如何在方法上進行轉化，范可（2008）提出既要警惕對文化的本質

93　陶家俊：〈身份認同導論〉，《外國文學》2004 年第 2 期。
94　許紀霖：〈文化認同的困境——90 年代中國知識界的反西化思潮〉，《戰略與管理》1996 年第 5 期。
95　陳麗君等：《香港人價值觀念研究》，北京：社會科學文獻出版社 2011 年，第 21 頁。
96　費孝通：〈反思、對話、文化自覺〉，《北京大學學報（哲學社會科學版）》1997 年第 3 期。

性理解，又要防止認同概念的排斥性意義指向。[97] 周憲（2008）則提出具有建設性的寬容差異邏輯，以此擺脫二元對立和非此即彼的困局，轉向兼容的、互動的辯證關係，使認同建構保持開放性。[98] 任裕海（2015）提出超文化認同概念。以外在論立場發展超越特定文化界限的超文化認同，從身份認同的固定歸屬到動態居間。以全球意識超越地方性和原生文化模式的限制，在全球場域發展能與文化他者進行良性互動、汲取整合各種文化資源的超文化能力。[99] 也有多位學者立足具體實踐領域，從國家文化安全、文化軟實力等戰略研究角度，指出要採取一定的措施培育公民的共同性和「我們感」，如公民教育（韓震，2010）；家庭、學校、大眾傳媒、社團組織等社會化機制（涂浩然、盧麗剛，2011）；文化生產力（曹海峰，2016）等等。

（三）對中國文化認同危機根源及化解方法的討論

　　一種觀點是把中國文化認同危機的根源歸為傳統與現代的對立關係。如翟學偉（2008）通過考察中國近現代歷史，指出政府的作為和外力的入侵是社會及成員價值觀念變遷的兩個重要影響因素。他認為中國文化認同出現危機，其根本原因是找不到中國傳統文化同現代化的契合性機制。[100] 他提出問題的解決方法是：找到實現中華優秀傳統文化的現代化發展路徑。上個世紀八十年代余英時在《從價值系統看中國文化的現代意義》中也提出過相近的看法，他認為不能將傳統文化和現代生活看作為不相容的對立體。[101] 事實上，即便發達國家現

97　范可：〈全球化語境下的文化認同與文化自覺〉，《世界民族》2008 年第 2 期。

98　周憲：〈認同建構的寬容差異邏輯〉，《社會科學戰綫》2008 年第 1 期。

99　任裕海：《全球化、身份認同與超文化能力》，南京大學出版社 2015 年版，第 6、154、158 頁。

100　翟學偉：〈進步的觀念與文化認同的危機——對中國人價值變遷機制的探討〉，《開放時代》2008 年第 1 期。

101　轉引自文樓、梁秉中、古兆申（執筆）：〈文化回歸的理念與實踐〉，載盧瑋鑾、熊志琴：《雙程路：中西文化的體驗與思考 1963-2003（古兆申訪談錄）》，香港：牛津大學出版社 2010 年版，第 329 頁。

有制度模式也是傳統和現代經驗相互融合的結果。消解文化認同危機的關鍵在於：中華優秀傳統文化創造性轉化、創新性發展；植根於實踐，面向於未來。

另一種觀點是把中國文化認同危機的根源歸為全球化的影響，並促成了全球化與在地化時而對立時而互動的緊張關係。如韓震（2005）認為人們產生文化上的焦慮和自覺，是由於全球化進程和現代性發展使得社會文化出現多樣性、流動性和斷裂性，並構造了文化體的多重認同。他並不認為這一過程都是消極影響，也可能生發全球化與本土化創造性互動。故他主張多重構造的文化認同要具備自主性、開放性和創造性。[102] 張旭東（2005）則對全球化與在地性關係保持警惕態度，主張在全球化時代要做一個具有中國意識的現代中國人，解決如何融入現代性並保持中國的文化主體性問題。[103] 現代與傳統，全球化與在地化這兩組關係通常交織在一起。雖然它們之間並不存在必然的對應關係，但在文化認同問題上，無論是闡釋現象還是提供解決之道，許多學者均以此作為參照對象。比如，金耀基（1998）認為當非西方社會越來越在現代化上取得成功時，就出現了一種強烈的文化認同的追求，它其實是「現代性的本土化」要求。[104] 麻國慶（2000）建議在全球化過程中將文化「無意識的傳承」傳統與「有意識的創造」相結合，他認為這樣有助於展示各自的文化特徵，強化族群、地方社會與跨國文化圈的文化認同。[105] 這意味著我們不僅需要主體性的文化認同和家園情懷，而且更需要在文化交流與傳播中得到跨文化的認同。

---

102 韓震：〈論全球化進程中的多重文化認同〉，《求是學刊》2005 年第 5 期。

103 張旭東：〈「全球化」時代的文化反思〉，載《全球化時代的文化認同：西方普遍主義話語的歷史批判》，北京大學出版社 2006 年第 2 版，第 8-11 頁。

104 金耀基：〈現代性、全球化與文化認同〉，載《中國現代化的終極願景：金耀基自選集》，上海人民出版社 2013 年版，第 78 頁。

105 麻國慶：〈全球化：文化的生產與文化認同——族群、地方社會與跨國文化圈〉，《北京大學學報（哲學社會科學版）》2000 年第 4 期。

香港人身份認同
與文化政策研究文獻回顧與評述

◇◇◇

一、與身份認同相關的香港研究

　　立足香港地方文化和社會歷史的特殊性，社會權力和身份的變遷是相關研究內容重點。很多因素對香港人身份認同建構發揮作用：有的論者歸因於商業和普及文化的影響；有的論者歸因於社會環境變化的結果；有的論者歸結於人口結構及不同時期政府政策和政治立場的改變；也有論者認為這是港英政府刻意推行「香港是我家」，把國家認同轉化為本土認同。可見在現代社會中，不是單一因素主導身份建構，它是社會結構中各種角力共同作用的結果。學者多元層面的切入為我們呈現了一個豐富的研究圖景。

（一）強調建制及社會結構的作用

　　譬如，陳清僑（1997）認為身份認同通常在歷史中受建制的身份構成所框限，同時受社會現實生活中的規律所保障，以及當前文化想像所制約。落到香港的歷史上，可發現港英政府的統治主要通過官僚制度、教育和連串國家統治本位的「不干預的」市場及文化政策介

入身份建構。[1] 谷淑美（2004）也是從制度角度介入思考，並予以問題結構性闡釋。她認為，身份認同與移民政策（包括法律、實施及論述方面）互動建構發揮了一定作用。呈現的不是單一的施動，也有受動者的能動。身份建構當中有國際、中國內地和地方社會三方面因素的互動，也有政治因素、經濟因素和文化論述之間的互動。[2] 身份認同的動態過程是許多學者的共識，影響因素是爭議的焦點。鄭宏泰、黃紹倫（2005）強調政府的角色是幕後最重要的主宰者，身份認同的發展與轉變需有客觀條件予以支持才能確立，這與不同時期政府政策和立場相關。[3] 是以，考察政策的變遷可以發掘出身份認同的建制過程是如何展開的，政策話語包含的核心理念又是如何影響到身份建構的。與之觀點相似，李植悅（2009）也注意到「港人身份認同」問題的出現、論述並成為社會政治關注議題，經歷了不同的歷史時期。殖民政府推銷、推行「香港認同」是通過多種政府政策、政治制度、社會制度、大眾傳媒，甚至文化娛樂；同時也通過政府直接或間接能影響的法定公共、工商業和民間組織及資源來推行。[4] 這裏就不僅是政府建制在起作用了，日常生活中的社會結構亦有影響。鄭宏泰、尹寶珊（2014）指出身份認同多元決定因素，包括主觀的自我認同和客觀的他者認同，除了與政治立場及意識形態等有關外，也與各種社會制度、物質基礎等相聯繫，需要考慮各種結構性因素環環緊扣、相互關連的內容。[5] 這些觀點均不僅注意到制度層面的結構性作用，更是強

1　陳清僑、李小良、王宏志：《否想香港：歷史・文化・未來》，台北：麥田出版股份有限公司1997 年版，轉引自朱耀偉主編：《香港研究作為方法》，中華書局（香港）有限公司 2016 年版，第 60、61 頁。

2　Ku, Agnes S. "Immigration Policies, Discourses, and the Politics of Local Belonging in Hong Kong(1950-1980)", In Modern China 30(3), July issue, 2004, p.326-360.

3　鄭宏泰、黃紹倫：〈身份認同與政府角色：香港的例子〉，《二十一世紀》2005 年 12 月號總第92 期。

4　李植悅：〈殖民政治文化下的香港身份〉，載王慧麟等編著：《本土論述年刊 2009》，台北：漫遊者文化出版社 2009 年版，第 115-117 頁。

5　鄭宏泰、尹寶珊：〈香港本土意識初探：身份認同的社經與政治視角〉，《港澳研究》2014 年第3 期。

調社會結構的綜合影響。

（二）側重個體及受動者的能動作用

　　儘管制度等外部力量發揮了很大的作用，但也必須承認這裏包含個體的主動性，理性選擇之外也有情感認同。梁世榮（1998）認為身份認同「絕不是社會成員被動地接受某個身份的過程，而是個體主動地尋找一己社會行為意義，從而建構自己的身份。」[6] 有一些學者肯定普及文化在建構身份中的作用，認為香港人身份認同是自下而上構成的，是在日常生活中形塑而成，其中文化起著關鍵作用，文化製造身份。[7] 雖然說的是文化，但這裏主要意指主體性的能動作用，然而要做到文化自覺，還需要形成能與西方文化平等對話的中國地方性。對於普及文化的作用，也有學者察覺到其中的變化，並藉助過去 50 年間影視媒介中香港身份問題探討，指出過程的動態性及與社會政治環境改變的相關性。他們認為影響香港人身份認同建構與變化的因素是多元的，雖然影視文本與社會情境相互影響型構（configuration）香港認同，但這種作用隨著影視媒介影響力減弱其效果日益降低，新的一股力量——公民社會正在左右香港人身份認同的建構。[8] 身份建構的過程既有一種主動探索的成分，也有外部施加的多元且結構化因素，這種動態性決定了必須將身份認同放置於歷史長河中考察。這時會發現某些影響因素是階段性的，另一些因素則是內在的、長期的作用。

6　梁世榮：〈香港人的身份認同：理論與研究方法的反思〉，載劉兆佳等編：《華人社會的變貌：社會指標的分析》，香港中文大學出版社 1998 年版，第 190 頁。

7　吳俊雄、馬傑偉：〈普及文化與身份建構〉，載廖迪生等編：《香港歷史、文化與社會：教與學篇》，香港科技大學華南研究中心 2001 年版，第 177-193 頁；朱耀偉主編：《香港研究作為方法》，中華書局（香港）有限公司 2016 年版，第 34、111、132 頁。

8　馬傑偉、曾仲堅：《影視香港：身份認同的時代變奏》，香港中文大學香港亞太研究所 2010 年版，第 47、132、190 頁。

（三）關注文化及價值觀念對身份建構的影響

王家英（1996）從香港社會民意調查中發現：「以香港人為本位的意識相當強烈，族群自傲感很高。香港人的中國人民族認同亦相當深厚，但偏重於民族性格（勤奮上進）及民族歷史文化的肯定，對當前中國民族國家的建構和對民族未來發展的信心，卻顯得有點疏離和遲疑」。調查還表明有超過六成的被訪者認為自由人權較國家民族重要。王家英提醒必須要重視自由主義發展可能對回歸後民族認同建構造成阻礙。[9] 劉兆佳（1997）從社會學角度，將「身份認同」一詞放置於香港華人對他們與香港及中國的關係的理解與界定方面，考察了從 1985-1995 年期間香港華人對「香港人」或「中國人」的身份認同表現。劉兆佳指出香港華人對社會一直秉持實用主義態度，因此他們對香港的歸屬感主要歸為生活方式或價值觀認同。他認為「香港人」身份認同並不必然衍生分離主義，對香港的認同及對中國的認同代表著雙重及相互配合的身份認同。[10] 從文化生產與本土意識互動關係來看，洛楓（2011）發現香港文化在去殖民化過程中，身份歸向認同地方獨特文化體系產生的異質性地方價值與生活方式。與劉兆佳觀點不同，她認為「本土意識」與國族身份並未達成協同發展。[11] 從某種程度來看，這是回歸後身份認同出現問題的集中表現。以往香港社會較為強調香港價值觀念的特殊性，但價值觀念在香港社會內部也不是整齊劃一的。香港近年來出現的分化和撕裂，不是單一因素產生的結果。周永新（2015）認為部分原因是沒有共同的身份認同和由此而來的價值觀念。在分析為何回歸後香港人對新加的中國公民身份認識不深時，他認為主要原因是香港人的生活並沒有因為這個身份而改變。

9　王家英：《香港人的族群認同與民族認同：一個自由主義的解釋》，香港中文大學香港亞太研究所1996年版，第8-9頁。

10　劉兆佳：〈「香港人」或「中國人」：香港華人的身份認同 1985-1995〉，《二十一世紀》1997年6月號總第41期。

11　洛楓：〈流動風景：香港文化的時代記憶〉，杭州：浙江大學出版社2011年版，第14頁。

他建議特區政府和中央政府必須就香港人身份認同議題作出適當的調校。[12] 林芬、林斯嫻（2017）採用歷史學家齊默（Oliver Zimmer）的理論模型，提出民族認同的建構過程是認同的「邊界機制」（boundary mechanism）與「象徵性資源」（symbolic resources）在不同社會結構下結合的結果，並以此為分析框架指出問題的根源在於：香港和內地雙方在象徵性資源和認同機制上的偏差。[13]

回歸後，香港社會每年都會做香港人的身份認同民意調查，用量化研究方法把認同態度約化為可量化的認知、情感和行為傾向。對此，強世功（2010）指出香港民意調查中作為測量工具的問題不斷重複以「香港人、中國人、中國的香港人、香港的中國人」類型劃分的概念框架，實際上為香港的政治認同預設了陷阱。[14] 這裏只強調身份認同的主觀因素，未能兼顧客觀因素在其中的作用。而主觀的身份認同，其本身就帶有一定的「政治立場」表述。[15] 在這裏我們可以看到，在一個有預設結構（分類範疇）的語義場裏，所作出的歸屬或身份認定過程可能根本就是似是而非的。類似的民意調查還有測量參與者對中國文化的認同或對香港文化的認同，等等。讓人們在這些選項之間進行選擇是產生問題的根源，因為這些選擇題本身就是錯誤的導向。這種以實證主義社會科學為基礎的民意調查常年開展，影響至深的是對市民價值判斷的影響以及對語言的形塑，事實上無論調查結果如何，問卷題目設計潛在的引導性回答已經將香港人身份與中國人身份割裂了。

12　周永新：《香港人的身份認同和價值觀（2019 增訂版）》，中華書局（香港）有限公司 2019 年版，第 110、151、199-200 頁；周永新：〈香港居民的身份認同和價值觀〉，《港澳研究》2015 年第 4 期。

13　林芬、林斯嫻：〈香港青年的中國觀：民族認同與學生運動〉，《二十一世紀》2017 年 12 月號。

14　強世功：〈國家認同與文化政治——香港人的身份變遷與價值認同變遷〉，《文化縱橫》2010 年第 6 期。

15　鄭宏泰：〈流動本土意識：身份認同的政治與歷史視角〉，《當代港澳研究》2015 年第 1 期。

（四）內地學者相關論著及觀點

黎熙元（2005）通過分析回歸前後香港學術界對香港人身份和文化認同的討論，指出 20 世紀以來香港社會意識形態始終圍繞著全球性、民族性與本土性三個不同主題在發生變化。這三個特徵亦是香港歷史的特徵，在香港人身份建構中處於衝突、並存和混合的關係。[16] 全球性、民族性與本土性是組成香港人身份認同的重要元素，但如果不深入歷史和現實分析，這一宏觀視角其實放在任何處於全球化時代的地方都是成立的。這裏還需要細究產生香港人身份認同問題的支配性因素。

《香港認同構建：政媒機制與媒體化再現》（張萌萌，2013）一書從傳播政治經濟學等角度，對身份認同媒體話語構建，以及身份認同與政治生態、媒體系統的互動關係進行了研究，視角較新。該書對香港人身份認同的構成要素、香港認同的現代發展史及相關文獻做了較為詳細的梳理。《話語策略與身份建構：基於香港回歸前後政府施政報告的研究》（王加林，2017）一書用社會語言學、話語分析等理論及方法，以香港回歸前後 22 個年度發佈的政府施政報告文本作為研究對象，探討話語策略在身份建構中的社會符號功能，語用及權力對社會意識、集體身份的影響，為研究政策話語與身份建構的關係提供了新的路徑。這兩本專著從不同角度深入香港人身份建構某一（互動關係）影響因素，其共同點是採用了文本分析及語料庫分析方法，前者的研究對象是關鍵歷史事件的新聞報道，後者則是不同時期的政府施政報告。這一方法有助於再現事件的本質或政策話語實踐中的價值，但如果脫離社會結構分析或未有歷史現實語境追溯，事實上很難抓到問題產生的來龍去脈。

針對香港本土意識問題，祝捷、章小杉（2016）提醒將「本土」

16　黎熙元：〈全球性、民族性與本土性——香港學術界的後殖民批評與香港人文化認同的再建構〉，《社會學研究》2005 年第 4 期。

等同於「港獨」是對香港本土意識的一種誤讀。香港本土意識的興起本來是一種去殖民化訴求，而非去中國化的現象，近期極端者利用差異政治及排外情緒宣揚分離主義是需要警惕的。[17] 香港人身份認同問題的解決需要整合一切可以轉化、利用的資源，需要將本土意識與國族意識重新建立緊密聯繫。因此，兩者應該是相輔相成的關係，這在重塑香港人身份認同方法上尤需要注意。

鍾華、徐拓倩（2016）認為，當前促進香港與內地文化層面的融匯，是一項需要全盤考慮的問題，需要防止文化差異和極端思潮演變成惡性衝突，這裏最佳的途徑是加強文化之間的溝通、對話與合作。[18] 以中華文化的開放性、包容性促進文明交流互鑒，這也是「一國兩制」實踐應有之義。由此可見，以共建人文灣區為契機，凝聚合作共識與交往情感，實現「愛國者治港」主體性及與國家民族共融性發展並存，是解決香港人身份建構的重要路徑。樊鵬（2016）分析了回歸後香港由統合性極強的政治體系，蛻變為一個在政治、經濟、社會和文化諸領域遍布「否決玩家」的碎片化體系，由此導致重大施政難以落實的局面。[19] 我們可以看到這種行政碎片化趨勢的後果在文化教育領域也特別明顯，許多重大決策歷經複雜程序、反反覆覆後，失去了最佳政策制定或執行的機會。普通話推廣、西九文化區建設、國民教育推行、文化局設立等方面均是如此。

二、作為問題及方法的香港文化研究

與香港人身份認同緊密相關的還有香港學者對本土研究方法論

17　祝捷、章小杉：〈「香港本土意識」的歷史性梳理與還原——兼論「港獨」思潮的形成與演化〉，《港澳研究》2016 年第 1 期。

18　鍾華、徐拓倩：〈「一帶一路」框架下的社會科學研究：以香港問題為例〉，《港澳研究》2016 年第 2 期。

19　樊鵬：〈「否決玩家」與香港政治體制的「碎片化」〉，《文化縱橫》2016 年第 2 期。

上的反思。作為一種方法論的提出，它最早起源於日本學者在思想史方面力圖擺脫西方中心論的一些探索。諸多學者如陳光興、孫歌、葛兆光、汪暉、周蕾等均在此基礎上，立足於自身所處的問題意識，推進認識論及方法論上的發展。最早提出「香港作為方法」的是陳冠中（2005），他不是從主體性出發要求擺脫西方定義下的現代，而是強調在全球化時代的現代性中，香港的本地性和多元混雜特色，及作為個別經驗的價值。[20] 後來他和李歐梵又從「香港模式」「香港的空間和文化」和「香港的現代性」三個範疇提出香港作為理論的意義——「香港同時作為方法和作為對全球性的批判性反思」，既需要用「內在、實體、本位」來考察香港經驗，還要對「內在、實體、本位」有批判態度，這是由香港內在的多重矛盾性所決定的。[21] 李歐梵（2014）認為香港文化的豐富性不是抽象的，但需要用理論去闡釋其豐富性，闡釋其生命演化。[22] 兩位學者對香港研究的思考啟發了後來學者在方法論上不斷創新。

「作為方法的香港研究」在香港內部有不同的理解及運用，總體上呈現了一些學者對上個世紀九十年代用後殖民理論研究香港問題的不滿。[23] 同時，它也衍生出本土論述的一個重要理論方法。許多學者指出本土論述的發展主要不是與世代相關，而是與社會價值觀念的變遷相關；在此立論基礎上，後來也有學者將之視為「物質時代」與

20　陳冠中：《我這一代香港人》，香港：牛津大學出版社 2005 年版，第 47 頁。

21　參見陳冠中和李歐梵於 2014 年 12 月 7 日為香港大學香港研究課程及比較文學系合辦的「香港作為方法」國際研討會主持公開講座內容。轉引自朱耀偉主編：《香港研究作為方法》，中華書局（香港）有限公司 2016 年版，第 128-144 頁。

22　參見陳冠中和李歐梵於 2014 年 12 月 7 日為香港大學香港研究課程及比較文學系合辦的「香港作為方法」國際研討會主持公開講座內容。轉引自朱耀偉主編：《香港研究作為方法》，中華書局（香港）有限公司 2016 年版，第 128-144 頁。

23　羅如春：《後殖民身份認同話語研究》一書對殖民關係與後殖民語境形成的身份認同進行了後殖民理論學術話語研究，不涉及具體社會層面的認同分析。可對照考察後殖民理論視角下香港研究的局限性。

「後物質時代」價值觀的區別。[24] 可見，本土論述並不是側重歷史敘述，其重點是轉向本土價值的論述。本土價值的內容是什麼，才是爭論的焦點。如葉蔭聰（2011）認為本土論述著重自我省思，是對香港的殖民性、資本主義制度、都市消費生活的批判，是「對香港自身歷史及政經構成的自我批判」。[25] 朱耀偉（2016）論及時，反對將本土的主體本質主義化。陳冠中（2013）承認本土特色是建立在混雜和包容他人之上的，但批駁將本土扭曲成排他的族群思想。[26] 一些研究片面關注並強調本土意識，忽視媒介文本再現中的國族意識，從而導致兩者的疏離。梁淑雯（2019）認為本土身份的建構與國族認同息息相關，她反對將「國族性」與「本土性」二元對立，主張讓「國族性」（nationality）被「本土性」（locality）吸收、挪用以及轉化，並就此「發展出一種論述香港的方法」。[27]

當本土論述發展成本土文化保育行動時，由於缺乏一種歷史自覺及反思性，其中出現了不少問題。亦有諸多香港學者對此問題展開了討論。如郭恩慈（2009）批評在香港傳媒及文化研究中，本土論述推行的文化策略是將香港的歷史或其空間配置在一個特定的歷史時空。懷舊的歷史觀被媒體及學校教育不斷強化，導致公眾對歷史、對現實不能客觀認知。[28] 呂大樂（2009）也是從歷史觀的角度指出現在許多對港英殖民管治態度的評價，側重七十年代中期之後才出現的改

24　李祖喬、黃宇軒：〈香港過期文化結構及 80 後作為文化解殖的方法〉，載黃培烽、許煜編：《80 前後：超越社運、論述與世代的想像》，香港：圓桌精英出版 2010 年版，第 130-131 頁。

25　葉蔭聰：〈香港新本土論述的自我批判意識〉，《思想》第 19 期，《香港：解殖與回歸》，2011 年 9 月，第 110、111 頁。

26　朱耀偉主編：《香港研究作為方法》，中華書局（香港）有限公司 2016 年版，第 121 頁；高福慧採訪，葉芷華整理：〈《自由風自由 Phone》陳冠中談佔領中環與本土主義〉，2013 年 7 月。

27　梁淑雯：〈國族身份〉，載朱耀偉編：《香港關鍵詞：想像新未來》，香港中文大學出版社 2019 年版，第 139-145 頁。

28　郭恩慈：〈香港論述：不只維多利亞港〉，載王慧麟等編著：《本土論述年刊 2009》，台北：漫遊者文化出版社 2009 年版，第 13-14 頁。

良管治。[29] 將上個世紀七十年代至回歸前的過渡期作為港英時代遺產及香港經驗的全部，不僅忽略了歷史的全部，而且也忽略了被殖民者的抗爭史。這導致不僅社會上瀰漫著美化殖民歷史的輿論氛圍，而且制度層面也缺乏改革的動力。周思中（2009）認為正是由於缺乏對殖民管治下香港社會文化及統治的全面評價，使得政府層面對體制中的去殖民進程一直無法展開。[30] 逐步積累的一些深層次問題積重難返。

從近年香港一些研究中可以發現：不少香港人的身份認同出現了前所未有的急劇變化，經過一些事件引發出來的連環效應，形成了一種非常強烈的本土捍衛意識。需要警惕的是這種本土意識在群眾中的召喚力量仍在增長。[31] 本土身份逐步被問題化、政治化。諸多學者對香港本土意識的根源及這一概念從文化內涵走向政治意向的過程進行過探討。吳俊雄（1998）指出早期香港文化研究指向一個基本共識即：香港本土意識是一個複雜的混成體，戰後土生土長的一代是其動力根源，而 1970 年代發展起來的香港普及文化則是製造本土意識的重要中介。他認為論及香港本土意識需要從生活風格、日常知識、意識形態及系統論述四個層面介入其發展歷史。不同階段本土意識呈現不一樣的表現，隨著香港人生活領域各個範疇的日益制度化港人意識沉澱成型。[32] 可見香港早期文化研究對該問題的理解過於簡單化。吳俊雄提供的研究路徑已經認識到社會結構的綜合作用以及社會的制度化發展對於身份建構的重要意義。也有學者批評香港知識界的本土論述，在某種程度上是一種「港式」主體價值論的自覺建構，它成為

29　呂大樂：〈香港殖民生活的「冷經驗」〉，載王慧麟等編著：《本土論述年刊 2009》，台北：漫遊者文化出版社 2009 年版，第 104 頁。

30　周思中：〈從來存在、且命定回歸的幽靈：「本土」的本體論〉，載王慧麟等編著：《本土論述年刊 2009》，台北：漫遊者文化出版社 2009 年版，第 164 頁。

31　陳志宏：〈本土意識的召喚與前瞻〉，載王慧麟等編著：《本土論述年刊 2013-2014》，台北：漫遊者文化事業股份有限公司 2015 年版，第 85 頁。

32　吳俊雄：〈尋找香港本土意識〉，載吳俊雄、張志偉編：《閱讀香港普及文化：1970-2000》（修訂版），香港：牛津大學出版社 2002 年，第 86-95 頁。

香港狹隘的本土主義的理論支撐，並被香港不同政黨、團體和社群的本土行動，轉化為政治認同與利益訴求的重要力量。[33] 這裏還不能一概而論，需要我們深入細緻研究本土論述的內在矛盾與核心觀點，分析其中不同的內容主張。朱耀偉（2016）以「誰的香港」問題意識倡導啟動研究香港的多元可能性，並提出香港文化研究的方法和角度問題，進而落腳於香港地方經驗研究。朱耀偉強調本土研究並非是本土中心主義的表現，但也不能完全迴避香港主體性的問題，需要兼顧歷史語境及其傳承中呈現出的變化和動能。[34] 本土意識不一定狹隘或與國族認同對立，對於文化重建來說，需要整合、轉化可以利用的資源，不能將本土意識一味推向對立面。

事實上，對「本土」的不同理解也導致了迴異的本土涵義、評價和期待。香港學者有關「本土論述」並不是鐵板一塊，其發展與社會語境有關，需要對「本土論述」作區分，當前既有不同政治和文化的立場分歧，又有不同世代之間的情感差異。我們需要批判性看待香港的本土主義，堅決反對走向本土分離主義。目前這類研究大都是個案性的，尚未有人對此進行過系統整合性研究，故多以論文集的形式出現。如陳清橋主編：《身份認同與公共文化》（1997）；朱耀偉主編：《香港研究作為方法》（2016）；呂大樂、吳俊雄、馬傑偉編：《香港·生活·文化》（2011）；本土論述編輯委員會等編：《本土論述》年度集刊等等。該議題以歷史回溯性研究佔主體，面向未來的研究較少。近些年香港城市文化研究關注的重點從社會結構轉向塑造身份認同、內嵌於城市日常生活的一系列結構性關係與過程，文學影視作品、

33　馮慶想：〈香港本土主義的內在邏輯與歷史演變〉，《天府新論》2016 年第 5 期。

34　朱耀偉主編：《香港研究作為方法》，第 22-26 頁。

流行文化／普及文化 [35] 中本土文化身份的表徵是其中一個重要研究內容。總體看來，香港文化研究呈現出實用主義特徵，主張建立基於地方實踐的理論；堅持地方故事的日常生活寫作，消解宏大敘事；強調微觀歷史、具體的和主觀感受。

▎三、以香港人身份認同為主綫的歷史研究

王賡武（1997）指出，香港史研究方面一些早期的歷史學家都側重殖民史觀的香港人與香港史的關係。幾乎所有用英語寫作的外籍學者均沿襲殖民史觀敘事格式，[36] 將香港歷史的開端落在殖民歷史上——描述香港在鴉片戰爭前是「荒涼不毛之地」，較多涉及的是香港行政與制度變遷及經濟興衰等港英政府主導的主題。其他主題則聚焦於中國與英國在香港問題上的博弈史。香港主體性意識在「九七回歸」前後日益強化，表現為不滿長期「被書寫」，這亦是學界反思身份問題的表現。此後陸續出現以香港華人社會為關注點的歷史研究，早期出發點是對殖民史觀的批判。王賡武主編的《香港史新編》（1997、2017）即集中了 23 位研究香港問題的本地學者（增訂版增加至 29 位作者），從「香港意識」角度出發，既以縱向歷史發展脈絡為統領，又兼顧專題（涉及社會、政制、城市發展和建築、經濟、教育、文化、宗教、藝術和風俗等方面的內容），重新講述香港城市發展故事與香港華人的共同記憶。這些共同記憶與中華文化是密切相關的。這些專題從不同角度再現了香港歷史的複雜性、社會生活的豐富

35　香港學者常論及的普及文化（popular culture），內地譯作流行文化。吳俊雄和張志偉認為普及文化是指那些廣泛在民間流傳，並且受到普遍歡迎的產品和生活方式。在一個現代化社會，普及文化一般與大眾傳媒和商品消費有密切的關係。參見吳俊雄、張志偉編：《閱讀香港普及文化：1970-2000》（修訂版），香港：牛津大學出版社 2002 年版，第 xvii 頁。許寶強認為香港的普及文化不只是流行文化，還包括仍然流行的民俗習慣，以至一些普及的衣食住行生活方式等。參見許寶強：《缺學無思：香港教育的文化研究》，香港：牛津大學出版社 2015 年版，第 131-132 頁。
36　林準祥：《香港‧開港：歷史新編》，中華書局（香港）有限公司 2019 年版，序言。

多彩以及「香港人」概念的由來和歷程。書中涉及的許多歷史檔案資料均可窺見，過往百多年來香港與廣東省，乃至與整個中國內地其他地區均有著千絲萬縷的關係。重新認識內地和中央政策的支持對香港發展的重要意義。香港城市發展無論在過去、現在、還是未來，都與中國有著不可分割的關係，兩者命運緊密相聯，輔車相依，唇亡齒寒。在《香港史新編》中，王賡武指出香港到了 1970 年代，有一種新的社會意識——源自中國價值觀的、獨特的香港意識——開始逐步形成，它與英國和祖國內地的主流意識均不同。[37] 這一觀點被學者視為香港人的身份意識起源於上個世紀七十年代。也有學者認為 1984 年中英聯合聲明簽署後香港回歸事實已定，香港人才開始發展出新的香港人身份。[38]

香港歷史學家高馬可（John M.Carroll，2007）的《香港簡史——從殖民地至特別行政區》一書在英語學界廣為盛譽。他以香港人身份認同為主綫，考察了處於歷史夾縫中生存的香港是如何一步步凝聚香港主體性，並形塑香港人身份認同。這本簡史以香港殖民歷史以來發生的重大事件為觀察點，在具體史料的選擇和解讀上，高馬可主要著眼於影響和塑造今日香港和香港人獨特性的史實和社會細節描述，儘管沒有面面俱到，亦能自成一家之說。整體上看，與殖民史觀相比，高馬可立論相對客觀，能均衡各方面歷史評論為本書立論服務。肯定了香港的發展是所有香港華人努力的結果，而非歸功於殖民統治。許多學者認為香港人身份認同是很晚近的現象，比如前面論及的 1970 年代或者 1984 年為界綫的觀點。但高馬可則認為早在十九世紀末香港人身份認同就已扎根。不過，高馬可也承認剛開始時主要是富有華人階層香港本地歸屬感很強烈，他們與殖民統治者一直有合作；而市

37　王賡武：〈結論篇：香港現代社會〉，載王賡武主編：《香港史新編（增訂版）》（下冊），三聯書店（香港）有限公司 2007 年版，第 967 頁。

38　Nan M.Sussman,*Return Migration and Identity:A Global Phenomenon, A Hong Kong Case* (Hong Kong:Hong Kong University Press, 2011) ,p.17.

民階層對香港人身份認同以及權利意識的覺醒，遲至二戰後才普遍發生，尤其是在 1960 和 1970 年代獲得了快速發展。

　　奧利弗・柏瑞（Oliver J.Brearey，2009）在《香港身份與歷史》一文中通過評論 21 世紀初出版的四本香港史著述（包括以上高馬可專著），[39] 從有關香港人身份認同的歷史描述與地域、時間、種族和階級關係的角度，探討了香港身份認同的形成、發展及其政治建構。他借用霍爾的觀點，認為要充分理解香港身份認同及其與歷史的複雜關係，必須要認識到身份不是一個固定的存在狀態，而是一個變化的形成過程。[40] 在這一變化的形成過程中，也有學者強調要在香港與國家關係論述中確立香港人身份認同。如香港史權威學者劉蜀永（2009）主編的《簡明香港史》。劉蜀永在講述 20 世紀後期香港歷史時，指出心理上香港認同感和歸屬感的出現和確立是一個緩慢而漸進的過程。香港民眾心理上的變化在各個方面均有體現，社會文化多個領域亦呈現出鮮明的本地意識。歷史資料可證明 20 世紀 70 年代以後，香港人對香港社會的認同感和歸屬感明顯增強，他們較以往任何時候都更加關注於香港的現狀與未來。[41]

　　儘管對於香港身份認同的內涵及起源，歷史學家們有不同的理解，但從以上歷史敘事重心來看，身份建構的動態性、非本質化是其中統一的觀念。此外，以香港人為主綫的歷史敘事，與其他任何歷史一樣，也是一種社會建構，體現的是當代社會的觀念。這裏需要警惕

39　Tsang, Steve. *Governing Hong Kong: administrative officers from the nineteenth century to the handover to China, 1862-1997* (Longdon: I.B. Tauris, 2007); Tsang, Steve. *A modern history of Hong Kong* (Longdon: I.B. Tauris, 2004); Carroll, John M. *A concise history of Hong Kong*. Critical Issues in History (Lanham: Rowman & Littlefield, 2007); Faure, David. *Colonialism and the Hong Kong mentality*. Centre of Asian Studies Occasional Papers and Monographs 150 (Hong Kong: Centre of Asian Studies, University of Hong Kong, 2003).

40　Oliver J.Brearey, "Hong Kong Identity and History—A Review Article", I*n Journal of the Royal Asiatic Society Hong Kong Branch*, vol.49, 2009, p.295-319.

41　劉蜀永主編：《簡明香港史》（新版），三聯書店（香港）有限公司 2009 年版，第 365、408、412、418 頁。

建基於否認中華民族的香港史觀，並已發展成為「港獨」的支柱理論，如《香港城邦論》《香港民族論》《鬱躁的城邦：香港民族源流史》《香港獨立論》等。孫揚在《警惕香港史書寫中的分離傾向》[42] 一文中對最近十年基於「本土分離史觀」的香港史論述的危害和成因作了較為全面的分析，他認為「本土分離史觀」在身份認同方面大做文章是亟需警惕的。劉蜀永十分強調歷史觀及歷史教育的重要性，他認為要從香港本地的歷史發展去認識與國家的關係，這樣才更容易讓大家理解和接受國家認同。[43] 可見，我們在解決香港問題時，不能將之孤立，在做好國史教育與鄉土歷史、愛國主義教育相銜接的同時，更應注重在當下實踐中如何讓香港參與到共建共享國家發展之中。

趙稀方（2003）的《小說香港》是一部香港文學史。他在書中從「新歷史主義」和「後殖民」理論與方法的角度，對「香港敘事」的「歷史想像」進行了思考與反省。通過闡述「英國殖民書寫」「中國國族敘事」和「香港意識」三種不同類型歷史書寫方式，探究香港文化身份的流動。《小說香港》在「小說—香港」的互動關係中建立觀察香港小說的視角及敘述香港文學史的框架。趙稀方依託寫作於不同時期的小說文本，剖析了香港人的西方文化認同及其所隱含的殖民性問題，也正視了殖民性與現代性混合所帶來的多面性特徵。[44] 他指出香港新的主體經驗為當代香港文學發展帶來了動力。這對於當時歷史社會語境下香港文學發展是有進步性的。他將香港的城市文化及文學實踐放在其自身的生長脈絡裏，既肯定其獨特性，又看到其中的複雜性。趙稀方（2019）的《報刊香港：歷史語境與文學場域》以「報」上所「刊」載的香港文本為切入點，梳理香港文藝報刊發展脈絡的同時，亦關注文本敘事是如何呈現香港的。在這其中我們可以觀察到

42　孫揚：〈警惕香港史書寫中的分離傾向〉，《歷史評論》2020 年第 1 期。

43　〈香港地方志編修迎來「復甦」良機〉，《今日中國》2017 年 10 月號。

44　趙稀方：《小說香港》，三聯書店（香港）有限公司 2003 年版，第 57 頁。

香港本土意識是如何一步步在報刊媒體中生產並廣為傳播。陳智德
（2019）的《根著我城：戰後至 2000 年代的香港文學》追溯了香港文
學史上本土意識的產生，他將本土與非本土的複雜性，結合流動與根
著的辯證，作為整體議題貫穿於戰後至 2000 年代香港文學論述中。
在陳智德看來，香港文學的本土意識既不等於與他者割離，又不等於
對自身的完全肯定，實際包括對本土局限的反省。他發現本土意識的
發展不是簡單地由無到有或由弱轉強的過程。香港本土意識與國族傳
統作為路徑與根的關係始終隱約地聯繫而不是互相排斥。[45] 語言行為
包括書寫本身，是一種文化實踐活動。文學作品是從歷史和現實中無
數個事件當中挑選出具有普遍性感染力的部分事件，構成敘事鏈及完
整的反映時代主題的故事。文學史中的經典故事經過不斷闡釋、爭論
獲得某種特定含義，並影響後來的敘事形態。文學是社會生活的一面
鏡子，文學作品不但有可能催生出真實的社會事實，而且也是普遍社
會心理的生發器，預示著社會心理的產生及變化。可見文學亦是觀察
社會轉型中身份認同走向的重要媒介。

四、香港文化政策研究

香港的文化政策研究，分為批判的研究和行政的研究，或兩者
兼之。鄭新文（2010）在對香港藝術生態現狀評價時，指出評論和政
策研究不足，政府對文化藝術政策支持和資源整合均不足。[46] 劉靖之
（2014）批評香港文化政策的學術研究幾乎是一片空白，大學有關研
究專著缺乏。目前所見到的研究成果大部分來自政府有關政策局或法
定文化藝術機構，而且全部以委約專業公司或專業人士提交顧問報告

---

45 陳智德：《根著我城：戰後至 2000 年代的香港文學》，新北：聯經出版事業股份有限公司 2019 年
    版，第 11、38、63、95 頁。
46 鄭新文：〈西九文化區與香港文化藝術軟件的不足及其提升策略〉，載樂正、王為理主編：《深圳
    與香港文化創意產業發展報告（2010）》，北京：社會科學文獻出版 2010 年版，第 146-147 頁。

的形式。而這些研究中能夠較為全面分析狀況的並不多。[47]

　　《香港有文化——香港的文化政策（上卷）》（2008）是一本學術著作，這本書的價值在於：介紹了香港文化政策的歷史流變、回歸後的香港文化政策的討論、香港文化藝術行政制度的發展及行政架構的改革等等，並附錄了 1950-2007 年香港文化政策紀事等，這對於本研究摸清香港文化政策發展脈絡及相關文獻資料檢索有助益。作者陳雲（陳雲根）[48] 曾專門從事文化政策研究工作十年，但他在分析香港文化政策及體制時，並未完全採用傳統行政研究價值中立的方法。一些分析較為偏激，分析的準確性方面還有商榷的餘地。由此可見，香港既亟需加強去殖意識的文化政策研究，同時也要看到殖民性—現代性作用於香港文化體制所發生的壓迫和解放的雙重影響。需要我們深入探討公共文化建設改革路徑、文化治理體系及治理能力現代化路徑，增強香港基於中華文化的自信而不是基於殖民歷史的自信。《香港音樂史論：文化政策‧音樂教育》（2014）一書中，作者劉靖之專門對香港文化管理架構及政策研究文件作了重點分析，儘管介紹的文本內容不全，但提供了非常有用的研究綫索。以上兩本較為重要的研究專著對政府施政如何影響香港人身份認同並未作專題研究，本文將對這方面內容作進一步探討和補充。

　　何志平、陳雲根著《文化政策與香港傳承》（2008）、胡恩威著《胡恩威亂講文化政策》（2016）等以短篇評論集的方式介入對香港文化政策的討論。其他相關重要論述僅舉一二，如古兆申等（1997）認為個人對社會的歸屬最重要的是文化認同，文化價值觀是文化認同的依據，也是社會歸屬的凝聚力所在。因此他們提議將民族文化共同的價值觀作為「兩制」社會的內在聯繫，統率於「一國」之下，並應作

47　劉靖之：《香港音樂史論：文化政策‧音樂教育》，商務印書館（香港）有限公司 2014 年版，第 xvi、80 頁。

48　需要注意的是：陳雲所著的《香港城邦論》等書中的一些觀點被視為香港「本土分離史觀」的濫觴，在相當一批香港青年中形成了不可小覷的影響。

為特區政府最重要的文化政策。[49]「文化回歸」問題的提出在當時及香港回歸後均未受到足夠重視。香港人對民族文化的自信始終未能建立起來，這是需要我們反思的。港英政府文化政策瓦解了民族文化價值，特區政府文化政策在確立文化身份、尋回失落已久的人文歸屬方面還不夠到位。古兆申等人對問題的發展趨勢具有一定的預見性。

何建宗（2019）挪用後殖民理論家霍米·巴巴的概念「模棱」（ambivalence）闡述香港文化治理的複雜性，探討回歸前後香港文化政策如何平衡政治、經濟，並以此切入思考香港文化政策的殖民性與後殖民性。[50] 從中可以看出由於「模棱兩可」，造成身份認同的模糊甚至起到誤導作用。這與新世紀以來文化政策管理主義主導發展有關，也與香港文化一直將自己定位為「混雜性」有關。[51]

此外，還有散見於香港各報章雜誌中的文化評論及文化政策論壇專欄（如《信報》），其中也有涉及對香港文化政策及施政的意見，這些對文化實踐的文化批評呈現了香港精英階層對香港文化政策的看法，但甚少能建立一種與政策形成、執行之間的關係。此外，進念·二十面體 [52] 出版過系列集刊、文化力量 [53] 等非營利團體出版過有關社區文化、非物質文化遺產研討等集刊，「香港·台北·上海·

---

49 文樓、梁秉中、古兆申（執筆）:〈文化回歸的理念與實踐〉，載盧瑋鑾、熊志琴：《雙程路：中西文化的體驗與思考 1963-2003（古兆申訪談錄）》，香港：牛津大學出版社 2010 年版，第 312-335 頁。

50 何建宗：〈模棱兩可〉，載朱耀偉編：《香港關鍵詞：想像新未來》，香港中文大學出版社 2019 年版，第 103-110 頁。

51 包錯石等在 20 世紀 60 年代批評「雜取文化」心態，沒有自己的根，沒有主體性，失去了主體性。包錯石等：〈海外中國人的分裂、回歸與反獨〉，《盤古》（第 10 期）1968 年 1 月 25 日，第 2-16 頁，轉引自盧瑋鑾、熊志琴：《雙程路：中西文化的體驗與思考 1963-2003（古兆申訪談錄）》，香港：牛津大學出版社 2010 年版，第 265 頁。

52 進念·二十面體是成立於 1982 年的非營利藝術團體，彙集了一批香港文化精英，通過先鋒性劇團演出、文化政策研究、表演藝術工作坊等多種活動參與香港的文化建設。

53 文化力量是由一群熱心推動文化的志同道合的區議員、文化人及藝術家成立的非營利團體。

深圳城市文化交流會議」[54] 每年年會集刊，其中均有不少涉及香港藝文界人士對文化政策及文化發展的評論。對於身份認同的產生和轉變，有學者強調不能忽視或排除政府政策及制度所發揮的作用，政府在行政、立法上的設計對本土身份和文化扎根發展起到推波助瀾的作用。[55] 但具體到文化政策及文化體制方面的相關分析，卻鮮有人論及。總體來看，身份表徵及協商建構是文化政策的一項重要內容，但現有研究對此關注不夠。目前，基於身份認同問題的香港文化政策研究是缺乏的。

五、發現問題

香港大專院校的比較文學系、社會學系、設計學院，後來是中文系、文化研究系，自 20 世紀 90 年代逐漸有人開始從事香港文化的研究，曾舉辦相關學術研討會、開展研究課程 / 計劃等。[56] 如香港中文大學開展的「香港文化研究計劃」、香港大學先後成立「香港文化與社會研究計劃」和「全球化與文化研究中心」、香港科技大學設立「文化研究中心」、香港城市大學設立「跨文化研究中心」。香港嶺南大學設立了文化研究系，香港中文大學建立了文化與宗教研究系（內設文化研究學部）等等。儘管相關研究已經體制化，但受西方學術體制（以國際學術期刊發表著作數量作為考核準則）的影響，以本地為研究對象的主題在學院體制內一直處於邊緣化地位。有學者指出研究

54　該項目由上海、香港、台北、深圳四個城市文化演藝界人士發起，參會者包括政府相關行政部門人員、文化機構 / 組織從業人員、文化學者、藝術家等，每城市參會代表十名。四城市文化交流會議一年一度在這四個城市輪流舉辦，自 1997 年發起延續至今，議題從藝術節、藝術教育逐步擴展到文化政策的建制及文化生態的培育等多方面，項目的初衷是促進城市間文藝界相互交融，使各個城市的文化發展都能夠從對方身上汲取城市文化管理經驗。

55　鄭宏泰、黃紹倫：《香港身份證透視（第二版）》，三聯書店（香港）有限公司 2018 年版，第 201 頁。

56　也斯：《香港文化十論》，杭州：浙江大學出版社 2012 年版，第 50 頁。

者往往要優先考慮國際學術界興趣而犧牲本地社會需要，這使得學術體制內「香港文化研究」「文化研究」和「香港研究」互動不良，極大影響了本地研究的深入及傳承。[57]

在本地可見的研究成果中，相關議題多以文集形式呈現，尤其以社會文化評論形式出現的佔多數，針對香港人身份認同問題及香港文化政策的專著較少，較為系統性的、學理性的、跨學科研究成果則十分不足。劉兆佳也曾指出由於有關香港研究的學術著作並不多，中央和特區政府在制定政策時往往缺乏充分的學術研究作為支持。[58]當前亟待為新的文化重塑建立理論上的主導權。

內地學者對香港人身份認同相關議題的探討，較多集中於從政治—法律維度分析香港公民身份建構、香港思潮表現等，從價值觀念、公民教育、國史教育、國民身份重構以及青年問題等視角尋求解決方案，強調香港人觀念上需要從本土意識轉化成為有中華民族歸屬感的國民意識。對身份認同的具體研究較多建立在對文學文本、流行歌曲、影視作品形象的分析與解讀方面，對現實社會問題的思考和身份建構的理論探索明顯不足。對香港社會已經出現的認同問題和身份危機研究泛泛而談較多，整體來看還不夠深入。也有學者指出內地學者研究香港文化的深度、準確度有待提高。[59]對香港人出現身份認同危機的歷史研究、成因剖析和現實對策研究十分薄弱。文化政策與身份認同及公共價值的建立緊密關聯，國內（包括香港）學者對香港文化政策深度研究較為匱乏。由於許多香港學者及官員秉持港英時期「沒有文化政策，就是香港的文化政策」這一觀點，導致無論是在文

57　朱耀偉主編：《香港研究作為方法》，中華書局（香港）有限公司 2016 年版，第 14、15 頁；吳俊雄、張志偉編：《閱讀香港普及文化 1970-2000》（修訂版），香港：牛津大學出版社 2002 年版，第 xxi 頁。

58　劉兆佳：《香港社會的民主與管治》，北京：中信出版集團 2016 年版，第 xxi 頁。

59　李少兵、劉義章：〈20 世紀 80 年代以來內地學者與香港文化研究〉，《河北大學學報（哲學社會科學版）》2004 年第 6 期。

化政策的實踐領域，還是理論研究方面均缺乏足夠的重視。

　　綜合以上文獻分析，本研究發現：首先，當代身份認同的多元和融合的特徵，是普遍存在的；人類社會亦處於普遍的焦慮之中，身份認同的困境並非香港獨有。其次，香港存在的認同困境，是在香港具體歷史社會情境下呈現出來的中國現代化過程的問題，它與內地現代化過程中呈現出來的認同問題既有一致的地方，也有區別之處。其他國家現代化過程中也有類似身份認同問題的出現。再次，香港存在的身份認同衝突和危機，從某種程度上是起於與內地交往阻隔且逐步累積而成的結果，被殖民管治的歷史及其文化後果是產生問題的根本原因。導致原有認同機制出現裂痕的因素，需要從內在和外部兩種視角加以分析破解，尤需從制度層面解構問題機制，並尋求新的建構路徑。香港若要成功應對內外壓力，必須始終準確處理好「一國」與「兩制」的關係，找出運行良好的及運行無效的地方，有選擇性地開展文化制度改革。最後，身份的協商是文化政策的核心內容，既需要建立對過去香港多元價值取向的客觀理解和認識；更需要建立對未來香港的重新闡釋——即「一國兩制」下多元中有共識、混雜中見和諧，強調公共文化更多的「我們」和共同性，並在文化自覺自信中釋放出創造性的意義和價值。

第二章

香港人身份認同存在問題的成因

◇◇◇

　　第二次世界大戰結束後，隨著四五十年代全球性非殖民地化進程，英國迫於時代性與地區性政治運動影響，已經準備在香港逐步調整管治模式，實行「非殖民化」策略。[1]此後，香港社會結構與（冷戰背景下）經濟模式的轉型，中國內地及世界局勢的變化，真實或想像的內部和外部威脅，以及有關歸屬感的文化印記的變遷等，均對香港人身份認同的發展有著重要的影響。這是一個動態變化的過程，總體來說香港人身份認同是建立在與中國內地關係之上的。[2]1950 年代以後，香港社會本土意識在不同文化範疇上獲得成長與蛻變，但這並非由香港社會文化自然發生出來的歷史結果，而是人為推動，並受各種力量牽制而變化。港英政府在漸進撤退的「非殖民化」過程中，刻意發展以經濟為重的商業社會，推行非政治化政策，在去民族主義措施下，有方向、有目的地實施「再殖民化」步驟。[3]香港回歸後，體制及意識形態領域遺留的殖民性因素制約著香港人身份認同的重構。我們需要將身份認同問題放到具體的歷史階段中去分析和反思。

1　限於當時社會全力以赴進行戰後重建，逐步的工作也在進行，如「楊計劃」（The Young Plan）。該計劃是指 1946 年由當時香港總督楊慕琦提出的香港政治制度改革方案。1952 年 10 月，港督葛量洪正式宣佈放棄計劃，該計劃最終並沒有實現。

2　Wang Jialin,*Discursive Strategies and Identity Construction:A Study Based on the PAs of the HK Governments Pre- and Post- Transition*, Jinan University Press,2017.p.58.

3　強世功：〈帝國的技藝——香江邊上的思考之三〉，《讀書》2007 年第 11 期；鄭宏泰、黃紹倫：《香港身份證透視（第二版）》，三聯書店（香港）有限公司 2018 年版，第 201 頁。

回歸前香港社會本土意識的
形成及香港認同建構

◇◇◇

一、空間維度上的區隔是香港社會本土意識產生的最直接原因

　　從開埠到新中國成立前，香港都是一個開放的移民社會。粵港兩地人民進出往來，基本上不受限制，邊境界綫十分模糊。平常每天有 4 班火車，還有汽車和輪船來往深圳和香港兩地。[4] 當時對於大部分香港移民來說，香港是謀生地、臨時寄居地，最後還是會選擇落葉歸根，故對港英政府統治的香港沒有歸屬感。粵港兩地間人口自由流動真正開始受到限制，是 1949 年港英政府對香港居民進行首次登記；並在 1950 年公佈《人民入境統制（補充條例）》，同年 5 月封鎖深港邊界，這一行政手段和邊境政策標誌著「香港人」身份的出現。同年 7 月深圳羅湖公安檢查站設立。此後，1951 年 9 月 1 日中國政府實施《關於往來香港、澳門旅客的管理規定》，中國公民往來港澳地區時須接受出入境管制，結束中國內地、香港和澳門三地自由出入境的情況。[5] 中英雙方先後施行控制出入境的政策，使兩地往來人流

4　于璟：《深港邊界今昔》，載深圳市政協文化文史和學習委員會，深圳博物館編：《深圳文史第 14 輯 · 百年滄桑　深港軼事》，深圳：海天出版社 2014 年版，第 20 頁。

5　香港地方志中心編纂：《香港志：總述 · 大事記》，中華書局（香港）有限公司 2020 年，第 254 頁。

大為減少。[6]

此舉帶來的影響主要體現在三方面：其一，封鎖邊境，使得粵港兩地民間自由交往形成的空間即被切割分離，人的流動性狀態被打破了，香港移民社會形態開始有所改變。原本在與內地的緊密聯繫中可以確定香港的文化身份；[7] 切斷聯繫後，兩地文化心理上逐步產生隔閡，香港華人社會對內地同胞的「他者」想像開始萌芽。此外，人口遷移性減少，客觀上也增強了傳統形式的地方文化認同。

其二，教育相關性被掐斷，此後在香港出生的、受教育的人遠比以前多，香港華人很難再返回內地接受教育。港英政府利用這一時機，改變戰前一直執行的不干預政策，很快決意通過教育的控制和管理來加強英國的影響。支配性的制度和意識形態開始發揮重要影響。殖民教育體系一方面大力推行英文教學，培養對宗主國的文化臣服；另一方面強化「香港人」身份意識，讓本土意識與對中國的認同區隔。

其三，本地出生人口逐漸成為人口構成的主體。1971 年在香港400 萬人口中，只有 185699 人填寫家庭籍貫是香港，不到總人口的5%。[8] 連結第一代移民的祖籍地緣關係慢慢被淡化。香港社會出現了一批「生長於斯、受教育於斯」的，沒有濃厚「故鄉」觀念的一代。和以前大部分居民都懷著過客心態相比，視香港為家的「香港人」日益增多。[9] 香港本地出生人口的變化是反映人口當地語系化趨勢的一個重要指標。《香港人口普查報告書》顯示，1931 年香港出生人口僅佔總人口的 32.9%，1961 年該比例上升到 47.7%，1971 年香港本地出

---

6 鄭宏泰、黃紹倫：《香港身份證透視（第二版）》，三聯書店（香港）有限公司 2018 年版，第11、170 頁；劉蜀永：《簡明香港史》（新版），三聯書店（香港）有限公司 2009 年版，第 363、365 頁。

7 楊匡漢：〈文化的驛站——香港與內地藝文關聯的一個側面〉，《文藝研究》1999 年第 2 期。

8 陳麗君等：《香港人價值觀念研究》，社會科學文獻出版社 2011 年版，第 228 頁。

9 冼玉儀：〈社會組織與社會轉變〉，載王賡武主編：《香港史新編》（上冊），三聯書店（香港）有限公司 1997 年版，第 202 頁。

生人口已經達到總人口的 56.4%。[10] 戰後「嬰兒潮」一代的出生和成長，使得香港的屬地認同得以加強。這為隨之而來的香港社會本土意識的萌生及滋長提供了客觀條件。因此，王家英認為後來所謂的「香港意識」或香港「文化特質」（ethos），很大程度便是在 1950 年代以後慢慢形成的。[11]

二、港英殖民政府逐步加強香港本位的意識形態塑造

1949 年港英政府為了防備中國的反帝反殖鬥爭延伸至香港，制定了系列影響香港居民人身自由和社會治安的政策。如首次施行人口登記制度以控制人口；通過修訂《1949 年社團條例》規定一切在香港活動的社團必須登記，用以收緊一些政治團體在香港的活動空間。[12] 尤其是一些涉及敏感政治議題的，都可隨時取締。當時一些左派色彩濃厚的組織和人物，便逃不過政府的監控和打壓，文化藝術界中也有人因此被驅逐出境。例如，1952 年初港英政府將左翼電影人士馬國亮、齊文韶、劉瓊、司馬文森等十人強押出境。[13] 紅黃藍美術研究社合法登記，成立一年多就被指控觸犯法例第 5 條，勒令停止活動。[14] 長期以來，香港社會運動基本上都屬中國政治的延伸，港英政府對此十分警惕，嚴密監控工會和壓力團體。

為了避開政治性影響，港英政府一方面表面上順應非殖民化政策，推動公務員本地化，讓本地華人參與市政局與公共服務機構事務

10　劉蜀永：《簡明香港史》（新版），三聯書店（香港）有限公司 2009 年版，第 365 頁。

11　王家英：《香港人的族群認同與民族認同：一個自由主義的解釋》，香港中文大學香港亞太研究所 1996 年版，第 5 頁。

12　鄭宏泰、黃紹倫：《香港身份證透視（第二版）》，三聯書店（香港）有限公司 2018 年版，第 71 頁。

13　黃愛玲：《理想年代：長城、鳳凰的日子》（香港影人口述歷史叢書 2），香港電影資料館 2001 年版，第 40-41 頁。

14　梁秉鈞等著：《痛苦中有歡樂的時代：五〇年代香港文化》，中華書局（香港）有限公司 2013 年版，第 151、173 頁。

管理。[15] 另一方面極力推崇和協助建立以香港為本位的街坊福利會，迴避與中國有政治聯繫的同鄉會、商會等社團。在港英政府的積極介入下，各種宗親、街坊福利會的活動蓬勃發展。有資料顯示，到了 1960 年，香港已有 60 個街坊福利會；這些街坊福利會不僅辦理義學、診療所等，還為政府宣傳各種政策，成為殖民政府維持社會安定的重要手段。1960 年代後期，港英政府進一步在 10 個地區民政署（及新界民政署）、社區中心、服務處執行新的社區政策。一是為了收集市民意見，處理政策和民情的上傳下達；二是為了加強市民對香港的歸屬感，贏取香港市民的支持。[16]

20 世紀 50 至 70 年代處於冷戰方酣之中，是香港意識形態鬥爭很激烈的時期。[17] 文化教育事關意識形態領導權的爭奪。港英政府加速推動「去中國化」的文化和教育政策，削弱學生對中國文化的認同。一方面從語言著手，強化英語課程教學，[18] 禁止中小學教授國語（普通話），嚴禁學生使用簡體字。輕則斥責、扣分，重則罰站、尺刑、記過，寫簡體字似乎不是語文問題，而是品德問題。甚至公共圖書館裏的兒童中文圖書，也大部分台灣出版，絕少內地出版的簡體字書籍。[19] 有研究指出 1953 年香港英文中學的數目首次超越中

15　實際上，整個港英政府架構中的決策層（行政與立法兩局）並未做重大政改，只是行政層實行「本地化」發展，這一現象後來金耀基總結為「行政吸納政治」。鄭赤琰：〈戰後香港政制發展〉，載王賡武主編：《香港史新編》（上冊），三聯書店（香港）有限公司 1997 年版，第 148 頁。

16　冼玉儀：〈社會組織與社會轉變〉，載王賡武主編：《香港史新編》（上冊），三聯書店（香港）有限公司 1997 年版，第 199、200、206 頁。

17　有學者認為冷戰就是心理戰，就是用「和平方式」屈敵，即用宣傳的武器來瓦解敵方的立場，爭取人的思想和意志。行動的武器存在於思想文化領域。參見〔英〕弗朗西絲．斯托納．桑德斯（Frances Stonor Saunders）：《文化冷戰與中央情報局》，曹大鵬譯，北京：國際文化出版公司 2002 年版，第 13、165 頁。

18　游靜回憶她成長的七八十年代，英文好等於步步高升出人頭地，中小學十多科裏，什麼科都不敵英文。游靜：《我從未應許你一個玫瑰園：香港文化政治生態》，香港：文化工房出版 2014 年版，第 133 頁。

19　陳智德回憶 20 世紀 80 年代香港中學會考，仍有不成文規定考生不得寫簡體字，否則逐字扣分。陳智德：《地文志：追憶香港地方與文學》，新北：聯經出版事業公司 2017 年版，第 188 頁。

文中學，並迅速成為社會主流。[20] 另一方面執行「非政治化」的教育體系。一是 1952 年香港教育署修訂教育法例，對學校進行「政治宣傳」加以限制；[21] 二是加強對學校課程內中國歷史、語文和文學的審查。採取實用主義教育策略，強調以中國傳統歷史文化知識、道德觀念抵消中國內地和台灣地區所強調的民族主義和愛國主義，切割了民族精神和國家意識。當時老師不可隨意在課堂上談論政治。[22] 通過中國文化科目，一代代香港華人認識到自己中國人的身份，然而這種身份卻與當代中國無關，是一種與經驗相隔離的較為抽象的中國人身份。[23] 這對香港華人的行為認知影響深遠。有研究顯示香港華人的中華民族認同偏重於對民族性格（勤奮上進）及民族歷史文化的肯定。[24]

　　1967 年反殖抗暴事件 [25] 發生後，為了壓制香港華人社會的民族主義和反殖情緒對殖民統治秩序的破壞，港英政府進行了系列政策調整。一方面修訂《公安條例》，嚴格限制市民表達意見的權利，將處理公安事宜的各項條文（如《公安條例》《保安條例》及《簡易程序治罪條例》）綜合為一條法例，其中對集會、遊行、示威及聚集作出

20　馬傑偉：〈電視文化的歷史分析〉，載吳俊雄、張志偉編：《閱讀香港普及文化：1970-2000》（修訂版），香港：牛津大學出版社 2002 年版，第 681 頁。

21　陳麗君等：《香港人價值觀念研究》，北京：社會科學文獻出版社 2011 年，第 32 頁。《1952 年教育條例》設立諮詢機構教育委員會，並嚴格規管學校、校監、校董、校長、教師、校舍設備與教育課程，避免學校成為政治宣傳工具。同年，成立課程與教科書委員會，統籌課程與教科書的規劃與審核工作。香港地方志中心編纂：《香港志：總述・大事記》，中華書局（香港）有限公司 2020 年版，第 259 頁。

22　周永新：《香港人的身份認同和價值觀（增訂版）》，中華書局（香港）有限公司 2019 年版，第 122 頁。

23　1952 年，香港教育署任命一個委員會檢討香港學校課程內中國歷史、語文和文學的問題。1953 年 11 月，該委員會建議著重中國文化，以抵消內地和台灣強調的民族主義和愛國主義。參見高馬可（John M.Carroll）著：《香港簡史——從殖民地至特別行政區》，林立偉譯，中華書局（香港）有限公司 2013 年版，第 184 頁。

24　相對其民族認同中的政治建構則存在一定的疏離甚至抗拒。王家英：《香港人的族群認同與民族認同：一個自由主義的解釋》，香港中文大學香港亞太研究所 1996 年版，第 9、14 頁。

25　受內地文革影響，1967 年由勞資糾紛引起，最初罷工、示威，發展至後來成為反英殖民抗爭運動。該事件間接促使當時的港英政府改善施政。

管制。[26]另一方面在學校教育中調整了語文教育政策，規定所有中文小學都以粵語（廣州話）授課。1970 年取消中學會考國語科，並於 1973 年出版的綠皮書上建議初中應該採用母語（廣州話）教學。許寶強認為這些措施或可理解為舒緩學生壓力，同時希望能有效推行灌輸式教育；這也是為了抗衡中國革命思潮，推行「去國族化」教育的體現。[27]劉鎮發分析這一舉措是讓非粵語方言的華人下一代融合成一個語言團體，便於推動以粵語為中心的香港認同。[28]1970 年代中期粵語流行文化的興起看起來是自然而然的市場行為，但其語言基礎與殖民政府有意識的引導不無關係。

1972 年 4 月，港英政府改變了百年來的移民及人口政策，給予連續居港滿 7 年或以上移民以永久居民身份（證）。永久居民身份政策與社會福利、房屋、教育等待遇直接掛鈎，由此以立法形式確立香港居民「利益共同體」意識，喚起了居民的身份認同議題。[29]1980 年 10 月 23 日，香港人口政策出現重大轉變，「抵壘（touch base）政策」[30]的結束和硬性規定攜帶身份證政策的實施，不僅使香港的人口結構漸趨穩定──香港社會有了固定人口，而且使香港華人的身份認同進一步強化。1970 年代英國經濟不振，國內種族主義與反移民情緒高漲，英國政府在 1982 年啟動香港問題談判前，為防止談判失敗英國撤出香港時大量香港人湧入英國，修改國籍法。[31]1986 年，英

26　李曉惠主編：《香港社團理論與實務》，商務印書館（香港）有限公司 2019 年版，第 49 頁。

27　許寶強：《缺學無思：香港教育的文化研究》，香港：牛津大學出版社 2015 年版，第 144 頁。

28　劉鎮發：《香港兩百年來語言生活的演變》，華人地區語文生活與語文計劃國際學術研討會論文，福建武夷山 2002 年 1 月。

29　鄭宏泰、黃紹倫：《香港身份證透視（第二版）》，三聯書店（香港）有限公司 2018 年版，第 3、12 頁。

30　1974 年 11 月至 1980 年 10 月港英政府針對中國內地非法入境者實施的難民政策，即非法入境者若成功抵達香港市區，便可成為香港合法居民居留香港；若在邊境禁區被執法人員截獲，則被遣返。

31　1981 年 10 月 30 日，英國國會通過《1981 年英國國籍令》，並授權英國政府根據國籍法頒佈國籍令。規定自 1983 年 1 月 1 日起，所有憑香港關係取得的聯合王國及殖民地公民身份，或生效日以後在香港出生的人士將被劃為英國屬土公民，不再享有定居英國的權利。

國政府按國籍法提出《香港（英國國籍）令草案白皮書》，規定：香港原居民及在香港出生的人士被稱為「英國屬土公民」，持有者沒有在英國本土上的居留權。香港社會反應強烈，許多香港人認為，這實際是「二等公民」。[32] 這徹底打破了香港華人對英國的幻想，促進本土意識迅速崛起。

▍三、經濟結構演變及全球化發展對香港人身份建構的影響

英國殖民統治已實施一百多年後的 1950 年，香港產業結構單一，只依賴少量轉口貿易生存，香港的總出口中約八成屬轉口，且絕大部分和中國內地有關；當時香港本地生產總值只有 31.5 億港元，人均收入 1400 港元，按當時的匯率折算不到 250 美元。[33] 1950 年代初美國宣佈對中國實施全面禁運，並操縱聯合國大會通過對華貿易禁運的提案。在 1951-1957 年這段時期，內地和香港的交流互通幾乎斷絕，一直到禁運終止，兩地才漸次恢復交往。[34] 受之影響，1950 年代到 1970 年代香港對內地的出口（包括本地產品出口和轉口）一直處於較低水平（見表 2-1），但同期內地對香港的出口還持續增長（見表 2-2），這主要是因為中國內地一直都是香港的糧食和一般民生基本所需物品的最主要來源。

冷戰時期，香港原本賴以生存的轉口貿易急速萎縮，尤其是與中國內地及美國的貿易，經濟出現危機。20 世紀 60 至 70 年代，當

32　梁振英：〈修改英國國籍法的深刻教訓〉，《明報》2007 年 3 月 16 日，載梁振英：《家是香港》，香港：明報出版社 2007 年第 2 版，第 9 頁。

33　Catherine R. Schenk, *Hong Kong as an International Financial Centre: Emergence and Development, 1945-1965* (London: Routledge, 2001), p.4. 轉引自嚴飛：〈殖民管治香港的要義——評《管治香港》〉，《二十一世紀》2013 年 6 月號總第 137 期；莫凱：〈現代貿易體系的成長歷程〉，載王賡武主編：《香港史新編》（上冊），三聯書店（香港）有限公司 1997 年版，第 298 頁。

34　鄭宏泰、黃紹倫：《香港身份證透視（第二版）》，三聯書店（香港）有限公司 2018 年版，第 170 頁。

時工業國家特別是美國和日本開始向外轉移製造業。香港抓住這一時機，利用低廉的勞動力 [35] 和生產要素成本、轉口貿易時代留下的各種設施和商業關係，以出口為主導，全力發展製衣、玩具、塑膠、電子工業等勞動密集型生產。[36] 源源不斷的資金湧入香港，不但高漲了本地商人們的投資熱情，也為香港民生工程項目提供了充足的資金。從 1970 年代開始，香港從內地進口的食品價格平均較國際市場低 50% 以上，原料約低 30%，衣服等消費便宜 25%。[37] 這對促進香港經濟崛起顯然是一種助力。1960 年代的香港，人均 GDP 仍然相對較低，而此後香港經濟的崛起，外加民生的改善，人們願意拚命工作，作出犧牲，甘心接受港英政府權威領導，從而提高了殖民統治的認受性。

中國內地推行改革開放政策後，香港愈來愈密切地與廣東省重新結合，並構成共生關係。[38]20 世紀 70 年代末香港製造業開始北移到珠三角地區，取而代之的是金融、商務、貿易及旅遊等服務性行業在香港的增長。1980 年代中期，當新加坡經濟嚴重衰退時，香港因與廣東的特殊關係而繁榮興旺，縱然當時遷離香港的人數每年超過 5 萬，香港的地產和股票市場仍舊興旺不衰。[39] 此後，香港逐漸轉型為一個國際金融中心。服務性行業的蓬勃發展，成功吸納了被辭退的大

35　1960-1973 年 13 年內，有大量非法移民涌入香港，大部分是青壯人口。

36　莫凱：〈現代貿易體系的成長歷程〉，載王賡武主編：《香港史新編》（上冊），三聯書店（香港）有限公司 1997 年版，第 299、301 頁；王鳳超：《香港政制發展歷程（1843-2015）》，北京：生活・讀書・新知三聯書店 2019 年版，第 18 頁。

37　徐日彪：〈為順利解決香港問題奠定扎實基礎——黨的第一代中央領導集體與香港回歸〉，1997 年 6 月 24 日《人民日報》第 9 版。

38　1978 年至 1987 年間，到訪廣東省的香港居民超過 3,000 萬人次，同期逾 17 萬名內地居民探親到訪過香港。高馬可（John M.Carroll）：《香港簡史——從殖民地至特別行政區》，林立偉譯，中華書局（香港）有限公司 2013 年，第 216 頁。

39　〔美〕傅高義：《先行一步：改革中的廣東》，凌可豐、丁安華譯，廣州：廣東人民出版社 2008 年第 2 版，第 370 頁。

部分原製造業工人，當時香港失業率維持在約 2% 的低水平。[40]

同期，經濟結構轉型也創造出許多新的、需要專業知識和技能的就業職位讓年輕人去從事，保證了大多數低下階層及普通中產「向上流動」的空間。香港經濟多元化帶來社會結構的多元化，促使中產階層及專業階層開始冒起，出現社會利益訴求的多元，也出現了一些以職業或行業會聚而成的新的社會團體。社會團體關注的議題，也逐漸從早期關注的福利等民生議題，轉向政治議題。這一政治經濟格局和生態變化促使港英政府改變對社會團體的管理方式──放鬆管控；推動「代議政制」改革，擴增了立法局席位以安排不同功能界別、產業或專業代表。1980 年代後香港論政團體和參政團體逐步興起，社會團體的倡議政策議題得到擴展，參與行動也有所增加。[41]

1965 至 1990 年間，香港的經濟發展被世界銀行譽為「東亞奇蹟」，既取得驕人的增長，民眾亦能共享發展成果（World Bank，1993）。因經濟成就而生的自信心和優越感，成為香港認同的重要因素。象徵香港「本土性」的獅子山精神 [42] 即是在那個年代政治經濟環境中被生產並引發共鳴的。獅子山精神肯定了香港華人只要肯幹，就會出人頭地。而且不僅草根階層如此，當時也見諸於各行業。[43] 獅子山精神作為香港精神的化身，亦成為本土意識的重要載體。但凡香港發生社會危機時，獅子山精神即承擔喚起社會凝聚力、號召共渡時艱的重任。

40　經濟學家認為低於 4% 的失業率可稱為充分就業。饒美蛟：〈香港工業發展的歷史軌跡〉，載王賡武主編：《香港史新編（增訂版）》（上冊），三聯書店（香港）有限公司 2007 年版，第 440 頁。

41　李曉惠主編：《香港社團理論與實務》，商務印書館（香港）有限公司 2019 年版，第 44 頁；王鳳超：《香港政制發展歷程（1843-2015）》，北京：生活‧讀書‧新知三聯書店 2019 年版，第 65 頁。

42　《獅子山下》是香港電台電視部於 1974 至 1979 年、1984 至 1988 年、1990 年、1992 至 1995 年以及 2006 年間所製作的實況電視劇系列，以處境故事述說草根階層的掙扎歷程，刻畫了逆境自強的時代集體風貌。

43　許煜：〈獅子山精神的批判〉，載王慧麟等編著：《本土論述年刊 2009》，台北：漫遊者文化出版社 2009 年版，第 173 頁。

表 2-1 香港本地產品出口美國、英國、中國內地市場份額（1961-1991）

1961 年		1971 年		1981 年		1991 年	
市場	份額（%）	市場	份額（%）	市場	份額（%）	市場	份額（%）
美國	23.1	美國	41.5	美國	36.3	美國	27.2
英國	20.1	英國	14.2	英國	9.6	中國內地	23.5
				中國內地	3.6	英國	5.9

資料來源：Hong Kong Review of Overseas Trade, Hong Kong:Census and Statistics Department. 轉引自莫凱：《現代貿易體系的成長歷程》，載王賡武主編：《香港史新編》（上冊），三聯書店（香港）有限公司 1997 年版，第 333 頁。

表 2-2 商品進口中國內地、日本、英國、美國來源份額（1951-1991）

1951 年		1961 年		1971 年		1981 年		1991 年	
市場	份額（%）	市場	份額（%）	市場	份額（%）	市場	份額（%）	來源	份額（%）
中國內地	17.7	中國內地	17.2	日本	24.3	日本	23.2	中國內地	37.7
英國	12.7	日本	14.5	中國內地	16.4	中國內地	21.3	日本	16.4
日本	8.1	英國	12.7	美國	12.5	美國	10.4	美國	7.6
美國	7.7	美國	12.2	英國	7.9	英國	4.5	英國	2.1

注：香港的商品進口一部分供民生日用所需，稱為留用進口；另一部分為工商各業作為投入用於轉口。

資料來源：Hong Kong Statistics 1947-1967; Hong Kong Review of Overseas Trade, Hong Kong: Census and Statistics Department. 轉引自莫凱：《現代貿易體系的成長歷程》，載王賡武主編：《香港史新編》（上冊），三聯書店（香港）有限公司 1997 年版，第 331 頁。

四、報章雜誌及副刊專欄的文藝生產與本土意識有著明顯的互動關係

　　有研究顯示 20 世紀 50 至 60 年代中期，香港中文報章所關注的新聞內容明顯出現了本地化趨勢，逐年增加與本地事務有關的社論。強調社會民生及經濟發展的「社經報業」以市場為依歸，強調本地意識、淡化政治及黨派主張，日益成為報界主流。「社經報業」的本地性一直延續至今。[44] 劉蜀永認為這是讀者需求和報業人員構成共同變化的結果。[45] 新一代成長起來的香港人比他們上一輩更加關注本地的現狀與未來。但英國殖民政府的新聞管制在此也發揮了決定性的作用。[46] 從二戰後到 1980 年代，香港人習慣在言論上有所避忌。[47] 與英國殖民政府意識形態導向相一致，大部分的香港報章缺乏輿論監督本地政府的功能，具有「非政治化」的傾向和特色。因此，資訊提供與娛樂功能成為報章十分強調的元素。[48] 儘管香港報章對內地的關注從未間斷過，但在殖民統治下國家和民族意識被壓制了，允許表徵的仍是繼承中國文化的、剔除政治立場的抽象身份概念。

　　香港文藝刊物、報紙的副刊專欄既是批評時政與社會民生的文

44　李少南：〈香港的中西報業〉，王賡武主編：《香港史新編（增訂版）》（下冊），三聯書店（香港）有限公司 2007 年版，第 600 頁。

45　劉蜀永：《簡明香港史》（新版），三聯書店（香港）有限公司 2009 年版，第 408 頁。

46　港英政府制定了系列限制新聞自由的條例，以 1951 年 5 月制定的《刊物管制綜合條例》最為全面及苛刻，總計 84 條。此例授權港督會同行政局，禁止任何可能損害香港安全、導致罪案發生、影響公眾秩序、健康或道德的刊物進口。任何報刊會導致他人犯罪、支持非法的政治團體、影響公共秩序、健康或道德者，法庭可根據律政司申請查禁或暫停違例報刊出版 6 個月。此外，任何報刊惡意散發可能導致公眾不安的虛假消息，即屬違法。此例還規定不得發表任何煽動正常社會秩序的言論。港英政府在維護本身的統治權威上，十分強硬。香港報章對殖民統治不滿或造成威脅，它隨時按例對付，對報紙言論起到「冷卻」效果。報章通常會自我審查，也免不了時時開天窗。參見李少南：《香港的中西報業》，載王賡武主編：《香港史新編（增訂版）》（下冊），三聯書店（香港）有限公司 2007 年版，第 598、599 頁。

47　政治話題最好不在公開場合討論，批評政府不能太過分。周永新：《香港人的身份認同和價值觀（2019 增訂版）》，中華書局（香港）有限公司 2019 年版，第 92 頁。

48　李少南：《香港的中西報業》，載王賡武主編：《香港史新編（增訂版）》（下冊），三聯書店（香港）有限公司 2007 年版，第 601 頁。

化空間，也是孕育香港文學及培養香港優秀作家的重要園地。因此，香港的文化通常被視為雜誌的文化而不是社團的文化。[49] 作為商業性媒體，如果想受人歡迎並有利可圖，就必須刊登與時代風氣、市民所思所想相共鳴的內容。這些大眾傳媒上的文藝作品是當時社會背景的表達手段。香港的本土意識在 1970 年代以來城市敘事創作中的映現即是社會普遍心理的體現。當時不僅許多青年作者土生土長，在本地接受教育，而且讀者層面也歡迎「香港化」的內容。不少以香港為寫作對象和題材的作品，大量湧現於不同的報章及文藝刊物上，如《四季》《大拇指》《羅盤》《素葉文學》等；[50] 1979 年《香港文學》雜誌創刊，也培育了一批本土意識頗濃的作家，如何紫、阿濃、西西、陸離、小思、亦舒、古蒼梧、黃國彬、何福仁、也斯、淮遠、鍾玲玲等。[51]

伴隨香港發展而成長起來的新一代作家形成了一種新的寫作風格，他們也逐漸成為香港文壇的中堅力量。他們在創作內容上帶有鮮明的本土意識，將香港故事與個人日常生活經驗中細微事物的書寫相聯繫，這種文學感受力的轉變反映出時代的特徵。趙稀方指出，「敘事者在城市中看到了什麼，忽略了什麼，呈現出了什麼，這些缺席與在場都是一種意義的表達，它們構成了敘事者與城市的不同關係」；[52] 從不同層面自覺生產對香港本土的認同感與歸屬感。新一代作家從情感上敏銳地察覺到市民身份歸屬上發生的變化。儘管小說內容避免宏大敘事，看上去和當時重大政治社會問題無關，但在最深刻的層面上仍感性地表現出香港華人所經歷的變化和衝擊。情緒成為小

49　洛楓：《流動風景：香港文化的時代記憶》，杭州：浙江大學出版社 2011 年版，第 23 頁；也斯：《香港文化十論》，杭州：浙江大學出版社 2012 年版，第 47 頁。

50　洛楓：《流動風景：香港文化的時代記憶》，杭州：浙江大學出版社 2011 年版，第 13 頁；趙稀方：《報刊香港：歷史語境與文學場域》，三聯書店（香港）有限公司 2019 年版，第 381-410 頁。

51　黃維樑：〈香港文學的發展〉，王賡武主編：《香港史新編（增訂版）》（下冊），三聯書店（香港）有限公司 2007 年版，第 619 頁。

52　趙稀方：《小說香港》，第 47 頁。

說創作中的核心主題。西西的小說《我城》（1975 年在香港《快報》上連載近半年）開啟了城市敘事的篇章，1979 年成為「素葉文學叢書」首部刊行文學書，被視為香港本土文學中最具代表性作品。趙稀方認為，《我城》標誌著新一代本土香港人對於香港的認同。[53]「我城」是一個只有「城籍」而無「國籍」的地方，「國家」的存在無法在地方上得到體現。在小說童話般語言敘事裏，「國家」是以父親缺失的隱喻形式無時不在，召喚但卻面臨著難於言說的窘境。對身份認同的焦慮思索在行文中隱形並存。後來西西在其小說《浮城志異》中，又將香港稱為「浮城」，形象地描繪了整個社會情緒——對過去沒有根底，對未來沒有展望，對現狀未能安定——的狀況。「我城」「浮城」所隱喻的本土意識及焦慮情緒，在香港社會中產生了極大的共鳴。

本土意識不是一代人生成的，它有著逐步發展的過程。身份認同也是基於集體記憶與文化結構形塑起來的幾代人的印記。只不過隨著時代發展，印記的形式以及不同代際對此的理解未必一致。1938 年出生於香港的張浚華，以友聯社《兒童樂園》編輯、文化機構負責人身份活躍文化界。她在訪談中回憶年輕時和當時大部分香港人一樣對政治冷感，但知道自己是中國人，不會強調自己是香港人。[54]1952 年出生於香港的葉輝，1970 年代即投身香港新聞出版事業，也參與文學實踐及詩刊編輯出版工作。他在訪談中亦提及他那代人在剛進行創作時並沒有想到自己是中國人還是香港人。大概在 1970 年到 1982 年這一階段才慢慢開始認識到本土意味著什麼。在他看來本土即童年記憶及生活的根，是創作和精神家園。就像南下作家大都懷念過去，寫自己的故鄉一樣。[55] 陳國球在一次訪談中也提到 20 世紀 70 年代

53　趙稀方：《報刊香港：歷史語境與文學場域》，三聯書店（香港）有限公司 2019 年版，第 407 頁。

54　盧瑋鑾、熊志琴編：《香港文化眾聲道（第二冊）》，三聯書店（香港）有限公司 2017 年版，第 189 頁。

55　莊向陽等：〈葉輝：香港文學正處在重要的轉折期〉，2011 年 2 月 20 日《晶報》B04-05 版。

《中國學生週報》上關於什麼是「香港人」的討論對其有很大影響。[56]
可見，議題經過不斷重新闡釋、爭論獲得某種特定含義，成為普遍社
會心理的生發器，這也預示著社會心理的產生及變化。陳智德指出香
港文學的「根著」意識源自上個世紀五六十年代文化人對失根、無根
的體認，後來逐漸轉化成「根著」的本土意識。同時「流動」的力量
衝擊了好幾代香港作家，迫使他們徘徊在去與留、認同與否定，在無
根與歸屬間掙扎，催生新的創造。[57] 故而形成香港文學的獨特風格，
即強調香港的歷史經驗、集體記憶、主體意識，身份困惑、身份焦慮
則是不變的母題。

五、流行文化的發展對本地認同感和歸屬感培育起到推波助瀾的作用

流行文化[58] 在生成、擴散和強化身份認同過程中也發揮著重要
的作用。二戰後香港約有 60 多萬居民，1949 年前猛增到 200 多萬
人，當時講「國語」（普通話）的人口佔據總人口的大多數，形成了
「南北和」的局面。[59] 很多導演、製片人、劇作家和名演員從上海來
香港，掀起國語電影的熱潮。[60] 由於日常語言方面的變化，香港的流
行音樂在上個世紀五六十年代逐漸以國語時代曲或西方流行曲取代俚

56　李浴洋：〈重探「香港文學」——陳國球教授訪談錄〉，《文藝研究》2018 年第 8 期。

57　陳智德：《根著我城：戰後至 2000 年代的香港文學》，新北：聯經出版事業股份有限公司 2019 年版，第 69-96 頁。

58　發端於 1970 年代的香港流行文化與香港人的生活關係密切，表現出一個社群於不同時代的特色，主要包括電影、電視、戲劇、流行音樂、漫畫、報業及時裝等商業化的娛樂。參見陳清僑等：〈近二十年香港普及文化書目概覽（1974-1994）〉，《香港文化研究》1995 年第 1 期。

59　1937-1939 年為躲避日軍點燃的戰火，有 60 萬人移居香港；新中國成立前夕，為躲避新政權，又有 130 萬人移居香港。參見深圳市政協文化文史和學習委員會，深圳博物館編：《深圳文史第 14 輯·百年滄桑　深港軼事》，深圳：海天出版社 2014 年第 222 頁。

60　香港藝術發展局：《香港文化藝術政策回顧（1950-1997）》，2000 年 7 月 15 日，第 10 段。

俗的粵曲。[61] 呂大樂回憶，在粵語流行曲大行其道之前，「戰後嬰兒」差不多完全放棄了廣東歌。[62] 既然這樣，粵語（廣州話）是如何開始主導市民日常生活語言的呢？

事實上，被稱為「本地人」的香港人，所使用的方言雖然也屬粵語系統，但是一種與廣州話有相當差別的「圍頭話」；據 1898 年統計，這些新界本地人的人口有 64,140 人。[63] 香港語言學家劉鎮發研究發現：廣州話在香港的歷史其實只有一百多年，對粵語（廣州話）的重視與運用是當年港英政府語言政策的重心。前文已提及過港英政府強力推行中文學校粵語（廣州話）教學。1967 年反殖抗暴事件之後，港英政府進一步取消非粵方言廣播，廣播管理法也限制中文電視台只能使用粵語（廣州話），目的是製造以粵語為中心的香港認同以抵抗中國認同。在 1961-1971 年之間，接近四成的非粵語人口改以粵語為日常語言。[64] 文化人類學觀點認為語言是辨識「自己群體」裏他人的文化標記；同一語言可以從情感上促使我們將自己社會裏的其他人視為「名譽親屬」；而差異語言則會傳播偏見性敵意。[65] 殖民政府推動廣州話發展成為港式粵語，以日常語言的高度一致來建立本地身份認同。

這一有意干預過程消融於日常生活中，不為人所知。而大家所熟知的則是 1970 年代中期許冠傑、葉紹德等重新以粵語入曲帶動起新的文化潮流。新的粵語流行音樂綜合了海派時代曲、台灣國語時代

61　1963 年開播的香港商業電台第二台以播放流行音樂為主，選歌緊跟外國唱片市場。年輕一代熱衷於追隨世界潮流，樂於接受西方輸入的新奇事物。參見劉蜀永主編：《簡明香港史》，廣州：廣東人民出版社 2019 年版，第 367 頁。

62　呂大樂：《唔該，埋單：一個社會學家的香港筆記》（增訂本），香港：牛津大學出版社 2007 年版，第 128 頁。

63　香港地方志中心編撰：《香港志：總述·大事記》，中華書局（香港）有限公司 2020 年版，第 19 頁。

64　劉鎮發：〈香港兩百年來語言生活的演變〉，華人地區語文生活與語文計劃國際學術研討會論文，福建武夷山 2002 年 1 月。

65　〔澳〕約翰·哈特利、賈森·波茨：《文化科學：故事、亞部落、知識與革新的自然歷史》，何道寬譯，北京：商務印書館 2017 年版，第 183-184 頁。

曲和歐美流行曲的影響，形成具有香港獨特時代內容和風格的音樂品種，被視為老少咸宜的香港市民歌。[66] 這也如同期其他流行文化，新浪潮電影、文學上的同人雜誌與創作、劇場電影和電視上的轉變，都是一個本土化的轉折點。[67] 當粵語歌曲成為創作主流時，進一步加速了港式粵語文化的普及，[68] 國語（普通話）開始遠離市民日常生活。

1967 年之後商業廣播電視開始為香港市民提供免費電視服務，香港即進入電視文化的全盛時期。在當時，電視作為新的通信手段，對廣大民眾的思考方式有極大影響。伴隨著電視走進千家萬戶，[69] 本地製作的電視劇集和綜合性娛樂節目成為一般中下階層市民最大的日常娛樂。1973-1978 年間，外國電視節目從黃金檔位悉數退出，代之而起的是完全本地製作的節目。[70] 有關本地流行文化的各種獎項陸續成立，頒獎禮成為廣受民眾關注的電視現場直播節目，這可見本地流行文化產業化的快速發展。[71] 這不但標誌著香港意識本土化的過程，同時電視劇集的故事、形式及意識形態，更成為當時社會大眾的道德

66　劉靖之：《香港音樂史論：粵語流行曲・嚴肅音樂・粵劇》，商務印書館（香港）有限公司 2013
　　年版，第 19、473 頁。

67　也斯：《香港文化十論》，杭州：浙江大學出版社 2012 年版，第 94 頁。

68　有學者指出 1970 年代中期許冠傑的粵語流行曲，是討論香港本土文化的重要議題。他的一系列
　　社會諷刺歌曲，如《賣身契》《加價熱潮》《半斤八兩》等，成為市民大眾賴以宣洩對現實不滿的
　　渠道。同時也帶動了本地方言文化的潮流，並影響至海外華人地區。目前相關資料，可參考黃志
　　華：〈許冠傑的神話〉，《粵語流行曲四十年》，三聯書店（香港）有限公司 1990 年版，第 65-81
　　頁。黃志華：〈一種文化的偏好？論粵語流行曲中的諷刺寫實作品的社會意義與藝術價值〉，載冼
　　玉儀編：《香港文化與社會》，香港大學出版社 1995 年版，第 162-229 頁。洛楓：《流動風景：香
　　港文化的時代記憶》，杭州：浙江大學出版社 2011 年版，第 13 頁。

69　1961 年時電視機還是一種奢侈品，到了 1971 年全香港七成家庭都已經擁有電視機了。電視滲透
　　率在 1967 年時佔人口的 12.3%，1977 年上升至 90%，八十年代達 98%。冼玉儀：〈社會組織與
　　社會轉變〉，載王賡武主編：《香港史新編》（上冊），三聯書店（香港）有限公司 1997 年版，第
　　206 頁；Chan, Joseph M., Eric K.W.Ma and Clement Y.K.So. 1997. "Back to the Future: A Retrospect and
　　Prospects for the Hong Kong Mass Media." In Joseph Y.S. Cheng(ed.), *The Other Hong Kong Report 1997*
　　(Hong Kong: The Chinese University Press), p.465. 轉引自馬傑偉、曾仲堅：《影視香港：身份認同的
　　時代變奏》，香港中文大學香港亞太研究所 2010 年版，第 28 頁。

70　陳啟祥：〈香港本土文化的建立和電視的角色〉，載冼玉儀編：《香港文化與社會》，香港大學出
　　版社 1995 年版，第 84 頁。

71　呂大樂：《唔該，埋單：一個社會學家的香港筆記》，香港：牛津大學出版社 2007 年版，第
　　128 頁。

標準及價值取向。

電視連續劇反映出一套世俗化的價值觀，與中國傳統價值存在很大差異，比如個人利益比集體利益重要，個人對物質享受的追求被視為合乎情理的要求，等等。這些世俗化的價值觀念在當年社會早已存在，並產生了許多具體的社會後果。電視劇往往不自覺地採用了當時流行的意識及論述，對社會心理起到一種強化的作用。[72] 與此同時，以「北望神州」為中心內容的電影創作則逐漸淡出影壇，取而代之的是與市民相貼近的本地現代都市生活。[73] 其他港式流行文化的商業生產，也均採用本地化的表現形式。內容往往能呼應社會現實的變化，講述香港本土故事，因而能引起受眾廣泛共鳴，對本地文化及身份認同產生重要影響。[74] 上世紀八九十年代港式流行文化形成，對中國內地、東南亞各國及海外華人社區的輻射，為香港華人帶來不少文化上的自豪感。

大眾文化場域中另一股外部力量也在影響著市民的生活方式、價值觀及文化認同。香港 1950 年代引進本地的美國流行文化，到了 1960 和 1970 年代影響力更大。呂大樂認為認識香港社會及文化，東西方兩大陣營的冷戰政治不可忽視，它們參與塑造香港獨有的社會、文化面貌。[75] 當時香港各種文化載體被美國用作意識形態塑造的首要工具。1957 年 7 月美國總統艾森豪威爾批准國家安全委員會的 5717 號《美國對香港政策》，建議利用香港作文化宣傳活動和搜集中國情

72　有關 1970 年代香港電視文化的討論，可參考龔啟聖、張月愛：《七十年代香港電影、電視與社會關係初探》，載 1984 年第八屆香港國際電影節回顧與座談會「七十年代香港電影研究」文集，第 10-13 頁；馬傑偉、曾仲堅：《影視香港：身份認同的時代變奏》，香港中文大學香港亞太研究所 2010 年版，第 29、47 頁；洛楓：《流動風景：香港文化的時代記憶》，杭州：浙江大學出版社 2011 年版，第 13 頁。

73　劉蜀永：《簡明香港史》（新版），三聯書店（香港）有限公司 2009 年版，第 412、418 頁。

74　王國華主編：《香港文化發展史》，中華書局（香港）有限公司 2014 年版，第 9 頁。

75　呂大樂：《那似曾相識的七十年代》，中華書局（香港）有限公司 2013 年版，第 96 頁。

報的中心。[76] 美國利用的文化武器是刊物、圖書、會議、研討會、美術展覽、音樂會、授獎等等。[77] 受美元資助的機構如友聯出版社、亞洲影業公司、《兒童樂園》《中國學生週報》[78]《大學生活》《人人文學》《今日世界》《亞洲畫報》《祖國週刊》等中文報刊。這些被資助的出版及文化活動大多以商業運營模式作掩護，或明或暗地推銷西方尤其美國的價值觀念和生活方式。有學者認為它們以不明顯的政治色彩培養潛在的親美思想，以贏得擁躉和影響力。[79] 美國戰後文化外交的基本理論是要達到「最有效的宣傳」，即「宣傳對象按照你所指定的方向走，而他卻以為這個方向是他自己選定的」。[80] 香港中文大學香港文學研究中心「口述歷史：香港文學及文化」工作項目曾聚焦過相關

76　香港地方志中心編纂：《香港志：總述・大事記》，中華書局（香港）有限公司 2020 年，第 280 頁。

77　〔英〕弗朗西絲・斯托納・桑德斯（Frances Stonor Saunders）：《文化冷戰與中央情報局》，曹大鵬 譯，北京：國際文化出版公司 2002 年版，前言第 2 頁。

78　《中國學生週報》創刊於 1952 年，1974 年停刊，是香港上世紀六七十年代一份相當暢銷及長銷 的青年綜合刊物。它結合了文學創作、文化啟蒙、聯絡組織學生文藝活動等，與美國中央情報局 在幕後推動的亞洲基金會密切合作，致力於傳播西方自由民主價值和文化民族主義理念。《中國 學生週報》早期以反共思想影響香港中學生，但在 1950 年代中期以後發生演變，呈現出向本土 思想的轉變。《中國學生週報》對香港青年的文化思潮和文學新秀影響猶大，很多本土文人、作 家參與其中工作或由這份刊物直接或間接培養出來的。李歐梵曾說過其初來香港任教時的《中國 學生週報》，幾乎大中學校學生人手一冊，可見其影響力。參見嚴飛：《城市的張望》，北京：中 信出版集團，2017 年第 87、88 頁；傅葆石：〈文化冷戰在香港：《中國學生週報》與亞洲基金會 （1950-1970）上〉，《二十一世紀》，2019 年 6 月號總第一七三期；趙稀方：《報刊香港：歷史語 境與文學場域》，三聯書店（香港）有限公司 2019 年版，第 340-346 頁。

79　黃維樑：《香港文學的發展》，王賡武主編：《香港史新編（增訂版）》（下冊），三聯書店（香港） 有限公司 2007 年版，第 614 頁；也斯：《解讀一個神話——試談〈中國學生週報〉》，見《香港 文化空間與文學》，香港，青文，1996 年，第 161-168 頁；張楊：〈「前綫」外交：冷戰初期美國 在香港的文化活動初探〉，《美國問題研究》2015 第 2 期，第 22-44+198-199 頁。其中張楊一文對 香港 1950 年代「美元文化」（或「美援文化」）及美國以香港為基地的對華文化政策的制定與執 行做了詳細分析。張楊的《冷戰與學術：美國的中國學（1949-1972）》一書亦對亞洲基金會在香 港以冷戰為目標的學術交流和思想輸出行動有介紹和分析。

80　〔英〕弗朗西絲・斯托納・桑德斯（Frances Stonor Saunders）：《文化冷戰與中央情報局》，曹大鵬 譯，北京：國際文化出版公司 2002 年版，前言第 5 頁。

人物訪談。[81] 這可以解釋為什麼很多親歷的訪談者並不以為當時在思想上受到控制或引導。

從趙稀方對「友聯」與《中國學生週報》的研究，以及張選中、蘇濤對美國亞洲基金會與亞洲影業公司的研究可發現：宣揚反共、擁護西方尤其美式的自由民主及文化民族主義理念，是美國新聞處（USIS-Hong Kong）和亞洲基金會（Asia Foundation）[82] 選取本地代理人，予以這些文化機構資助的真實原因；同時在去政治化的偽裝下，通過對傳統文化的重新闡釋，將西方價值觀植入其中，以對抗左派的意識形態。[83] 文化冷戰初期在香港開展的「海外華人項目」「自由中國文學計劃」等均有很強的政治目的，與之相關的圖書與期刊翻譯、教科書寫作、創作及其他文學活動、各種資料彙編等，影響輻射整個東南亞。[84] 從其他檔案文獻研究中亦可發現，到了 1960 年代後期，美國操縱的針對歐洲知識分子而建立的文化自由代表大會（Congress for Cultural Freedom）已經將其出版計劃擴大到非洲、阿

81　參見盧瑋鑾、熊志琴編：《香港文化眾聲道》（共兩冊），三聯書店（香港）有限公司 2014 年版和 2017 年版。馮偉才認為盡管這項口述史項目對我們探求歷史真相有助益，佐證了友聯機構與美元文化的關係，但仍缺乏更深度的歷史挖掘和反思。馮偉才引用戴天 2016 年返港小住時說的話：「香港搞成今天這個樣子，我們那時所做的事也有責任。」參見馮偉才：〈在歷史的空間中對話——評《香港文化眾聲道》〉，《現代中文學刊》2017 年第 5 期。

82　亞洲基金會（原名為自由亞洲委員會）是美國中央情報局的前綫組織，定位為「準非政府組織」（Quasi-Nongovernmental organization），其使命始終是「通過幫助亞洲個人和機構加強其各自國家的社會和機制來實現美國的政策目標」，即政治上推動亞洲反華親美，思想觀念上用自由民主取代一切不利於美國政策實現的共產主義、民族主義、中立主義思潮。美國中央情報局是根據1947 年 7 月 26 日通過的美國國家安全法建立的。參見張楊：《冷戰與學術：美國的中國學（1949-1972）》，北京：中國社會科學出版社 2019 年版，第 157 頁。

83　趙稀方：《報刊香港：歷史語境與文學場域》，三聯書店（香港）有限公司 2019 年版，第 259-275頁；張選中：《美國亞洲基金會在亞洲的電影宣傳（1951-1968）》，東北師範大學博士學位論文，2019 年，第 37-62 頁；蘇濤：〈文化「冷戰」與香港右派電影的文化想像——以亞洲影業有限公司為中心〉，《文藝研究》2017 年第 3 期。

84　前者致力於消除共產主義在海外華人中的影響，以作為美國對東南亞華僑的心理戰策略；後者試圖在有選擇性地救濟避難於香港的中國知識分子的同時，利用其運作反共宣傳，並將香港打造成為東南亞地區好的非共文學作品集散地。參見張楊：《冷戰與學術：美國的中國學（1949-1972）》，北京：中國社會科學出版社 2019 年版，第 3-4、84-86 頁。

拉伯世界和中國。[85]1980 年代以美國為基地的亞洲文化協會，主要通過頒發獎助金、為香港各式各樣文化藝術推廣活動直接提供金錢上的資助及其他交流機會，培育本土精英。[86] 有人回憶當時可獲取的資源比以往更多，主要來源即是亞洲文化協會和港英政府新成立的藝術資助機構。[87]

除了美國積極介入文化市場外，日本流行文化對香港文化影響也很大。1970 年代特別是前半段，香港各大中文電視台（包括無綫[88]、麗的呼聲[89] 及佳視[90]）播放的日劇種類繁多，日劇已成為不可或缺的節目，日劇對年青人的消費及價值觀等都有頗大衝擊。[91]李歐梵甚至認為，香港年輕人對日本通俗文化的嚮往，遠在中國文化之上。[92] 周永新也觀察到，此時個人主義價值觀趁西方文化漸為港人接受並成為一種時尚，而中國傳統的家庭觀念、價值觀念卻在減退。[93] 文化關乎生活，經濟生活亦反映文化上的接受情況。在香港經濟成長期階段，湧入的大量外國投資中，日本和美國尤甚。[94] 這一影

85　〔英〕弗朗西絲・斯托納・桑德斯（Frances Stonor Saunders）：《文化冷戰與中央情報局》，曹大鵬譯，北京：國際文化出版公司 2002 年版，第 243 頁。

86　有學者認為二戰以後，文化外交成為美國對外政策的重要組成部分，目標不是宣揚自身文化，而是加強溝通交流，憑藉自身文化軟實力來贏得人心，促進國家利益實現。王瑋：《以中美富布賴特項目淺析美國文化外交政策》，外交學院博士學位論文，2009 年。

87　白莎莉（Sally Blyth）、胡德品（Ian Wotherspoon）著：《說吧，香港》，林藹純譯、洛敏校，香港：牛津大學出版社 1999 年版，第 167 頁。

88　無綫電視是世界第一大華語商營電視台，於 1967 年 11 月 19 日正式開台。

89　「麗的呼聲」是香港有限電廣播公司開辦 1949 年 3 月 22 日啟播，是香港首家商營廣播電台，由英國有限廣播公司籌辦。麗的呼聲於 1957 年 5 月 29 日啟播「麗的映聲」，為香港首間有綫電視台。

90　佳視是香港的第三家免費商營廣播電台，在 1975 年 9 月 7 日下午 6 時開播，於 1978 年 8 月 21 日倒閉。

91　吳偉明：《日本流行文化與香港》，商務印書館（香港）有限公司 2015 年版，第 3、35 頁。

92　李歐梵：《尋回香港文化》，桂林：廣西師範大學出版社 2003 年版，第 3 頁。

93　周永新：《香港人的身份認同和價值觀（2019 增訂版）》，中華書局（香港）有限公司 2019 年版，第 60 頁。

94　由 1960 年代進入 1970 年代，香港的本地生產總值以每年平均百分之十的速度增長，而由 1970 年代初到 1980 年代初，則共增加了四倍。高馬可：《香港簡史——從殖民地至特別行政區》，林立偉譯，中華書局（香港）有限公司 2013 年，第 200 頁。

響從香港商品進口來源份額也顯而易見：1971 年和 1981 年商品進口主要來源地，日本均高居首位，佔比分別為 24.3% 和 23.2%（見表 2-2）。當年銅鑼灣即是一個日本百貨公司聚集的地方，全盛期時銅鑼灣有四家日式百貨公司，從西到東分別是松阪屋、大丸、崇光和三越。

本土意識是在市民日常生活之中孕育的。有學者認為大眾傳播的普及豐富了人們的生活，締造了市民的共同生活空間和共存日常感受。使原來建立在政治、籍貫和方言之上的身份認同，轉移到電影、唱片、廣告、電台廣播和電視之上，香港本土文化得以滋長，香港身份也因此創造而成。[95] 吳俊雄認為 1970 年代發展起來的大眾傳播是製造本土意識和進一步塑型香港文化的重要中介。他甚至認為由於香港缺乏傳統國族觀念及精英文化，普及文化成為影響一代人精神面貌的力量。[96] 也斯則看到，西方文化和青年文化的影響走到了高峰，社會和政治的發展產生了尖銳的分化。[97] 這些從另一側面也展現香港民眾對於身份認同的選擇雖然受制於港英政府政策及措施，也受大眾傳媒及流行文化潛在影響。但這並不意味著他們是完全被動地接受這些觀念及身份塑造，本地文化背景和傳統價值觀念亦有介入。

我們可以看到香港電影的本地化發展是結合了中國傳統和現代化的本地內涵，才得以形成自身的文化特色。[98] 亦有學者指出電影雖然是從西方引進的文藝媒介，但在地發展仍跟中國文化有很深的關係。譬如文人傳統的文學藝術及民間文學的敘事手法、觀點、畫面的

---

95 田邁修、淑芬編：《香港六十年代：身份、文份認同與設計》，香港藝術中心 1995 年版，第 79 頁。馬傑偉：《電視與文化認同》，香港：突破出版社 1996 年版，轉引自鄭宏泰、黃紹倫：《香港身份證透視（第二版）》，三聯書店（香港）有限公司 2018 年版，第 197 頁。

96 吳俊雄：〈尋找香港本土意識〉，《明報月刊》1998 年 3 月，載吳俊雄、張志偉編：《閱讀香港普及文化：1970-2000（修訂版）》，香港：牛津大學出版社 2002 年版，第 86-95 頁。

97 也斯：《香港文化十論》，杭州：浙江大學出版社 2012 年版，第 76、77 頁。

98 1950 年代本地電影尤以傳統戲曲為藍本，「黃梅調」影片更是興盛一時。儘管 1970 年代粵語再使用彰顯本地特徵，但並非回到以前粵語片時代，而是結合了中國傳統與現代。張徹：《回顧香港電影三十年》，三聯書店（香港）有限公司 2019 年版，第 74、137、172 頁。

處理方式、觀看的視角（單鏡頭特別得到發展）等等，對獨特風格形成均有影響。[99] 上述香港文學中的本土意識與國族傳統作為路徑與根的關係也始終隱約地聯動，而不是互相排斥。[100]

當時香港年輕一代走向本土的途徑是參與上個世紀 60 年代末以至 70 年代中期一系列的反殖愛國（民族主義）活動，如保衛釣魚台、「認識中國，關心社會」運動等。接著而來的「爭取中文成為法定語文運動」中，社會上不同的文化、工商、政治、宗教及地方性團體不斷加入。運動推展期間，「維護香港利益」「發揮中國文化」「尊重香港華人的尊嚴」「打破政治隔膜」等，都成為倡議運動者的口號、理由和立場。[101] 學聯自 1973 年開始，每年舉辦為期兩週的「中國週」。由當時八所高等院校共同舉辦圖片展覽、中國文物展、音樂歌曲欣賞、電影放映會、研討會及講座等，以多種形式加深大學生及社會各界對中國內地的認識，這項活動持續至 1978 年最後一屆，該年底甚至又掀起了新的中文運動。[102] 也有學者通過考察 1970-1980 年代香港流行音樂歌詞發現：當時文本的反殖民敘事和國族論述也是身份敘事的重要內容之一，並非一邊倒向市民日常生活敘事，因此國族論述和本土論述共同建構了當時力圖脫離殖民者的主體性身份認同和香港共同意識。[103] 可見，在討論香港人身份認同的媒介（或流行文化）建構時，要研究國族意識和本土意識的歷史勾連及其在身份認同形成過程中的複雜關聯，避免將本土意識民粹化。

99　盧瑋鑾、熊志琴：《雙程路：中西文化的體驗與思考 1963-2003（古兆申訪談錄）》，香港：牛津大學出版社 2010 年版，第 53、59 頁。

100　陳智德：《根著我城：戰後至 2000 年代的香港文學》，新北：聯經出版事業股份有限公司 2019 年版，第 95 頁。

101　有關「中文運動」的發展內容以 1970 年的報章報道最多，同時亦可參考《香港全記錄》，第 85、125、170 頁。

102　香港地方志中心編纂：《香港志：總述·大事記》，中華書局（香港）有限公司 2020 年版，第 360、388 頁。

103　唐佳希：〈二十世紀七八十年代香港歌詞的時空敘事與身份認同〉，《廣東黨史與文獻研究》2019 年第 5 期。

　　此外，從粵語電影發展歷程也可見其中的曲折：香港在二戰後形成五六十年代國粵語電影並行，而有粵語電影高峰，六十年代初粵語片每年產量約 200 部。1960 年代中粵語電影減產，跌至 1970-1971 年的 22 部，1972-1973 年甚至停產，一部粵語片也沒有拍成。[104] 這不僅是受本地國語片興起影響，更主要的是東南亞市場萎縮。[105] 國語電影在 1970 年代是主流。隨著本土流行文化的發展，1970 年代末 1980 年代初受歡迎的電視製作人拍攝的「新浪潮電影」帶動「粵語片」轉化為「港產片」，出現了八九十年代另一次粵語電影的高峰，國語電影停產。[106] 身份認同是在不斷衝突中發展，這裏政府、市場和民間之間明顯存在著張力，決定了對身份認同的抗衡與拉鋸，牽引著香港流行文化在地屬性的走向，也牽引著香港人身份認同的建構。

104　鍾寶賢：《香港影視業百年》，三聯書店（香港）有限公司 2004 年版，第 177 頁。

105　當時本地市場以歐美電影為主流，本地電業主要以東南亞國家為主要市場。1965 年新加坡脫離馬來亞獨立，把華語（普通話）定為官方語言之一，禁止粵語片進口，使粵語片市場頓時受損。1960 年代後期東南亞地區排華風潮盛行，政治環境亦左右了資本市場發展。東南亞市場萎縮以及本地免費電視興起，導致前後不到一年間，影片生產有強烈落差。

106　盧偉力：〈在香港和中國之間——香港粵語電影文化史上的幾個現象〉，載文潔華主編：《香港嘅廣東文化》，商務印書館（香港）有限公司 2014 年版，第 102、116、117 頁。

回歸後制約香港人身份建構的
相關因素分析

◇◇◇

　　1997 年 7 月 1 日，中國政府對香港恢復行使主權，香港特別行
政區成立。香港進入「一國兩制、港人治港、高度自治」的歷史階
段。「高度自治」的具體表現是：香港特別行政區享有比中華人民共
和國內普通行政區甚至少數民族自治區更大的自治權力，但其中有個
界綫和標準即必須以愛國者為主體。[1]《「一國兩制」在香港特別行政
區的實踐》白皮書明確指出，「憲法和香港基本法規定中央擁有對香
港特別行政區的全面管治權，這既包括中央直接行使的權力，也包括
授權香港特別行政區依法實行高度自治」；「香港特別行政區保持原
有資本主義制度和生活方式不變，法律基本不變；依法保護私有財產
權，保持自由港和單獨關稅區地位、保持財政獨立，實行獨立的稅收
制度，自行制定經貿、金融和教科文衛體政策；依法實行高度自治，
充分行使行政管理權、立法權、獨立的司法權和終審權。」[2]《中英
聯合聲明》確立香港人香港居民的身份，《基本法》列明香港居民的
權利。從現實狀況來看，顯然法例上的定義並不能完全解決香港人身
份認同困境。回歸後哪些因素仍在制約著香港身份建構，這是需要我
們去探討和思考的問題。

1　李治安編：《中國五千年中央與地方關係》，北京：人民出版社 2010 年版，第 1286 頁。
2　中華人民共和國國務院新聞辦公室：《「一國兩制」在香港特別行政區的實踐》，北京：人民出版
　　社 2014 年 6 月，第 8、14 頁。

一、體制中的去殖民過程無法展開是香港人身份認同問題的根本原因

1982 年中英關於香港問題談判序幕剛剛拉開，撒切爾（香港譯作戴卓爾）夫人曾向鄧小平表達了英方這樣的觀點：

香港的繁榮有賴於信心，而信心除有賴於中英雙方的良好關係外，還有賴於穩定的貨幣，以及當時香港所實行的金融和稅收制度、法律制度、政治和經濟制度等，而這一切又有賴於英國的管理。如果對英國的管理實行或宣佈重大改變，對香港信心所產生的影響將是災難性的，將導致大批資金外流、金融中心崩潰，香港將毀於一旦。[3]

對此，鄧小平明確回復：

保持香港的繁榮，我們希望取得英國合作，但這不是說，香港繼續保持繁榮必須在英國的管轄之下才能實現。香港繼續保持繁榮，根本上取決於中國收回香港後，在中國的管轄之下，實行適合於香港的政策。香港現行的政治、經濟制度，甚至大部分法律都可以保留，當然，有些要加以改革。香港仍將實行資本主義，現行的許多適合的制度要保持。……至於說一旦中國宣佈 1997 年要收回香港，香港就可能發生波動，我的看法是小波動不可避免，如果中英兩國抱著合作的態度來解決這個問題，就能避免大的波動。……我們還考慮了我們不願意考慮的一個問題，就是如果在 15 年的過渡期內香港發生嚴重的波動，怎麼辦？那時，中國政府將被迫不得已不對收回的時間和方式另作考慮。如果說宣佈要收回香港就會像夫人說的「帶來災難性

3　李後：〈撒切爾夫人訪華和中英高峰會談〉，《黨的文獻》1997 年第 3 期。

的影響」，那我們要勇敢地面對這個災難，做出決策。[4]

之所以回顧這段歷史，是想說明英方的這一心態並不是孤立存在的。香港人及在港英商也抱有同樣的想法。或者說英國殖民政府早已將殖民統治的合法性深深嵌入到社會結構之中，成為一種合理性。1997 年 6 月 30 日最後一任香港總督彭定康在離任前演說辭裏，這樣總結英國在香港的殖民統治：

英國在香港的管治即將終結。我相信我們值得說，英國對香港的貢獻，是在這裏建立了一個框架結構，讓香港人去發展。這個框架結構包括法治、廉潔與開明的政府與自由社會的價值觀。[5]

香港回歸後，撒切爾夫人念念不忘，並反覆強調香港的繁榮是英國的恩賜：「在自由市場、法治、傑出行政的條件下，他們的活力創造了奇蹟。這些條件是英國對香港所作的最大貢獻。」[6] 很顯然，這裏將殖民制度轉化為「社會貢獻」，成為一種對其殖民統治認同的工具。實際是否如此？美化殖民統治以支持戀殖的論據，已被多位香港學者論證是不符事實的。[7] 可是即便回歸後，香港特別行政區已依

4　鄧小平：《我們對香港問題的基本立場》，1982 年 9 月 24 日。選自《鄧小平文選》第三卷，北京：人民出版社 1993 年版，第 12-14 頁。

5　《南華早報》1997 年 7 月 1 日，轉引自吳海傑：〈法治・戀殖〉，載朱耀偉編：《香港關鍵詞：想像新未來》，香港中文大學出版社 2019 年版，第 77 頁。

6　〔英〕白莎莉（Sally Blyth）、胡德品（Ian Wotherspoon）：《說吧，香港》，林藹純譯、洛敏校，香港：牛津大學出版社 1999 年版，第 i 頁。

7　譬如吳海傑對「法治作為最重要的殖民遺產」的論述提出質疑，指出香港歷史上實行的普通法制度，在絕大部分的殖民統治時期打壓市民言論和政治表達自由，以鞏固港英政府的專制權力。羅永生認為種種殖民美化是晚期時期本土中產新一代對香港投射的一種共同體想像，它懸置了文化傳統、民族歸屬和國家認同問題，將香港想像為高度地管理主義化。林準祥從歷史文獻中論證香港早期司法制度，除了華洋有別外，在執行上也有不同的分類和優先次序之別。參見吳海傑：《法治・戀殖》，載朱耀偉編：《香港關鍵詞：想像新未來》，香港中文大學出版社 2019 年版，第 80 頁。羅永生：〈告別七一嘉年華：從虛擬自由主義到公民共和論的後殖主體性〉，載王慧麟等編著：《本土論述年刊 2013-2014》，台北：漫遊者文化事業股份有限公司 2015 年版，第 10-11 頁。林準祥：《香港・開埠：歷史新編》，中華書局（香港）有限公司 2019 年版，第 147 頁。

法實行高度自治，因缺乏批判性認知本地殖民歷史及制度，殖民時代形成的制度及方針政策仍幾乎延續下來。「變」還是「不變」成為發展中難以突破的瓶頸。當其中弊端日益突顯，不能與時俱進，需要進行一些自主創新與變革時，就會碰到極大的阻力。譬如被奉為圭臬的「積極不干預」（positive non-interventionism）政策，[8] 儘管也有歷史學家指出香港並非一般人所認為的自由放任的資本主義天堂。[9] 然而香港回歸祖國後，但凡特區政府行政長官提出政府需要在經濟活動中扮演一定角色，或有意識提出創新制度設計、改變具體保障機制時，均會招來一番爭論，遭到政務官或明或暗的抗拒。致使香港特區政府施政舉步維艱，調節與再分配社會資源低效，更是加深了香港民眾的不信任。有學者指出殖民地陋習和特權仍主宰著香港今日的生活，是深層次矛盾所在。[10] 不少香港人對「去殖民性」（decoloniality）缺乏客觀認知，因此也缺乏國民整合與認同重建的誠意，一味強調以香港人為本位、唯西方馬首是瞻。甚至有的還提出各種分離主義主張，公然挑戰國家主權和「一國兩制」原則底綫。鄧小平當年頗富戰略思維的回應及對問題的獨到見解，放到現在仍有預見性和現實意義。香港

8　1960 年代時任財政司的郭伯偉提出政府「不干預主義」，後任財政司夏鼎基修正提出「積極的不干預主義」。學界對此內涵一直有不同的解讀。張炳良認為其實指「積極性」地去演繹不干預主義——平時避免干擾市場運作，但當出現社會嚴重亂子時，政府亦必須出手恢復社會正常運作，為政府引入干預提供政策倫理的依據。參見張炳良：〈非典管治——行政主導的重新詮釋〉，載張炳良等：《香港經驗：文化傳承與制度創新》，香港大學亞洲研究中心、商務印書館聯合出版 2009 年版，第 5 頁。

9　有不少學者指出，港英政府實際採取的是「選擇性干預」，非市場的力量在 1960 年代和 1970 年代深深地介入各項經濟活動，例如食物供應、交通、房屋、教育、勞工工資、土地供應、股災等。高馬可也認為在此階段香港經濟中，政府已扮演愈來愈關鍵的角色。參見《香港已失去冷戰格局中經濟優勢 應放棄自由放任政策》，2015 年 8 月 20 日《參考消息》；高馬可：《香港簡史——從殖民地至特別行政區》，林立偉譯，中華書局（香港）有限公司 2013 年，第 197 頁。

10　鄒崇銘：〈從教育改革看 80 後社會運動的文化價值〉，載黃培烽、許煜編：《80 前後：超越社運、論述與世代的想像》，香港：圓桌精英出版 2010 年版，第 183 頁。梁卓恆亦批評教育體系鮮有對殖民歷史的批判性認知，導致學校教育社會議題相關的教學，多數停留在共通能力訓練及表面化的價值認同，難以促成價值轉化。梁卓恆：《香港公民教育的文化政治脈絡——後殖民困境與批判教育學框架》，載王慧麟等編著：《本土論述年刊 2013-2014》，台北：漫遊者文化事業股份有限公司 2015 年版，第 31 頁。

被困在僵化的殖民結構裏舉步維艱，體制中的殖民慣性嚴重影響了香港人國民身份建構，也抑制了「一國兩制」在實踐中創新發展。

二、香港社會經濟和民生問題導致身份認同陷入困局積重難返

受高成本困擾的香港製造業大規模內遷後，1990 年代香港工業在香港經濟中大幅度萎縮，製造業落後到各生產部門的第四位，商業部門的貢獻已超過製造業，服務業迅速成長為香港最主要的經濟產業。其經濟結構逐步轉型為一個多元化、全方位的服務型經濟。[11] 香港經濟發展的動力，主要以外來因素為主導。且很大程度上是依賴勞動力和資本數量 [12] 的投入增加，而獲得階段性高速增長。有學者對該模式發展的可持續性提出過質疑。諾貝爾經濟學獎獲得者保羅‧克魯格曼（Paul Krugman）曾在《亞洲奇蹟之謎》（1994）及《流行國際主義》（1996）中，指出僅靠增加投入而不進行技術創新和提高效率的做法，是亞洲經濟發展模式中難以持續的制度性缺陷。[13]1998 年香港受亞洲金融危機影響，金融、地產、貿易、旅遊等支柱行業均受到牽連。

此後，香港經濟衰退雖有所恢復，但整個社會日益陷入生存機會與結構性約束之間的矛盾衝突。比如社會階層流動性大為萎縮，職位兩極分化，創業艱難，工作崗位不足，缺少優質平價的住宅等。香港回歸後，高等教育大幅度普及，高學歷群體不斷增加，但勞動力市場卻沒有提供相應的職位保證。市場經濟的發展確實催生了大量城市

11　周亮全：《香港金融體系》，載王賡武主編：《香港史新編（增訂版）》（上冊），三聯書店（香港）有限公司 2007 年版，第 377 頁；陳多、蔡赤萌：《香港的經濟》，北京：新華出版社 1997 年版，第 130 頁。

12　戰後源源不斷的外來資金：來自中國內地、東南亞，後來是日本和美國等。

13　陸山：〈1998 年亞洲金融危機啟示錄〉，《全球商業經典》2019 年第 2 期。

中產階級，但有學者指出即便成為白領，以往中產所享有的穩定收入及工作環境也一去不返，「減薪酬、削福利、加工時」成為不少中產人士的共同體驗。[14] 因此，儘管經濟指標發展態勢良好，但少數富人和多數窮人之間的差距卻在逐漸加大，不斷加劇社會內部的矛盾。香港在 1971-2016 年之間，反映貧富差異的稅前和福利轉移前的基尼係數（香港譯作堅尼係數），從 0.430 增加到 0.539。[15] 普遍預計的香港未來人口老齡化，也會加劇經濟中的收入不平等。

香港日漸擴大的貧富差距問題不是孤立存在的，它關切到社會各個方面的問題，包括身份認同、社會信任及民眾對特區政府的認受性。上升通道減少、貧富差距拉大嚴重影響了香港市民的信心，焦慮和怨恨隨之暗結。鄧小樺指出，社會結構僵化使年輕人缺乏發展機會，年輕人就會藉助一些社會事件去發洩情緒。[16] 近些年，香港社會的注意力及精力均被牽引到政治問題上，社會撕裂嚴重，社會內部不平等問題被遮掩了。民生議題等許多一般性政策問題也被裹挾進政治紛爭中，無法有效解決。毋庸贅述，密切與基層群眾的聯繫，有效促進香港經濟及社會民生的可持續發展，提高特區政府的認受性及治理能力是解決香港人身份認同問題的前提。

14　方志恆：〈香港夢的傳承〉，載王慧麟等編著：《本土論述年刊 2009》，台北：漫遊者文化出版社 2009 年版，第 275 頁。

15　自 2007 年起，每五年香港特區政府統計處會利用人口普查或中期人口統計所得資料，就收入不均情況作詳細分析，並公佈由稅前和福利轉移前的堅尼係數，至除稅及福利轉移後的堅尼係數。目前可得最近的數據是 2016 年。〈香港基尼係數升至 0.539 收入差距有所擴大〉，中國新聞網 2017 年 6 月 9 日，網址：http://www.chinanews.com/ga/2017/06-09/8246823.shtml，訪問日期：2019 年 6 月 10 日；香港勞工及福利局局長羅致光：〈堅尼係數比較應客觀〉，騰訊網 2021 年 8 月 8 日，網址：https://new.qq.com/rain/a/20210808A0AMAB00.html，訪問時間：2022 年 11 月 27 日。

16　〈鄧小樺：所有拆遷都要跟幸福有關〉，載許驥：《我們香港的蝸居、蟻族、富二代》，杭州：浙江大學出版社 2011 年版，第 70 頁。

三、西方文化霸權壓抑香港社會對國家和中華文化的自豪感和自信心

　　二戰後港英政府極力推動香港本位的意識形態，其本意並非要建立香港的主體性；而是以制度化的方式強化了西方意識形態和價值觀的主體性，將西方優越迷思強加於整個地方文化體系，深入生活與統治方式。不僅影響精神層面，而且觸及行政與司法的制度層面。文化冷戰時期，港英政府與美國新聞處、自由亞洲委員會（即後來的亞洲基金會）等機構，組織力量投入到「解構」中國思想與文化的學術產品生產與發行中，並極力輸出自由、民主觀念及西方政治、經濟發展模式。[17] 西方的價值、觀念、制度由殖民主義與經濟全球化共謀加諸於香港民眾，不僅形成了西方中心話語，而且也形成了外來文化優於本民族文化的社會氛圍。文化冷戰所培植的「抑中揚西」思想在一定程度上規訓著香港社會的「中國觀」。

　　在香港社會，英語一直作為教學語言。即便回歸後，母語教學在特區政府推行的語文政策中也被視為「進退失據」，語文的運用不單是為了溝通，對一個人的身份認同也起著關鍵性的作用。[18] 從深層次看，西方形式的教育過程中認識問題的方法，都是以西方的理論框架、思維方式為主。西方意識形態以一種客觀的、普遍的知識話語的形式繼續維持著對香港精英階層的思想控制。有學者表示，「香港市民雖然受到中國智慧的影響很大，但是我們專業的語文，無論是法律、銀行、會計和醫藥等專業知識的書籍，卻全是外文書籍；由此可見，在專業學問的領域上，我們並不是那麼倚重以中文為知識載體的

17　張楊：《冷戰與學術：美國的中國學（1949-1972）》，北京：中國社會科學出版社 2019 年版，第 56、84、85、109、157 頁。

18　周永新：《香港人的身份認同和價值觀（增訂版）》，中華書局（香港）有限公司 2019 年版，第 109、110 頁。

書籍。」[19] 西方方法論的推廣成為西方思想傳播的重要手段。周怡指出，什麼樣的知識被選擇並獲得組織和傳播，控制的背後存在一定的權力關係（西方話語的控制）。語言脫離不了認識論及背後特定的社會、政治和文化背景。表面顯示出的是對真理和知識的意志及欲望的追求，但卻掩蓋了權力在認知範式中所起的作用。[20] 當前與殖民性知識結構相關的價值觀與文化習性繼續發揮作用，在全球化後殖民性特徵疊加作用後，從某種程度上還變相加強了。有學者指出回歸後香港多數媒體與學術界非常明顯政治傾向親西方政治，[21] 香港殖民文化心態還有待處理。

　　與此同時，殖民統治時期孕育的本土意識或香港意識本來並未成為社會思潮，主要體現的是香港本土性的歷史意識。[22] 但回歸後這種香港意識又得到了新的發展，甚至在近些年成為一種本土思潮推動了地方身份認同的持續深入、「錯位」發展，並引起廣泛關注。[23] 這裏需要明確：本土身份並非衝突的原因，而是在衝突產生過程中才得以凸顯，或在衝突事件的過程中獲得了新的內容和功能，比如作為區隔或對立的手段。一些知識精英圍繞主體意識問題發展出本土論述，從以往傾向於港式生活方式的「本土生活情懷」轉變成為一種「本土價值論述」，發展到後期明顯被反對勢力所利用。本土論述的意涵並非一以貫之，而是一個變化的過程，受多方複雜因素所影響。正如胡婉慧所指出的，對「本土」的不同理解導致迥異的本土意義，亦存

19　張炳良等：《香港經驗：文化傳承與制度創新》，香港大學亞洲研究中心、商務印書館聯合出版2009 年版，第 i 頁。

20　周怡：《解讀社會：文化與結構的路徑》，北京：社會科學文獻出版社 2004 年版，第 22 頁。

21　陳麗君等：《香港人價值觀念研究》，北京：社會科學文獻出版社 2011 年版，第 5 頁。

22　趙稀方：《小說香港》，北京：生活‧讀書‧新知三聯書店 2003 年版，第 8 頁。

23　2016 年有主打本土主義的參選者取得六萬多票後，更鼓勵了不少政團以「本土主義」作為其主張，圍繞本土議題的政治介入方法也層出不窮，在社會上形成一種難以消弭的矛盾。這對於香港身份定位、管治和一國兩制均有影響。見香港政策研究所舉辦的「本土思潮」座談會 2016 年 4月 29 日。http://www.hkpri.org.hk/event-detail/10 訪問日期 2019 年 10 月 26 日。

在價值觀、意識形態以及身份認同上的差異。[24] 各界爭奪本土論述話語權的過程亦造成香港社會內部的自我撕裂，紛爭不斷。這裏需要對「本土論述」作區分，釐清重視本土研究與本土中心主義（或港獨等分離主義）的分別，也需要匡正香港學界對本土化的誤解。[25] 明晰本土的文化特質與內涵，避免民粹化和激進化，將文化議題轉為政治化的論述及行動。當前亟需妥善處理國族身份[26] 與本土意識之間關係，警惕將本土身份建構的爭論引向去中國化。地方身份建構是基於國族身份之上的，香港人對社會、國家與民族的歸屬感和身份認同亦需要在本土主體意識之上予以增強。本土價值中務實合作仍應作為協商的基礎。今後如何摒除殖民意識、促進價值轉化，制度化的知識生產、話語體系建構及公共文化建設是重塑香港文化身份與認同的重要途徑。

四、文化差異生產及社會心理的隔膜影響香港人身份認同

中國政府在 1982 年宣佈 1997 年收回香港，移民潮和撤資潮即開始出現。1984 年至 1997 年之間，六分之一人口接近 80 萬香港人移民海外，直到 1996 年移民潮才又變成回流潮，1997 年後約 50 萬香港人返回到香港。[27] 當時社會心理的不安和動盪，不言而喻。類似的以感性情緒為主的集體性焦慮在香港社會不同歷史階段時有發生，長期積澱形成了某種社會意識的歷史繼承性。香港人常以「借來的地

24　胡婉慧：〈在（本〔土〕）地〉，載朱耀偉編：《香港關鍵詞：想像新未來》，香港中文大學出版社 2019 年版，第 187 頁。

25　朱耀偉主編：《香港研究作為方法》，中華書局（香港）有限公司 2016 年版，第 232、234 頁；潘國靈：〈「本土」的十年變化〉，《號外》2013 年 7 月號（第 442 期），第 100-102 頁。

26　國族身份是指人們對國家的一份集體認感（Smith，2001），是我們對國家的政治、文化、語言以至傳統習俗等面向的共同分享與承認（Gellner，1983）。Smith, Anthony D.*Nationalism*.Malden: Blackwell Publishers,2001,p.17; Gellner, Ernest. Nations and Nationalism. Oxford: Blackwell,1983.p.7.

27　Nan M.Sussman,*Return Migration and Identity:A Global Phenomenon, A Hong Kong Case*, Hong Kong:Hong Kong University Press,2011,p.6.

方、借來的時間」來形容這種普遍的社會心理。[28] 個人的認同問題常常因缺乏安全感而獲得催化，並以不同的方式與社會群體認同的感情交互作用。上個世紀六七十年代內地逃港潮 [29] 在香港社會留下的痛苦記憶和仇恨並不能輕易淡忘。香港回歸後，除了少部分人與特殊歷史時期個人的自身經歷有關外，大部分人是與社會群體在日常生活交往中得到的經驗、記憶和情緒的反映。尤其香港回歸後，內地新移民開始在香港人口結構中佔據一定的比例。按理說，香港的歷史經驗並沒有在這部分群體中發生作用。但可以看到這一群體在融入香港社會過程中會刻意與這裏的慣習保持一致。

　　這裏存在文化差異生產及普遍心理隔膜的事實。認同帶有同一性內涵，（文化）差異是否是香港身份定位遇到的首要問題？顯然不是。製造差異的背後是政治，也是利益。比利時社會學家馬可·馬爾蒂尼埃羅（Marco Martiniello）也曾指出文化和身份多樣性所產生的文化差異並不是社會問題的根源，對於這一問題的思考應引入社會和政治範疇——經濟和社會的不平等現象才是根本，因此弱化乃至掩飾社會經濟因素的重要性容易誤導解決問題的方法。[30] 如何看待這一表象問題？他認為，「當社會所宣稱的平等理想和現實中的不平等之間的差距越大時，就有越多的人在排他性的族群、文化和宗教身份中

28　「借來的地方，借來的時間」這句廣為流傳的話，用以形容香港。它起源於 1968 年，長駐在東亞與香港的澳大利亞籍記者理查德·休斯（Richard Hughes）描寫香港的一本書的書名，作者在書的鳴謝部分解釋這句話是引用了韓素音寫的一篇文章，韓原文表達為：「繁榮但缺乏確定性，在一處借來的地方，在借來的時間裏表現得精力充沛，那就是香港」，但經過重新闡釋「香港原本並不存在，必須憑空將它創造出來。」就被視為一種殖民歷史的敘事，將香港的歷史定格在殖民歷史，停滯在歷史的某一段上。Richard Hughes（1976）.Borrowed Place, Borrowed Time：Hong Kong and Its Many Faces.2nd rev.ed.London：Andre Deutsch Ltd. 轉引自高馬可：《香港簡史——從殖民地至特別行政區》，林立偉譯，中華書局（香港）有限公司 2013 年，第 97 頁；呂大樂：《唔該，埋單：一個社會學家的香港筆記》，香港：牛津大學出版社 2007 年版，第 108 頁。

29　1957 年前後、1962 年前後、1972 年「文革」期間和 1978 年至 1979 年間，內地曾經發生過四次逃港潮。香港地方志中心編撰：《香港志：總述·大事記》，中華書局（香港）有限公司 2020 年版，第 21 頁。

30　〔比利時〕馬可·馬爾蒂尼埃羅：《多元文化與民主：公民身份、多樣性與社會公正》，尹明明、王鳴鳳譯，北京：社會科學文獻出版社 2015 年版，第 29、33、35 頁。

尋求庇護，並盡力使這種行為能夠被承認和正當化。反之，當這種差距越小，人們對於文化和身份就會表現得越開放，就越會滿足於象徵性的承認和私欲的滿足」。[31] 繼而他認為對身份的確認或是對其之反對，更多是不平等現象和社會經濟衝突的結果，而不是其原因。[32] 美國政治學家弗朗西斯·福山（Francis Fukuyama）則認為身份認同既是「人性的處境」，更是政治的後果。但與馬爾蒂尼埃羅觀點不同，他認為「政治生活的很多內容與經濟資源只是弱相關」，而他指的「人性的處境」是指「被社會邊緣化的群體對平等承認的追求」，以及「對平等承認的渴求很容易滑向要求承認其所屬群體高人一等」。[33]

前文已簡要概述過殖民者如何通過制度、教育、語言等，將文化差異作系統化的貶抑。不僅讓被殖民的內群體對英國殖民統治產生仰慕崇媚的心態，而且對外群體也產生了殖民文化優越感。有社會學者指出「我們的利益」的概念，在六七十年代湧入香港接近 40 萬（合法及非合法）新移民時就有成形；影視作品中「阿燦」新移民形象的塑造即被視為排外（或自衛）意識的表徵。[34] 自由行開放後，內地赴港旅遊人數大幅上升，來自內地的物流、人流和信息流也在加快湧入，香港人感覺利益受到威脅、本地人生活受到影響，而再次產生強烈的排外心態，敵視所謂「外來者」對「自我」生活方式和價值觀念的衝擊。中國內地成為被激起的「他者」或「想像的他者」，被視為外群體（out-groups）而存在。人們易因共同敵視一個事物而連結起來產生身份政治。香港社會中對「他者」的抗拒並不是一種自然發生的結果，而是在特定的歷史時空過程中建構起來的一種社會心理。

---

31 〔比利時〕馬可·馬爾蒂尼埃羅：《多元文化與民主：公民身份、多樣性與社會公正》，尹明明、王鳴鳳譯，北京：社會科學文獻出版社 2015 年版，第 20、21 頁。

32 同上，第 127 頁。

33 〔美〕弗朗西斯·福山：《身份政治：對尊嚴與認同的渴求》，劉芳譯，北京：中譯出版社 2021 年版，第 23、26、27 頁。

34 呂大樂：《唔該，埋單：一個社會學家的香港筆記》，香港：牛津大學出版社 2007 年版，第 102 頁。

有學者曾預見與文化背景相關的心理衝突延伸至九七之後，便會影響社會的凝聚力。[35] 目前來看這種區隔已形成一種認同政治的強化，不僅造成了香港社會內部的分裂和政治級化的態勢，還加劇了所謂「我們」與「他者」之間的身份認同的對立。

很多歷史文獻均可證明香港地區文化是中國文化（特別是嶺南文化）的地域性發展，其根源與中國文化主體血脈相連。[36] 港英政府在殖民統治後期的文化策略是：發展一種偽在地性[37]的身份論述，目的是要模糊香港國族身份的源頭，瓦解民族文化價值觀。中國文化從未否認過地方文化的特殊性，而且「多元一體」也是中華民族的顯著特徵，體現了充分尊重「多元」、容納「多元」。正如程美寶曾指出的：傳統中國地方文化觀都是將地方的差異性完全整合到中國文化的統一性中，晚清以來「廣東文化」觀的形成亦是如此。地域文化認同成為近代國家觀念的一種表達，兩者並不是對立的。[38] 辛亥革命後半個世紀，廣東內部四分五裂，與中央關係貌合神離，即便處於這樣的政治局勢，也未導致廣東的政治和文化精英產生一種與國家對立的「省籍意識」，一直維護著地方文化與國家文化同根同源的關係。[39] 美國學者麥哲維（Steven Miles）在論述 19 世紀廣州的社會流動性與身份認同時，儘管發現本地事務備受關注，但他仍認為不能將這種地方文化生產等同於廣東與中國其餘部分在文化上的疏離。他強調必須避免想像地方士紳與國家之間是一場零和競爭，要看到不同的「地方精

35　文樓、梁秉中、古兆申（執筆）：《文化回歸的理念與實踐》，載盧瑋鑾、熊志琴：《雙程路：中西文化的體驗與思考 1963-2003（古兆申訪談錄）》，香港：牛津大學出版社 2010 年版，第 312 頁。

36　香港城市大學中國文化中心編：《考察香港——文化歷史個案研究》，三聯書店（香港）有限公司 2005 年版，第 12 頁。

37　即殖民統治下受宰制的本土性。正如阿巴斯所言：「本土其實一點也不本土」。Ackbar Abbas, *Hong Kong: Culture and the Politics of Disappearance*. University Of Minnesota Press, 1997. p.12.

38　程美寶：《地域文化與國家認同——晚清以來「廣東文化」觀的形成》，三聯書店（香港）有限公司 2018 年版，第 354-355 頁。

39　同上，第 42 頁。

英」培育和維持著與國家及其他關係網絡的眾多聯繫。[40] 香港在身份建構過程中的地方身份認同與國家身份認同之間的緊張和焦慮，不是傳統社會內部自然產生的，是英國殖民統治長期作用的結果，也有其他外部力量介入和內部反對勢力干擾。塑造地方共同體是通過製造差別，區分自身與「他者」（中國內地）的獨特性而建立的。甚至以往香港與廣東那種非常有機的關係，也在過分強調差異過程中被淡化。因此，程美寶認為扭曲了對歷史的認知，其實也是扭曲了對自己的認知。[41] 只有認真反思過去，才能真正認清現實。

一方面香港社會仍存在基於冷戰思維的中國想像，經大眾媒體大肆宣揚，產生了對內地根深蒂固的刻板印象，將差異簡單化、固定化。文化冷戰時期製造了一種有廣泛社會情緒為基礎的反共意識，乃至恐共心理一直未消除，回歸後也沒能糾偏，這直接影響到了香港人對內地的認知和態度。黃盛指出香港新聞界一律複製幾個國際通訊社的「新聞報道」，接收傳播信息偏狹，不僅影響香港社會的思考能力，而且阻礙了判斷並造成誤判。[42] 一些本地媒體和西方媒體仍一直在話語上刻意污名化解讀中華人民共和國和中國共產黨、激化矛盾，造成那些土生土長、沒有太多直接中國經驗的香港新生代普遍對內地或多或少的懷有抵觸、疏離感甚至逆反情緒。2014 年以後，一系列以年輕人主導的社會運動和本土組織，更是在本地散播仇中和反中的情緒。這些社會情緒和立場事實上已經通過社會教育、學校教育傳遞給了香港年輕一代。[43] 許多香港人對內地制度的排斥和疑慮，從某種程度上成為兩種制度矛盾的突出表現。

另一方面受到資本主義和新自由主義全球化浪潮衝擊，原有的

---

40 〔美〕麥哲維：《學海堂與晚清嶺南學術文化》（*Local Matters: Mobility and Identity in Nineteenth-Century Guangzhou*），沈正邦譯，廣州：廣東人民出版社 2018 年版，第 360-362 頁。

41 程美寶、王佳薇：〈嶺南作為一種方法〉，《南方人物週刊》2020 年第 33 期。

42 黃盛：《批判香港》，北京：中國人民大學出版社 2015 年版，第 151 頁。

43 閻小駿：《香港治與亂：2047 的政治想像》，北京：人民出版社 2016 年版，第 90 頁。

傳統認知出現了危機，並在一系列二元對立——邊緣／中心、本土／全球、傳統／現代——論述生產體系中製造了內部的裂痕。有人批評香港意識當中仍在自戀於簡單的「城市香港——鄉土內地」的二元劃分，未看到整體格局的變化及新的發展趨勢；不少人心理上不願意認真了解和接受香港和內地關係的本質和事實。[44] 所謂香港社會人心未歸，即社會心理層面還未能認同「現實中國」，反映的是文化心理上的障礙及社會心態。重新認識文化身份、持續增進香港對國家民族的認同感和歸屬感，認識「歷史中國」和「文化中國」是基本路徑，人心的引導和慰藉需要教育發揮作用，社會心理與文化重建更不可或缺。

五、公民社會在政治制度外發展對香港人身份重構的影響日益增大

回歸前的香港從未享有全面的政治權力，港英政府並無民主機制讓平民參與政治。[45] 港英政府也從制度上削弱市民對政治的興趣，政治與社會的關係被刻意分隔。劉兆佳在《香港的社會與政治》（1982）一書中稱之為「低度整合的社會政治體系」。當時社會除了少數由中國內地和台灣地區所支持的黨派報紙外，一般報紙甚少報道有政治爭論的事件，商營電視更近乎不談政治。[46] 殖民政府也禁止社

44　羅永生：《（晚）殖民城市政治想像》，轉引自朱耀偉主編：《香港研究作為方法》，香港：中華書局 2016 年版，第 74 頁；梁振英：〈認識歷史，瞭解國家，提高判斷力〉，《明報》2007 年 3 月 30 日。載梁振英：《家是香港》，香港：明報出版社 2007 年第二版，第 17 頁。

45　香港回歸進入政治議程後，港英政府開始推行政治民主化，從 1980 年代區議會選舉及兩個市政局政改方案，直到 1991 年才有首次立法局部分議席經由直接選舉產生。這一系列舉措加快了香港社會政治化步伐，香港人政治意識日漸提高。

46　馬傑偉、曾仲堅：《影視香港：身份認同的時代變奏》，香港中文大學香港亞太研究所 2010 年版，第 15 頁。

會上出現足以挑戰政府權威的獨立政治團體。[47] 在這樣的背景下，民間早期對香港核心價值的討論主要集中在經濟層面或社會生活層面，譬如重商主義、倡務實、重效益、論回報、講誠信、守望相助、家庭和睦、自我進取、逆境自強等等。這一直延續至九十年代以「中環價值」代表香港功能城市的定位。1970 年代香港也存在教育行動組（Education Action Group）、觀察社（Hong Kong Observers）及其他類似性質的壓力團體，他們的活動迫使殖民政府在 1970 年代末成立了一個監察壓力團體委員會（SCOPG）。這是一個秘密的高層委員會，由政府高級官員組成，包括警方、政治部和英國在香港的軍方代表。除觀察社，社區組織協會、民俗會也在監察名單上。[48] 壓力團體的活動迫使港英政府作出過政策調整，但總體上看那時的影響是十分有限的。港英政府可不通過普通法，而是採用制定內部安全法令、設置政治部（Special Branch，這一機構並非公開執法，而是隱秘行事）的方式，可不經法庭審訊抓人坐牢，嚴格管控因反政府而導致破壞公共秩序或安全的行為。這一安全法令在九七前被取消，執法機構也同時解散。

回歸後，即使香港社會或者有更多政治參與，但其群眾基礎並無顯著擴大。[49] 此時，生產身份的文化資源出現了與之前不同的內容。香港因公民權利意識漸漸發展出多元化的公民社會，[50] 香港也逐

47　夏循祥：《權力的生成：香港市區重建的民族志》，北京：社會科學科文獻出版社 2017 年版，第 116 頁。

48　〔英〕白莎莉（Sally Blyth）、胡德品（Ian Wotherspoon）：《說吧，香港》，林藹純譯，洛敏校，香港：牛津大學出版社（中國）公司 1999 年版，第 147 頁。

49　夏循祥：《權力的生成：香港市區重建的民族志》，北京：社會科學文獻出版社 2017 年版，第 126 頁。

50　不同壓力團體及政黨不再是唯一形式，輿論領袖、社會行動組織、政策研究類智庫、民間各種社區網絡等共同組成公民社會。參見馬傑偉、曾仲堅：《影視香港：身份認同的時代變奏》，香港中文大學香港亞太研究所 2010 年版，第 190 頁。

漸轉變成為「運動型社會」，[51] 對抗性思維日益興盛，這些對香港人的身份建構產生了重要的影響。立足公民個體與政府之間關係的價值觀——民主、自由、法治、人權等，被一部分中產階級帶入公共討論及特區政府施政報告中。[52] 抽離香港時空談香港精神或核心價值引發諸多爭議，其中討論最多的即是如何看待香港人秉承的中國傳統文化觀念。

馬傑偉等認為，這些年來不同議題的民間討論，均要求把殖民統治時代較為非政治化的社會，轉化為一個要求政治參與、批判社會不公、倡導問責體制的公民社會，這些訴求在一系列社會運動中變得更為具體，對社會影響也更為深刻。[53] 譬如在維多利亞港灣（2004年）、灣仔利東街及中區警署建築群（2004 至 2005 年間）、天星碼頭和皇后碼頭（2006 至 2007 年間）等涉及文化保育的爭議中，參與者憑藉集體記憶和歷史想像 [54]、直接行動，催生了香港年輕一代依附於地標、社區及社群的地方情感及本土身份。並從狹義的歷史保存或文

---

51 香港警務處提供數據顯示，公眾集會與遊行數目 2016 年與十年前相比增幅將近六倍。林芬、林斯嫻：〈香港青年的中國觀：民族認同與學生運動〉，《二十一世紀》2017 年 12 月號，第 66-85 頁。

52 2004 年 6 月 7 日，近三百名學者、專業、商界及非政府組織人士，在報章上聯署《維護香港核心價值宣言》，提及核心價值包括「自由民主、人權法治、公平公義、和平仁愛、誠信透明、多元包容、尊重個人、恪守專業」。香港發展論壇與近六百名香港社會知名人士於 7 月 5 日聯署另一宣言，表示「香港成功的基礎，也包括另外三個價值，那是務實、穩定及和諧」。有學者認為重視個人權利的現代西方價值觀與具集體主義色彩的傳統中國價值觀的互動或碰撞，在這次討論中顯露無遺；並認為《維護香港核心價值宣言》明顯側重後物質主義價值，民意調查數據則顯示多數市民仍崇尚物質主義價值。這裏將傳統的價值觀 / 現代的價值觀與物質主義價值觀 / 後物質主義價值觀兩組概念混淆在一起，其實並不能成為對等關係。社會中呈現的價值對立，無疑是香港走向社會撕裂的原因之一，其實任何社會均不可能存在完全的價值統一。參見張妙清、鄭宏泰、尹寶珊：〈核心價值〉，載張妙清、趙永佳編：《香港特區二十年》，香港中文大學香港亞太研究所 2017 年版，第 64-67 頁。

53 馬傑偉、曾仲堅：《影視香港：身份認同的時代變奏》，香港中文大學香港亞太研究所 2010 年版，第 132-133 頁。

54 未有殖民時代生活經驗的香港年輕人在各類香港故事、本土論述中增添了新的歷史想像。呂大樂指出，「今天我們對港英殖民管治的態度與評價，加入了許多七十年代中期之後出現的元素」。參見呂大樂：〈香港殖民生活的「冷經驗」〉，載王慧麟等編著《本土論述年刊 2009》，台北：漫遊者文化出版 2009 年版，第 104 頁。

化保育的訴求，指向並質疑政府的文化政策、規劃過程及民主化、諮詢架構及行政權力等。[55] 有評論認為這些致力於文化保育及合理規劃香港城市建設的行動，有一定的合理空間。[56] 此後，2007 年底特區政府施政報告中提出「文物保育」政策，開始施行「活化歷史建築夥伴計劃」，一些戰後建築包括徙置大廈美荷樓、北九龍裁判法院等均被納入其中。葉蔭聰指出這種轉變在非常短暫的期間發生，反映了現代社會的「當下」巨變及背後的複雜因素，包括政府與民間的角力、政治經濟的變動等。[57] 也有評論認為這類本土行動雖然可以短期凝聚公眾注意力，激發民眾參與熱情；但群眾的教育與組織、價值共識的建立仍需要穩打穩扎深耕社區。[58] 從香港回歸後社會發展趨勢來看，本土運動有一部分越來越走向封閉化、政治化傾向的「本土社運」，如反 23 條立法大遊行（2003）、「反高鐵」運動（2008）、反國民教育風波（2012）、非法「佔中」（2014）和「反修例」運動（2019），嚴重破壞了「一國兩制」與基本法秩序的憲制平衡，外部勢力亦摻入其中，因此要防止這一部分的負面影響對整個國家構成安全威脅。由此可見，公民社會在香港本土身份重構中的影響是不可忽略的，甚至已佔據重要地位。如何在打造地方身份的同時，與國族認同連結起來，逐漸將國家認同加在已成型的香港文化認同之上，當前仍面臨諸多挑戰。在日益多元開放、動態複雜的社會中，妥善處理好公民社會與政府、與市場之間的關係，撫平社會撕裂和焦慮，以協商思維置換對抗思維，將成為今後香港現代化治理的關鍵。

55　葉蔭聰：《為當下懷舊：文化保育的前世今生》，香港中文大學出版社 2010 年版，第 29-31 頁。

56　鄭湘萍、徐海波：〈香港回歸後的本土主義運動辨析〉，《理論研究》2016 年第 3 期。

57　葉蔭聰：《為當下懷舊：文化保育的前世今生》，香港中文大學出版社 2010 年版，第 7 頁。

58　龍子維：〈香港文化保育運動的迷思〉，《南風窗》2011 年第 3 期。

第三節

身份建構邏輯：文化與結構的闡釋路徑

◇◇◇

從語義和概念上看，身份認同有著多層次的內容。王明珂指出，對於個體來說，每個人都有許多的社會身份認同，在不同情境或時間中，有些被忽略有些被強化，但之間相互關聯並建立了其社會認同體系。在社會生活中，個人的經驗、學習與行為常常經過集體的修正後，成為個人心理構圖的一部分，也因此強化了個人或群體的認同，或造成認同變遷。[1] 鑒於香港人在建構身份論述時往往聚焦於香港與中國內地關係，故本研究的邏輯起點即以此作為身份認同問題追溯和探討限定的範圍。在這裏所處理的身份認同是建立在與中國內地關係之上的香港人身份認同。

以上章節主要是從歷史角度呈現社會結構下，香港華人身份認同問題的文化處境及現象背後質的規定性。以下內容則將分析文化與社會結構關係對身份意義形成機制的作用。殖民歷史及自由資本主義市場主導的全球化，塑造了香港多元身份認同。毋庸置疑，單一身份認同在當今世界幾乎是不可能的，現代社會也無一例外是多元、非同質形態的。那麼，如何在多元身份認同中獲取一種平衡，增進群體間協作的可能性而不是對抗，是身份政治一項極為重要的挑戰。回到香港人身份認同問題上，割裂的身份認同並不是因為「多元」沒有達致和諧共生，香港文化甚至以多元與包容為其特質。問題是出在：體制

1　王明珂：《華夏邊緣：歷史記憶與族群認同》，上海人民出版社 2020 年版，第 467、468 頁。

及意識形態中的殖民性與全球化時代後殖民特徵疊加作用，造成本土身份與國族身份相互區隔及複雜對立。當前在利益政治的參與下，更加劇了問題的複雜性。

也斯曾談過殖民教育與文化政策的影響，他認為「文化身份建立不起來不是由於真正的國際性的包容，而是由於自我否定、自己對自己缺乏認識」。[2] 哈羅德·伊羅生（Harold R. Isaacs）曾指出族群的自我否定（self-rejection）與自我厭憎（self-hate）是強勢族群對弱勢族群壓迫的結果；當弱勢族群不再屈服時，族群認同都將成為一個問題，而且遲早會爆發成為社會與政治的衝突和危機。[3] 從香港社會文化結構的轉變中，歷史記憶 [4] 的生產中，我們可以看到造成這一問題的內在邏輯是如何展開、推演的。

一、對香港人身份認同問題的反思

從回歸前香港人身份認同問題的社會文化處境中，我們可以看到：首先，在文化及社會結構的作用下孕育出香港人自覺的本土身份意識。這裏存在表面去殖民化，但內裏殖民宰制仍然牢固。西方國家意識形態及價值觀念，在文化教育體系及日常生活中的影響無處不在。而中國文化尤其當代中國文化則被矮化，中國傳統文化則被抽離於現實，成為一種想像。這一狀態甚至延續至回歸後亦未改變。顯見地緣政治的去殖民化已完成，但整個社會的去殖民性（decoloniality）並沒有達到。香港人身份撕裂是殖民經驗及其文化後果的直接產物。

2　也斯：《香港文化十論》，杭州：浙江大學出版社 2012 年版，第 117 頁。

3　〔美〕哈羅德·伊羅生：《群氓之族：群體認同與政治變遷》，鄧伯宸譯，桂林：廣西師範大學出版社 2015 年第 2 版，第 88、89 頁。

4　「歷史記憶」是王明珂提出的概念，他認為歷史文本通常會受制於書寫者的情感、認知體系、意圖與時代情境，人們通過修正或重寫歷史形成新的歷史記憶，以此作為凝聚族群的工具，這不僅發生在華夏形成之中，而且也是人類社會普遍現象。參見王明珂：《華夏邊緣：歷史記憶與族群認同》，上海人民出版社 2020 年版，第 22、463、465 頁。

　　其次，1950 年代以後物質生產基礎、經濟結構的改變、傳媒及普及文化發展所帶來的本地身份意識，有些不是殖民政府蓄意而為的結果。因為在殖民歷史語境下，本土身份意識實際上更多地表現為具抵抗性的反殖民認同。本土意識逐步孕育，這種客觀形勢配合了港英當局管治需要，殖民政府亦開始在文化教育領域內實施了制度化管理及一系列措施，而 1970 年代改良後的制度機制具體內涵更是為香港意識提供了廣泛的社會文化環境。呂大樂提醒這裏尤需注意的是：現在看起來合情合理的政策改革，其實是因應殖民管治需要而實施的政府內部改革，以及香港民眾鬥爭加起來的結果。[5]

　　再次，對於香港問題的理解，其實我們並不能孤立地將其放置於內部社會系統去看待和分析。還需要看到國際政治勢力的介入和影響，看到香港與中國內地之間的互動，以及中國在國際政治格局中地位變化（如 1971 年中國恢復在聯合國的合法席位、中日 / 中美相繼建交）和內地改革開放後經濟發展所帶來的種種影響。由此才能準確認識和判斷香港的過去、現在與未來。此外，全球化進程在構建當代資本主義經濟權力與（城市）地方身份認同的關係方面，亦發揮了重要的作用。自 1980 年代以來，全球化境況引發了地方感，全球在地化（glocalization）行動促進地方意識的覺醒，發展本土文化已成為世界上發達國家城市與地區相關政策議程的中心，並與地方經濟相關聯。同時，這也作為培育本土參與式民主和公民身份的一種框架而備受讚譽，尤其在英國及歐洲。[6] 顯然香港也深受其影響。美國學者卡斯特曾指出這種普遍存在的悖論，即在一個越來越由全球化進程所塑

5　呂大樂：《唔該，埋單：一個社會學家的香港筆記（增訂本）》，香港：牛津大學出版社 2007 年，第 99 頁。

6　〔澳〕德波拉‧史蒂文森（Deborah Stevenson）：《城市與城市文化》，李東航譯，北京大學出版社 2015 年版，第 132 頁。

造的世界裏，反而出現了具有防衛性的地方化認同。[7] 可見，香港人的身份認同問題並不是特殊案例。

最後，在 1980 年代前「本土意識」與「民族意識」或「國族身份」並未被冷漠地或激進地簡化二分，我們甚至可以看到 1970 年代本土意識的生產正是在民族主義認知基礎上進行的。香港文學、電影作品及社會運動等方面均有體現。當時儘管市民階層已開始逐步歸向認同本地獨特的日常文化生活方式，但這並沒有影響其國族認同。這一過程看似香港主體性逐步獲得彰顯，但由於受制於內在殖民宰制的影響，香港社會身份認同的困境始終存在。20 世紀 70 年代被大多數香港社會史學家視為香港社會主體意識及本土意識形成的重要時段，起著承上啟下的作用。1984 年中英聯合聲明的簽署，標誌著香港正式進入過渡期。回歸大局既定，想像的意識形態威脅及資源競爭的危機感促發了社會群體認同的改變。香港人和中國人兩種本並不構成對立關係的認同之間，出現了矛盾性和排他性，並成為富裕與貧窮、先進與落後、城市與鄉村、開放與封閉、自由與壓制、資本主義與民族主義等一系列二元特徵的表徵。[8] 九七回歸前夕，文化界倡導的本土特質在香港文學和流行文化中都可見其興盛。有關香港歷史與現狀、香港文化獨特性和未來發展空間的探討，也顯見於這一時期多種香港文化研究專著、專題專刊及展覽中。[9] 一股以本土意識抗衡國家論述的文化、歷史想像和身份建構日漸凸顯，並在複雜的政治焦慮中蛻變成詭異的認同矛盾。香港人擔心其地方文化表達形式和獨特的區域文化特徵在融入中華文化大家庭過程中漸趨沒落消失，是以引發對香港

7　〔美〕曼紐爾‧卡斯特：《認同的力量》（第二版），曹榮湘譯，北京：社會科學文獻出版社 2006 年版，第 65、69 頁。

8　鄭宏泰、尹寶珊：《香港新青年》，香港中文大學香港亞太研究所 2019 年版，第 18 頁。

9　艾曉明：〈後殖民處境與香港身份辨析——香港文化研究書刊述評之一〉，《當代港澳》1996 年第 1 期；艾曉明：〈後殖民處境與香港身份辨析——香港文化研究書刊述評之二〉，《當代港澳》1996 年第 2 期。

主體湮滅於「民族—國家」意識的憂慮。[10] 由此帶來香港新一輪重新認識身份認同的討論。

香港回歸後，大部分香港人與殖民時期主流社會的疏離心態，轉變為「港人治港」的主體心態，客觀上增強了對香港的身份認同。同時由於仍有各種制約因素的存在，導致地方認同和國家認同之間關係產生異化。身份認知的扭曲是一部分香港人缺乏國家意識和民族歸屬感的重要原因之一。當前影響香港人身份建構的因素呈現出一些新的變化。首先，當代西方社會思潮，尤其民粹主義、保護主義和本土主義思潮和運動都帶有不同程度的反全球化和反全球主義的認同意識，正深刻影響香港現實局面。從知識分子到青年學生，再到社會民眾，已形成相當數量的群眾基礎。近些年香港的社會運動及近期的修例風波，彰明較著。在各種盤根錯節因素影響下，香港社會矛盾從經濟問題引向政治問題。身份認同也既是社會問題，更成為了政治問題。社會撕裂嚴重，負面情緒集體爆發。美國斯坦福大學政治學系教授福山在他最近的著作《身份政治：對尊嚴與認同的渴求》（*Identity: The Demand for Dignity and the Politics of Resentment*）一書中指出，21 世紀相當多的群眾運動都是由身份政治所界定的。[11] 顯然，身份認同已成為文化政治的組成部分。陳國賁認為對認同的研究同時也是對自我、對他人以及對他人包容差異性能力的研究，認同本身就是政治問題。[12] 它取決於如何在多元身份不同歸屬中進行切換或側重點位

10　1997 年 6、7 月間香港藝術中心舉辦的題為「九七博物館：歷史、社群、個人」的展覽上，香港藝術中心展覽部總監何慶基言：「1997 年 7 月 1 日當殖民統治時代徐徐落幕，新政正式上場的時候，也是香港人撫今追昔的最佳時機——什麼是我們想要從以往割棄的？又有什麼是我們想要極力保存的？我們的生活會不會因著回歸而更豐盛？香港的文化又會不會漸漸沒落消失，繼而融入了中華文化大家庭內，最後消失殆盡？」這一想法從 1980 年代後期至「九七回歸」之間的過渡時期裏較為普遍。參見洛楓：《流動風景：香港文化的時代記憶》，杭州：浙江大學出版社 2011 年版，第 24 頁。

11　Francis Fukuyama, *Identity: The Demand for Dignity and the Politics of Resentment* (Farrar, Straus and Giroux, 2019), p.13.

12　陳國賁：《漂流：華人移民的身份混成與文化整合》，中華書局（香港）有限公司 2012 年版，第 200 頁。

移，或者直接轉換到另一種身份認同上。

其次，信息科技的發展促進了網絡動員的質變，身份建構的載體發生了新的轉化，社交媒體、網絡遊戲等新興媒介開始介入身份認同機制。網生代與傳統媒體之間的互動已經不那麼緊密了，今天的公共領域已深入到虛擬空間。早些年網絡只是實體動員的延伸，擁有眾多粉絲的網絡人物在社交網站上動員，還擁有一定的話語權和影響力。但最近香港網民使用 Telegram、區塊鏈及連登討論區——這類「去中心化」思維主導的新媒體工具，網絡媒體原有的生態被徹底顛覆了。權威解構，情緒無節制地宣泄，龐大群體的認同和實踐自我的肯定，這些均激發了青年群體的參與感。有評論認為近期香港年輕人主導的社會運動與傳統意義上的政治運動（實名＋犧牲）有很大差異，顯現出更多的社交功能（與「手足」共事）和娛樂性（扮演「蒙面超級英雄」）。[13] 這類個體化的，沒有組織的，沒有可代表領導者的群眾運動，消解了公共性，使建設性的公共辯論無法開展，社會民主協商成為困難，達致社會整體輿論的共識更是難上加難。當今世界，西方文化霸權以新的面貌呈現——在網絡技術潮流下進行的價值觀霸權——對年輕一代的廣泛影響遠遠超出傳統媒介形態所能預期的，對社會公共生活的影響正日趨主流化。網絡社會孕育的新型民間權威生產機制，成為當前及未來社會治理必須正視的新的因素。儘管當今世界技術正扮演著越來越重要的角色，但對身份認同問題起決定性作用的，仍是更加持久作用的文化、社會和歷史過程。

再次，香港從回歸之日起，重新納入國家治理體系，但迫於各種管治方面的限制及兩種制度差異，與內地之間的區隔仍未完全打破。為什麼香港人對香港本土容易產生歸屬，卻很難對國家產生認同，除去歷史原因之外，香港人對國家的直接經驗不夠是其中的關鍵

13　任意：《撕裂之城：香港運動的謎與思》，中華書局（香港）有限公司 2020 年版，第 496 頁。

因素。據香港政策研究所研究報告顯示：存有國民身份危機的學生較少返內地交流。有超過三成存有國民身份危機學生從來沒有返內地，高於整體。[14] 香港國民教育缺失導致香港年輕人對國家的認識及間接經驗也十分匱乏。當前國家發展戰略將香港發展融入粵港澳大灣區建設，是一個重要契機。同時我們仍需要思考如何促進香港青年對國家有限的直接經驗的進一步擴大。增進香港與內地的文化交流互動、促進香港融入國家發展仍是必要的途徑。

二、文化與社會結構關係及其對身份意義形成機制的作用

關於「文化」一詞的界定，歷來眾說紛紜。這裏我們不必回到較為寬泛的人類學文化定義上進行討論。喬納森・弗里德曼（Jonathan Friedman）指出 20 世紀初「文化」一詞的使用已發生根本變化，其趨勢表現在不再立足人口或種族基礎上抽象，而是對社會過程的理念方面進行抽象，文化從作為習得的和人為的一切事物轉變為文化作為意義的系統和符碼。[15] 即使用上賦予了「文化」意義生成機制的功能。梁漱溟在《中國文化要義》中認為文化是「吾人生活所依靠之一切」。他是從文化社會學角度理解文化的內涵：

如吾人生活，必依靠於農工生產。農工如何生產，凡其所有器具技術及其相關之社會制度等等，便都是文化之一大重要部分。又如吾人生活，必依靠於社會治安，必依靠於社會之有條理有秩序而後

14　香港政策研究所於 2016 年 5 至 7 月向全港中學派發問卷，就本港中五學生的公民意識及國家認同感進行調查。這次調查成功回收 2008 份問卷，共計 20 所學校參與調查，包括直資及官津學校，十八區中的十六區。回應率達七成。《學生國民身份之問卷調查報告》，香港政策研究所，2016 年 12 月。

15　〔美〕喬納森・弗里德曼：《文化認同與全球性過程》，郭建如譯，北京：商務印書館 2003 年版，第 101、103-104 頁。

可。那麼，所有產生此治安此條理秩序，且維持它的，如國家政治、法律制度、宗教信仰、道德習慣、法庭員警軍隊等等，亦莫不為文化重要部分。又如吾人生來一無所能，一切都靠後天學習而後能之。於是一切教育設施，遂不可少；而文化之傳播與不斷進步，亦即在此。那當然，若文字、圖書、學術、學校，及其相類相關之事，更是文化了。[16]

這裏，梁漱溟將文化看作與經濟、政治等緊密聯繫的社會生活方式，側重的是文化關涉社會生活的種種方面「乃至一切無所不包」，亦可見文化與現代社會制度的互動及結構關係。在梁漱溟眼裏，物質文化、制度文化和精神文化是緊密聯繫的整體。1982 年，聯合國教科文組織（UNESCO）在墨西哥城舉辦「文化政策世界會議」，會上曾予以「文化」一個全球性的共識以作為各國制定文化政策的指導性依據。這個「最低限度的定義」（minimum definition）是：「從最廣泛的意義上來說，文化是一套綜合整體，涵蓋精神、物質、知識和情感特徵，使一個社會或社群得以自我認同。文化不單包括文學和藝術，也包括生活方式、人類基本權利、價值體系、傳統與信仰……」[17] 聯合國教科文組織採用的是人類學意義的文化概念，以一種適用於所有社會形態的固定或統一方式進行界定，以避免不同文明形態下意識形態爭論。

這些對文化的定義都帶有一個國家／民族歷史地凝結而成的整體及整合的特徵，這些構成了身份認同的文化歷史資源或根基性情感，同時也決定了討論身份認同問題繞不開文化視角。M. 萊恩·布魯納（M.Lane Bruner）強調國家建構不僅發生在民族層面、法律及經濟層面，而且也發生在文化層面，通過集體記憶、主流意識形態、流行文

16　梁漱溟：《中國文化要義》，上海：世紀出版集團、上海人民出版社 2011 年第 2 版，第 7 頁。

17　聯合國教科文組織：《墨西哥城文化政策宣言》，1982 年 8 月 6 日。

化、文學和藝術傳統以及教育體系建構國家認同。[18] 從以上對香港人身份認同問題產生的原因分析，我們可發現香港地方認同的建構亦有相似的邏輯。在這一複雜的社會建構過程中，文化、心理、制度、交往等多種因素往往互相影響。

結構是指各個部分的秩序安排、協調配合以組成一個整體。英國馬克思主義文化批評家雷蒙・威廉斯（Raymond Williams）認為「結構」的現代詞義，是指「一個整體所構成的部分或組成的要素，彼此間的相互關係；這些關係可以用來定義一個整體特殊的性質」，由此可察覺其中包含「整體結構」的意義，同時也明顯具有「內部結構」的性質。「結構」一詞在使用過程中，常被指涉特殊、複雜的關係結構，也即通常所指的深層結構。[19] 在本書中「結構」也可作為一種方法論的視角，看到問題的產生與整體、與部分之間的互動關係。從廣義上來看，結構是社會結構，是對個體有制約性的外部經濟、政治、社會等各個領域的整體環境狀況。當社會結構發展到某種確定形式後，易滑入保守、故步自封，陷入僵局，依靠複製或延續舊有的組織機構及社會關係，創新動力不足則會限制社會新的效益提升和發展。香港近些年呈現出來的問題都不是單一的，大都是結構性問題所致。身份認同問題亦不例外。

始於 20 世紀 70 年代的人文科學和社會科學領域內的「文化轉向」，反映出文化作為建構作用不斷增強的趨勢。文化具有能動地塑造實踐的能力，以及從內部構建一系列經濟、社會和政治關係的能力。從意義生成（meaning-making）機制這一功能來看，文化與語言有一定的相似性，均對身份建構產生影響。斯圖亞特・霍爾（Stuart Hall）認為，由於存在這一結構性關係，當經濟和社會過程決

18　〔美〕M. 萊恩・布魯納：《記憶的戰略：國家認同建構中的修辭維度》，藍胤淇譯，北京：商務印書館 2016 年版，第 4 頁。
19　〔英〕雷蒙・威廉斯：《關鍵詞：文化與社會的詞彙》，劉建基譯，北京：生活・讀書・新知三聯書店 2005 年版，第 463、466 頁。

定著「我們的生活方式」「我們是誰（我們的身份）」和「我們怎樣生活」時，這一附帶意義的過程即被理解成文化和話語實踐。因此，在「理解和分析所有的社會關係和制度時」，文化實際上發揮了「一種決定和構建作用」。霍爾在此也提醒這並不是要否認馬克思主義論述中經濟的基礎作用，而是強調文化存在於與經濟、社會和政治實踐為一體的結構之中，為其他的實踐領域提供一種「建構性的狀況」（constitutive condition）。[20] 這種建構性絕不是任意而為的，也是需要基於一定的現實基礎，遵循事物發展的客觀規律。

結構若從狹義角度理解，也可視為文化內在結構，它是由不同層次文化內容組成的文化模式。周怡將文化歸納為四個向度的建構，[21] 以這種結構視角來分析香港人身份建構的邏輯，有很大的啟發。其一，主觀意義（subjective）的文化。它既是個體業已習得的或內化於心的規範、價值觀念、生活態度和信仰，又是一個時代的集體精神和凝聚，亦與這個社會的歷史和存在聯繫在一起。譬如香港上個世紀七八十年代盛行的「獅子山精神」即肯定了香港人只要刻苦耐勞，就一定會成功的時代集體風貌，延續至今甚至成為一種工作倫理。有研究指出若干社會指標研究及社會流動調查均顯示，這種既無階級障礙，又充滿個人機會的社會觀，是香港人普遍的看法。「獅子山精神」後來經歷非典（SARS）疫潮、金融海嘯後被賦予同舟共濟、共渡時艱的社會記憶，以凝聚人心。可見其集體精神的內涵又有新的豐富和發展。這種集體性的精神特質和價值取向，對個體行為產生潛移默化的深遠影響。

其二，結構意義（structural）的文化。反映的是一個群體在某

20　Hall,S.(1997), "The Centrality of Culture: Notes on the Cultural Revolution of Our Time" , In K. Thompson (ed.), *Media and Cultural Regulation* (London: Sage), p.222-223. 轉引自〔英〕托尼・本尼特：《文化、治理與社會》，王傑、強東紅等譯，北京：東方出版中心出版 2016 年版，第 258-260 頁。

21　以下四種意義上相對獨立的文化概念界定，參見周怡：《解讀社會：文化與結構的路徑》，北京：社會科學文獻出版社 2004 年版，第 52-58、60 頁。

個時期共享的行為模式以及某一特定的總體生活方式。香港資本主義社會形態及物質特性，在百年來殖民歷史和現代化都市變遷中，形成了具有地方特色的崇尚西化的生活方式。莫凱認為就是因為香港擁有高度競爭性和重視效率的經濟體系，以及獨特的生活方式，才使其成為一個充滿靈活性和生命力的當代商貿中心，這也是香港不易被其他城市取代的關鍵。[22] 然而結構意義的文化也有其固化的一面。美國人類文化學家克利福德‧吉爾茨（Clifford Geertz）曾提出「內卷化」（involution）概念，來表達文化模式固化後因停滯不前而進入平台期，需要改革才有出路。我們通常會強調個體行為受種種新舊社會組織、結構、規範所約制，但個體並不是完全被動的，也會對它們有所選擇、依循或改造創新，是以逐漸推動時代變遷。變與不變，什麼變，什麼不變，在香港九七回歸後始終是個問題。

其三，擬劇意義（dramaturgic）的文化。它是各種結構特徵編織而成的象徵符號體系，它可以是地方性知識（東方傳統與殖民經驗）、獨特的物質產品（港式茶餐廳及港式飲食）、用以溝通的語言及衍生品（粵語流行文化及商品）。它可作為構成歷史傳說、迷思幻象、現代神話的隱喻或敘事性故事的原材料。比如，港英殖民統治的麥理浩時代，成為香港經濟起飛、文化啟蒙的黃金歲月的代名詞。麥理浩被投射了諸多展現個人魅力的神話色彩，其幕後的管治權術及基於英國外交政治的政策謀略等，往往不為人所知。[23] 歷史書寫對「過去」材料的不同選擇與詮釋，影響著社會群體對認同內容的理解。美化英國殖民統治歷史記憶即是一種政治經濟謀略的運用。

再比如，我們在香港文學、戲劇及影視作品中也可看見大量香港故事的講述，講故事成為建構「想像共同體」的重要工具。約翰‧

22　莫凱：《現代貿易體系的成長歷程》，載王賡武主編：《香港史新編（增訂版）》下冊，三聯書店（香港）有限公司 2017 年版，第 323 頁。

23　李彭廣在《管治香港：英國解密檔案的啟示》一書中對此有詳細分析。

哈特利（John Hartley）及賈森・波茨（Jason Potts）指出講故事是構造群體的重要機制，「故事為給定的『我們』社群生成有意義的身份，把社會世界置於有故事情節的世界裏，把社會價值注入人物、動作和情節。」[24] 顯然，故事需要解決的是「集體行為問題」，以建立社會群體內相互信賴的關係。講故事並不限於政治性歷史敘事，大眾媒體也在不斷再造「我們」是誰的故事。其他象徵性的符號也參與到群體情感、知識及價值觀共生關係的建構中，從而建立個人及個人與群體關係。[25]

其四，制度意義（institutional）的文化。它是外在的社會角色及建立在一定文化價值基礎上的制度化體系，體現為無須明言的常識慣例和地方性知識、歷史積澱的倫理道德及通過制度、法律等建制手段實行的規範性指導。香港「殖民性」的教育制度將「文化差異」（文化交流的不平等關係）編碼成制度結構的一部分，這種結構化方式在文化體制中也有體現。文化政策及機製作為重構身份認同主體性最為重要的制度性的和規範性的力量，在香港回歸祖國後一直以來或被長期忽視或仍未實施文化重建。文化施政理念及核心價值，缺乏有意識且有效的制度設計與具體保障機制，最終導致香港人尤其青年群體國家認同困境的加劇。

文化作為一個綜合性體系，它在與社會互動過程中建構其內部結構，因此對人們日常生活中的思維方式、行為模式和情感經驗有著根本性的和潛移默化的影響，是身份意義形成的重要機制。香港社會文化變遷不顯著，但為何身份意義發生顯著變化？喬納森・弗里德曼（Jonathan Friedman）的觀點可以用來解釋這一現象。他認為類似現象產生的原因是：作用於互動人群內部和人群之間的認同和意義，其

---

24 〔澳〕約翰・哈特利、賈森・波茨著：《文化科學：故事、亞部落、知識與革新的自然歷史》，何道寬譯，北京：商務印書館 2017 年版，第 37 頁。
25 任珺：〈「文化科學」如何幫我們理解文化演化系統〉，《中國圖書評論》2019 年第 8 期。

被賦予的方式發生了變化。[26] 王賡武曾指出無論從文化的角度，還是從歷史角度看，香港華人是中國人。但不少香港華人卻自認為是不同意識的中國人。[27] 本無爭議的事實，卻成為相互競爭的身份認同。這一現象令人匪夷所思，不得其解。

　　馬傑偉等認為，香港人和內地人的對立關係，是確立香港身份的重要因素。[28] 顯然，這種身份建構的路徑是有問題的，是港英時期文化與社會結構作用的產物。劉兆佳認為身份認同的根本是：香港華人對他們與香港及中國內地的關係的理解與界定。由於一些香港華人過分突出內地與香港在利益上不兼容的一面，導致許多人易從矛盾觀點界定內地與香港之間的關係。[29] 這裏將矛頭指向的是認知問題。也斯理解 Identity 界乎「身份」與「認知」之間，亦是一種尋覓位置的過程，包括對自我認知的需要。[30] 個人認知源於社會，個人認知也具有一定的社會依賴性，受社會結構所影響。社會結構以一種最低限度的邏輯一致來加強不同個體之間的紐帶關係，支配著社會群體的認知行為，將個體的思維和情感熔鑄為社會群體的集體思想風格。譬如，我們在香港社會中經常能感覺到的分類思想（我們與他者）、邏輯推理（反共意識）、導向性隱喻（逢中必反）都是有其社會結構的根源。

　　揚·阿斯曼（Jan Assmann）指出每種文化都會形成一種基於共同知識和自我認知的「凝聚性結構」，它在社會層面和時間層面將個體和一個相應的「我們」連接並關聯在一起，構成歸屬感和身份認同

26　〔美〕喬納森·弗里德曼：《文化認同與全球性過程》，郭建如譯，北京：商務印書館 2003 年版，第 113 頁。

27　王賡武：《結論篇：香港現代社會》，載王賡武主編：《香港史新編（增訂版）》（下冊），三聯書店（香港）有限公司 2007 年版，第 967 頁。

28　馬傑偉、曾仲堅：《影視香港：身份認同的時代變奏》，香港中文大學香港亞太研究所 2010 年版，第 26 頁。

29　劉兆佳：〈「香港人」或「中國人」：香港華人的身份認同 1985-1995〉，載劉青峰、關小春編：《轉化中的香港：身份與秩序的再尋求》，香港中文大學出版社 1998 年版，第 3 頁；劉兆佳：《香港社會的民主與管治》，北京：中信出版集團 2016 年版，第 229 頁。

30　也斯：《香港文化十論》，杭州：浙江大學出版社 2012 年版，第 119 頁。

的基石。[31] 周怡從另一角度闡釋了「凝聚性結構」的建立，她認為文化內部四個不同向度的建構，有著「相互關聯、互為轉化的機理。制度化文化體系一旦建立，就會通過諸如日常語言、教學語言、公共儀式和文化產品等充斥象徵符號的擬劇意義的文化去傳播、深化認知，成為人們內在於心的、共同遵守的規範，和共同認可的價值。最終這種共享價值和規範又引導或約束社會中個體或群體行為，以形成某種特定一致的生活方式或行為模式」。[32] 身份認同的延續和再生產，即是依靠這種文化制度化的循環生產。縱觀港英時期香港歷史，看似在自覺與不自覺之間依靠社會關係互動促成了本土意識及香港認同。這也是許多用社會學方法介入身份認同研究的學者通常所持有的觀點——即視身份認同是一種社會生產，並在人們日常社會生活中得以運作。[33] 在這裏，我所強調的是社會生產只是其中的一部分內容，其背後仍有強大的建制性力量在推動。只不過這一過程較為緩慢，如果缺乏歷史視野往往會看不到這一凝聚性結構是如何轉變的。本文將在下一章中對政府介入的文化制度化過程進行具體論述。反思港英時期社會文化結構所形塑的文化制度，是如何複雜地形成、延續、演化，限制了殖民統治結束後的政策制定、文化形態及價值取捨，並影響了香港人身份認同的選擇和再生產。

---

31 〔德〕揚·阿斯曼：《文化記憶：早期高級文化中的文字、回憶和政治身份》，金壽福、黃曉晨譯，北京大學出版社 2015 年版，第 6 頁。

32 周怡：〈文化社會學發展之爭辯：概念、關係及思考〉，《社會學研究》2004 年第 5 期；周怡：《解讀社會：文化與結構的路徑》，北京：社會科學文獻出版社 2004 年版，第 60 頁。

33 Steph Lawler, *Identity: Sociological Perspectives*, Second edition (Policy Press, 2014), p.19.

第三章

香港文化政策變遷
與身份建構

◇◇◇

　　僅僅從文化和結構的視角闡釋香港人身份認同問題的出現是不夠的。由於 20 世紀後半期以來社會問題的「文化轉向」，在公共政策和文化政治中，有關身份認同作為群體凝聚動力問題已逐步取代物質權利的經濟問題。故全面分析香港人身份認同有必要考察不同時期文化政策和政府角色所起到的重要作用。本章的重點是考察香港文化政策的形成、發展及文化藝術行政架構的演變，分析港英政府及特區政府是如何理解文化藝術，以及如何管理文化藝術的。港英政府為什麼會支持文化藝術發展，背後的動機是什麼；特區政府如何因應文化政策內容擴展需求，回應身份認同問題。社會主流價值如何體現在文化制度中，即體制如何將社會價值內化為集體慣例及行動。以上三方面內容與香港人身份認同發生了怎樣的聯繫。文化制度決定我們的思維方式與情感，左右社會的價值判斷及共識。故怎樣建制、如何改變現有的不合理的制度建設，需要從理論、歷史、政治等方面去考量。

回歸前香港文化政策的形成
及身份認同機制建立

◇◇◇

一、殖民干預與香港文化藝術行政架構的歷史演變

開埠初期，英國中產階級為了在香港維持其社交生活方式，將他們熱衷的各類運動及娛樂帶到香港，為此興建了許多會所、運動場和賽馬場等活動場所。19世紀中下葉香港相繼成立的民間音樂組織，及1869年興建的香港大會堂，也都是為居港的英國人提供社交、運動、娛樂及文化服務，與本地居民並無關係。[1]顯而易見，早期殖民統治秩序是優先服務英國及英國商人，當局執行的是種族隔離政策——在社會文化上將英國精英與普通華人社會區隔開來。香港地區（屬嶺南文化區）有其自成一體的本土傳統文化，殖民政府對本地文化發展採取「消極不干預」政策，迴避華人社會文化訴求。1950年代以前，香港和澳門的華人社會與內地廣東地區（尤其省城及四鄉）文化交流仍十分密切。1920至1940年代是香港粵劇的黃金時代，形成了較具規模的戲院文化；大部分戲院東主同時是大型商業機

1　龍炳頤：《香港的城市發展和建築》，載王賡武主編：《香港史新編（增訂版）》（上冊），三聯書店（香港）有限公司2007年版，第232頁；劉靖之：《香港音樂史論：文化政策·音樂教育》，商務印書館（香港）有限公司2014年版，第1頁。

構的持有人。[2] 華商的流動性形塑了 19 世紀末至 20 世紀中期三地華人社區（甚至是省外和海外的粵人社區）粵劇、粵曲和電影等大眾娛樂的繁華景觀。[3] 粵劇班組（特別是廣州「省港大班」）巡迴演出於省港澳、星馬泰。香港的普慶、高陞、利舞台等戲院，[4] 以及各類遊樂場和茶樓均為粵劇藝人和粵曲歌伶提供演出機會。香港電台的中文節目於 1929 年開始廣播，電台播放的歌曲以粵曲為主，粵曲從茶樓、涼茶舖的歌壇經空中廣為傳播。1951 年香港電台開始轉播粵劇院的現場表演及本地業餘劇團的英語話劇。[5] 1957 年商業電視台「麗的呼聲」以每週 40 小時廣播時間傳送音樂、粵劇和夜總會歌舞等娛樂節目。[6] 一般民眾主要娛樂生活的同氣與同聲，建構並奠定了個人身份（文化）認同的基調。這一基調並非固定不變，它隨著文化生產中的張力而變化。尤其殖民政府逐步介入市民文化生活後，香港人的身份認同出現了新的變化。

1949 年以後，港英政府為減少來自新中國的政治影響，刻意迴避或截斷香港與中國內地的文化聯繫。通過推行非政治化的政策，化解香港社會內部矛盾和衝突，轉移華人移民的身份認同，培育香港人的本位意識，積極構建本地歸屬感。1962 年 3 月 2 日重建落成啟用的香港大會堂，成為香港首個向全體市民開放的多用途公共文娛中

2　高寶齡、區志堅等編：《非物質文化遺產在香港》，中華書局（香港）有限公司 2019 年版，第 6 頁。

3　程美寶、黃素娟主編：《省港澳大眾文化與都市變遷》，北京：社會科學文獻出版社 2017 年版，第 2、12 頁。

4　後來也上演文明戲（現代話劇）和抗日話劇，這些劇目和劇團多來自上海和廣州。香港藝術發展局：《香港文化藝術政策回顧（1950-1997）》，2000 年 7 月 15 日，第 6 段。

5　劉靖之：《香港的音樂（1841-1997）》，載王賡武主編：《香港史新編（增訂版）》（下冊），三聯書店（香港）有限公司 2007 年版，第 798 頁；香港藝術發展局：《香港文化藝術政策回顧（1950-1997）》，2000 年 7 月 15 日，第 7 段。

6　香港藝術發展局：《五十年文化紀事：香港文化行政與文化政策（1950-2000）》，2001 年 1 月。

心。這一事件通常被視為香港公共文化服務的開始，[7] 也是香港文化政策的開端。由於殖民政府行政架構裏一直沒有負責文化藝術的部門，故大會堂（連同設施內圖書館、博物館、演藝場館等）的運營就交給了區域性諮詢組織市政局管理。[8] 市政局工作大體是圍繞維持市民身心健康作為服務主旨，如身體的、精神的和社群的健康。[9] 可見，在港英政府心目中文化場館運營及藝術活動舉辦均屬市政服務性質的工作。文化藝術作為閒娛活動，是輔助性的公共服務，主要解決市民「恢復精神與體力」（recreation），無需將之獨立發展，作為社會福利的延伸也不涉及到政策制定。後來運營業務繁重時，市政局內部才新成立一個統籌文化藝術事務的部門專責。

　　1960 年代後期，港英政府覺醒到培養市民，特別是青年人社會意識和文化認同十分重要，[10] 決定主動地、積極地舉辦大量文娛康樂

7　在英國，二戰結束到 1960 年代後期，文化服務開始作為國家社會福利的一種延伸。市政當局通常是以建築物為基礎的公共機構（如劇院、戲院、音樂廳、博物館等）來定義文化。參見祖德‧布盧姆菲爾德、弗朗哥‧比安契尼：〈文化公民身份與西歐的城市治理〉，載尼克‧史蒂文森編：《文化與公民身份》，陳志傑譯，長春：吉林出版集團股份有限公司 2007 年版，第 159 頁。

8　市政局的歷史發展從 1883 年成立的潔淨局開始，1935 年易名市政局，1986 年另成立區域市政局，1999 年 12 月 31 日市政局及區域市政局解散。1953 年，市政局民選議員由 2 名增至 4 名。1956 年非官守議員增至 16 名，其中一半由民選產生，另一半由委任產生。參見王鳳超：《香港政制發展歷程（1843-2015）》，北京：生活‧讀書‧新知三聯書店 2019 年版，第 25 頁。政府同時設立市政事務署作為市政局行政機關，負責執行市政局的決策，市政事務署署長向布政司負責。1973 年政府修改市政局條例，根據頒佈的《市政局行政措施備忘錄》正式改制，取消官守議席，成為由非官守議員組成的，財政及行政獨立的法定機構。市政局接受政府就地區管理和其他事務的諮詢，或負責提供環境衛生、康樂、文化等服務。參見王鳳超：《香港政制發展歷程（1843-2015）》，北京：生活‧讀書‧新知三聯書店 2019 年版，第 116 頁。市政局被視為 1980 年代前，香港唯一設有民選議席的所謂「民主櫥窗」，但對選民的選舉權有各種限制。1983 年開始分區直選佔一半比例。直選被視為民意代表。參見劉蜀永主編：《簡明香港史》，廣州：廣東人民出版社 2019 年版，第 273 頁。

9　李偉思：《一個偉大城市的健康狀態：香港及其市政局 1883-1993》，市政局出版，1993 年。轉引自香港藝術發展局：《香港文化藝術政策回顧（1950-1997）》，2000 年 7 月 15 日，第 19 段。

10　《一九六六年九龍騷動調查委員會報告書》第六篇第二章丁項「青年人的特別問題」中指出年齡 15 至 25 歲的青年人在此次騷動中非常活躍。報告最後有提及要通過提供較佳的受教育和就業機會，增加青年福利和康樂設施，讓青年參與社會事務等措施培養歸屬感；加強道德訓練和品格培養防止破壞性行為；增加設備以供青年人康樂和有建設性的活動以紓解其精力和情緒沒有適當發泄。參見：〈青年人的特別問題〉，載吳俊雄、張志偉編：《閱讀香港普及文化 1970-2000》（修訂版），香港：牛津大學出版社 2002 年，第 443-449 頁。

活動，開始制定普及式的文化藝術政策。包括財政資助西方品味的表演藝術，[11] 資助及鼓勵青少年課外活動；建設游泳池、社區中心[12]、開闢公園，為市民提供休閒娛樂活動等。[13] 為了形塑一種「香港是我家」的本土意識、增加本地居民歸屬感，舒緩日益尖銳的社會矛盾，1967 年 10 月 30 日至 11 月 5 日香港工業總會籌辦「香港週」，主要推廣香港貨品，提倡「香港人用香港貨」，[14] 藉此建構「香港人」的自身認同。兩年後港英政府將「香港週」的舉辦模式擴充成為「香港節」，並接著在 1971 年、1973 年共連續三次舉辦，但後面兩次規模小很多。活動內容包括在彌敦道舉行花車巡遊，安排了一系列以中國傳統文化為主題的文娛活動，在各區也安排了嘉年華會、舞會、時裝秀、歌唱和選美比賽等表演節目，宣傳昇平景象。時任香港輔政司兼行政及立法兩局當然官守議員的羅樂民（Hugh S. Norman-Walker）在 1969 年 12 月 8 日主持「香港節」亮燈禮，致辭時提到：

香港節的概念，可以追溯至一九六七年。當時香港工業總會籌辦一個香港週，作為一項商業活動或者貿易展出。香港人士把握這個初次機會，表現一種「香港一體」的意識，並迅速地把「社會週」的精神加入這個商業性的佳節裏。在認識到有這種渴望和良好的精神存在之後，香港政府經由行政局而探討於一九六九年再次舉行的一個香

---

11 當時主理其事的或提出建議的多為上流社會的外籍人士，得到撥款的藝術團體是由外籍人員管理，因此資助的表演藝術以西方的高雅藝術（high arts）為主。參見香港藝術發展局：《經費資助檢討報告》1997 年 202c 段。「檢討」一詞在香港政策文件中經常出現，它是指某一方案或採取某項措施，實施一段時間後，通過回顧和總結的方式提出完善的意見。

12 社區中心設有日間託兒所、圖書館、各組年齡的友誼會社、公用會堂、以及各種職業訓練班。社區中心的重點工作是為年輕人提供健康及有意義的活動，如協調暑假活動計劃，指導社區組織與青年團體，削弱年輕人的反叛性和對殖民政府的敵意，加強青年對香港的向心力。

13 冼玉儀：〈社會組織與社會轉變〉，載王賡武主編：《香港史新編》（上冊），三聯書店（香港）有限公司 1997 年版，第 206 頁。

14 早在 1951 年 12 月舉辦的第九屆國展會（即第九屆香港華資工業出品展覽會，簡稱工展會）上，即提出以「香港人用香港貨」為口號。

港週的可能性，試行把重心多點放在大眾的歡樂，而非在商業。[15]

　　這裏點出了港英政府舉辦香港節的緣由，並寄期望能發展出「香港一體」的意識。香港節在最初兩年活動尚能吸引市民觀賞，後來民間反應變淡。呂大樂認為這代表了「由上而下」政府刻意培養歸屬感的一次失敗；[16] 程介明認為殖民政府此舉是不想讓本地居民認同中國的社會主義，盼藉此增加市民對地方的歸屬感，並視其為香港本位意識逐步建立的標誌。[17]《1971 年香港年報》這樣描述當時的社會風氣：「香港居民之衣飾與生活方式漸趨奢華與國際化……歐美之娛樂與消遣方式普遍盛行於香港」，[18] 這可見港英政府在 1960 年代推出一系列「去中國化」及本土文化政策發揮了一定作用。[19]

　　真正有意識地引入地區文化藝術發展，認識到文娛活動對維持社會穩定的政治作用和教育功能，並將英式社會政策中的文娛和康樂政策 [20] 引入香港社會的，是麥理浩任香港總督時期。這種變化是當時英國對香港所制定政策的外交政治環境下的產物，考慮的是新界租

15　〈香港節由昨晚亮燈開始 全市民歡樂 週內請盡情享受各種娛樂節目〉，《華僑日報》1969 年 12 月9 日，轉引自許崇德：〈「六七暴動」與「香港人」身份意識的萌生〉，《二十一世紀》2018 年 10月號總第 169 期。

16　呂大樂：《那似曾相識的七十年代》，中華書局（香港）有限公司 2013 年再版，第 21 頁。

17　程介明：《教育的回顧（下篇）》，載王賡武主編：《香港史新編（增訂版）》下冊，三聯書店（香港）有限公司 2017 年版，第 550 頁。

18　轉引自許崇德：〈「六七暴動」與「香港人」身份意識的萌生〉，《二十一世紀》2018 年 10 月號總第 169 期。

19　學界對此的相關討論可見 Jonathan S.Grants, "Cultural Formation in Postwar Hong Kong" , in *Hong Kong Reintegration with China: Political, Cultural and Social Dimensions*, ed. Lee Pui-tak (Hong Kong: The University of Hong Kong,2001), p.159-180.

20　二戰後，「全民體育運動」政策成為一種國家文化政策形式，在歐洲各國普遍實施。體育運動也是現代社會中大眾文化的重要部門。這裏文娛與康樂主要體現的是大眾文化。港英政府從英國引進各類體育活動，意在培養本地精英融入英式文化。何敬恩：〈英國殖民地教育政策和香港的體育教育〉，《體育科學》1997 年第 4 期；莫里斯‧羅奇：〈公民身份、大眾文化與歐洲〉，載尼克‧史蒂文森編：《文化與公民身份》，陳志傑譯，長春：吉林出版集團股份有限公司 2007 年版，第124-125 頁。

約於 1997 年到期的歷史背景。[21] 當政者對文化藝術施政理念和原則是怎樣的呢？1972 年 10 月麥理浩在向立法局發表的第一份施政報告裏，點明了他支持文化藝術發展的用意：

在這個過程中，體育和文娛活動的推廣有一定的幫助。它們可以把完全不同的人拉在一塊。私人機構在這一方面提供了很大的支持。香港賽馬會在體育和藝術方面都出過不少力，例如對沙田銀禧體育中心和香港演藝學院的資助。與此同時，一班有心人努力提倡在香港舉行國際藝術節的構思。在邵逸夫爵士和市政局的出色安排下，這終於成為香港一年一度的盛事，市民可以欣賞各地傑出藝術家的表演。這既助長了在學校推廣藝術教育的興趣，也為新市鎮大會堂裏的高水平演出創造了公眾的需求。郊野公園的建立，也是為了鼓勵市民擴闊自己的休閒活動，使他們可以在香港被忽視但十分美麗的野外地區，享受一下新鮮的空氣和鍛煉身體。……我承認自己是這些計劃的熱心支持者，這在其他地方的政府中，確是不大尋常的。我支持這些計劃，因為它們不單可以帶來健康和愉快的生活，也可以培養人們對香港的歸屬感。[22]

麥理浩總督推行了一系列建設香港計劃。既有與市民生活息息相關的房屋、社會福利、醫療和教育等方面，也包括文娛康樂內容。這些涉及民生的公共物品提供，確實提高了港英政府在香港的認受性。1973 年港英政府設立以民政司為主席的「康樂與體育局」，專門

---

21 候任港督麥理浩於 1971 年 10 月 27 日對英國外交及聯邦事務部的官員表示：「我在香港的目標是要確保香港各方面的條件皆比中國優越，以至讓中央人民政府面臨接受香港的問題時猶豫不決。」參見香港地方志中心編纂：《香港志：總述・大事記》，中華書局（香港）有限公司 2020 年版，第 31、344 頁。

22 白莎莉（Sally Blyth）、胡德莉（Ian Wotherspoon）：《說吧，香港》，林藹純譯，洛敏校，香港：牛津大學出版社（中國）公司 1999 年版，第 112 頁。

就如何擴展設施、充分使用設施、監督有關活動等，向政府就資源需求提出建議。[23] 如其他社會政策一樣，港英政府開展了一套全新的諮詢步驟，收集市民意見，對民眾相關社會需求作回應式應急管理。有經歷者回憶，這種讓香港人參與施政過程或者讓他們感到參與了這個過程，[24] 使市民心態逐步改變，逐漸以香港市民身份自居。[25] 麥理浩開始重視康樂及文化行政管理，成立康樂與體育服務中心（1974）、文化署（1976）[26]，設立古物諮詢委員會及古物古蹟辦事處（1976），在教育司署成立音樂事務統籌處（1977）[27]，成立與政府文化管理職能相關的法定機構香港藝術中心（1977），自此開始了以科層組織管理公共文化服務。從未有過的大規模藝術團體組建工作也在這段時間展開。[28] 在 1970 年代至 1980 年代，港英政府投放於推廣文化藝術的開支更多了。這可見於 1973 年香港藝術節[29] 揭幕；1974 年首間位於新

23 康樂與體育局並非政府部門，實為諮詢組織。參見《一九七三年施政報告》1973 年 10 月 17 日，第 9、10 頁，轉引自劉靖之：《香港音樂史論：文化政策·音樂教育》，商務印書館（香港）有限公司 2014 年版，第 4 頁。

24 白莎莉（Sally Blyth）、胡德品（Ian Wotherspoon）：《說吧，香港》，林藹純譯，洛敏校，香港：牛津大學出版社（中國）公司 1999 年，第 53-54 頁。

25 周永新：《香港人的身份認同和價值觀（2019 增訂版）》，中華書局（香港）有限公司 2019 年版，第 36 頁。

26 隸屬文康科，負責策劃全港文化藝術推廣工作。

27 1980 年，音樂事務統籌處由原來隸屬於教育署，改為布政司署民政科屬下音樂文化組的一部分；1981 年 10 月 15 日，民政改組為新成立的康樂文化署，音樂處則成為該署三個行動單位之一。港英政府希望借此把原來負責統籌文康活動的民政科康樂文化組升格。1985 年，政府成立文康市政科，該科隸屬於布政司署，並把音樂處撥歸文康市政科直接管轄。1996 年改稱為「音樂事務處」。參見胡銘堯：《碩果纍纍四十載 音樂事務處歷史回顧》，康樂及文化署音樂事務處官網：https://www.lcsd.gov.hk/sc/mo/aboutus/40th-anniversary/40-year-retrospective.html，訪問日期：2019 年 9 月 12 日。

28 職業化香港管弦樂團（1974 年），市政局建立香港中樂團（1977 年）、香港話劇團（1977 年）、香港舞蹈團（1981），資助一些民間成立的香港芭蕾舞團（1979 年）、香港城市當代舞蹈團（1979 年）、中英劇團（1979 年）、進念二十面體實驗劇團（1982 年）、赫墾坊（1984）。1980 年代成立的藝團以半職業實驗藝為主。參見劉靖之：《香港音樂史論：文化政策·音樂教育》，商務印書館（香港）有限公司 2014 年版，第 21、22 頁；香港藝術發展局：《五十年文化紀事：香港文化行政與文化政策（1950-2000）》，2001 年 1 月。

29 前身為創辦於 1954 年的香港藝術節。1973 年時是由私人資助，目的是促進旅遊業發展，1976 年開始接受大額公共資助。香港早期的藝術節慶均與促進旅遊業發展有關，為了吸引更多遊客（不包括內地）來港。香港藝術發展局：《香港文化藝術政策回顧（1950-1997）》，2000 年 7 月 15 日，第 23 段。

界西的荃灣福來村公共圖書館落成；1975 年創辦了香港藝術雙年展，同期香港博物館對外開放；1976 年第一屆亞洲藝術節開啟，首部流動圖書館投入服務；1977 年舉辦了第一屆香港國際電影節 [30] 等等。1980 年起市政局每年均舉辦中文文學週，以及每兩年舉辦一次中文文學獎。[31]1982 年舉辦了第一屆國際綜藝合家歡；1983 年首辦香港藝穗節，展示業餘和新進藝術。

　　麥理浩曾在 1979 年 3 月赴北京商談新界地契的租約問題，當時他已意識到香港將於 1997 年主權回歸中國。麥理浩返港後告訴立法會：「政府已經明白，積極推動文娛活動，符合本港的實情，而且必須加快速度、廣度，令市民熱愛。」[32] 此後，殖民政府更是要決意加強建設香港。一方面為中英談判保持英國在香港既有的利益，並極力爭取更多的利益；另一方面即便要將香港交還中國，也要體面地謀求「光榮撤退」，意圖建立某種以懷舊和本土感性為基礎的香港身份，[33] 讓香港人感懷英國的管治。上世紀八十年代，港英政府推動文化藝術發展有了新的明確的政治目標，再加上當時政府因賣地收入獲得豐厚財政盈餘，大型文化設施及機構建設熱潮就此啟動。[34] 各類藝術團體的建立、演出場館的興建、表演節目及節慶的安排，既有外來的演出團體，又有香港本地的藝團，香港居民文化生活儼然呈現出多

30　香港藝術中心的建築計劃是由民間發起再爭取到政府資助。

31　劉蜀永：《簡明香港史》（新版），三聯書店（香港）有限公司 2009 年版，第 412 頁。

32　Welsh, Frank. *1997. A History of HongKong* (London: Harper Collins), p.475-476. 轉引自香港藝術發展局：《香港文化藝術政策回顧（1950-1997）》，2000 年 7 月 15 日，第 29 段。

33　香港藝術發展局：《五十年文化紀事：香港文化行政與文化政策（1950-2000）》，2001 年 1 月。

34　包括伊利沙伯體育館（1980）、荃灣大會堂（1980）、北區大會堂（1982）、香港紅磡體育館（1983）、紅磡高山劇場（1983）、九龍中央圖書館（1985）、大埔文娛中心（1985）、香港藝術中心（1986）、牛池灣文娛中心（1987）、沙田中央圖書館（1987）、沙田大會堂（1987）、屯門大會堂（1987）、上環文娛中心（1988）、香港文化中心（包括太空館、演藝大樓、香港藝術館，1989）、香港藝術博物館（1991）、西灣河文娛中心（1991）、香港視覺藝術中心（1992）、葵青劇院（1999）和元朗劇院（2000）等。參見龍炳頤：《香港的城市發展和建築》，載王賡武主編：《香港史新編（增訂版）》（上冊），三聯書店（香港）有限公司 2007 年版，第 293、294 頁；劉靖之：《香港音樂史論：文化政策·音樂教育》，商務印書館（香港）有限公司 2014 年版，第 21 頁。

注：香港文化中心 1979 年奠基，1984 年動工，1989 年啟用，耗資 5 億多港元。

圖 3-1 香港文化中心及九龍鐵路鐘樓（羅定明 攝）

姿多彩的景象。1970 年代初至 1980 年代香港經濟急速發展，當時大眾工作時間普遍減少、法定假日增加，有更多時間進行閒暇活動。同時，市民花在閒暇活動上的可支配收入的比例在增長，這一環境及條件刺激了大眾對文化產品的需求，也促使本地影視節目、音樂等流行文化興起。[35] 這即是香港本土文化和「香港人」意識產生的社會背景。

　　文化領域內的其他建制也在此階段中逐步形成。譬如 1971 年頒佈實施香港《教育條例》，推行小學強制免費教育（至 1978 年實施九年強制免費教育），《古物及古蹟條例》也在 1971 年通過。1971 至 1972 年間，當時任港島區民政專員的許舒，曾要求調任古蹟辦專員。他認為，歷史建築保育有助建立本土身份以達致社會穩定。其上

35　高馬可：《香港簡史——從殖民地至特別行政區》，林立偉譯，中華書局（香港）有限公司 2013年版，第 214 頁；香港藝術發展局：《香港文化藝術政策回顧（1950-1997）》，2000 年 7 月 15日，第 27 段。

司陸鼎堂否決其申請並表示，相對社會、教育及環境改善來說，保護文化遺產不是太重要。[36]20 世紀 70 年代，中環核心商業區多幢建於 20 世紀初的新古典主義建築遭拆卸重建，這一波保育潮的爆發並未發展出本土身份論述。主要是因為當時的殖民建築與當地華人社群生活經驗是相隔離的，當時很少華人群體關注這一問題。鍾士元曾表示：「在中國人和外國僑民的生活方式之間的巨大差異，直到戰後還沒什麼變化。例如，只有很少中國人住在港島半山，但這沒有引起什麼怨恨情緒。香港是一個『英國殖民地』，我們已經接受了這些差別。」[37] 很明顯，當時民眾對港英政府的疏離感還十分普遍，建制方面的社會參與度並不高。[38] 當時市政局的權限主要在文化及康樂方面。作為市政局議員的杜葉錫恩回憶，成為市政局成員的條件之一就是要懂唯一的官方語言──英文，因為所有文件都是用英文寫的。這就排除了大多數可以工作卻只能講中文的人。[39] 華人政治參與度低，這一社會文化現象在當時的藝術創作中亦有體現。東西畫廊的德裔藝術評論家佩特拉·辛特瑟（Petra Hinterthur）發現：香港殖民後期整體社會意識形態缺乏獨特的政治身份認同、討論及參與，藝術作品因而鮮有政治和社會議論立場。[40]

　　1977 年文化署為文化藝術推廣工作出台了政府內部工作指引。[41] 其中將政府的角色定位為「作為統籌者和催化者、所需基本設

36　葉蔭聰：《為當下懷舊：文化保育的前世今生》，香港中文大學出版社 2010 年版，第 56 頁。

37　白莎莉（Sally Blyth）、胡德良（Ian Wotherspoon）：《說吧，香港》，林藹純譯，洛敏校，牛津大學出版社（中國）公司 1999 年版，第 44 頁。

38　劉兆佳用「功利家庭主義」來描述英治時期香港移民社會特徵，認為當時香港人對港英政府的疏離是因以家庭利益為中心的思想較為普遍。

39　〔英〕杜葉錫恩：《我眼中的殖民時代香港》，隋麗君譯，長沙：湖南文藝出版社 2020 年版，第 17 頁。

40　Hinterthur, Petra. *Modern Art in Hong Kong* (Hong Kong: Myer Publishing. 1985), p.13. 轉引自黎明海、劉智鵬編著：《與香港藝術對話 1960-1979》，三聯書店（香港）有限公司 2014 年版，第 15-16 頁。

41　儘管學界把 1962 年大會堂啟用作為資助公共文化的開端，但港英政府到了 1977 年才制定內部工作指引。參見香港政府文康廣播科：《藝術政策檢討報告諮詢文件》，1993 年第 2.1 段。

施的供應者和推動者」，文化服務主要由市政局承擔。[42]1978 年民政司李福述在一份政府文件中建議成立香港音樂發展計劃委員會，並由當時的音樂事務統籌處音樂總監擔任主席，成員包括市政總署、教育司署、社會福利部門等相關政府部門的首席官員，以及音樂專家。委員會在 1980 年 12 月提交了一份報告，不僅就音樂發展事宜向政府提供意見，還提出一系列整體計劃，如建議政府興建新的表演場地、制訂新的租用條款、成立高等音樂學院提供全面的音樂訓練等。[43]

1981 年 10 月 15 日，原來負責統籌文康活動的民政科康樂文化組升格為康樂文化署，以支持香港的演藝發展。隨著正式出台了推動及發展藝術的七點政策。內容包括：「（1）為表演藝術提供所需場地與建設；（2）為普羅大眾發展社區活動；（3）提供職業先修及職業層面的表演藝術訓練；（4）發展職業表演團體；（5）在財政及資源的規限下，務求達到最高水平；（6）設立表演藝術諮詢委員會；（7）給予表演藝術團體支持與鼓勵。」顯而易見，以上政策事實上是以精緻藝術，甚至僅以表演藝術為主要對象的公共文化管理措施。其中市政局（及 1986 成立的區域市政局[44]）負責文化場地建設與運營、資助官辦職業藝團及區域內的文化藝術活動。1982 年成立的諮詢性質的香港演藝發展局，則就表演藝術的發展及分配予各藝團的資助額度，向政府提供意見；並對藝團撥款。1982 年成立的十八個區議會沒有實質性的權力，僅為基層諮詢性質的機構和協助政府落實有關施政方案的機構。民選的區議員就區內公共設施、政府計劃、社區活動等提供意見，區議會也負責推廣及支持轄區內的小型文娛活動，為民眾發展社

42　香港藝術發展局：《五十年文化紀事：香港文化行政與文化政策（1950-2000）》，2001 年 1 月。

43　參見：胡銘堯：《碩果纍纍四十載 音樂事務處歷史回顧》，音樂事務處官網 https://www.lcsd.gov.hk/tc/mo/aboutus/40th-anniversary/40-year-retrospective.html，訪問日期：2022 年 5 月 16 日。

44　以法人團體形式正式成立，負責管理新界轄區的市政衛生和提供文化康樂服務。同年，政府授予市政局與區域市政局法定權力：「設置及管理音樂或提供文娛活動的場地和設施，以及舉辦、推動、贊助或與其他人士合辦各類演藝活動」和「享有決定政策和行動的絕對自主權」。參見香港藝術發展局：《香港文化藝術政策回顧（1950-1997）》，2000 年 7 月 15 日，第 36 段。

區活動。甚至，區議會還協助平息本區居民的一些憤怒情緒，在溝通民意並轉達政府方面也起到積極作用。1984 年成立的法定機構——香港演藝學院，提供專業表演藝術訓練及人才培養。這裏可以看到香港文化政策的重點已從起步時康樂與體育發展，轉向兼顧表演藝術的發展；文化政策的執行機構始終都是法定組織。

英國殖民者統治香港時期，管理香港行政的是立法局和行政局，政府通過布政司署屬下十四科及五十九個行政部門推行政務。基層區議會設立後，「兩個市政局」成為「三級架構」中的「中層架構」。自 1960 年代起香港文化行政工作逐步形成：兩個市政局（只注重於管轄範圍內的文化設施建設及表演節目安排）、區議會（限於社區小型文娛活動）及政務體系文康市政科（後改為文康廣播科）參與場地管理、公共資源分配、演藝節目安排及職業藝團管理等。這樣的行政架構，實際上造成職能重疊及整體行政支出更多。儘管行政機關設立諮詢組織——古物諮詢委員會、香港演藝發展局，向政府提供有關資料信息和專業方面的意見；但沒有一個服務香港文化藝術總體發展的行政架構，也沒有專業人才配合。港英政府在兩個市政局及區議會推行本土化政策，逐步吸納公眾有限度地參與演藝及文化活動的諮詢工作及組織工作，通過擴大參與地區事務培養市民歸屬感。後來兩個市政局財政及行政獨立（1973/1986），區議會 (1981) 可利用有限的政府撥款推行區內小規模的康樂文娛活動。[45] 這些表象被後來香港學者視為公共文化資源及配置資源的權力下放。但事實上，從當時政策文件表述中可發現無論是資金還是權力仍集中在行政局，[46] 並最終由港督決策。

45　強世功編：《香港政制發展資料彙編（一）：港英時期及起草〈基本法〉》，三聯書店（香港）有限公司 2015 年版，第 230 頁。

46　行政局是一個集體決策的機關，負責就各項政策上的重要事項，向港督提供意見。

　　到目前為止，各項政府計劃都由中央統籌，以確保房屋、治安、交通、教育、衛生、福利和康樂方面均有迅速的發展。……本港地狹人稠，在這樣的一個社會中，預算政策、公共服務和主要社會經濟計劃的管理，均應繼續由中央統籌。[47]

　　對此運作，英國學者約翰·李雅也曾這樣描述，「非官守議員們……不會而且在法律上也不可能決定政策。憲法允許總督忽視行政局的獻議，而總督作為立法局主席所享有的決定票，也意味著政府的方案不會被立法局所否決」。[48] 杜葉錫恩回憶她參加市政局時，除官守議員外，非官守議員一部分由民選產生，另一部分由委任產生。市政總署署長永遠是主席，不論討論什麼問題，委任議員總是站在政府一邊，選舉產生的議員總是居少數，委任的成員如果支持了選舉的議員，下一次就不大可能重新獲得委任了。[49] 因此，港英政府康樂及文化方面的決策一定是服務於英國殖民者治港政策。與之相應，康樂及文化方面的投入也是長期由港英政府主導，有報告指出那段時期至回歸前文化藝術方面投入經費估計大約超過 95% 來自公帑。[50]

　　1985 年港英政府成立「市政總署」，接管原市政事務處、康樂文化署和康樂體育事務處的工作，隸屬文康市政科。[51] 同時成立的「區域市政總署」則管理新界非市區區域的市政服務，包括圖書館、街市、游泳池、運動場、公園、體育館及其他公眾娛樂設施的管

47　《香港地方行政白皮書》（1981 年 1 月），載強世功編：《香港政制發展資料彙編（一）：港英時期及起草〈基本法〉》，三聯書店（香港）有限公司 2015 年版，第 225 頁。

48　轉引自趙雨樂、程美寶編：《香港史研究論著選輯》，香港：香港公開大學出版社 1999 年版，第 28 頁。

49　〔英〕杜葉錫恩：《我眼中的殖民時代香港》，隋麗君譯，長沙：湖南文藝出版社 2020 年版，第 17 頁。

50　《香港文化藝術政策的釐定、推行與資源開拓》，香港政策研究所，1998 年 12 月。

51　1989 年，廣播事務劃入文康市政科，改名為文康廣播科。1997 年 7 月 1 日改名為文康廣播局，1998 年 4 月解散。文化事務轉交民政事務局負責，廣播及電影事務轉交新成立的資訊科技及廣播局，後來併入工商及科技局，2003 年 7 月資訊科技及廣播科改名為通訊及科技科。

理。[52] 兩個市政總署成立後脫離市政局撥歸政務體系，即執行決策的部門脫離市政局轉入行政機關。有評論認為，「這項行政改革加深了香港在文化行政上『行政主導』的程度，管理重心轉移至行政體系。這次管理架構的調整被看作為日後出現議員與政務官『各自為政』，甚至背道而馳的局面埋下伏筆」。[53] 在這一文化行政架構裏，沒有「文化」這一政策組（Policy Branch）[54]，理論上發揮決策功能的市政局，事實上並不能具體監督政策的執行。有人指出市政局並不是政權架構的組成，與立法局和行政會議的性質完全不同，是非政權性的區域組織，缺乏政策制訂的功能，議員也非專職，更缺少專業人才。[55] 執行市政服務的公務員則處於被動的工作程序邏輯之中。而區議會只處理地區性事務，並不涉及香港的整體性政策。港英政府明顯有意避開「文化」，未將之放置於政府行政系統的重要事項之列或隱藏不以公開方式處理文化議題，不以整體文化和藝術發展為目的。即便在執行決策的市政署和市政局行政組織裏，「文化」又往往被「演藝文化」所替代。港英政府在表演藝術資助上的過度傾斜一直備受詬病與批評，這一發展思路即便在英國語境下也不是如此，這裏亦證明了其發展是為殖民管治所服務。

1960 至 1990 年代期間，港英政府一直以對待市民康樂文娛活動的思維和理念來制定方案和財政預算。[56] 文化藝術政策都是零散地分佈在不同部門，以具體形式落實於各項措施之中。[57]1993 年文康廣播

52　1898 年《北京條約》簽訂時，新界面積佔當時全港總面積約 92%。兩個市政局在 2000 年市政架構改革中解散，後成立康樂及文化事務署和文化委員會（臨時諮詢組織）以取代之。

53　香港藝術發展局：《香港文化藝術政策回顧（1950-1997）》，2000 年 7 月 15 日，第 34 段。

54　劉靖之：〈香港的音樂（1841-1997）〉，載王賡武主編：《香港史新編（增訂版）》（下冊），三聯書店（香港）有限公司 2007 年版，第 819 頁。

55　王鳳超：《香港政制發展歷程（1843-2015）》，北京：生活·讀書·新知三聯書店 2019 年版，第 116 頁；劉靖之：《香港音樂史論：文化政策、音樂教育》，商務印書館（香港）有限公司 2014 年版，第 xiv 頁。

56　劉靖之：《香港音樂史論：文化政策·音樂教育》，第 3 頁。

57　香港藝術發展局：《香港文化藝術政策回顧（1950-1997）》，2000 年 7 月 15 日。

科發表的《藝術政策檢討報告諮詢文件》[58] 是首次文藝政策的公開討論。在這場討論中，就職於香港大學藝術學院的英國學者大衛・克拉克以回顧和總結的方式提出要重新認識藝術政策。他認為，「藝術不僅為我們提供娛樂，而且是一種媒介，我們可以通過它來定義我們自己和我們的價值。」[59] 這裏明確要重視藝術與身份認同之間的關聯性，注重藝術的文化價值，而不僅僅其娛樂性。這期間，總督彭定康在其施政報告中也意識到「有更多的市民在增加收入之後需要享受文化藝術」。[60] 最後，討論的結果是擴展了藝術資助領域，1994 年 3 月「香港藝術發展局」[61] 成立，取代了原有的香港演藝發展局。新成立的香港藝術發展局於 1995 年 6 月依據《香港法例》第 472 章轉為法定機構，引入民選成員，並將視覺藝術及文學藝術等藝術門類加入資助範圍，為藝術多元發展搭建了平台。

回歸前後政府出台若干以「微觀政策」（micro-policies）形式發佈藝術政策的官方陳述及諮詢文件。[62] 從這些陳述及諮詢內容來看，港英政府實際上並不鼓勵對香港文化發展的深入探討，而是將政策議程的重心落在藝術資助這較為狹義的概念領域。將之作為其他公共政策的輔助工具，為穩固其殖民統治服務。港英政府怕九七政權移交引

---

58 文康廣播科陳述四條藝術政策：鼓勵多元發展；尊重表達自由；政府主要是扮演促進者及催化者的角色；適當地提供各種支援，包括財政支援。文件還建議將視覺藝術及文學藝術加入資助範圍。參見立法會 CB（2）1686/05-06（01）號文件：《香港文化藝術政策發展》，香港特別行政區政府民政事務局，2006 年 4 月 7 日。

59 David Clarke. "The Arts Policy Review Report:Some Responses," in *Art & Place: Essays on Art from a Hong Kong Perspective* (Hong Kong University Press, 1996), p.53.

60 香港總督彭定康《一九九三年施政報告》1993 年 10 月 6 日，段落 115-117。

61 根據香港藝術發展局條例（香港法例第 472 章）成立，下設功能小組：政策小組、行政管理小組、公眾聯繫小組、文學小組、視藝小組、音樂與舞蹈小組、戲劇與傳統藝術小組、藝術教育小組。

62 香港藝術發展局於 1995 年 12 月及 1996 年 7 月分別發表了《五年發展策略計劃書》（被視為首份有完整理念的微型文化政策）及《藝術教育政策》。隨後 1996 年 8 月及 11 月市政局先後發表《市政局文化委員會五年計劃諮詢文件》《圖書館委員會五年計劃》；1997 年 5 月兩個市政局分別發表《市政局娛樂委員會五年計劃》及《區域市政局藝術發展計劃書》兩份諮詢文件。1997 年 9 月臨時市政局發表《臨時市政局博物館委員會五年計劃》。香港藝術發展局：《五十年文化紀事：香港文化行政與文化政策（1950-2000）》，2001 年 1 月。

發移民潮，故政策目標更傾向正視本地文化的發展並指向培養市民的本地認同和歸屬感，力圖挽回管治信心。由於迴避明確的文化身份討論，沒有文化教育意識；因此也更不可能有對文化政策的系統研究和長遠規劃了。1997 年 9 月 17 日文康廣播局局長周德熙在臨時立法會上解釋，為何香港至今沒有一套全面的文化政策。他指出，「其一是港英政府不願提倡中國文化或某種國家意識；其二是香港一直奉行『儘量不干預』（minimal interference）的政策」。對此，有評論說港英政府不管意識形態，任由市民自由發揮，只管用公共資源提供教育。[63] 這自然是自欺欺人的論點。港英政府刻意推行「去中國化」和「非政治化」文化政策，迴避國家意識和國家認同討論，既不願香港華人認同現實中國，又不願將英國國民身份給予香港人。這形成的後果為香港回歸祖國後的國家認同及人心回歸增加了難度。

二、殖民政府制度化運作文化藝術的動機 [64]

美國公共政策學者托馬斯‧R. 戴伊（Thomas R. Dye）認為公共政策是政府選擇做什麼或不做什麼。[65] 可見，是否存在文化政策並不表現為一定有明確的成文規定，而是體現在政府於文化領域內的具體行為——選擇做什麼或不做什麼。港英政府支持藝術表現，或者改變政府對香港文化藝術領域的行政干預形式，開展支持性措施，如官辦藝術團體、資助演藝節目、興建並管理文娛設施等；或執行制約性措施，如介入電影審查、強推重英輕中的語言政策、規管傳媒與控制社團等，都是基於一系列管治目標和理據。這並非是單純的文化藝術事務，其中既有被殖民者的抗爭，又有中英兩國複雜關係的較量。港

63　香港藝術發展局：《五十年文化紀事：香港文化行政與文化政策（1950-2000）》，2001 年 1 月。

64　這裏「動機」是指決定政府行政行為及導向某一目標的驅動力。

65　Dye, Thomas R: *Understanding Public Policy*, 14th edition (London: Pearson, 2013), p.2.

英政府制度化運作文化藝術的舉措是多方政治勢力交相角力的結果。

其一，展現帝國榮耀和建樹。二戰以後，英國已經準備在香港實施「本地化」策略，視非殖民化為「光榮撤退」，渴望展現香港在英治下之成就。可以說這一動機成為香港文化政策的開端。在英國本土，政府為了鼓舞二戰後受挫萎靡的民心，修復國家和民族認同，重構文化秩序；藉皇家節日大會堂（Royal Festival Hall）建成之際（1951年），舉行全國性的不列顛音樂節（Festival of Britain）。通過豐富的文化藝術活動，展示英國思想在哲學、文學、宗教和科學等方面對人類文明進步的貢獻。從後來發生在香港的歷史來看，港英政府似乎採用了類似的舉措。港英政府曾在 1869 年為居港英人興建過一座大會堂，後因旁邊建築建設而拆掉。1950 年代後期，港英政府決定動用公帑重新建設香港大會堂，經多年規劃，由費雅倫（Fitch, A.）及菲臘（Phillips, R.J.）設計，終於 1962 年落成並向本地公眾開放。新大會堂包括香港藝術館、展覽廳、劇院、音樂廳、圖書館、婚姻註冊處、市政局辦事處、酒樓等功能設施；採用典型的英國「現代主義」風格，以功能加以區分佈局，高座集中圖書館和辦公室，低座分散排開音樂廳、劇院[66]，中間相隔有幾何圖形的紀念花園和回廊。高座呈現古典包豪斯（Bauhaus）設計風格，露出結構部分，以玻璃為外牆構件。低座的圓柱廊則有柯布西耶（Le Corbusier）的風格，採用其「底層架空」和「橫向條窗」等設計原則，及配色方案（採用白色粉牆、黑色窗框和灰色鋪地）。[67] 在設計風格上，將西方理性的、科學的思想融入建築藝術表現中，凸顯功能主義現代建築理念。有評論

66　根據西方不同表演藝術演出特點而設置，表演場地有：1453 個座位的音樂廳、463 個座位的劇院及 110 個座位的演奏廳，顯然這樣的安排是傾向於滿足國際標準表演藝術演出要求，並未考慮中國傳統戲劇要求。

67　龍炳頤：《香港的城市發展和建築》，載王賡武主編：《香港史新編（增訂版）》（上冊），三聯書店（香港）有限公司 2007 年版，第 288 頁；鍾景輝：《香港話劇的發展》，載王賡武主編：《香港史新編（增訂版）》（下冊），三聯書店（香港）有限公司 2007 年版，第 703-704 頁。

認為香港大會堂不但建築風格以西方審美為標準，啟用後市政局主辦或資助的各種表演藝術節目也大都以西方審美品味為主，邀請外地演藝團體來香港演出，並向市民和青年學生推廣；六十年代中期舉辦的「星期日普及音樂會」，只收取象徵性的一元票價。[68] 此後的香港藝術節、亞洲藝術節、香港國際電影節等，均以大會堂為主要舉辦基地。

　　殖民政府大規模興建文化娛樂設施、投資文化事業，與香港回歸政治議程有著密切關係。可見於英國解密檔案，麥理浩在 1971 年赴港就任前曾應要求草擬《香港候任總督指引》（Guidelines for Governor of Hong Kong，以下簡稱《指引》），以確保其治港政策與英國外交及聯邦事務部達致基本共識。《指引》有三點引人注目，其一提出在新界租約屆滿前一段時間，又或是早在政府土地批租受到直接影響、投資者信心崩潰前，與中國進行談判。其二避免在香港進行任何形式的代議制改革，以免觸動當時中國政府重新調整對香港的政策。其三必須在香港有意識地制定加強信心的政策，維護英國管治香港期間的威信。這說明港督或許在施政路綫上與英國外交及聯邦事務部有所分歧，但在執行和捍衛英帝國根本利益上是完全一致的，[69] 包括最後一位港督彭定康的所作所為。英國是通過港督集權的政治制度來控制對香港的殖民管治。麥理浩在任期內進行大規模城市建設（包括文化設施）和改革，都是增加英國政府創造與中國政府談判香港前途的籌碼。麥理浩在外交和政治框架內考慮施政問題，與英國處理對華政策以及香港問題的戰略與部署形成無縫聯結。檔案顯示，港英政府計劃以最短的時間，把香港各方面發展和生活水平極力超越中國內地，[70] 以此凸顯英國移植於此的優良治理和制度優勢，增強香港人對

68　陳雲：《香港有文化——香港的文化政策（上卷）》，香港：花千樹出版有限公司 2009 年版，第 74-75 頁。

69　閻小駿：《香港治與亂：2047 的政治想像》，北京：人民出版社 2016 年版，第 174 頁。

70　有學者指出，1949 年之前香港基層民眾的生活水平和內地基本持平，甚至還不如當時的省城廣州。參見劉強：〈香港本土意識的歷史由來〉，《廣東省社會主義學院學報》2016 年第 2 期。

英國殖民統治和本土化發展的認同，以影響中國政府在處理香港問題時的態度和政策。[71] 而此後鄧小平認為要保持五十年不變的，也正是這個經過改良的香港。在《中英聯合聲明》生效至香港回歸之間，港英政府努力在「光榮撤退」前，把英國價值觀認同深植於香港人民的腦海中，致力將香港現代化為西方式的民主、資本主義和個人主義的社會。對照這一歷史背景，我們不難發現這些文化建設計劃，正是配合英國政府殖民管治策略及「光榮撤退」方案的實施。不可否認，這些對殖民制度的社會變革，也客觀上提升了社會文化服務、改善了娛樂設施、普及了藝術教育。

有人發現 1980 年代香港地區性文化娛樂設施的廣泛建立，並不是建立於公眾需求基礎之上，也非真正關心本地藝術創作者發展藝術的需要。實施康樂文娛服務是重點。胡恩威指出新市鎮或發展地區新建的社區會堂都有上千個座位，如果作為地區的表演場地，上千個座位似乎是太多了，一些中小型劇團演出話劇，其實並不需要那麼多觀眾席。各類社區會堂的設置都是多功能的，譬如租給中學舉行畢業典禮，座位數目是根據中學人數而決定的，並不是依據藝術需要而設定。[72] 二戰後西方社會對待文化藝術的價值理念，普遍重視其功利價值多於內在價值，港英政府的做法是與之呼應的，並不能逃脫時代的局限。從 20 世紀 60 年代開始，藝術和文化作為發展工具的概念，已被合法化運用。[73] 歐洲文化政策的實施即植根於 1960 年代佔主導地位的福利國家主義，並伴隨著教育政策、社會政策和衛生政策的創建和

---

71 以上檔案述評參見李彭廣：《管治香港：英國解密檔案的啟示》，香港：牛津大學出版社 2012 年版，第 60-62 頁；王鳳超：《香港政制發展歷程（1843-2015）》，北京：生活・讀書・新知三聯書店 2019 年版，第 47-48 頁。

72 胡恩威：《胡恩威亂講文化政策》，（香港）進念・二十面體 E+E 出版 2016 版，第 97-98 頁。

73 Sigrid Royseng,The Ritual Logic of Cultural Policy, Paper for the Fifth International Conferenceon Cultural Policy Research,Istanbul,August20-24,2008.

興起而逐步展開的。[74] 所以這些文化設施當時是被視為康樂設施，當時康樂在政府眼裏屬公共健康範疇。康樂設施與運動設施均發揮著娛樂健身的功能。這成為居民健康生活方式的體現，及港英政府粉飾政績的重要表現。這裏不是說健康的生活方式不好，僅說明當時文化政策並未上升至精神層面來發展。其實更為核心的問題是，由於當時正是為了配合英國「短期」利益，故自始至終港英政府相關政策都不是著眼於香港長遠利益的。文化政策的「短視」和不當是必然。這也是香港回歸後文化建設需要突破的短板。

其二，維持社會穩定。不但是羅馬人用麵包和馬戲壓制想造反的人民，歷史上有更多的事例顯示政府利用藝術和娛樂來壓制社會反對意見、安撫不滿情緒；在經濟困難或戰爭時期，利用藝術和娛樂啟發大家振奮精神向前看。英國在第一次世界大戰至第二次世界大戰期間，均有派遣劇團和樂隊等各式表演隊伍，為吃不飽和超時工作的工廠工人及戰爭隊伍提供娛樂，分散他們的注意力。[75]1966 年天星小輪加價 5 仙，引發群眾多天示威；其後 1967 年一連串的勞資糾紛激發市民反英抗暴示威，引起民間騷亂和不安情緒，凸顯了香港社會積累的各種社會矛盾。有人指出英國殖民政府為了穩定局勢並預備將來撤出香港，開始調整政策加緊治理香港的穩定力量。[76] 不少論者認為這是香港重要的「歷史時刻」，表現出社會矛盾的激化、集結和各種權

74　Pierre-Michel Menger, Cultural Policies in Europe. From a State to a City-Centered Perspective on Cultural Generativity, Tokyo, Japan, GRIPS Policy Research Center, Discussion Paper: 10–28, Dec 2010. https://www.academia.edu/17713914/Cultural_Policies_in_Europe.From_a_State_to_a_City-Centered_Perspective_on_Cultural_Generativity

75　〔英〕費約翰：《藝術與公共政策：從古希臘到現今政府的「藝術政策」之探討》，江靜玲編譯，台北：桂冠圖書股份有限公司 1995 年版，第 109 頁。

76　洛楓：《流動風景：香港文化的時代記憶》，杭州：浙江大學出版社 2011 年版，第 5、6 頁。

力的較量。[77] 港英政府和倫敦的高級官員明白要想重新樹立已經失色的形象，繼續維持統治認受性，就必須要爭取香港市民在感情上和理性上的支持。殖民政府專門研究了兩次「暴動」成因，認為亟需加強與市民的溝通，關心及改善民生緩和市民不滿情緒，減少市民與政府的對立，改善政府與社會的關係，增強市民對香港的歸屬感。這時，政府開始就各區的地方事務向公眾領袖們徵求意見，建立會見市民辦事處，來收集有關不滿的原因。[78] 並研究出「暴動」的根由是源於城市的擠迫和緊張的生活，影響了青年人的活力，無處宣泄。報告認為不少青少年的叛逆行為，是出自社會急速的發展，中下階層的市民文化水平較低，因每日忙於生計，疏於管教子女，引起了青少年犯罪問題。[79] 港英政府隨即全面反思施政方針，把大量資源投放在本土性的免費娛樂消閒活動及添加康體設施上面，用文化康樂活動轉移青年的政治焦點。[80] 這些事後的文娛活動，則在社會上被譏諷為「有活動，無暴動」。[81] 曾在 1973 年至 1981 年期間擔任市政局主席的沙理士，在他口述歷史訪錄中談到當時康樂服務時指出，「生活素質涉及市民餘暇生活的休憩活動，反映他們的心理與生理的平衡需要，令市民以愉悅輕快的心情、健康安和的身體去面對每天生活的衝擊，並藉此作出積極的回應。」[82] 可見即便在香港社會漸趨於穩定後，港英政府依

77　相關論點，可見冼玉儀：《社會組織與社會轉變》，王賡武主編：《香港史新編》（上冊），三聯書店（香港）有限公司 1997 版，第 205-209 頁；也有學者認為近代香港社會與政治的重大轉變並非全部都由於受到這兩次事件所衝擊而發生，殖民管治政策的變化其實很多始於港督戴麟趾。相關討論，可見呂大樂：《那似曾相識的七十年代》，中華書局（香港）有限公司 2013 年再版，第 16 頁。

78　〔英〕杜葉錫恩：《我眼中的殖民時代香港》，隋麗君譯，長沙：湖南文藝出版社 2020 年版，第 21 頁。

79　郭志標：《香港本土旅行八十載》，三聯書店（香港）有限公司 2013 年版，第 42 頁。

80　何志平：《香港青年：問題與出路》，《港澳研究》2015 年第 1 期。

81　〈香港文化政策紀事（一九五〇至二〇〇七）〉，載陳雲：《香港有文化——香港的文化政策（上卷）》，香港：花千樹出版有限公司 2008 年版，第 566 頁。

82　劉潤和（香港大學亞洲研究中心）：《香港市議會史（1883-1999）：從潔淨局到市政局及區域市政局》，香港歷史博物館統籌，香港大學出版社編制出版 2002 年版，第 169 頁。

然延續並繼續重視康樂文化建設 [83] 對市民情緒的安撫功能。可以說這是工具性文化政策概念的早期運用，康樂文娛服務被當作公共政策的工具，而不是藝術和文化本身的目的。藝術和文化就像政治工具，離不開與社會其他部分政策目標的聯繫。[84]

其三，發揮規訓機制的作用。美國學者托比·米勒認為文化政策立足於向主體灌輸一種趨向完善的動機，暗含著對人民規範化的管理。[85] 規訓機制即是一種規範化的權力，它也體現在藝術資助政策上：決定何為好的藝術及哪種藝術可以被資助，並在民眾中推廣。這種選擇反映的是利益集團爭取價值表現的權力鬥爭。通常而言，審美原則和文本內容必定會觸及價值和觀念、意識形態和思想。[86] 政府通過資助及藝術建制的方式進行價值裁判和思想傳達。美國學者凱文·馬爾卡希指出許多文化政策實質上均嵌入了各種一般不被視為文化的公共行動。[87] 這一現象隨著文化治理的工具化，越發彰顯。殖民主義發展到 20 世紀 60 年代已不符合時代潮流，英國政府對香港殖民政策開始調整，伴隨「非殖民化」與「本土化」政策的展開，需要轉變其消極不干預文化政策為區隔性文化政策，以品味及思想來影響香港民眾。

83　依據組織法例，市政局在康樂文化建設等方面擁有法定職權。法例詳細規定了職權中「康樂及市容」包括公園、遊樂場、海浴場、公共泳池及運動場的管理及監督；「提供若干文化服務」包括大會堂及日後可能興建的類似性質建築物，以及公共圖書館、藝術館及博物館的管理。政府交辦工作中「康樂活動」是指為市民舉辦娛樂活動及戶外活動，及建設運動場地及設備。權力來源條例《大會堂條例》（港例第三二八章）、《圖書館條例》（港例第一四五章）、《一九七一年博物館條例》。參見《市政局將來之組織、工作及財政白皮書》（1971 年 8 月），載強世功編：《香港政制發展資料彙編（一）：港英時期及起草《基本法》》，三聯書店（香港）有限公司 2015 年版，第 202-213 頁。

84　Sigrid Royseng, The Ritual Logic of Cultural Policy, Paper for the Fifth International Conference on Cultural Policy Research, Istanbul, August 20-24, 2008.

85　〔美〕托比·米勒：《文化公民權》，載（英）恩斯·伊辛、布雷恩·特納主編：《公民權研究手冊》，王小章譯，杭州：浙江人民出版社 2007 年版，第 326 頁。

86　〔美〕普利西拉·帕克赫斯特·克拉克：《文學法蘭西：一種文化的誕生》，施清婧譯，南京：譯林出版社 2019 年版，第 11 頁。

87　〔美〕凱文·馬爾卡希：《公共文化、文化認同與文化政策》，何道寬譯，北京：商務印書館 2017 年版，第 17 頁。

　　早期港英政府貶抑本地固有的傳統藝術，如粵劇及坊間粵語小調說唱，包括南音、木魚、龍舟、鹹水歌等，刻意採取不直接干預的政策。撥款補助和資源分配只限於市區和市鎮的歐式演藝場所和社團，集中於西方表演藝術。具有本地特色的舞麒麟等民俗類演藝研究、新界民謠的田野工作、粵劇粵曲乃至粵語流行曲的研究，都得不到支持。反而歐洲音樂和英國學校音樂則得到充分的機會來演出和模仿，學校音樂課通常只教西方音樂知識，學生很少有機會接觸中樂，西方的藝術價值及情感經驗由殖民教育系統引入並得以推廣。[88] 港英政府將藝術表達能力及審美偏好的培養，作為規訓機制的一部分。一方面，向本地中產階級和未來的中產階級灌輸西方上流社會的言行風尚及價值觀念，[89] 通過西方經典藝術形式的推廣及建制加以合法化。譬如，1970 年代港英政府通過市政局成立的第一批官辦藝團，都是以西方經典藝術為主，依照歐洲樂團的模式和編制運作。當時香港中樂團的「交響化」曾引起過激烈的爭論。[90] 香港話劇團雖然創作粵語的話劇，但創作非常貧乏，演出仍靠翻譯劇佔多數。[91] 港英政府委託顧問研究文化藝術行政事務，都是邀請英國藝術管理方面的專家提供意見；甚至香港第一份文化政策文件也是由擔任香港電影節總監的高思維（Roger Garcia）起草的。[92] 另一方面，港英政府同時藉助西方流

88　劉靖之：《香港的音樂（1841-1997）》，王賡武主編：《香港史新編（增訂版）》下冊，三聯書店（香港）有限公司 2017 年版，第 819 頁；陳雲：《香港有文化——香港的文化政策（上卷）》，香港：花千樹出版有限公司 2009 年版，第 86 頁。

89　陳雲：《香港有文化——香港的文化政策（上卷）》，香港：花千樹出版有限公司 2009 年版，第 14 頁。

90　劉靖之：《香港音樂史論：粵語流行曲・嚴肅音樂・粵劇》，商務印書館（香港）有限公司 2013 年版，第 377、428 頁。

91　鍾景輝：《香港話劇的發展》，載王賡武主編：《香港史新編（增訂版）》（下冊），三聯書店（香港）有限公司 2007 年版，第 705 頁。

92　1976 年英國著名小提琴家及指揮家史東寧（David Stone）應邀來港，檢討本港的音樂發展狀況，並就如何培育音樂人才的問題提出建議。港英政府接受其中一項建議成立音樂事務統籌處。1989 年布凌信（Peter Brinson）為香港的舞蹈和藝術政策提供顧問意見；1990 年杜克林（Colin Tweedy）為香港推動藝術贊助，拓展民間經費來源提供顧問意見。儘管兩位專家帶來了國際經驗，但與香港實踐的融洽度還有一定的距離。

行文娛活動影響市民及青年人的生活方式。如市政局 1969 年開始在葡公碼頭為年青人舉辦夜晚露天新潮舞會，推廣西方流行音樂。[93] 港英政府刻意舉辦香港節、香港小姐選舉等活動，並在傳媒中塑造西化的香港人形象；[94] 鼓勵消費主義文化，有意識引導市民生活以娛樂及通俗文化為主，避免嚴肅藝術的探討帶來社會文化思潮及民族意識威脅其殖民統治。

當一些藝術活動被視為有助於培養反叛或者反政府情緒時，其發展就會被壓制。最為顯著的例子就是：港英政府側重資助各種以西方經典品味為主的各類表演藝術，並以單一演藝類別遮蔽本地藝術的多元化發展。尤其極力避免文學、視覺藝術等資助，以免介入意識形態爭議及刺激市民自由思考。有人分析殖民政府之所以著意發展表演藝術，就是因為表演藝術較容易發揮文化藝術中的娛樂與康樂效應，有助於維持社會安定。[95] 據田邁修（Matthew Turner）觀察，1967 年反英抗暴運動發生後，社會民族主義情緒嚴重時，港英政府強調中西融合，不欲香港居民過分認同中國，故在視覺形象設計上，特別壓抑過去中式的美藝（如月份牌藝術等），鼓吹一種現代的「東方與西方」結合的藝術。[96] 在殖民干預下，本地傳統文化與西方文化整合過程中，被當局強加產生的新文化所矮化，規訓其符合西方的審美判斷。在 1994 年 11 月香港藝術中心舉辦的「香港六十年代：身份、文化認同與設計」展覽上，策展人田邁修將香港人的文化身份描述為一種「沒有重心的散居文化，由多種行為規範和價值觀，尤其是來自西方

93　香港藝術發展局：《五十年文化紀事：香港文化行政與文化政策（1950-2000）》，2001 年 1 月。

94　Mathew Turner & Irene Ngan, ed., *Hong Kong Sixties, Designing Identity* (Hong Kong: Hong Kong Arts Centre, 1995), p.13-34. 轉引自也斯：《城與文學》，杭州：浙江大學出版社 2013 年版，第 14-15 頁。

95　香港藝術發展局：《香港文化藝術政策回顧（1950-1997）》，2000 年 7 月 15 日，第 25 段；陳雲：《香港有文化──香港的文化政策（上卷）》，香港：花千樹出版有限公司 2009 年版，第 86 頁。

96　也斯：《香港文化十論》，杭州：浙江大學出版社 2012 年版，第 177 頁。

的價值觀所形成」。[97] 當時社會的呈現似乎可以佐證規訓的結果。這種觀念上以西方作為進步，東方作為落後，很顯然不是一個平等的關係。也斯認為，港英政府並不鼓勵真正的東西文化比較，「東西融合」並不是融合地匯合，而是滲入了更多民族主義與殖民思維的爭奪。[98]

其四，實施治安及管制。有人認為香港在 1970 年代末實施的是類似於回應式文化政策（reactive policy）。[99] 所謂回應式政策，是指回應藝術需求，政府對議程設置沒有主動性，政府儘可能不介入任何直接的干涉行為，由市場機制控制。其實港英政府從一開始就並不是要順應華人社會文化藝術發展路綫，對民眾文化訴求作回應；而是為了配合其管制的需要才實施康樂文娛政策的。「沒有文化政策，就是香港的文化政策」[100] 就更不符合事實了。有學者表示「香港文化政策的特點是沒有政策」。[101] 可見受這一思想影響，至今持有這樣觀點的人不是少數。

何建宗指出所謂放任政策（laissez faire）的意識形態，並不反映事實的真相；它掩飾了一種因應特殊政治經濟而制定的文化治理方式。[102] 殖民政府在文化領域內實施的治安管治措施並不少見。自 1940 年代末起，港英政府多次修改和制定法例，限制政治活動，加強規管傳媒與控制社會。如 1948 年的《公安條例》、1949 年的《入

97　林原：〈港人治港，誰是「港人」？──試談「港人」的文化身份〉，《明報月刊》（香港），1996年 8 月號。

98　也斯：《香港文化十論》，杭州：浙江大學出版社 2012 年版，第 245、249 頁。

99　香港藝術發展局：《五十年文化紀事：香港文化行政與文化政策（1950-2000）》，2001 年 1 月。

100　原話為：「（在香港）最好的文化政策就是沒有文化政策的概念，是英國殖民政府自 1842 年治理香港以來的整體放任政策（laissez faire）之直接分支。」Ooi, Vicki: *The best cultural policy is no cultural policy: Cultural policy in Hong Kong*，載進念・二十面體 E+E / 香港文化界聯席會議 / 國際演藝評論家協會（香港）編：《香港九七文化視野文件集》（*Cultural perspective Hong Kong 1997*），香港：進念・二十面體 E+E 出版 1997 年版，第 31-43 頁。

101　香港大學現代語言及文化學院全球創意產業課程統籌主任王向華教授在一次會議上所提出。參見麻國慶、朱偉：《文化人類學與非物質文化遺產》，北京：生活・讀書・新知三聯書店 2018 年版，第 232 頁。

102　何建宗：〈模棱兩可〉，載朱耀偉編：《香港關鍵詞：想像新未來》，香港中文大學出版社 2019 年版，第 104-105 頁。

境者管制條例》和《社團條例》、1951 年的《刊物管制綜合條例》等便是例子。主要目的在於儘量令社會「非政治化」，將偏移的情緒及有可能影響社會治安、衝擊殖民管治的力量或行為予以壓制。為了確保教育為殖民統治服務，港英政府對政治意識形態採取了嚴格的法律控制。譬如，1952 年修訂的《教育條例》對學校內懸掛帶有政治性的旗幟、以及所採用的課本和教材，實行非常嚴格的管制。同時，教育署設立教學大綱和教科書委員會，組建審查中文、歷史和文學教學的專門委員會，改造中國課程，摒除其中的民族主義情感；設立督學制度賦予檢查學校的權力，設立教師註冊制度等，以此加強對學校內散佈「敵對」意識形態的控制。政治方面的限制直到 1990 年《教育條例》修正案才開始放鬆管制，但仍竭力避免涉及國家或民族認同問題的探討。[103] 港英時期學校教育，在教學語言、課程內容及培養目標（為經濟服務、為行政服務的技術人才）方面，均灌輸西方文化優於中國文化的觀念。1990 年代回歸前夕，港英政府開始鼓吹新聞自由，加速修改或撤銷用於鉗制新聞的法例。如《1986 年刊物管制綜合（修訂）條例草案》旨在廢除所有與管制及查禁本地報刊有關的條文；《1988 年公安（修訂）條例草案》則旨在廢除禁止刊登可能引起輿論恐慌或擾亂公安的虛假消息的條文。1991 年港英政府還制定了《香港人權法案條例》，將《公民權利和政治權利國際公約》中適用於香港的規定納入香港法律，進一步擴大了言論自由的法律保障。[104] 緊接著 1992 年《美國—香港政策法》的制定更是加強了西方以自由、民主、法治、人權等為評判標準對香港進行控制。可見，這些制約性法律措施的鬆緊程度，均配合港英政府管治需要而不斷進行調整。杜葉錫恩指出《拘留和遞解條例》很容易讓華人閉上嘴巴。根

103　康玉梅：《「一國兩制」下香港特別行政區的國民教育與國家認同》，《環球法律評論》2018 年第
　　　2 期。

104　鄭宏泰、尹寶珊：《香港新青年》，香港中文大學香港亞太研究所 2019 年版，第 21、22、32 頁。

據這項條例，如果華人議論到政府貪污受賄行為，他們就可能被無限期監禁而後遞解出境。她回憶這項條例直到 1995 年仍然留在法律條例彙編中。[105]

這時期的文化市場也非放任不管。1963 年港英政府立法要求所有電影必須配備英文字幕，以便政治監察，在內容上進行把關，反英國的電影肯定是不允許的。當時電影作為一種娛樂形式，影響力很大。1960-1970 年代，電影是在戲院裏放映的，戲院在香港地區發展規劃中被歸類為娛樂設施，為各個社區所必備。[106] 事實上，港英政府對電影藝術表達方面，尤其政治內容的審查，直到 1990 年代都還存在。[107] 無綫電視在 1967 年引入無綫廣播電視，麗的呼聲則於 1973 年開始提供同類服務，這類免費電視台均受政府發牌控制。初期，政府發牌條件曾規定電視台需要多播映西方（尤其是英國）的節目，對本地製作沒有最低要求，故電視台曾一度充斥粵語配音的外國節目。多播映進口西方節目的無理要求，直到 1980 年才被廢除。[108] 需要說明的是：殖民政府執行的制約性措施及社會控制，往往會不斷激起香港人的反抗情緒，但反抗及不滿通常也都被主流社會壓制了。

香港前教育學院莫禮時和政治學者斯科特曾提出「象徵性政策」（symbolic policy）的概念，用以說明港英政府的教育政策。他們認為港英政府的教育政策並不是認真去執行的，只是在面對社會上不同的訴求和壓力時，才以特定的改革或修辭顯示政府已關注到並正在處

---

105 〔英〕杜葉錫恩：《我眼中的殖民時代香港》，隋麗君譯，長沙：湖南文藝出版社 2020 年版，第67 頁。

106 胡恩威：《胡恩威亂講文化政策》，（香港）進念 · 二十面體 E+E 出版 2016 年版，第 95 頁。

107 David Clarke. "The Arts Policy Review Report: Some Responses," in *Art & Place: Essays on Art from a Hong Kong Perspective*, Hong Kong University Press, 1996. p.54.

108 馬傑偉、曾仲堅：《影視香港：身份認同的時代變奏》，香港中文大學香港亞太研究所 2010 年版，第 20 頁。

理有關問題。因此，他們認為這些政策只是象徵性的。[109] 這一特徵在語言政策方面也有體現。比如 1972 年 1 月 20 日港英政府宣佈港督與行政局原則上接納「公事上使用中文問題研究委員會」第二份報告書的建議，即有關政府與市民在口頭及文字使用中文通訊的問題，並由民政司出任監督，推行中英雙語並用的政策。[110] 後續，港英政府在 1974 年頒佈《法定語文條例》，訂明中文是法定語文。但此舉只是為敷衍應付本地中文運動人士的要求。事實上中文未能取得和英文一樣的社會地位。法例第 3（1）條指出：「茲宣佈英文及中文為香港之法定語文，以供政府或任何公職人員與公眾人士之間在公事上往來之用。」這裏只是指出政府和公職人員可以用中文作為與公眾進行公事往還的用途，但在政府各部門之間，仍然以英文作為溝通的第一語言。法例第 4（1）條指出：「凡條例均應以英文制定及頒佈。」更是明顯指出以英文撰寫的法例為先，中文譯本只有輔助的性質。1978年底，由 32 個教育、文化和專上學生團體組成的中文運動聯合委員會成立，發起了新的中文運動。期望提升中文的社會地位、推行中學母語教學、提高中文教育的素質，並要求教育司署將中學會考中文科合格列為高等程度會考和高級程度會考的報考資格。[111] 此後，中文教育並未得到實質性改善，政府政策文件和內部文件依然全是英文，這種情況再維持了十多年。直到 1987 年港英政府頒佈《1987 年法定語文（修訂）條例》和《1987 年法律釋義及通則（修訂）（第 3 號）條例》時，才提供一個立法框架，規定香港可同時以中英文頒佈法例，兩種文本同屬真確文本，並具有相同法律效力。雙語立法計劃自 1989 年

---

109 Morris, Paul and Ian Scott. "Education Reform and Policy Implementation in Hong Kong," in Lok Sang Ho, Paul Morris and Yue-ping Chung eds. *Education Reform and the Quest for Excellence- The Hong Kong Story* (Hong Kong: Hong Kong University Press, 2005), p.83-97.

110 香港地方志中心編纂：《香港志：總述・大事記》，中華書局（香港）有限公司 2020 年版，第346 頁。

111 同上，第 388 頁。

開展，至 1998 年所有成文法例才都具有中文真確本。[112] 而口語方面即使到了 1995 年，在較高等的法院，英文仍然是唯一使用的語言，華人被告收到的傳票也仍然以英文書寫。[113] 強推重英語及精英制度，也可視為是港英政府管制的需要和手段。

　　其五，培養本土身份。西方諸多學者將「公民 / 族群與地方 / 民族身份」視為文化政策內容關鍵領域之一，其中文化維度與政治維度始終是並存的。[114] 英國學者雷蒙德・威廉斯認為文化政策的展示意義，是將地方和國家形象展示，以彰顯其地方 / 民族特色及地方 / 民族身份。[115] 比如我們前面講到政府干預文化藝術的動機之一是要展現榮耀和建樹，最終目的是藉助公民 / 族群共有的某些思想、價值觀、情感及歷史經驗，將之轉化為共同的文化遺產，形塑民族認同。英國人一直從不同角度在強調佔領香港「並非為了殖民，而是由於外交、商業和軍事目的」，[116] 即維護英國在遠東的政治、經濟利益。故可見殖民政府一直無意在香港推行文化同化政策。不推行同化政策不代表不進行文化殖民。通過「文明等級論」，拔高西方文明，矮化非西方文明，為「文明」傳播的殖民行為賦予「道義性」。殖民者的文明化使命即要被殖民者學習殖民者的外在形式，以及內化其價值和規範，從而轉化被殖民文化。[117] 於 1879 至 1897 年間擔任教育督查的歐德里（E. J. Eitel) 曾著《在中國的歐洲》（*Europe in China*）一書講述香港

---

112 香港地方志中心編纂：《香港志：總述・大事記》，中華書局（香港）有限公司 2020 年版，第442、532 頁。

113 區志堅、彭淑敏、蔡思行：《香港記憶》，中國法制出版社 2013 年版，第 172 頁；高馬可：《香港簡史——從殖民地至特別行政區》，林立偉譯，中華書局（香港）有限公司 2013 版，第 197 頁。

114 〔澳〕Terry Flew，趙介芾編譯：《「統一化」與「軟實力」——全球創新經濟大潮下對文化政策的反思》，《文化藝術研究》2009 年第 2 期。

115 〔英〕吉姆・麥奎根：《重新思考文化政策》，何道寬譯，北京：中國人民大學出版社 2010 年版，第 84 頁。

116 高馬可：《香港簡史——從殖民地至特別行政區》，林立偉譯，中華書局（香港）有限公司 2013年版，第 22-23 頁。

117 〔英〕巴特・摩爾—吉爾伯特：《後殖民理論》，彭淮棟譯，台北：聯經出版事業有限公司 2004年版，第 213-214 頁。

歷史。他的觀點具有一定的代表性。他認為香港是適當的地方讓英國人把歐洲文化帶至中國，把中、西雙方連接起來。[118] 港英政府實施重英語教學制度，將殖民者的語言變成香港精英語言；管治方面的制度設計及運作機制因襲英國本土制度，並配合殖民統治需要而調整。這些均可視為文化殖民的具體表現。

二戰後，英國殖民者最終確定要塑造香港本位的意識形態。在1966 年 8 月 27 日《市政局未來範圍及工作特設委員會報告書》中，我們明顯看到這一轉向：「香港必須爭取民眾之全力合作，才能同心協力，繼續尋求全面發展。……香港如果真正要成為四百萬人之永久家鄉，其居民一定要能夠在每一方面都感到他們和香港有密切的關係。」[119] 故可見一方面港英政府在殖民管治後期實行懷柔政策，通過提供社會福利（包括文化康樂福利服務），遏止中國民族主義和勞工意識在香港成長；另一方面著意塑造受西方文化影響的本土文化（港式文化），這背後就是希望香港脫離中國。英國政府在談判中採用「以主權換治權」謀略，並竭力將「還政於中」演變為「還政於港」。[120] 對此，英國並不掩飾。1983 年 1 月 28 日，在英國首相撒切爾夫人和大臣、英國政府官員及港督尤德舉行的工作會議上，撒切爾夫人提議：「鑒於談判缺乏進展，我們現在必須發展香港的民主架構，使其在短期內實現獨立或自治的目標，如同我們在新加坡做過的那樣」；[121] 亦可考慮在聯合國主持下就香港問題舉行全民投票。英方

---

118 吳倫霓霞：《教育的回顧（上篇）》，載王賡武主編：《香港史新編（增訂版）》下冊，三聯書店（香港）有限公司 2017 年版，第 509 頁。

119 強世功編：《香港政制發展資料彙編（一）：港英時期及起草〈基本法〉》，三聯書店（香港）有限公司 2015 版，第 98 頁。

120 王鳳超：《香港政制發展歷程（1843-2015）》，北京：生活·讀書·新知三聯書店 2019 年版，第 57-59 頁。

121 戴卓爾：《戴卓爾夫人回憶錄（下）》，香港：博益出版集團有限公司 1994 年版，第 362 頁，轉引自王鳳超：《香港政制發展歷程（1843-2015）》，北京：生活·讀書·新知三聯書店 2019 年版，第 60 頁；香港地方志中心編纂：《香港志：總述·大事記》，中華書局（香港）有限公司 2020 年版，第 415 頁。

的意圖是想假借民意，使香港成為一個與中國內地分離的「獨立政治實體」。[122]

《中英聯合聲明》公佈後，港英政府改變策略，不僅致力九七年後保持與香港經濟上的「聯繫」，還要儘可能在政治、制度、文化上保持「聯繫」。比如，在政治方面，利用「地方行政」改革擴大「行政吸納政治」，加強培植發展本地中產精英對港英政府的政治忠誠。在制度方面，強化法治、司法獨立、政治中立的公務員系統，及「積極不干預」管治策略。在藝術領域方面，之前港英政府一直未有重視本土藝術發展。促成 1990 年代本地粵劇蓬勃發展的直接動力，是港英政府文藝政策的轉向。兩個市政局開始為發展粵劇調撥資源、增加設施，提供了比以往更多的粵劇演出場地，同時主動舉辦粵劇專題演出。加強對中國劇藝（特別著重粵劇）教育及社會推廣的支持。[123]意欲用本土認同替代國族認同。然而港英政府文藝政策的轉向並不能直接帶來殖民統治認受性的提高。因此，英國在殖民管治行將結束前（即過渡期）已將重心放置於形成殖民意識形態要素的觀念生產上，[124] 強化西方價值觀念的傳播與社會化，強化西方價值觀念在相關立法工作及建制中的體現。港英政府通過在電視節目中播放政府宣傳片，將西方普世價值觀「自由、民主、人權、法治」包裝為英國人賦予的、香港人必須珍惜的價值觀念，是香港得以成功的重要元

---

122 南方都市報編著：《深港關係四百年》，深圳：海天出版社 2007 年版，第 150 頁。

123 梁沛錦、湛黎淑貞：《香港粵劇藝術的成長和發展》，載王賡武主編：《香港史新編（增訂版）》下冊，三聯書店（香港）有限公司 2017 年版，第 758、760-761 頁。

124 金觀濤認為意識形態作為社會制度正當性基礎以及指導社會行動的綱領，它是建立在一組普遍觀念之上的。觀念在社會化後具有普遍意義的確定性，故人們可以憑藉若干觀念建立社會化的意識形態。金觀濤、劉青峰：《觀念史研究：中國現代重要政治術語的形成》，北京：法律出版社 2009 年版，第 3、4 頁。

素。[125] 並強調只有在英國的管治下才能建立、維持和保留所謂的香港有別於中國內地的本質和價值。這些觀點後來不僅被英國人拿出來奉為傳統智慧及對香港的貢獻，而且也被香港人普遍認同，視為香港的核心價值。[126] 較為嚴重的問題是：有一種傾向把人類價值判斷，如自由、自主、公正、民主等與特定的種族社群合一，將之等同於並推崇為特定國家／區域和種族社群所具有的品質。[127] 在香港社會的政治爭議中，以「香港核心價值觀」作為意識形態領域排斥工具的情況並不鮮見，近期的修例風波亦是以此為驅動。儘管香港往往定位自己融會中西文化，既重視傳統中國價值，又強調現代西方價值，但言論上實際對西方價值更為強調，反而對於傳統中國價值語焉不詳，社會闡釋不多。[128] 正如也斯所批評的，「對自己缺乏認識，缺乏自信、缺乏反省」，導致文化身份建立不起來。[129]

　　基於西方基本觀念建立起來的意識形態，在香港社會化過程中形成的普遍意義，對香港人的民族認同和國家認同影響很大。西方現

---

125 周永新認為，港英政府給予個別觀念單一和狹窄的解釋，如對民主的理解，就只有一人一票的選舉才是真正的民主選舉，其他選舉方法都是「假民主」；又如人權，只從個人權益的角度下定義，忽略了人權的社會意義。參見周永新：《香港人的身份認同和價值觀（2019 增訂版）》，中華書局（香港）有限公司 2019 年版，第 119-120、201 頁；鄭宏泰、尹寶珊：《香港新青年》，香港中文大學香港亞太研究所 2019 年版，第 209 頁。

126 2004 年民間提出《維護香港核心價值宣言》，其中列出的核心價值有多項，包括「自由民主、人權法治、公平公義、和平仁愛，誠信透明、多元包容、尊重個人、恪守專業」。發起人針對香港社會越來越分化，期望以核心價值宣言超越對抗政治，為社會走向溝通和大和解奠定基礎，但當時傳媒的報道和公眾的關注都集中在自由、民主、人權、法治這類政治價值觀念上。周永新回憶也就這四項被人記得，其他都好像從沒提出過。可見港英政府當年的文宣已達到目的。參見周永新：《香港人的身份認同和價值觀（2019 增訂版）》，中華書局（香港）有限公司 2019 年版，第 177 頁；陳麗君等：《香港人價值觀念研究》，北京：社會科學文獻出版社 2011 年版，第 48 頁。香港特別行政區行政長官梁振英在《二〇一三年施政報告》第 197 段中提出，政府將堅定不移維護人權、法治、廉潔、自由、民主等核心價值。特區政府層面予以確認香港核心價值。

127 〔英〕約翰·索洛莫斯：《種族、多元文化主義與差異》，載尼克·史蒂文森編：《文化與公民身份》，陳志傑譯，長春：吉林出版集團股份有限公司 2007 年版，第 321 頁。

128 有關香港核心價值的爭論及香港人經濟價值觀念、自由觀念、法治價值觀念、民主觀念、國家觀念等的探討，可參見陳麗君等著：《香港人價值觀念研究》（社會科學文獻出版社 2011 年版）一書。

129 也斯：《香港文化十論》，杭州：浙江大學出版社 2012 年版，第 117 頁。

代權利（rights）觀念是自由主義的核心觀念，其涵義除了指法律上規定的權益以外，其主要的意義是強調個人自主性為正當的。中文對「權利」觀念的傳播和理解受古文使用中權力、利益意思所限，具體運用時更傾向於行為主體為國家或群體，側重法定權利和利益的含義。是以在中國內地語境中，權利觀念經中國文化深層思維模式重構及與歷史社會事件互動後，形成了不同於西方的當代中國權利觀。[130] 但權利觀念引入香港社會，因其社會歷史環境的不同，它的重構與塑造過程是完全不同的。此外，對於民主的理解，以及如何實現香港的民主，也往往是政治爭議的焦點。[131] 香港回歸前，自由主義思想已對香港人的集體意識產生了很深的影響。香港中文大學香港亞太研究所當時一份調查即顯示，超過六成被訪者認為自由人權較國家民族重要，以香港人為本位的意識也相當強烈。[132] 西方的自由觀念進入香港社會後，常常被理解為一種外在的行動自由，即個體的自由主義。對於自由的理解，其實是可以探討的。黃裕生認為原子式的、沒有關係的個體是對自由的嚴重誤解。他認為真正的自由是內在自由，它使人能夠突破因果必然性的限定而自我敞開、自我呈現，進而使人與人之間相互理解成為可能，從而進入與他人的關係。故他提出「自由即意味著關係」的命題。[133] 與他人建立關係來維持更好的生存，這需要協商而不是對抗，需要與對方相互承認、尊重各自的自由。人與人彼此間嚴重分裂並不能帶來個體的自由。對於權利和自由的本質問題，香港社會至今仍存在國家主權和個人權利哪一個更為基本的爭

---

130 金觀濤、劉青峰：《觀念史研究：中國現代重要政治術語的形成》，北京：法律出版社 2009 年版，第 9、148 頁。

131 杜葉錫恩在其著作《我眼中的殖民時代香港》一書中，用了幾乎一半的篇幅，辨析了西方民主的問題以及在香港所發生的相關爭議。

132 王家英：《香港人的族群認同與民族認同：一個自由主義的解釋》，香港中文大學香港亞太研究所，1996 年 4 月。

133 黃裕生：〈重新審視自由理論：「自由即意味著關係」〉，《社會科學報》2020 年 9 月 15 日第 1721 期第 5 版。

議，以及個體價值觀（利益）與集體價值觀（利益）哪個更重要的爭執。這些直接影響到香港人對民族認同和國家認同的看法。此外，西方的對抗思維在港英時代是被「非政治化」策略壓制的，但回歸後卻通過未去殖化的教育和文化制度植入香港社會，對年輕人影響尤甚。建立在與社會對立，而不是社會之中的主體，是產生不了對他人的理解，更產生不了對社會內部複雜性的認知。我們需要和這個世界的人事物真正的融合，而不是對立。這是東西方思維模式的差異。這從某種角度上可以解釋為什麼近些年香港青年在認同政治中表現得十分激進。

回歸後香港文化政策發展
及其對身份建構的影響

◇◇◇

▍一、文化建設新議程及文化行政架構改革

《中華人民共和國香港特別行政區基本法》（以下簡稱《基本法》）序言第三段明確規定，「根據中華人民共和國憲法，全國人民代表大會特制定中華人民共和國香港特別行政區基本法，規定香港特別行政區實行的制度，以保障國家對香港基本方針政策的實施。」《「一國兩制」在香港特別行政區的實踐》白皮書亦進一步明確指出，憲法和香港基本法共同構成香港特別行政區的憲制基礎。憲法具有最高法律地位和最高法律效力，基本法具有憲制性法律地位。香港特別行政區的制度和政策均以基本法的規定為依據。[1]《基本法》中對文化相關內容的規定是香港制定文化政策的重要依據。其中，以「文化」為關鍵詞的內容如下：

第三十四條　香港居民有進行學術研究、文學藝術創作和其他文化活動的自由。

第九十七條　香港特別行政區可設立非政權性的區域組織，接

1　中華人民共和國國務院新聞辦公室：《「一國兩制」在香港特別行政區的實踐》，北京：人民出版社 2014 年版，第 37-38 頁。

受香港特別行政區政府就有關地區管理和其他事務的諮詢，或負責提供文化、康樂、環境衛生等服務。

第一百四十條　香港特別行政區政府自行制定文化政策，以法律保護作者在文學藝術創作中所獲得的成果和合法權益。

第一百四十四條　香港特別行政區政府保持原在香港實行的對教育、醫療衛生、文化、藝術、康樂、體育、社會福利、社會工作等方面的民間團體機構的資助政策。原在香港各資助機構任職的人員均可根據原有制度繼續受聘。

第一百四十八條　香港特別行政區的教育、科學、技術、文化、藝術、體育、專業、醫療衛生、勞工、社會福利、社會工作等方面的民間團體和宗教組織同內地相應的團體和組織的關係，應以互不隸屬、互不干涉和互相尊重的原則為基礎。

第一百四十九條　香港特別行政區的教育、科學、技術、文化、藝術、體育、專業、醫療衛生、勞工、社會福利、社會工作等方面的民間團體和宗教組織可同世界各國、各地區及國際的有關團體和組織保持和發展關係，各該團體和組織可根據需要冠用「中國香港」的名義，參與有關活動。

第一百五十一條　香港特別行政區可在經濟、貿易、金融、航運、通訊、旅遊、文化、體育等領域以「中國香港」的名義，單獨地同世界各國、各地區及有關國際組織保持和發展關係，簽訂和履行有關協議。

中央授予香港特別行政區地方事務管理權，賦予特區政府在文化政策制定方面的高度自治，但這並不意味著中央放棄全面管治

權。[2] 香港文化發展必須以維護國家主權、安全、發展利益為前提。承接回歸前香港社會對文化政策及文化定位的討論，並回應香港成為祖國一員的政治要求。回歸後第一屆特別行政區行政長官董建華即啟動了文化建設新議程，逐步展開文化行政架構改革。這也是回應新時代文化治理要求及文化理念變化，開始將文化作為融合不同政策的工具，謀求在教育、城市規劃、知識經濟等領域的延伸。所以可見文化藝術區規劃、文化政策概念新的理解與界定、創意產業在香港的發展及文化保育問題的探討等議題的出現。

　　在特首董建華首份《施政報告》中，他陳述了香港的文化傳統及未來文化發展定位，對文化藝術工作提出了與殖民時期不同的要求與標準。[3] 首先是不再強調文化的康體娛樂功能，而是要求怡情養性的藝術走向更高層次。其次是強調藝術對文化身份的承載功能：「香港的藝術要有一個對國家的歷史民族文化逐步增加認識、逐步培養感情的過程」。[4] 最後是對「香港文化」的定位是基於其與中國文化和歷史的關係，明確香港文化的特色是中西文化的相處交融。文化身份的多元並不阻礙國家認同，「一國兩制」中「一國」是前提。就此特區政府開始全面總結回顧區域組織架構及文化事務管理體制，召開了一系列立足國際視野的文化政策研討會。[5] 1998 年 3 月 25 日馬逢國議員

2　但也有學者認為《基本法》所確立的中央與特別行政區的關係結構使得中央政府很難直接介入香港的社會政策制訂和執行過程。鄭戈：〈一國兩制與國家整合〉，《二十一世紀》2017 年 6 月號總161 期。

3　劉靖之：《香港音樂史論：文化政策·音樂教育》，商務印書館（香港）有限公司 2014 年版，第10 頁。

4　香港特別行政區行政長官董建華《一九九七年施政報告》1997 年 10 月 8 日，段落 108、110、111。

5　1997 年 10 月 16 日文康局局長在臨時立法會上表示政府在文化事務上的主導力量有限，文化藝術資源配置的實權在兩個市政局。1998 年 5 月藝術發展局舉辦「藝術政策論壇」邀請本地專家參與討論；該月底中央政策組邀請德國科隆市文化部長主講《一體多元的文化政策：德國模式》，並在大會堂首次召開公開文化政策研討會；6 月政制事務局發佈《區域組織檢討諮詢文件》，展開對包括兩個市政局在內的區域組織檢討；該月中旬藝術發展局邀請國際文化政策專家參與「藝術政策：國際視野」論壇，等等。參見香港藝術發展局：《五十年文化紀事：香港文化行政與文化政策（1950-2000）》，2001 年 1 月。

提出促請政府制訂「一體多元」文化政策的動議，9月立法會民政事務委員會成立了長遠文化政策小組委員會，文化政策開始進入立法會議程。但有議員對於在立法會轄下一個小組委員會深入討論文化政策持保留態度，建議只集中討論藝術文化的組織架構。最終 1998 年 10 月，民政事務局在長遠文化政策小組上表示：

「基於文化的定義實在太廣泛，牽涉太多層面（包括教育、房屋、城市規劃、廣播及資訊、社會福利以及工業和經濟事務等），政府顯然不宜亦不可能制定一套影響市民生活各方面的全面（宏觀的）文化政策。然而，政府會擔當積極支援的角色，以確保社會的環境有助多樣化的藝術發展和創作，包括鼓勵市民參與藝術活動，提供財政支援，資助香港演藝學院提供專業訓練等。」[6]

1999 年香港藝術發展局依據委約的兩份顧問報告 [7]、評審員報告及會議討論意見，發佈《香港文化藝術政策的釐定、推行與資源開拓》總報告，這裏對文化政策作了深入探討，將之歸為社會政策範疇，提出以象徵精神價值的廣義文化為「體」，以可以管理的狹義文化為「用」的政策概念。[8] 可以預見這裏最難處理的就是「體用關係」的問題，這裏涉及中西方文化價值系統的衝突與融合的理論創新和政策調適。後來事實也證明現行的香港文化政策並未有效處理好這一關係，未能凝聚社會價值共識。此外，報告對改革前文化藝術行政架構存在的問題進行了剖析：

作為最高文化事務決策的民政事務局，無法制訂和執行總體文

6　這為後來民政事務局出台文化政策的局限性埋下了伏筆。參見立法會 CB(2)1686/05-06(01) 號文件：《香港文化藝術政策發展》，香港特別行政區政府民政事務局，2006 年 4 月 7 日。

7　《香港文化藝術政策的釐定、推行與資源開拓》，香港政策研究所，1998 年 12 月；Anthony Everitt. *Arts Policy, Its Implementation and Sustainable Arts Funding. A Report for the HongKong Arts Development Council.* December 1998.

8　前者是協調各部門和民間組織的共識基礎和道德力量，無強制性和政治問責性；後者是政府推動的行政範圍，有政治問責性和一定的強制性。

化政策，不能實施「行政主導」；藝術發展局有政策研究和建議，並向藝術界別直接撥款，但欠缺足夠的行政權力和資源，無法發揮「專業領導」；兩個市政局的文化服務由非專業的議員制定，議員也不能支配市政總署的公務員執行或協助政策研究，專業的學術顧問只屬榮譽職，沒有實權，專業意見不備強制力，這三組人（議員、公務員和顧問）的權責關係不清，難以向選民問責，實踐「文化民主」。[9]

同年民政局也公佈了《文化藝術及康樂體育服務顧問報告》和政府的初步回應文件，提出成立「文化委員會」，負責總體文化事務的諮詢工作；文化實務撥歸民政局，成立「康樂及文化事務署」管理。從 1999-2000 年相關部門文件、成立的新組織及開展的研討會可發現，一些新的理念開始融入文化政策。譬如提出將藝術與創意和城市發展結合，文化（古蹟）與旅遊的融合發展，文化經濟的提出，等等。[10] 在隨後的 2000 年，兩個市政局、市政總署組織架構撤銷，民政事務局（決策局）及其行政框架內新成立的康樂及文化事務署（執行署），接管了原兩局、兩署負責提供的康樂及文化事務工作，包括康樂文化、體育和古蹟的政策制定及文化康樂服務執行。香港藝術發展局重新定位，表示要以「發展機構」取代「撥款資助」作為其主要職能，「全方位發展香港藝術」並積極拓展社會資源和社會參與。[11]2001年特區政府全資支持的香港中樂團、香港話劇團和香港舞蹈團實施公司化改革。此後，香港的康樂及文化事務由地區分工改為「地方行

9　香港藝術發展局研究部編著：《香港文化藝術政策的釐定、推行與資源開拓》（總報告），1999 年 12 月，第 3 段。http://www.hkadc.org.hk/wp-content/uploads/ResourceCentre_ResearchReport/199912_art-policy-summary.pdf，訪問日期：2019 年 10 月 26 日。

10　1999 年 6 月藝術發展局發表《創意香港 2000 年——面對新紀元的藝術教育》，提出以藝術達致全面創意；1999 年 4 月香港旅遊協會成立「藝術、文化和文物古蹟旅遊工作小組」；1999 年 12 月民政局舉辦《文物與旅遊》國際研討會；2000 年 2 月特首領導的「策略發展委員會」發表《香港長遠發展需要及目標》，提出「創作及文化活動」可成為將來的七個高增長行業之一。

11　參見香港藝術發展局官網：http://www.hkadc.org.hk/?p=81&lang=tc，訪問日期：2019 年 10 月 26 日。

政」集中管理，資源仍集中於政府，只是在公共資源配置和行政運作上更有效率。依然未跳出資助政策框架，固守原有的管理理念和思維模式，並未有實質性突破。偏重以藝術為「用」，忽視文化精神層面為「體」的本質內涵。正是因為缺乏發展觀念上的社會共識，要想獲得全社會支持、拓展更多非政府資源，謀求文化整體發展就不可避免舉步維艱了。新的文化行政架構建立後，特區政府在文化政策領域又做了一系列新的探討。[12]

進入新世紀，特區政府在施政上對香港文化建設有了更廣義的理解。譬如在董建華特首的施政報告中，我們可以看到這樣的表述：

香港要促進社會的發展，必須提升市民的生活素質，強調文化內涵，增強社會凝聚力和共同價值觀，同時鼓勵文藝、思想、學術等方面的百家爭鳴。……我們要以長遠的目光，全面提高香港的文化，包括求知和學術風氣、公民公德意識、環保認知、職業道德操守、大眾品味情趣，以及文藝欣賞能力。[13]

這裏文化擴展到更寬的「公共文化」領域，不只是藝術生態，而是與市民素質和精神文明相關，以回應國際間文化政策的一般做法：即政府對「公共文化」資源進行調控，提升民眾對「精緻藝術」的關注和理解，漸至社會「文化精神」的建設。[14] 這一文化內涵在香港規劃署為《香港 2030：規劃遠景與策略》所做的工作文件中亦有呼

---

12 可見《香港無限──香港藝術發展局三年計劃書 2001-2004》（2001）的出台，以及民政事務局及康樂及文化事務署先後發佈的《有關在香港提供區域 / 地區文化及表演設施的顧問研究》及《香港公共圖書館未來發展顧問研究》（2002）、《香港公共博物館及香港電影資料館管治模式的顧問研究》（2003）。

13 香港特別行政區行政長官董建華《二○○○年施政報告》2000 年 10 月 11 日，段落 78。

14 香港藝術發展局研究部編著：《香港文化藝術政策的釐定、推行與資源開拓》（總報告），1999年 12 月，第 2 段。http://www.hkadc.org.hk/wp-content/uploads/ResourceCentre_ResearchReport/199912_art-policy-summary.pdf，訪問日期：2019 年 10 月 26 日。

應。這是政府首次將文化因素納入長遠規劃之內。工作文件對文化的界定是：「文化關乎生活。文化是一個社會的審美標準、價值觀念、道德標準和市民素質的綜合表現，也是社群中個體對其身份認知的反映。」[15] 此處進一步將文化與身份認同相聯繫，但缺乏一個明晰的所指。藝術發展局對此提出「國際認同與家國情懷」的均衡發展，「塑造一個有文化水平和人文素質的香港社會」。[16]

這段時期特區政府在涉及相關內容時，經常是將文化政策與文化藝術政策混用。這種用法上的矛盾，反映了特區政府及香港社會對「香港是否需要制定宏觀的文化政策」仍未有統一認識。文化政策內容上的模糊不清還體現在後來特區政府對「創意產業」或「文化及創意產業」用法上的搖擺不定。[17] 社會上對宣示成文的文化政策有排斥心理，反對者認為文化是民間自由發展成形的，發展文化是民間的職責，政府不應過多參與。然而國際趨勢又顯示：1990 年代之後現代國家的規劃部門均對文化採取了新的看法，紛紛將文化納入經濟及社會發展議程，以文化為融合各階層利益與發展目標的工具。不僅日本、韓國在文化政策的制定上投入力量，多個英語國家政府也提出文化政策，積極回應全球化的挑戰、強化文化認同、促進社會融合、提

15　原文：Culture is about life. It is the comprehensive expression of a society's aesthetic standards, and the values, moral standards and quality of its people, a reflection of the cognition of the individuals in the community about their identity. WORKING PAPER NO. 20, *CULTURE AND ARTS DEVELOPMENT*, Planning Department April 2002.

16　香港藝術發展局：《香港藝術發展局對〈香港 2030—規劃遠景與策略規劃遠景與策略〉諮詢文件的回應》2001 年 8 月 15 日，第 7 段。http://www.hkadc.org.hk/wp-content/uploads/ResourceCentre_ResearchReport/200108_hk2030-adc_submission.pdf，訪問日期：2019 年 10 月 27 日。

17　特區政府施政報告中已明確表示「……應把先前所說的「創意產業」，改稱為「文化及創意產業」，藉此更清楚表明我們努力的方向。」（香港特別行政區行政長官曾蔭權《二〇〇五年施政報告》第 85 段）此後，文化及創意產業被列為香港六項優勢產業之一。但在政策話語及管理方面，實際上是將文化產業與創意產業分開的，在香港特別行政區行政長官曾蔭權《二〇一一至一二年施政報告》第 161、162 段可見一斑。「創意香港」辦公室專責「文化及創意產業」十一個統計類別中的八個創意界別——廣告、建築、設計、數碼娛樂、電影、音樂、印刷及出版；藝術品、古董及工藝品；文化教育及圖書館、檔案保存和博物館服務；表演藝術則排除在外。

高公民創意、開拓文化產業等發展需求。[18] 鑒於這一內外發展環境，2000 年 4 月特區政府成立了諮詢性質的「文化委員會」，[19] 目的是希望諮詢委員會就如何以最佳方式支持香港文化發展及文化遺產保育向政府提供意見，並為政府提供香港長遠文化發展策略及資源調配優先次序方面的建議。發展和推動文化整體政策的最終目的是「提升香港市民的生活質素；培育大眾對社會、國家與民族的歸屬感和身份認同；及發展香港成為國際文化交流中心」。

　　文化委員會運行三年後發表《文化委員會政策建議報告》，[20] 該報告以宏觀角度確立了香港獨特文化定位——「一本多元」，[21] 並將之與「香港人的文化身份認同」[22]、「香港社會的文化素質」及「香港的文化承傳及發展」相聯繫。鑒於「戰後本地出生的一代很多香港人並沒有很強的民族文化與身份認同」（2.4 段）；其他研究亦顯示亟需通過公民教育和其他方面的工作推動年青人對民族文化身份及對國家的認同。[23] 報告尤其強調香港文化圖景實現的關鍵是：文化身份認同

18　香港藝術發展局：《香港藝術發展局對〈香港 2030—規劃遠景與策略規劃遠景與策略〉諮詢文件的回應》2001 年 8 月 15 日，第 6 段。http://www.hkadc.org.hk/wp-content/uploads/ResourceCentre_ResearchReport/200108_hk2030-adc_submission.pdf，訪問日期：2019 年 10 月 27 日。

19　文化委員會是一個高層次的諮詢組織，其組織形成是一個由主席及委員組成的委員會，共有 17 名成員，主席為張信剛，他們均由行政長官委任。其中 11 人以個人身份接受委任，四個法定組織（古物諮詢委員會，香港演藝學院，香港藝術中心和香港藝術發展局）的主席及兩名政府成員（民政事務局局長和康樂及文化事務署署長）為常務委員。

20　文化委員會運作期間一共進行了 23 次全體會議、約 80 次工作小組會議、4 次退修會和 4 次外出考察，並於 2001 年年初和 2002 年年底進行了公眾諮詢。完成政策建議報告後，文化委員會解散。

21　長遠目標，是要在中國文化的基礎上，開拓國際視野，吸取外國的優秀文化，令香港發展成一個開放多元的國際文化都會。（2.1 段）

22　文化委員會認為，香港人的文化身份定位應以本地文化為起點，以中國文化傳統為根源，同時也具有世界視野（2.13 段）。

23　報告指出：突破機構 2001 年 4 月至 5 月進行的「青少年文化價值研究」調查顯示，只有少於兩成受訪者認同自己的中國人身份。香港政策研究所 2016 年 5 月至 7 月向全港中五學生就公民意識及國家認同感進行調查，研究顯示：絕大部分中學生具香港身份認同，四成學生未能由認同香港身份延伸去認同中國身份。香港身份認同與中國身份認同有顯著相關性，越有香港身份認同的學生，越對中國身份更認同。參見：《學生國民身份之問卷調查報告》，香港政策研究所，2016 年 12 月。

及對香港的歸屬感和自豪感鼓勵及培養，亦提出「教育」是政策建議的重心。儘管文化委員會給予「文化」廣義內涵，在探討文化對社會發展的影響時，也兼顧了中國傳統「文治教化」內容，即強調知識、價值、經驗、美感的培育及文化的代際延承。落實執行層面政策建議時，列舉百多項，但行政架構調整及業務範圍等仍沿襲兩局移交過來的一般所指的文化藝術活動範疇。對於如何「增強社會凝聚力和共同價值觀；建立香港人對國家、民族和社會的自信和自豪」[24]，實際上還略顯空泛抽象，需要落實在可操作、可執行、可實現的具體措施方面。如何通過具體執行，使香港市民尤其青少年在知、情、意、行的發展及參與本地文化藝術活動方面，延伸至國家認同，內化國民身份。在這份政策建議報告中語焉不詳。這裏可以這樣理解：一是可能這份政策建議只是指導性的，並不重在具體操作。二是結合當時香港社會文化氛圍，考慮到政治上的敏感性，文化委員會在處理身份認同問題上謹小慎微，希望將國族認同加在已成型的本土文化認同之上，逐漸建構出國族身份認同。從後續事態發展情況來看，文化委員會在處理香港人國民身份認同問題上的態度，在一定程度上也反映了特區政府亦迴避問題，不敢觸碰爭議，不敢化解僵局，從而失去了話語權。由於對文化發展價值目標缺少深入而充分的討論；如何善用本身的文化資源，缺乏深刻反思，故難免會造成文化發展戰略上的決策失誤。

從《文化委員會政策建議報告》本身來看，文化委員會在香港回歸後的五年，已經充分認識到民族文化身份及國家認同對香港未來發展的重要性，也認識到現有文化政策內容不足以支撐現代社會對文化的廣泛需求。可是路徑依賴（path-dependence）驅使香港文化政策在執行上依然以藝術資助政策為重，無論是民政事務局、康文署還是

24　此為文化委員會使命後兩個目標，前兩個目標「是要鼓勵香港市民，尤其是年輕一代，對文化藝術的認識和參與；豐富整體社會的文化內涵。」（2.8 段）

藝術發展局，似乎均為撥款機構及活動主辦單位的角色。《文化委員會政策建議報告》大部分內容被政府所採納，「政府贊同文化委員會提出的香港文化定位以及文化發展的原則和策略」，[25] 報告中大部分與資源和技術性操作相關的政策建議，也都獲得政府的接納和支持。從公眾諮詢的結果來看，大部分市民認同文委會提出「香港文化是中國文化的一個部分」的觀點，這表明當時大部分市民對中國文化身份的認同。從負責制定政策的民政事務局後來公佈的文化政策指引來看，基本上採納了文委會提出的原則，只是在某些具體表述上作了調整，[26]

比如，對於「民間主導」的理解，爭議性較大。「民間主導」的提出，是因為人們擔心政府行政主導易產生官僚主義，管理不善；市場主導易資本壟斷，社會不公。但在具體討論時，有人將民間主導視為市場主導，有人倡導英國藝術管理「一臂之距」原則（Arm's-length' principle），有人意指希望更多的民間資源而不是政府資源投入文化藝術領域，還有人希望政府的角色定位由一個「管理者」逐步變為「促進者」，等等。顯然「民間主導」內涵非常不清晰，造成各種解讀存在很大差異。故最終未採納。有學者認為今日香港社會從一定意義上而言是一個社團社會。[27] 社團經費主要來自政府資助和營運收入，文化藝術領域社團普遍存在籌款能力不足，對政府的依賴性較

25　香港特別行政區行政長官曾蔭權《二〇〇五年施政報告》2005 年 1 月 12 日，第 88 段落。

26　譬如文委會提出的「全方位推動」是要求政府應在「教育、城市規劃、旅遊、創意工業和經貿發展等多個領域與文化發展息息相關」；政府應在「這些政策和相關法例的制定過程中，加入文化發展作為必要的考慮」。民政事務局關於這條原則表述更為泛化。參見《文化委員會政策建議報告》2003 年 3 月 31 日，第 1.21 段。

27　根據香港保安局資料，截至 2017 年 4 月，香港共有 39146 個根據《社團條例》已獲註冊或豁免註冊的社團，及 13240 間根據《公司條例》註冊的擔保有限公司社團，共計 52386 個。不同性質的社團運行機制是不一樣的，維持發展的資金來源及享受的政策也不同。譬如有限公司是正式法人，註冊社團則無法律地位，有些機構不會與註冊社團立涉及可觀金額的合約。非營利性質的有限公司如果獲稅局批准慈善機構資格，可以少繳納多項稅務，獲得的捐款也可申請免稅。參見鄭新文：《藝術管理概論：香港地區經驗及國內外案例》，上海音樂出版社 2009 年版，第 74-75 頁；李曉惠主編：《香港社團理論與實務》，商務印書館（香港）有限公司 2019 年版，第 4 頁。

大、自主空間不足。[28] 由於政府資助是社團經費的主要來源，不少社團僅按照政府合約內容提供服務，甚少涉及合約以外的項目，存在對社區居民需求回應不到位的現象。[29] 若以此來「民間主導」實際亦達不到，真實的情況仍以官民合作夥伴關係居多。但從長遠看，增強全民文化藝術意識的社會制度設計是非常必要的，這樣才有可能實行文化發展的「民間主導」，動員全社會支持，否則也只能是空想。特區政府因應形勢發展，已意識到從文化行政轉為制定戰略性文化政策的重要性。然而，從後續十多年發展來看，香港訂立長遠文化政策規劃的社會共識一直未能達成。實踐上，行政管理卻已從單一政策（藝術政策）向綜合性、更為一體化的文化政策拓展。

一般來說，文化政策的範圍有廣義與狹義之分。不同政府在確定文化政策涉及領域時，均會關照到政府對文化的理解，以及在可控公共資源許可和在特定的公共政策範圍之下，對公共生活的行政干預程度而定的。[30] 因此，任何國家和地區的文化政策均不會涵蓋廣義文化概念的各個領域。從特區政府介入的領域來看，目前香港廣義文化政策的制定及相關管理工作分散在多個政府部門和不同性質的文化機構中。

負責制定或統籌文化政策的有：（1）民政事務局的文化科，負責有關文化及藝術、文物及非物質文化遺產方面的政策制定，也即狹義文化政策範疇。藝術發展局（法定機構）等機構協助政府制定這類文化政策。（2）商務及經濟發展局的通訊及創意產業科，負責廣播、電訊、創意產業發展及淫褻和不雅物品管制方面的政策或規劃，轄下「創意香港」負責統籌政府在創意產業方面的政策；通訊事務管理

28　《中華人民共和國香港特別行政區基本法》第一百四十四條規定：「香港特別行政區政府保持原在香港實行的對教育、醫療衛生、文化、藝術、康樂、體育、社會福利、社會工作等方面的民間團體機構的資助政策。」

29　李曉惠主編：《香港社團理論與實務》，商務印書館（香港）有限公司 2019 年版，第 75 頁。

30　香港藝術發展局：《香港文化藝術政策回顧（1950-1997）》，2000 年 7 月 15 日。

局（法定機構）協助制定電訊及廣播有關的立法及監管政策；電影發展局（公營機構）協助制定香港電影業的政策、策略安排。商務及經濟發展局的工商及旅遊科，則負責保護知識產權、發展旅遊業、會議及展覽服務等政策內容；其轄下的旅遊事務署專責統籌政府內部各項發展旅遊業的工作，並就香港旅遊業的發展制定政策。這個部門主要涉及文化經濟政策範疇。（3）教育局，負責與藝術教育相關的藝術教育政策，及教學語言政策。（4）發展局是特區政府決策局，一攬子施政方針中包括負責制訂與發展有關的文物保育政策。有研究顯示，香港特區政府提供的網上電子版香港法例（https://www.elegislation.gov.hk），涉及「文康娛樂」類別的共計 22 項。報刊、廣播、電視、電影、公共娛樂場所、文物古蹟等文化事項，均有具體的管理條例，為香港文化行政的法制化提供了有效的法律保證。[31]

與文化政策及法規相應，形成分散而龐雜的文化行政體系，各部門扮演著不同實踐角色，並執行不同功能。公共財政支持的文化相關職能執行部門及發展機構為：（1）隸屬民政事務局的康樂及文化事務署，其文化事務部（下設：圖書館及發展科、文物及博物館科、演藝科）執行管理演藝場地 / 區域或地區文娛中心 / 博物館 / 圖書館等場館、舉辦展覽 / 文化表演節目、執行非物質文化遺產的保育工作。（2）隸屬商務及經濟發展局的「創意香港」負責統籌政府在創意產業方面的工作，包括執行創意智優計劃，協調香港創意產業發展的相關措施，開展設計支援、電影服務、促進廣告、數字娛樂、音樂、電視、建築業及印刷出版業發展等。（3）具有法定政策諮詢和小額藝術項目撥款資助功能的香港藝術發展局，協助政府制定政策，通過多元化的資助方式培育本地文藝人才及藝術團體。（4）法定機構——香港演藝學院，為本地培養演藝人才。（5）公營機構——西九文化區

31　陳超、祝碧衡、周玉紅：〈世界大都市的文化特徵及發展路徑〉，載《上海藍皮書：上海文化發展報告（2009）》，北京：社會科學文獻出版社 2009 年版，第 62 頁。

管理局，負責發展、協調及統籌西九文化區事務。（6）法定機構——通訊事務管理局，根據《通訊事務管理局條例》（第 616 章）規管廣播業與電訊業。通訊事務管理局辦公室是通訊事務管理局的執行部門，同時亦是特區政府（商務及經濟發展局通訊及創意產業科）轄下的部門，以營運基金形式運作。負責電訊服務與廣播服務的發牌和規管等工作。轄下的電影、報刊及物品管理辦事處，負責根據《電影檢查條例》（第 392 章）為影片評級；執行《淫褻及不雅物品管制條例》（第 390 章）的規定，管制淫褻及不雅物品的發佈；以及根據《本地報刊註冊條例》（第 268 章）為本地報刊註冊。（7）公營機構——電影發展局，負責香港電影文化的推廣與發展、管理分配該範疇下的政府資源（包括電影發展基金對中小型電影的資助）等。（8）民政事務總署，負責簽發娛樂牌照工作，包括遊戲機中心牌照、有獎娛樂遊戲牌照、獎券活動牌照及推廣生意的競賽牌照等。（9）區議會，根據香港《區議會條例》從社區層面負責建議應予推行或資助的節慶、文化活動及審核撥款申請，並參與地區文化管理事務。此外，還有政府出資運營的旅遊推廣機構香港旅遊發展局 [32]、專責處理市區重建計劃的法定機構香港市區重建局 [33] 等相關機構。香港電台是香港唯一一家公營廣播機構。

以上從文化政策制定到執行，囊括了許多政府介入管理的不同文化領域，跨越了政府部門及半官方性質的公營機構、法定機構、政府出資運營且具有公司性質的機構等。可見，由於文化領域管理的專

---

32 香港旅遊發展局前身是 1957 年根據法例設立的香港旅遊協會，並於 2001 年 4 月 1 日改組為香港旅遊發展局，改由香港政府出資營運。根據《香港旅遊發展局條例》，其職責是在全球推廣及宣傳香港，並與旅遊事務署、旅遊業界和其他夥伴緊密合作，為旅客提供更多元化的旅遊設施和更具質素的服務。

33 香港市區重建局是 2001 年根據香港《市區重建局條例》而成立，前身是土地發展公司。近年市區重建局在開展不同市區更新項目上嘗試採用地方營造的概念，強調通過公共空間營造、規劃和設計，將人連結在一起，塑造有機生長的社區。文化創意在地方營造中獲得凸顯，社區文化特色獲得重視，其中涉及的集體記憶、文化空間及地標等，與文化政策有較強的相關性。具體案例可參見鄭天儀：《地方營造：重塑社區肌理的過去與未來》，三聯書店（香港）有限公司 2019 年版。

業化和部門分工的精細化，不同政府部門、不同性質機構之間的協調問題尤顯重要。這對文化政策制定方法的開放性、民主協商性，以及文化與城市經濟、社會、政治、生態維度平衡和整體化協同發展均提出了挑戰。需要特區政府能夠統籌兼顧不同文化相關部門業務，逐漸統一到對國家整體利益和香港地方利益最為有利的政策方案上來。目前香港仍缺乏一個能夠整合分散在不同政府部門及與文化發展相關機構的總體發展規劃。對照具體工作可發現，民政事務局所宣示的文化政策（見表 3-1）僅僅是一種原則性指引，還不能視為規範的、成文的文化政策。2006 年民政事務局向立法會提交的「香港文化政策」文件，啟用後使用至今，未再有過進一步討論和調整，這顯然滯後於時代要求和文化實踐發展。

表 3-1 香港特別行政區政府民政事務局公佈的文化政策

願景	香港成為一個國際文化大都會，植根於中國傳統且融會多元文化；文化藝術元素豐富了市民的生活，而創意則是推動社會持續進步的原動力。
目標	提供廣泛參與文化藝術的機會； 提供機會讓有潛質的人士發展他們的藝術才華； 創造一個有利文化藝術多元及均衡發展的環境； 支持保存及弘揚我們的傳統文化，同時鼓勵藝術創作和創新； 使香港成為文化交流的重要樞紐。
基本原則	以人為本：鼓勵市民參與文化藝術和發揮個人在文化藝術方面的潛能； 多元發展：促進充滿活力的多元文化發展； 尊重表達自由：尊重藝術自由，加強保護知識產權； 全方位推動：社會各界共同參與，締造一個有利文化藝術蓬勃發展的環境；各政府部門攜手合作，推動藝術文化發展； 建立夥伴關係：建立一個由政府、商界及文化界組成的夥伴關係。

資料來源：香港特別行政區政府民政事務局網站

在具體運作過程中，限於文化行政架構所框定的職能，民政事務局公佈的文化政策實際上是作為狹義的文化藝術政策範疇來執行的，結果又陷入撥款政策原有發展模式中。在管理主義與資本主義工具性思維影響下，從事文化行政工作的公務員只能不斷從技術和操作層面調整資助機制，任何機構只是扮演一個提供資助的角色。文化政策中一些涉及人文價值、身份認同、參與機制等深層次的問題始終得不到解決。當前香港社會期待比殖民時期大幅上升，管治績效顯得不孚眾望，民間有關文化政策及行政體制改革的爭論時有發生。現有文化政策仍被視為零散、短視的實用主義特徵，政府部門執行短期而務實的措施。文化發展中強技術、弱系統、輕價值的不平衡態勢長期未能改變。藝術資助被批評一直是有限公共資源內的「分餅仔遊戲」或「平均主義」撥款政策，藝術團體之間資源配置不公也備受詬病。[34]文化藝術的發展不僅需要公共資源、人力資源，也需要從政策上和精神上獲得社會各階層的支持。

香港文化藝術界人士呼籲成立「文化局」。[35] 2012 年時任香港特區行政長官的梁振英，也曾向立法會提出成立香港文化局，[36] 專責發展香港的文化事業和文化產業，但建議遭部分立法會議員「拉布」而被迫放棄。[37] 出現這類文化發展困局的原因，誠如周凡夫所指出的：回歸後香港文化事務越來越難以避免被「泛政治化」。無論是政府、政客、媒體和民間，都從政治角度出發來考量文化事務。文化生態趨

34　古遠清：〈「九七」前夕的香港文壇〉，《中國文化研究》1997 年第 2 期；劉靖之：《香港音樂史論：粵語流行曲‧嚴肅音樂‧粵劇》，第 361 頁。

35　文化藝術界呼籲的文化局並不是指政府部門，而是具更高層次的「局」（Authority）級的法定組織，如香港的「醫院管理局」「房屋委員會」「機場管理局」等。可見，對文化局的理解社會也存在分歧。2002 年時任藝發局主席陳達文曾動議「集中事權、增進效能」，建議香港藝術行政架構重組，建議民政事務局設立文化藝術局，以功能集結及多元撥款的方式重組藝術行政。參見《香港文化政策紀事（一九五〇至二〇〇七）》，載陳雲：《香港有文化──香港的文化政策（上卷）》，香港：花千樹出版有限公司 2008 年版，第 599 頁。

36　梁振英提出重組政府架構，在「五司十四局」中新增一些部門，包括文化局。可見，站在不同立場上各方對文化局建制方式的理解也都不一樣。

37　香港特別行政區行政長官梁振英《二〇一五年施政報告》第 198 段。

於「泛政治化」的後果是各方進行失去理智的角力，持續諮詢再諮詢，一切變得「議而不決」。[38] 這導致政治強勢，政策弱化，某些領域甚至以政治取代政策，為「反對」而反對。「西九文化區」發展計劃執行狀況即是這種膠著態勢的典型表現。有人指出西九文化區通訊和新聞主要是政治版記者，而非專責文化藝術事務的記者去跟進。出來的報道必然促成西九文化區政治化而非文化面向的新聞。[39] 其他類似因政治上的異見所引發的社會分歧比比皆是，集中於意識形態和價值取向上的紛爭也日益突出，進而影響了當地開放包容的文化生態。美國政治學者弗朗西斯·福山曾接受記者採訪談到，美國如今最大的問題是政治級化，而美國的政治極化與文化身份的認同紊亂有關。[40] 香港回歸二十五年，香港人依然存在身份認同的困境，這更多的是政治性因素導致的。特區政府始終不願意觸碰核心問題，必然會加大香港社會的撕裂，當前亟待特區政府推出有效政策化解政治所造成的種種問題。

近些年來，香港特區政府逐步增加投放於文化藝術領域的公共資源。公共開支由 2005-2006 年度約 26 億港元增加至 2019-2020 年度約 52 億港元。（見圖 3-2）這些投資和撥款主要用於為藝術活動提供場地援助、資助藝術團體、藝術教育和推廣，以及支付相關的行政費用。制度設計及安排、制度化的文化藝術生產及觀念傳播等，形塑了香港人的身份認同及個人價值，它是構建公民個人的自我認同及國家認同的基礎。公共投入增加，不自動代表文化行政管理更為有效了，還需要有選擇性改變文化體制運行失效的部分，尋求破解身份認

38　周凡夫：《文化局？還看回歸十五年的文化生態》，載胡恩威主編：《文化視野》第 1 輯，進念·二十面體 E+E 出版 2012 年 9 月版，第 110-116 頁。

39　Vivienne Chow: A Series of Unfortunate Events: The Past and Present of West Kowloon Cultural District, 載胡恩威主編：《文化視野》第 2 輯，進念·二十面體 E+E 出版 2013 年 5 月版，第 15-34 頁。

40　徐悅東：〈專訪弗朗西斯·福山：疫情會加速全球化浪潮的消退嗎？〉，《新京報書評週刊》2022 年 2 月 22 日。

同危機的制度性解決方案。除了主要政府部門或公共機構對文化藝術支持以外，區議會則從社區層面支持本地區節慶和社區文化活動。目前，香港民政事務總署轄下共有 70 間社區會堂及 37 間社區中心，[41] 由民政事務總署負責日常管理及運作。隨著區議會在「地方行政」方面角色的加強，區議會自 2008 年開始參與管理。為了繼續支持區議會推廣地區藝術文化活動，政府從 2020-2021 年度起，把「社區參與計劃」下推廣藝術文化活動的 2,080 萬元「專款專項」額外撥款常態化。就此，社區參與計劃每年總撥款額將維持於 4.6 億元。[42]「社區參與計劃」是香港基層社會團體重要撥款來源，同時成為香港社團獲取公共資源的一大特色。有學者指出，區議會通過外判、投標或資助的方式，將藝術文化活動、康體文娛及公民教育、文化共融等項目，交社會團體完成落實某些政策。[43] 可見，社會團體在協助或參與實施文化政策過程中，實際也發揮了重要作用。未來，社會團體是香港鞏固地區和基層組織建設、加強基層群眾聯繫極為重要的媒介。社區文化建設也事關文化民生問題，包括是否照顧到草根市民的基本文化需要，文化政策的體用關係能否最終落地，關鍵在社區。

41　香港特別行政區民政事務總署網站：https://www.had.gov.hk/tc/public_services/community.htm，2022 年 5 月 1 日訪問。

42　《二〇一九年施政報告民政事務局的政策措施》，立法會民政事務委員會討論文件 2019 年 11 月 4 日。https://www.hab.gov.hk/file_manager/chs/documents/whats_new/policy_agenda/habBooklet_chs.pdf，訪問時間：2019 年 11 月 24 日。

43　李曉惠主編：《香港社團理論與實務》，商務印書館（香港）有限公司 2019 年版，第 118、156 頁。

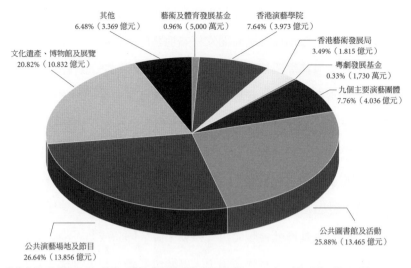

其他
6.48%（3.369 億元）

藝術及體育發展基金
0.96%（5,000 萬元）

香港演藝學院
7.64%（3.973 億元）

香港藝術發展局
3.49%（1.815 億元）

粵劇發展基金
0.33%（1,730 萬元）

九個主要演藝團體
7.76%（4.036 億元）

文化遺產、博物館及展覽
20.82%（10.832 億元）

公共演藝場地及節目
26.64%（13.856 億元）

公共圖書館及活動
25.88%（13.465 億元）

數據來源：「香港政府一站通」網站《香港年報》（修訂日期：2021 年 8 月 2 日），第 283 頁，https://www.yearbook.gov.hk/2020/sc/

圖 3-2 香港特區政府文化藝術領域公共投入情況（2019-2020）[44]

二、文化制度與認同（同一性）機制

英國社會人類學家瑪麗・道格拉斯（Mary Douglas）在《制度如何思考》（*How Institutions Think*）一書中提供了一種認識集體行動的視角，即基於象徵人類學和社會學的理性選擇（rational choice）理論，展開對制度如何生成與運作的探討。她試圖在處理個人與社會關係中解答社會秩序是如何建立的問題。[45] 在她看來，認知決定制度，制度影響人類認知的基礎，即充當歸類工具，繼而影響人類的類比推理，並由此決定認知。她指出人們的身份是制度賦予的。制度在日常生活實踐中產生凝固性和穩定性，給予人們基本範疇上的共識；

---

44 這裏不包括文化藝術工程撥款，2018 年特區政府預留 200 億元，用於未來十年改善和發展文化設施，包括興建新界東文化中心和文物修復資源中心。康文署另獲撥款 41.7 億元興建東九文化中心，預計於 2023 年啟用。

45 個體最基本的認知過程依賴於社會制度。認知過程的建立即是社會秩序的建立。參見〔英〕瑪麗・道格拉斯：《制度如何思考》，張晨曲譯，北京：經濟管理出版社 2013 年版，第 57 頁。

制度同時賦予或固定事物之間的相似性或同一性，建造一架替人們思考和決策的機器。[46] 道格拉斯提出人們的思考都是制度性的思考的觀點，是針對理性選擇理論所提出的，是對集體行動理論，即利益偏好決定人們的選擇的批判。她將人的行為差異及主觀認知的差異歸因為起外部約束作用的制度差異，卻忽視了個體受制度影響的差異性。這裏的制度（Institution），道格拉斯是指合法化的社會組群。譬如她認為家庭、運動會或慶祝會都可以視為制度。[47] 雷蒙·威廉斯曾在《關鍵詞：文化與社會的詞匯》中追溯 Institution 一詞涵義的演變。威廉斯發掘 Institution 的拉丁文和古法語詞源的意思是指建立、創立、安排。在其早期的現代用法中則是指一種被制定、訂立的事物。到 16 世紀中葉，該詞演變出一種較為普遍的用法，即用某種方法確立習俗、慣例。威廉斯認為該詞後來生發出一種抽象的意涵，並始終與 Society（社會、協會、社交）密切相關。從 18 世紀中葉起，Institution 開始用在機構組織的名稱中，直至 19 世紀中葉指涉一種特別的或抽象的社會組織，20 世紀已表示一個社會中任何有組織的機制。[48] 周計武依據威廉斯追溯 Institution 詞源的路徑，總結其涵義認為 Institution 比較接近於我們對「體制」的理解，同時兼有制度、機制、機構等內涵，是表示行動或過程的名詞；它既是特定社會系統內部機構得以運作的組織機制，又是規範成員行為的一系列約定俗成的習性、習俗、慣例、倫理道德和強制性的規約。[49]

在本文中，我將文化制度放置於較為狹義的範圍內進行界定，重點考察政府角色在文化領域建制化過程中的具體表現。故這裏的文

46　〔英〕瑪麗·道格拉斯：《制度如何思考》，張晨曲譯，第 79-80 頁。

47　同上，第 58 頁。

48　〔英〕雷蒙·威廉斯：《關鍵詞：文化與社會的詞彙》，劉建基譯，北京：生活·讀書·新知三聯書店 2005 年版，第 242-243 頁。

49　周計武：〈藝術體制的現代性邏輯〉，《文藝爭鳴》2019 年第 10 期；〔英〕奧斯汀·哈靈頓著：《藝術與社會理論──美學中的社會學爭論》，周計武、周雪娉譯，南京大學出版社 2010 年版，導論第 1 頁。

化制度是指政府構建和支持的文化制度。文化建制過程既有社會生活中習性、慣例、價值的生成及傳遞，又存在某種強行性規範的制定。這種文化再生產過程是對現行社會制度賦予的觀念、理念及意識形態的再強化，從而維護社會結構及權力關係。在現實中制度與社會的發展，往往是互相結合又互為影響的。當社會條件未成熟時，政府政策的推行或改變，均帶有很大的政治風險。當社會條件已經改變了，若制度仍按慣性未能跟隨社會發展，則會對社會帶來負面影響。[50]

從香港歷史經驗可以看到：制度認同機制的發揮是港英政府配合其管治需要有意識建構的，期間因應內外環境變化，從相互衝突的權力和內外利益權衡中不斷作出過調整。香港回歸後，由於制度邏輯和認知框架沒有改變，教育、媒體及各種文化組織依然以制度化方式發揮著同一性的作用，在與社會互動過程中又進一步加強了認同機制的再生產。後殖民處境的文化重建需要原有機制的解構及重建。意大利馬克思主義理論家安東尼奧·葛蘭西（Antonio Gramsci）從爭奪意識形態領導權的角度，認為任何思想體系要轉化成為物質力量，為社會心理所接受並獲得合理性和正當性，需依靠社會機構及制度予以保證並傳播。[51] 若要解構原有的形成機制，就「要使某種程度上每人所具有的智力活動予以批判地改造，……成為新的和有目的的世界觀的基礎」。[52] 葛蘭西不僅指出文化制度與身份建構的關係，而且點明了如何打破常規建立新的形塑路徑。

這裏我們首先需要論證的是政府主導的文化建制對香港社會的影響及認受性（legitimacy）。本文在香港文化政策的形成與發展、文化藝術行政架構的歷史演變過程中，已經討論了港英政府從 1960 年代後期開始通過一系列建制措施，賦予制度較高的政治認受性，使得

50 鄭宏泰、黃紹倫：《香港身份證透視（第二版）》，三聯書店（香港）有限公司 2018 年版，第 14、15 頁。

51 毛韻澤：〈論葛蘭西的「陣地戰」理論今日面臨的挑戰〉，《國外社會科學》1991 年第 10 期。

52 〔意〕安東尼奧·葛蘭西：《葛蘭西文選》，李鵬程編，北京：人民出版社 2008 年版，第 355 頁。

大部分香港人承認或認可殖民政府的政治、經濟、社會和文化制度，從而形成整個社會重視「制度」的心態。其結果之一是制度改革難上加難；其二導致公眾對回歸後本地政治領袖缺乏信任。社會化的過程是集體行為受約束的一種重要形式。高丙中指出脫離傳統社會的人們進入現代社會後，人與人之間的聯繫更多的是制度的。[53] 公眾接受體制化教育時間越長，就越增加與體制接觸的機會，受制度影響也就越深。教育是社會及文化的重要環節，其發展與社會人口的組成、階層結構、經濟地位、以至政治及尤為重要的政府所制定的教育目標與政策，都有直接關係。[54]

殖民時代早期，大多數香港人與殖民制度的接觸非常有限。因為早期殖民教育並沒有制度化管理，實施的精英教育是以英式學校教育及審美品味培養當地精英，讓他們在生活上追逐宗主國的精英，模仿他們的行為，用英式觀念、道德和價值觀以及知識體系為其殖民統治服務。早期教育體制起區分的作用，目的是為了培養少部分值得英國人信任並能協助殖民者管治及商業發展的「高級華人」。1950 年香港和內地設立關禁後，兩地社會制度和文化取向朝不同方向發展，香港的華人也不能再返回內地接受中文教育。港英政府繼而邀請英國曼徹斯特首席教育官菲沙就香港教育發展作諮詢報告。1951 年 12 月公佈的《菲沙報告書》即建議港府利用當時中國政治形勢，以教育來加強英國的影響，加強對教育的控制和管理，以及推行英文教學。此後，接受殖民教育影響的人數逐年增多。自 1971 年起港英政府推行六年強迫小學義務教育，立法懲罰不送子女上學的家長；1978 年延至初中實施九年強迫義務教育。免費義務教育是一種強制性社會規則內化的過程，此後教育體制開始發揮同一性作用，從制度層面加強

---

53 高丙中：〈社團合作與中國公民社會的有機團結〉，《中國社會科學》2006 年第 3 期。

54 吳倫霓霞：《教育的回顧（上篇）》，載王賡武主編：《香港史新編（增訂版）》（下冊），三聯書店（香港）有限公司 2007 年版，第 483 頁。

去中國化的過程，尤其要去除民族主義及民族國家的政治意識。1980年代末及 1990 年代初，港英政府又加碼發展高等教育。[55] 香港現代教育體系逐步建立，及至 2008 年免費教育又延伸至公營中學（包括官立、資助及按額津貼學校）的高中年級（即提供十二年免費教育）。[56] 該舉措明顯提高了香港成年人的平均教育水平。（見圖 3-2）

由特區政府統計處提供的數據（見表 3-2）可發現：在 1971 年大約每 23 個香港市民中只有一個有大專或以上程度學歷；到 2016 年幾乎每三個人就有一個達大專或以上的教育水平。教育的制度化不僅提高了人口素質，而且也意味著更多的市民在日常生活中受教育政策影響，或參與建制性的文化生產活動。全香港範圍的社會指標調查 [57] 顯示：教育程度愈高，越傾向認同「香港人」身份；而低學歷受訪者取向並不明顯。這是由於中、高教育程度的受訪者大多在香港接受教育。他們認同的常識較少受傳統社會影響，而是經由學校教育闡釋的現代社會常識。此外，受訪者居港年份愈長，對香港的歸屬感愈強。[58] 這一結論也可佐證本文所提出的觀點：接受本地體制化教育的人越多，受制度同一性機制影響的人也就越多。

其次，我們需要探討文化建制通過何種方法和途徑影響身份塑造。本文認為文化建制主要通過歸類及篩選的方式識別差異，將殖民性思維（以西方為標準、為價值標籤）內化於制度，進而影響身份建構，這也是認同機制運作的內在邏輯。道格拉斯結合社會學家迪爾凱姆（又譯作涂爾幹）符號體系理論及人類學家列維—斯特勞斯神話

55　程介明：《教育的回顧（下篇）》，載王賡武主編：《香港史新編》（下冊），三聯書店（香港）有限公司 1997 年版，第 533-535 頁。

56　香港特別行政區政府統計處：《2016 年中期人口統計：主要結果》，第 94 頁。

57　自 1988 年起，受大學研究資助局資助，香港大學、香港中文大學和香港理工大學合作，每兩年一屆進行全香港社會指標調查，藉以瞭解香港社會發展的狀況。本文引用的調查結論，是基於 1988-2001 調查結果。

58　鄭宏泰、黃紹倫：《香港華人的身份認同：九七前後的轉變》，《二十一世紀》2002 年 10 月號總第七十三期。

表 3-2　按教育水平曾接受專上教育的 15 歲及以上人口數及佔比

單位：人（%）

1971 年	1981 年	1991 年	2001 年	2011 年	2016 年
111,660（4.4）	249,547（6.7）	490,891（11.3）	918,500（16.4）	1,703,031（27.3）	2,130,107（32.7）

注：該數據除接受專上教育的人口，還包括預科（即專業教育學院 / 前理工學院證書 / 文憑課程修讀）

人口

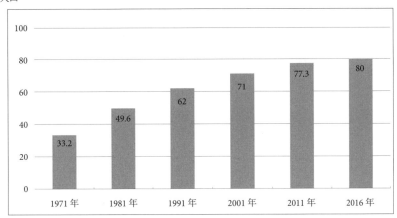

資料來源：香港特別行政區政府統計處 1971、1981、1991、2001 人口普查及 2016 年中期人口統計

圖 3-3　按教育水平曾接受中學或以上教育的 15 歲及以上人口比例（單位：%）

學研究成果，認為文化是通過分類系統給予事物以意義，並將之延伸至制度分析。她認為制度具有編碼功能及運行慣性，在一定程度上制度一旦編碼成功即可以抗拒變化，「當嚴密推理不足以喚起複雜的分類時，社會類比就隨時可填補因果鏈的空隙。」繼而，她提出制度賦予事物同一性，「基於社會的類比將具體的物質分門別類，並給它們附加了道德和政治的內涵。」[59] 教育體制中對於國家統一的語言（國語 / 普通話）、文字（簡體字）的疏離、敵視態度在殖民時期教育系

59　〔英〕瑪麗·道格拉斯：《制度如何思考》，張晨曲譯，北京：經濟管理出版社 2013 年版，第 80 頁。

統中即已建立。殖民者的語言在上層社會成為教育、地位、聲望、權力、發展與現代化的關鍵利器，[60] 英語被視為「一種成功語言」已被徹底工具化。[61] 回歸後殖民化的教育架構仍然牢不可破，社會上普遍「重英輕中」的風氣一直未能改變。語言文字是文化的載體，其使用常代表某種文化的歸屬，故有系統的文化傳承離不開語言文字。同時，語言文字也從來不是中立的，它們不能脫離認識論，也不能脫離使特定認識論能夠被理解的社會、政治和文化背景。[62] 從精英教育層面來看，香港的中文書寫及立足本土的研究始終處於邊緣化位置。這類文化教育措施長期執行下來，對瓦解中華文化自覺和自信起了極大的作用。英語在香港社會各領域中的優勢地位也進一步培養及強化了非常鮮明的西方認同。許光烈認為只有推動政府語言政策與社會價值取向協調一致，如此才能形成一種機制，使中文得到廣泛的社會認同。[63]

藝術體制中對「美」的感受和選擇，也顯然以西方品味為主要標準。英國學者費約翰曾指出，「文化殖民者所留下來最為普及的觀念，即是某一個國家的文化地位及優劣，經常必須以歐洲對古典音樂的分類、值得展覽的畫作，在慣例的舞台與環境下因襲慣例演出的話劇等等標準來評斷。」[64] 港英政府藝術資助優先選擇的領域及公共文化服務的供給內容，都暗示著某種審美偏好、價值判斷的層級系統。即便是一度創造「香港音樂」輝煌的「粵語流行曲」，余少華認為若視之為本土文化的自然生長，則是一種徹頭徹尾的「幻象」。1950 年

60　〔美〕哈羅德‧伊羅生：《群氓之族：群體認同與政治變遷》，鄧伯宸譯，桂林：廣西師範大學出版社 2015 年第 2 版，第 180 頁。

61　蘇金智：〈英語對香港語言使用的影響〉，《中國語文》1997 年第 3 期。

62　〔美〕普利西拉‧帕克赫斯特‧克拉克：《文學法蘭西：一種文化的誕生》，施清婧譯，南京：譯林出版社 2019 年版，第 103 頁。

63　許光烈：〈香港語言政策及思考〉，《廣州大學學報（社會科學版）》2005 年第 7 期。

64　〔英〕費約翰：《藝術與公共政策：從古希臘到現今政府的「藝術政策」之探討》，江靜玲編譯，台北：桂冠圖書股份有限公司 1995 年版，第 131 頁。

代香港電台每日播放瞽師（盲樂師）杜煥的「南音」[65] 演唱，至 1972年《杜煥南音》節目終止，各類流行音樂取而代之，使傳統說唱音樂失去了重要的傳播媒介。余少華認為香港人對「南音」的失憶，很大程度上是由於人們愈來愈少有機會接觸到原本日常生活中常聽見的音樂。這裏「音境」的轉移不只是大眾文化選擇問題，「流行」執裁的原則是以現代西方音樂美學觀念為參照，本土語言和市民敘事只是外包裝；傳統音樂品類被視為「不夠國際與現代」或「跟不上潮流」。[66] 榮鴻曾指出，「中國人對自己的傳統音樂有種莫名的自卑感，總是要等到外國人給予我們高的評價時，才會意識到該文化的重要性。」[67] 這種自卑感的產生是來自藝術體制中歸類機制的壓迫，也是強勢群體把負面群體認同強加到弱勢群體身上所造成的結果。傳統表演藝術「神功戲」[68] 也被視為落伍的象徵，是次等文化，通過體制及媒體傳播的途徑予以坐實。1974 年 12 月 2 日《華僑日報》上一則新聞表示遊樂場地演神功戲異常嘈吵且妨礙青年正當的康樂活動，並把一些青年不適當的社會行為歸因為尋求體育康樂活動場地被佔而導致的。對此，政府開始規管盂蘭勝會等民間傳統節日期間神功戲的場地租用，宣佈市政局今後不再批准其轄下的遊樂場上演神功戲，如有此類需要人士應向官地測量處申請空地。[69] 神功戲作為本地傳統娛樂及節慶活動的重要內容，不但不被體制所認可，甚至都不能在法定的娛樂場地

65　南音是流傳於珠三角地區的傳統說唱音樂，產生於清代乾隆、嘉慶年間，一般以椰胡、古箏作伴奏，歌詞內容較為悲傷，取材自民間生活困境、歷史故事等等。參見高寶齡、區志堅等編：《非物質文化遺產在香港》，中華書局（香港）有限公司 2019 年版，第 38 頁。

66　余少華：〈「師娘腔」南音承傳人與港澳文化〉，載文潔華編：《粵語的政治——香港語言文化的異質與多元》，香港中文大學出版社 2014 版，第 23、31 頁。

67　高寶齡、區志堅等編：《非物質文化遺產在香港》，中華書局（香港）有限公司 2019 年版，第 46 頁。

68　神功戲是本地因應神誕酬神、打醮、傳統節慶等，由地方上自發籌組的活動，具有民俗儀式的性質，多以粵劇為主，場地大都是在當地臨時搭建的戲棚。參見高寶齡、區志堅等編：《非物質文化遺產在香港》，中華書局（香港）有限公司 2019 年版，第 8、121 頁。

69　《遊樂場演神功戲市局今後不再批准》，《華僑日報》1974 年 12 月 2 日。轉陳子安：《漁村變奏：廟宇、節日與筲箕灣地區歷史 1872-2016》，中華書局（香港）有限公司 2018 年版，第 226 頁。

舉辦，只能尋求閒置空地。其地位不言而喻。[70] 殖民政府長期塑造文化上的優越感，將西方的價值、觀念體制化；而中華文化及歷史形成的地方知識、傳統價值及情感的影響則僅限於民間，不但未予以體制內的認可，而且在日常傳播途徑上也日漸被邊緣化。

此外，在諸多普及文化研究中都有提及 1970 年代香港影視媒介建構出一個香港與中國內地對立的二元結構。馬傑偉等認為雖然影視媒介充當了「成員歸類工具」，但這種作用也發生在文化教育領域等其他建制中。由於分類機制令權力支配關係看起來正義和合理，因而能夠在社會心理層面上發揮有效的文化管理作用。[71] 當一系列二元對立的思維方式及認知，成為殖民統治下習以為常的社會知識時，制度又將二元類比具體化為一組相對穩定的身份類別。奧克塔爾指出內群體的共同性和外群體區別性通常是識別身份的主要方式。[72] 制度藉助類比結構使認同機制更為穩固。

作為歸類工具的文化制度，區分出語言／思維、審美品位、知識及價值觀的不同。不同的思維方式可能引發對同一問題不同結論處理及不同應對方式，因此制度思維模式是內容選擇的基本篩選工具。道格拉斯認為制度與理論執行同樣的任務，「一旦一種理論體系被創造出來，該理論誕生之前不確定的等級也被確立下來，就不再模糊不清了。當它們在體系內的常規功能得到證明後，它們就獲得了定義。」制度賦予的「同一性不是事物本身存在的能被認出的特質，而是在一

70　這類場地規管其實並未對神功粵劇的發展影響很大，1980 至 1990 年代是神功粵劇的蓬勃期，可見民俗文化亦有自己的空間。這是由於港英政府的管治策略是盡量避免干預華人的文化習俗，給民間一個相對自由的發展空間。1990 年代港英政府改變文化政策也發揮了重要作用。參見陳守仁、湛黎淑貞：《香港神功粵劇的浮沉》，中華書局（香港）有限公司 2018 年版，第 52、153 頁；余繩武、劉存寬：《十九世紀的香港》，北京：中華書局 1994 年版，第 405-425 頁。

71　馬傑偉、曾仲堅：《影視香港：身份認同的時代變奏》，香港中文大學香港亞太研究所 2010 年版，第 1、43 頁。

72　Oktar, L. The ideological organization of representational processes in the presentation of us and them [J]. *Discourse and Society*, 2001, 12(3): 318.

種連貫的體系內被賦予各個因素的。」[73] 麥丁和墨菲認為，「同一性不是事物本身內在的、可以被認出的特質——它是被強加在連貫一致的體系內部各因素上的。……特定文化裏人們對一系列相似事物的認識根深蒂固，以致它們的相似性具有了不言自明的權威。」[74]

譬如，我們可以看到「積極不干預」作為經濟領域意識形態，它對公共政策的影響在香港各個領域內均有具體表現，並貫穿於殖民歷史及回歸後的政策實踐。2006 年曾任香港藝術發展局主席、民政事務局局長的何志平在《信報》上撰文，借用英國藝術行政研究學者費約翰（John Pick）提出的概念，總結香港文化政策特徵一直是自由的文化政策、「描述式文化政策」，以具體形式零散體現，落實在措施上，長期運行後總結出一套行政準則。[75] 後來 2014 年何志平又改口說明特區政府運行的是「反應式文化政策」，即市民要什麼給什麼，他認為文化藝術是實時發生並和社會互動的，所以要根據市民需要而提供發展條件。[76] 從何志平的解釋來看，他正是在盡力詮釋「儘量不干預」在文化政策領域內的貫徹。他認為「文化藝術的動力源頭是民間社會而不是政府」。他想表達對社會政策公共干預的懷疑，同時偏向贊成市場或私人的非營利參與模式，但他所謂的民間後來被批評最終又落到新自由主義市場主導。再讓我們看看費約翰是從什麼角度來界定三種特徵的文化政策的。費約翰認為一般政策寫作可採用：（1）指令性的政策（prescriptive policies），即定義藝術的範疇，對文化作條例式的宣示；（2）描述性的政策（descriptive policies），即開誠公佈藝術支援及控制的各個系統，並維持運作；（3）回應性的政策

73　〔英〕瑪麗‧道格拉斯：《制度如何思考》，張晨曲譯，北京：經濟管理出版社 2013 年版，第 74-75 頁。

74　Medin, Douglas and Murphy, G.L.(1985): The Role of Theories in Conceptual Coherence, *Psychological Review*, 92(3):289-315. 轉引自〔英〕瑪麗‧道格拉斯：《制度如何思考》，張晨曲譯，北京：經濟管理出版社 2013 年版，第 75 頁。

75　何志平、陳雲根：《文化政策與香港傳承》，北京：中華書局 2008 年版，第 66 頁。

76　何志平：〈三種藝術發展政策裏，香港該走哪條路？〉，2014 年 8 月 26 日《文匯報》（香港）。

（reactive policies），費約翰認為需要設立一些可以回應藝術市場需求的機構，政府儘可能不介入任何直接的干涉行為，而由市場機制控制。政府對需求的反應模式可以有兩種：其一是消除危害藝術活動的事物；其二是以財政資助方式表現支持的態度或行動，但傾向於短期的，且不對雙方造成強迫性的義務。費約翰認為政府的政策可以部分是指令性的，部分是描述性的，而一些是反應性的。[77] 可見，何志平誤解了費約翰的概念運用，僅從字面意義上選取有利於他積極不干預思想的表述，對於費約翰本意來說這是不準確的。何志平對香港文化政策特徵的公開闡釋具有一定的代表性，反映了政府相關部門對這一問題始終是模糊不清的。

「積極不干預」這套觀念獲得有效性及深遠影響，並不是因為其本身的理性和正確性。香港社會內部對此都有過激烈討論，包括其內涵、運作方式以及因應時代改革的可能性等。因為這套觀念已在制度內被認可，而信奉這一制度的人，類似信徒拒絕與他偏好的信念相衝突的信條一樣，也拒絕改變。呂大樂曾指出將「積極不干預」作為減少政府介入的最有力的理據，甚至勿需多作解釋，也能將其意見合理化。[78] 殖民時期制度化的知識生產、文化改造工程通過制度的同一性機制，建構了被殖者的文化身份與制度認同；傳統的影響則日漸式微，越來越失去它的控制力。無論當時還是以後的文化再生產過程，亦存在一種隱性的控制。既處於參與身份建構的共謀之中，又受社會體制已產生的論述及意識形態影響。因此，要想去改變人們的意識和理念，就必須要嘗試走出既有的規則和做法，創造性地豐富實踐，改造生產這些意識和理念的文化政策及制度方式。馬傑偉在談及體制中慣性思維影響時，批評特區政府發展創意產業、藝術區，「到執行時

---

77 〔英〕費約翰：《藝術與公共政策：從古希臘到現今政府的「藝術政策」之探討》，江靜玲編譯，台北：桂冠圖書股份有限公司 1995 年版，第 100-102 頁。

78 呂大樂：《香港模式：從現在式到過去式》，中華書局（香港）有限公司 2015 年版，第 45 頁。

往往用開設文娛康體中心的陳舊方法去推動，或把藝術文化變成地產商賺取利潤、贏得名氣的項目，或把文化創作視為全球城市必備的裝飾，或把創意產業視為經濟功能的一部分。」[79] 這些現實表象背後即殖民性特徵已內化於體制中，並形成體制運行的慣性。如何轉化、改造、重塑體制中原有問題機制的組成要素，需要從認知和思維上有一個轉變。

　　一般去殖民化過程中必然會遇到身份認同問題，許多西方學者對後殖民社會文化重建及全球化文化流動對國族身份認同的影響展開過討論。其中既有涉及原有文化制度及機制的革新議題，又有如何與外來文化溝通互鑒、融合新機的路徑探究。英國學者費約翰認為對於後殖民社會來說，首先必須徹底重建教育體系，建立新生文化才能擺脫殖民文化影響；其次，一個明確的文化政策是非常必要的，列出新生文化構成要則就較可能做出前後一致而有意義的計劃，避免決策過程中尋求空泛目標。費約翰嚴肅地指出文化並不是消遣節目，而是人們如何維生的養成。只有重建被殖民主義損毀的文化制度體系，才能在文化亂象中理出秩序。[80] 費約翰將文化議題上升至文化主權，制定文化政策的目的是維護文化的生存和獨立。與之觀點相似，美國學者馬爾卡希指出殖民性不僅是政治經濟的控制，更是文化的控制；它體現了殖民宗主國文化認同的霸權主義價值的持久影響。後殖民社會必須重啟政治文化和公共文化建設，否則就難以實現完全的主權。文化與政治的關係因與民族認同的再彰顯而密切。對於脫殖民化的人民而言，文化重建政策是政治重建的必要補充。[81] 馬爾卡希更為強調政治文化對文化政策的影響，他認為文化政策的目標主要取決於其政治

79　馬傑偉：〈香港能否從「功能城市」轉型為「宜居城市」？〉，2009 年 2 月 2 日《明報》觀點版。

80　〔英〕費約翰：《藝術與公共政策：從古希臘到現今政府的「藝術政策」之探討》，江靜玲編譯，台北：桂冠圖書股份有限公司 1995 年版，第 131、138 頁。

81　〔美〕凱文·馬爾卡希：《公共文化、文化認同與文化政策》，何道寬譯，北京：商務印書館 2017 年版，第 1、29 頁。

體制的性質及基本價值。文化政策若想從技術上保持價值中立幾乎是不可能的事，去政治化的表述則是將政治立場隱含在文化體制運行當中了。對於不可避免的文化衝突，澳大利亞學者哈特利和波茨從文化科學分析視角，將文化演化視為一種意義建構的群體過程。文化既是一種傳承機制，更是一種創新機制。文化成長和變革是沿著群體的邊界發生的，通過變化的群體，新群體的自創生、再生產以及群體間衝突、對抗，生成革新和新穎的現象，從而產生社會文化動力。[82]他們將「文化作為群體知識存在的方式，而不是群體身份的一種形式，」[83]從而規避了各種身份政治的纏鬥與角力，將文化的參與性、開放性及面向群體未來作為形塑文化政策的重要依據。文化在演化過程中呈現出的積極因素及包容性發展理念，正是我們需要重新思考文化建制目標及內容的意義所在。當前有關香港文化政策的討論，只爭論原則（如民政事務局公佈的文化政策），不重視具體制度的設計、運作及影響，這是特區政府需要反思的。

三、文化藝術領域諮詢委員會制度

香港的殖民現代性（colonial modernity）不可避免受到殖民主義的影響，同時也促發了工業化、城市化過程所引起的社會轉型發展。由後者而逐步形成的現代化[84]特徵的制度——多元參與、開放包容、科學理性——有其進步的意義。鄭永年指出如果簡單粗暴、全盤否定所有制度遺產，並不有利於自身發展。他認為有效的方式是

82　任珺：〈「文化科學」如何幫我們理解文化演化系統〉，《中國圖書評論》2019 年第 8 期。

83　〔澳〕約翰·哈特利、賈森·波茨：《文化科學：故事、亞部落、知識與革新的自然歷史》，何道寬譯，北京：商務印書館 2017 年版，第 196 頁。

84　金耀基認為在 20 世紀下半葉，現代化已成為一個全球現象。現代化理論最初來自西方，早期「現代化」以「西化」為指向，後來現代化這個概念是指一種更富於自我更新、自我轉化精神的社會變遷。參見金耀基：〈現代性、全球化與文化認同〉，載《中國現代化的終極願景：金耀基自選集》，上海人民出版社 2013 年版，第 76-77 頁。

保留積極面，同時對制度進行去殖，去除其消極面。[85] 是以，我們需
要研究如何將不利的因素積極地轉化成為有利的因素，運用既有機制
的優點加以改善，利用差異生產制度優勢，將「一國兩制」在實踐中
獲得創新性發展。以下以諮詢委員會制度為例，探討其在香港文化治
理領域內的發展、與文化政策的關係及未來可能的改革方向。

　　香港的諮詢委員會制度是仿效英國同類組織形式而設立的，早
在 1940 年就已運作於港英政府中。[86] 諮詢委員會制度被視為管治認
受性的關鍵部分，該制度包括法定組織、港督委任（專業範疇方面）
輔助各局運作的委員會。除常設委員會外，亦有一些臨時諮詢委員
會，針對特定議題為政府提供意見；行政長官可按需要改變委員會
的組織、職權及運作，隨時取消、廢除或設立新的機構。比如，2000
年 -2003 年運作的文化委員會就是一個臨時諮詢委員會，完成文化
政策建議報告書後就解散了。再比如，2007 年特區政府曾取消電影
發展委員會成立電影發展局，以便投入更多資源支援香港電影的發
展。[87] 金耀基曾用「行政吸納政治」描述殖民管治特色，指出殖民政
府委任本地各界社團及華人精英所代表的政治力量到各個諮詢委員
會，即吸收進行政決策結構，「以消解社會上抗衡性政治勢力的出
現與成長」，達致的效果是鞏固殖民統治的認受性。通過「政治的行
政化」實現一種積極的「非政治化」。[88] 諮詢委員會制度即發揮了這
種「行政吸納政治」的功能，顯然能夠成為吸納對象的主要是社會精
英，社區居民等草根團體對制定政策發揮的作用有限。多位西方學者
傾向於諮詢委員會制度是政府獲取專業政策建議的渠道，強調專業意

85　鄭永年、施俐：〈誰主香港〉，2019 年 8 月 20 日《聯合早報》（新加坡）。

86　Holliday, I. and Hui, K.H.(2007). Local Advisory and Statutory Bodies. *Contemporary Hong Kong Politics: Governance in the Post 1997 Era* (Hong Kong: Hong Kong University Press). 轉引自《多方共識 重建互信：改進諮詢委員會及公眾參與機制》，香港政策研究所，2016 年 11 月，第 33 頁。

87　黃湛利：《香港政府諮詢委員會制度》，中華書局（香港）有限公司 2015 年版，第 40 頁。

88　金耀基：《行政吸納政治：香港的政治模式》，邢慕寰、金耀基（編），《香港之發展經驗》，香港中文大學出版社 1985 年版，第 6、9 頁。

見所發揮的輔助施政的作用。[89] 也有學者認為這是現代政府實現協同治理的重要手段，不僅將更多專業意見納入，而且廣泛的社會公眾利益也能夠被納入政策制定過程。[90] 從制度設計上來看，諮詢委員會制度可以成為吸納社會決策意見的平台。

1966 年九龍群眾示威暴露出政府跟社會基層缺乏有效聯繫，此後港英政府通過成立和擴大顧問委員會，促進諮詢過程、收集市民意見，將工作伸延至草根階層。這種通過自上而下進行的有限度公眾諮詢，在一定程度上疏導了社會不同階層的訴求，取得推行政策的社會支持。但「諮詢式政治」所釋放的討論空間其實是非常有限的，主要是因為「行政主導」把政治全部變為行政管理問題。[91] 文化政策被納入社會政策，一方面消解了文化政策的意識形態屬性；另一方面文化領域的大部分問題也均轉化為文化行政及管理的課題，以行政手段化解政治訴求。行政管理需要考慮的是效率與效度、不同政策工具的選取以及是否按照程序、章程辦事。政策內容是否改變現有不合理的社會秩序，或某項文化決策的社會意義討論等，這些在其中並不佔主導。文化行政人員往往只能按程序處理一些常規性事務。人本價值理念缺失，這是由現代管理工具的技術化所決定的。因此，在各類諮詢委員會報告中，內容大都聚焦於執行、操作層面上的、技術上可處理的實務問題，基本上都不會涉及有關價值取向的爭議，迴避身份政治的核心矛盾。事實上，公共政策的討論必然觸及價值判斷及意識形態的分歧，難以單靠行政管理程序解決，還是需要完善制度，尋求好的治理方法協商決策。

回歸後，特區政府繼續沿用諮詢委員會制度，在《基本法》第六十五條中予以了肯定。黃湛利從制度慣性視角，指出無論是港英政

---

89 《多方共識 重建互信：改進諮詢委員會及公眾參與機制》，香港政策研究所 2016 年 11 月，第 33 頁。

90 張楠、迪揚：〈香港法定機構再審視：以內地政府職能轉移為視角〉，《港澳研究》2016 年第 2 期。

91 呂大樂：《香港模式：從現在式到過去式》，中華書局（香港）有限公司 2015 年版，第 90-91 頁。

表 3-3 諮詢委員會在政策職權上的分類

諮詢機構分類	政策投入功能	政策產出功能		
	政策過程			
	政策諮詢	政策制定	政策執行	政策監察
第一類	※			
第二類	※	※		
第三類	※	※	※	
第四類	※	※	※	※
第五類	※			※

資料來源：黃湛利：《香港政府諮詢委員會制度》，中華書局（香港）有限公司 2015 年版，第 75 頁

府還是特區政府，在社會經濟問題／危機發生時都儘量避免使用由政府主導的模式，傾向採用非政府主導、非公司主導的社團主義模式及諮詢模式，成立諮詢委員會予以解決。[92] 當香港社會形勢日趨複雜，便可見基於不同政策範疇成立的諮詢委員會也急劇增加。截至 2016 年 7 月 15 日，諮詢委員會的數目由 1962 年的 67 個，上升至 2016 年的 516 個。[93] 吸納體制外的意見、輔助政府決策是回歸後諮詢委員會制度的主要功能，同時也是「港人治港」的重要體現。兩位行政長官董建華和曾蔭權都曾先後不斷強調諮詢和法定組織是政府施政的重要夥伴，是公共政策的智囊機構和市民參政議政的重要渠道。[94] 按所涉及的政策職權劃分，特區政府諮詢委員會制度下的組織機構通常有五大類別，有的只承擔政策諮詢功能，有的則被賦予行政管理權力，實施操作細節上的政策制定、執行及監察（見表 3-3）。截至 2019 年 4

92　黃湛利：《香港政府諮詢委員會制度》，中華書局（香港）有限公司 2015 年版，第 20 頁。

93　《多方共識 重建互信：改進諮詢委員會及公眾參與機制》，香港政策研究所 2016 年 11 月，第 32、34 頁。

94　香港特別行政區行政長官董建華《二〇〇四年施政報告》第 67 段；香港特別行政區行政長官曾蔭權《二〇〇五年施政報告》第 21 段；香港特別行政區行政長官曾蔭權《二〇〇五至〇六年施政報告》第 18 段。

月 29 日特區政府民政事務局局長轄下的文化藝術領域諮詢及法定機構共計 15 個（見表 3-4），與廣義文化政策內容相關的諮詢及法定機構還有其他。

表 3-4 民政事務局局長轄下的文化藝術領域諮詢及法定機構一覽表

諮詢委員會	藝術發展諮詢委員會 [95] 粵劇發展諮詢委員會 非物質文化遺產諮詢委員會 博物館諮詢委員會 公共圖書館諮詢委員會 公民教育委員會 審查娛樂遊戲 / 遊戲機諮詢小組
信託基金的諮詢或管理委員會	香港賽馬會音樂及舞蹈信託基金受託人委員會 粵劇發展基金顧問委員會 [96] 衞奕信勳爵文物信託理事會 戴麟趾爵士康樂基金委員會 [97]
非政府部門的公營機構	香港演藝學院校董會 香港藝術發展局 西九文化區管理局
其他委員會	香港藝術中心監督團

資料來源：香港特區民政事務局官方網址

以下結合文化藝術領域諮詢委員會，按照政策過程所涉及的職

95　民政局設置的藝術發展諮詢委員會，主要負責資助九大藝團。

96　民政局在 2010-2011 年度向粵劇發展基金注資近七千萬，支持更多傳承和發展粵劇的計劃，由「粵劇發展基金顧問委員會」制訂基金的撥款機制。

97　港英當局曾在 1993 年根據戴麟趾爵士康樂基金條例第 6 條規定，批准在該基金下設立一項獨立基金，名為藝術發展基金，立法局財務委員會撥款 3000 萬元。2007 年立法會財務委員會再次撥款 2000 萬元，使該基金的資本增至 5000 萬元，其資本及所得收益用於促進香港藝術發展。戴麟趾爵士康樂基金下還設有藝術及體育發展基金，1997 年成立。

權內容，[98] 對不同類別諮詢委員會特徵作概要分析。第一類諮詢委員會只具有政策諮詢職能，「（政府）希望這些委員會能就特定範疇和事宜，持續向政府提供有關資料信息和專業方面的意見，以及／或就政府制定政策的工作或所提供的服務，提出意見」。[99] 這類組織並沒有法定權力，最重要的角色是向體制外的人士收集民意、反映民意，提出專業領域意見和政策建議，政府保留最後決策權，但必須對諮詢委員會報告作出回應。譬如藝術發展諮詢委員會、博物館諮詢委員會、公共圖書館諮詢委員會等均屬這類。

第二類諮詢委員會除發表意見、提出建議外，還可以在限制的範圍內，就一些操作或技術上的細節作出決定或決策。[100] 比如，粵劇發展諮詢委員會當年即與廣東省及澳門有關方面合作，向聯合國申報粵劇作為人類非物質遺產代表作。在這件事上，粵劇發展諮詢委員會可獨立行事，作出決定。再比如，古物諮詢委員會屬法定組織，其議定的歷史建築物的建議評級，需要經古物古蹟辦事處安排，進行為期一個月的公眾諮詢後才可確認評級。[101]

第三類諮詢委員會被賦予執行某些具體工作的權力，因此也擁有執行這些工作的相關政策制定權。[102] 這類諮詢委員會不少都是法定機構，受政府經常性資助或按商業原則運作，持續推行部分公共文化事務管理職能或公共文化服務職能。通常這類委員會需要有一定專業／行業代表性，如香港藝術發展局委員會成員中，要有十名成員由指定藝術範疇（包括藝術行政、藝術評論、藝術教育、戲曲、舞蹈、

98　除了黃湛利的分類方法外，也有不同的分類方法，如民政事務局 2003 年公佈的《公營架構內的諮詢及法定組織——角色及職能檢討》文件中指出，諮詢及法定組織亦可根據職能劃分為七類，包括：諮詢委員會、非政府部門的公共機構、規管組織、上訴委員會、信託、基金和資助計劃的諮詢和管理委員會、公營公司及其他的委員會。本文傾向採用黃湛利依據介入政策過程環節的職權進行分類的方法。

99　《公營架構內的諮詢及法定組織——角色及職能檢討》，特區政府民政事務局，2003 年 4 月。

100　黃湛利：《香港政府諮詢委員會制度》，中華書局（香港）有限公司 2015 年版，第 79 頁。

101　同上，第 211 頁。

102　同上，第 79、264 頁。

音樂、戲劇、電影及媒體藝術、文學及視覺藝術）的團體提名。

第四類諮詢委員會具有對某項政策的諮詢權和監察權，及其在操作或技術上的細節的決定及執行權。這一類諮詢委員會不少也都是法定組織，是所有諮詢委員會中擁有最多實權的諮詢組織。[103] 文化藝術領域沒有這類諮詢委員會。

第五類諮詢委員會除扮演諮詢角色外，也往往是某項相關活動的監察者，亦即屬規管組織。如非物質文化遺產諮詢委員會、香港藝術中心監督團，與文化相關領域的活化歷史建築諮詢委員會、香港電台顧問委員會等基本都是由官員和民間人士組成（或純由民間人士組成）的半官方機構。[104] 黃湛利認為以上各類諮詢委員會本質上是分權或權力下放的組織，體現為一種聯合治理架構或自我治理架構。這種以治理模式取代傳統的官僚層級架構統治，可以增加行政體制的彈性，減少政府不斷膨脹、超負荷運作，亦充分發揮了向民間授權、彙集民間力量的好處。[105] 但這只是從理論上而言的效果，從實踐來看則並沒有減少政府職能上的膨脹，由於不斷有新的、複雜的社會議題出現，諮詢委員會的組織機構亦有大幅擴張，反映了政府在決策水平上的欠缺。

在香港行政主導的多元共治模式中，「諮詢式民主參與」吸納精英參與公共領域合作治理。為什麼這一模式回歸後屢屢出現問題？有研究認為香港社會在政治文化上的轉變，尤其政治委任制設立後，問責官員成為政策制訂的重心，導致諮詢委員會原有的社會影響力和專業功能都在削弱。[106] 也有學者認為是職業公務員與少數政治顧問之間

---

103 黃湛利：《香港政府諮詢委員會制度》，中華書局（香港）有限公司 2015 年版，第 80、304 頁。
104 同上，第 342 頁。
105 同上，第 84、211 頁。
106 《多方共識 重建互信：改進諮詢委員會及公眾參與機制》，香港政策研究所 2016 年 11 月，第 3-4 頁。

互不信任，導致領導核心分裂。[107] 可見，這與殖民政府背後系統的支持力量迥然不同。事實上在港英政府時期，政策制定其實並不倚重諮詢委員會，而是由英國政府直接派遣和調配的港督及核心管治團隊掌控。港英時代後期被提拔的本地華人高級公務員，始終都是由外來政務官領導的，專責於某項具體任務執行的技術官僚，無須對大局全盤考慮。[108] 站在「前台」的殖民管治團隊之所以能夠施行有效治理，主要是依靠「幕後」的政策參謀和情報系統予以的支援和協助。這個「幕後」的輔助性智囊是由設在本地的情報組織（如政治部）和本地情報委員會、設在區域內的聯合情報委員會，以及設在倫敦的聯合情報委員會；殖民地研究委員會、英國本土大學的研究機構及各式智庫組織等機構組成，共同為港英政府提供情報分析、政策參考及大量的基礎研究，以供決策和制訂管治策略之用。[109] 為此，英國政府經費投入是非常驚人的，僅研究經費保守估計，大約每年維持在 60 萬英鎊，相當於 1000 萬港幣。[110] 從這一點可以看出，港英政府時期，諮詢委員會制度採用的是精英驅動模式，雖然工作中也設置了公眾議程及市民意見收集，但主要還是一種政治動員的手段，社會上並未形成廣泛的輿論壓力團體，權力精英之外的各方行動者實際上缺少實質性影響。因此，公眾對參與政策議題較為冷淡，對民主的要求也很低。香港《基本法》在上個世紀八十年代後期誕生時，「文化政策」所界定的香港文化領域包括有文學團體在內的諮詢，截至 1987 年初夏竟無人問津。[111] 這與回歸後香港人公民意識增強，急切要在政府決策中發揮作用的社會態勢不可同日而語。

107　劉兆佳：《香港社會的民主與管治》，北京：中信出版集團 2016 年版，第 67 頁。

108　嚴飛：〈殖民管治香港的要義——評《管治香港》〉，《二十一世紀》2013 年 6 月號總第 137 期。

109　李彭廣：《管治香港：英國解密檔案的啟示》，香港：牛津大學出版社 2012 年版，第 2、11 頁。

110　嚴飛：〈殖民管治香港的要義——評《管治香港》〉，《二十一世紀》2013 年 6 月號總第 137 期。

111　鄭鏡明：〈基本法與文學〉，《明報》1987 年 5 月 6 日，轉引自古遠清：〈「九七」前夕的香港文壇〉，《中國文化研究》1997 年第 2 期。

本文認為諮詢委員會制度的可能的改革方向之一，成為政府與研究機構的中介，連結政府與長遠規劃研究。回歸後，特區政府在碰到政策議題紛爭或涉及長遠發展的政策課題及遠景規劃時，通常會成立專門諮詢委員會做政策研究。比如，除了之前提到過的文化委員會以外，在西九文化區發展規劃問題上，行政長官曾委託西九龍文娛藝術區核心文化藝術設施諮詢委員會進行諮詢。但事實上這些委員會結構鬆散，缺乏資源，有的甚至還是臨時組織，委員會委員很多也都是兼職。當年文化委員會在提交政策建議報告後，特區政府為了回應文化委員會的建議並落實政策執行，成立了表演藝術委員會、圖書館委員會、博物館委員會，進行再次諮詢。這一舉措被業界批評香港的文化政策推行停留在諮詢、諮詢、再諮詢狀態。[112] 從文化委員會政策建議本身來說，只能指引實施一些容易操作的舉措，能解決的也都是階段時間內或即時性媒體和公眾關注的焦點問題，未能有效處理社會文化長期存在的核心問題。當議題被擱置後，缺乏持續性研究跟進。

這反映出諮詢委員會組織架構一是與智庫對某領域相關問題的長期關注度相比，科學性和前瞻性差很多，職能上不適宜直接作為智庫。二是兼職的委員在工作投入方面無論是精力還是時間都受限制。有學者指出文化工作需要大量的專業知識，而這種義務出任公職、業餘做諮詢工作的委員，其實能夠發揮的作用非常有限。[113] 其他有全職員工的組織，大部分還需兼顧法定機構其他職能。比如，藝術發展局

---

112 類似的事情也發生在對康樂及文化事務署管理的十四所博物館公司化運營改革的爭論上。文化委員會轄下的「博物館工作小組」曾提出博物館獨立於政府運作的可能性。文委會解散後成立的「博物館委員會」（2005）於 2007 年提交《博物館委員會建議報告》提及「將公共博物館公司化，由按法規成立的單一管理局管理，是值得推薦的做法」。2010 年，民政事務局表示否決博物館公司化的建議，並公佈要成立三個有關博物館的諮詢委員會，分別為藝術博物館諮詢委員會、歷史博物館諮詢委員會、科學博物館諮詢委員會，以「令博物館的管理及運營更緊貼社會需要」。進念文化政策研究組陳浩峰：《香港政府是萬能泰斗？》，載胡恩威主編：《文化視野》第 1 輯，進念·二十面體 E+E 出版 2012 年 9 月，第 60-65 頁；何建宗：《模棱兩可》，載朱耀偉編：《香港關鍵詞：想像新未來》，香港中文大學出版社 2019 年版，第 109-110 頁。

113 文樓、梁秉中、古兆申（執筆）：《文化回歸的理念與實踐》，載盧瑋鑾、熊志琴：《雙程路：中西文化的體驗與思考 1963-2003（古兆申訪談錄）》，香港：牛津大學出版社 2010 年版，第 326 頁。

職能上更多執行藝術資助方面的行政業務，儘管也兼有政策研究功能，內設研究部門的職能被機構行政任務所束縛，文化政策研究的探索性較弱，獨立性也較智庫差一些。近些年被批評其政策回應及研究計劃的規模在萎縮，主要以問卷調查、諮詢會為主收集意見及數據；對文藝界有重大影響的爭議或議案不主動設置議程，往往被動回應。[114] 曾擔任藝術發展局行政總裁的茹國烈亦承認，藝術發展局可以做政策研究的資源相當有限，很難要求高品質、高水準的政策建議；目前藝發局在資源分配方面需要更多的支持業界發展，這就制約了法例賦予藝發局政策研究及建議的功能。[115]

眾所周知，社會文化問題的出現，往往是一個不斷積累的過程，沒有做政策預警，真正問題出現了，應對能力、知識儲備及實踐經驗，其實都是非常匱乏的。有學者指出香港在政策研究，特別是長遠規劃政策範疇上，遠遠落後於世界各地。[116] 也有學者指出香港許多社會問題周而復始的提出，正是由於缺乏為地方發展指路的研究，儘管政策評論多，但能對症下藥的專業思維和知識卻很少；專業政策研究的缺乏被視為特區政府「管治失效」的根源。[117] 還有學者直指與文化藝術發展相關的政策研究所存在的問題，即研究完成後沒有持續跟進，以及研究結果與實際應用相脫節等弊端。[118] 公共政策研究的科學性和對政策實踐的指導意義都迫切需要特區政府加以重視。諮詢委員會制度很難勝任這方面的研究功能，香港目前也缺乏具有戰略性思維

---

114 進念文化政策研究組徐沛筠：〈發達、發水還是發黴？——藝發局的非正式審核報告〉，載胡恩威主編：《文化視野》第 1 輯，進念‧二十面體 E+E 出版 2012 年 9 月，第 52-59 頁。

115 馬逢國、茹國烈：《政府對藝發局有三個不足》，載胡恩威主編：《文化視野》第 1 輯，進念‧二十面體 E+E 出版 2012 年 9 月，第 73 頁。

116 羅祥國：〈設立持續性的公共政策研究所〉，《紫荊論壇》2018 年 5-6 月號，http://www.hkpri.org.hk/research/detail/20180515-02，訪問日期：2019 年 11 月 12 日。

117 李祖喬、黃宇軒、葉國豪：〈呂大樂與沈旭輝的世代對話——三名「80 後」學人的反省〉，載黃培烽、許煜編：《80 前後：超越社運、論述與世代的想像》，香港：圓桌精英出版 2010 年版，第 156 頁。

118 鄭新文：〈西九文化區與香港文化藝術軟件的不足及其提升策略〉，載樂正、王為理主編：《深圳與香港文化創意產業發展報告（2010）》，北京：社會科學文獻出版 2010 年版，第 150 頁。

的組織可以去集中精力解決核心問題，特區政府應該在公共政策基礎研究方面加大投入。[119] 身份認同與文化制度的認受性密切相關，特區政府應重視對人心工作的長遠政策研究，否則香港未來經濟社會發展依然會面臨困難重重。

諮詢委員會制度另一可能的改革方向是：成為政府與公民社會的中介，連結政府與市民的政策溝通。有學者認為香港一直奉行精英化的管理模式，文化管理者與文化從業者及公眾之間存在深度隔閡。文化管理需要有專門知識，需要與業界聯繫緊密。有評論指出，香港文化政策與文化現狀及社會進程並不接軌，與公眾日常生活關聯度不夠，這造成文化發展一直無法納入社會發展的總體藍圖之中。[120] 這裏指出的即是政策的科學性、公眾溝通及文化政策的社會融合發展問題。隨著選舉政治的出現、參政渠道的多元化及公民社會組織的零散化、新社會運動的普及化，原有形式化和有限度的諮詢，已不能順應民眾民主意識提升、要求參與政策制定的訴求有增無減的趨勢。這使得諮詢委員會制度在運行過程中出現了諸多不適應時代發展的問題。[121] 諮詢委員會制度面臨的困境實際上反映出傳統行政管理正面臨極大的挑戰，需要在治理現代化手段上有新的方法。新的治理模式在實施過程中所創造的結構或秩序是需要社會各方面力量共同參與公共事務，也需要行為者之間互動，相互發生影響；但要避免對抗成為常態，需要體現為政府與公民社會相互合作、共同協商以達致互惠或共贏。公開討論有爭議的問題，制訂可以公正解決爭端的新的基本準

---

119 目前特區政府提供的相關資助計劃，有「公共政策研究資助計劃」及「策略性公共政策研究資助計劃」，效果上不盡人意。

120 錢澤紅：〈移動互聯時代的城市文化發展——上海—台北—香港—深圳城市文化交流會議 2015 上海年會述評〉，《上海文化》2015 年第 12 期。

121 香港特區政府對此已開始關注，民政事務局 2003 年發佈了《公營架構內的諮詢及法定組織——角色及職能檢討》；2007 年香港大學公民社會與治理研究中心針對香港諮詢委員會及公眾參與模式也進行了一項研究，形成研究報告《諮詢到公民參與——優化特區政府決策及管治之道；香港政策研究所 2016 年推出研究報告《多方共識 重建互信：改進諮詢委員會及公眾參與機制》等，這些研究都對問題出現的根源及社會政治背景有深入的分析。

則。正如有學者所言需要在「眾多不同利益共同發揮作用的領域建立一致或取得認同，以便實施某些計劃」。[122]

　　如何在目前諮詢委員會制度所呈現的多元參與、開放包容、科學理性特徵上繼續發展？其中一條路徑，即需要將文化層面上的包容性，進一步發展成為多元社會的包容性發展理念，並轉化為新型現代文明的內涵。這既要在制度設計中得以體現——政治制度基礎廣泛且具有包容性，也要落地到具體執行之中。如社會互動模式上，亟需加強協商式民主。而協商後所達致的妥協可作為公共文化政策的基礎。另一條路徑則是，促進諮詢委員會制度在連結政府與公民社會和公眾、搜集和處理基層民情民意並溝通公共政策、鼓勵市民有序參與公共事務討論方面發揮積極作用。有學者指出特區政府往往忽視沉默的大多數是代表民意的主流，這需要政府深入社會、溝通政策，以之為後盾。[123] 如主導議程設置，善用民意吸納，改善政府決策過程，使政府決策與民意之間形成互相促進、制衡，但不互相羈絆的良性關係。這樣才能確保制定及推行政策兼顧各方利益、行政機關與大部分民眾訴求達致共識，重建政府與公民社會之間的信任。

---

122 阿爾坎塔拉、辛西婭：〈「治理」概念的運用與濫用〉，《國際社會科學雜誌》1999 年第 1 期。

123 王於漸：《香港深層次矛盾》，北京：中國人民大學出版社 2015 年版，第 27 頁。

第三節

身份認同的制度性生成機制 ——
以非物質文化遺產保育為例 [1]

◇◇◇

▍ 一、香港非物質文化遺產政策：地方社會與國家的互動

　　非物質文化遺產（Intangible Cultural Heritage，以下簡稱非遺），
是由聯合國教科文組織和國際條約引入的新概念，它源自日語「無
形文化財」一詞的英譯。[2] 日本早在 1950 年就制定了《文化財保護
法》，綜合考慮了有形文化遺產及無形文化遺產的保護問題，是較
早將這一理念運用於法律政策層面的國家。1972 年 11 月 16 日聯合
國教科文組織大會第 17 屆會議通過了《保護世界文化和自然遺產公
約》（Convention Concerning the Protection of the World Cultural and
Natural Heritage），1975 年公約正式生效。不久有會員國提議也應
當對口頭和無形的文化遺產予以關注。如何在聯合國教科文組織內
部工作機制中予以概念的界定，實際上經歷了長期的論證及逐步發
展的歷程。[3] 最終 2003 年 10 月 17 日，聯合國教科文組織在第 32 屆

1　本章內容在以下論文基礎上作了補充修改，任珺：〈文化認同的制度性生成機制：以香港非物質
　　文化遺產保育為例〉，《深圳藍皮書：深圳文化發展報告（2020）》，北京：社會科學文獻出版社
　　2020 年版。

2　苑利、顧軍：〈非物質文化遺產保護的十項基本原則〉，《學習與實踐》2006 年第 11 期。

3　關於「非物質文化遺產」概念的來源與定義的介紹可見顧軍、苑利：《文化遺產報告：世界文化
　　遺產保護運動的理論與實踐》，北京：社會科學文獻出版社 2005 年，第 1-15 頁。

全體大會上通過《保護非物質文化遺產公約》（Convention for the Safeguarding of the Intangible Cultural Heritage）以下簡稱《公約》），該《公約》是這樣界定非物質文化遺產的：

> 非物質文化遺產是指被各社區、群體，有時是個人，視為其文化遺產組成部分的各種社會實踐、觀念表達、表現形式、知識、技能，以及相關的工具、實物、手工藝品和文化場所。這種非物質文化遺產世代相傳，在各社區和群體適應周圍環境以及與自然和歷史的互動中，被不斷地再創造，為這些社區和群體提供認同感和持續感，從而增強對文化多樣性和人類創造力的尊重。

> 非物質文化遺產包括：1. 口頭傳統和表現形式，包括作為非物質文化遺產媒介的語言；2. 表演藝術；3. 社會實踐、儀式、節慶活動；4. 有關自然界和宇宙的傳統知識和實踐；5. 傳統手工藝。[4]

《公約》亦指出並不是人類所有非物質文化遺產均保護，只有那些符合現有國際人權公約，有助於建立相互尊重的和諧社會、有利於實現可持續發展目標的非物質文化遺產，才是保護的對象。非物質文化遺產保護作為民族國家文化政策的內容，其關鍵在於非物質文化遺產能為「社區和群體提供認同感和持續感」。它肯定代際傳承延續的不單是知識技藝，還有族群的文化身份認同。2004 年 9 月，我國人大常委會批准了《保護非物質文化遺產公約》，我國成為此項國際公約的發起國，也成為第六個締約國。2005 年國務院頒佈了《關於加強文化遺產保護的通知》（國發【2005】42 號），第一次明確文化遺產保護是包括對物質文化遺產和非物質文化遺產的保護；規定自

4　《保護非物質文化遺產公約》第二條（一）（二），參見聯合國教科文組織數字圖書館：https://unesdoc.unesco.org/ark:/48223/pf0000132540_chi，訪問日期：2020 年 1 月 9 日。

2006 年起，每年 6 月的第二個星期六為我國的「文化遺產日」[5]。中國曾在 1998 年起草過《中華人民共和國民族民間傳統文化保護法（草案）》（以下簡稱《草案》），後來多個省份相繼推出民族民間（傳統）文化保護的地方性行政法規，為法規的最後完善提供了地方經驗。該《草案》後來借鑒了《公約》的基本精神，更名為《中華人民共和國非物質文化遺產法》（2011 年 6 月 1 日起實施）。關於非物質文化遺產的概念和範圍，該法規定：

　　本法所稱非物質文化遺產，是指各族人民世代相傳並視為其文化遺產組成部分的各種傳統文化表現形式，以及與傳統文化表現形式相關的實物和場所。包括：（一）傳統口頭文學以及作為其載體的語言；（二）傳統美術、書法、音樂、舞蹈、戲劇、曲藝和雜技；（三）傳統技藝、醫藥和曆法；（四）傳統禮儀、節慶等民俗；（五）傳統體育和游藝；（六）其他非物質文化遺產。[6]

　　總體上，我國採用的是行政保護模式，依照《公約》「確保非物質文化遺產生命力的各種措施，包括確認、立檔、研究、保存、保護、宣傳、弘揚、傳承（特別是通過正規和非正規教育）和振興」。[7]非物質文化遺產這個概念在香港出現，以及相關文化保育工作的展開，是在「一國兩制」的框架下進行的。中國及香港特區政府在整個過程中，扮演著主導的角色，這與《公約》及我國立法所採用的行政保護模式有關。楊慧儀指出，保護文化遺產需要投入大量資源，相關工作包括考古、研究、資料保存、人才培訓等；需要跟其他社會部門

5　2016 年國務院批復住房城鄉建設部，同意自 2017 年起，將「文化遺產日」，調整設立為「文化和自然遺產日」。

6　《中華人民共和國非物質文化遺產法》第 2 條，2011 年。

7　《保護非物質文化遺產公約》第二條（三）。參見聯合國教科文組織數字圖書館：https://unesdoc.unesco.org/ark:/48223/pf0000132540_chi，訪問日期：2020 年 1 月 9 日。

如教育、旅遊、規劃、傳媒等較多範疇的統籌與合作，只有政府才能履行長期投入資源的承諾，而且能夠從政策上動員、分配社會資源投入保護工作。[8] 廖迪生則認為，以起源關係來闡釋內容的非物質文化遺產，與塑造國家統一認同有密切的隱喻關係，共同文化的持續性被視為族群身份的象徵。非物質文化遺產體系的建立及地方的回應，正是延續歷來國家與地方社會、民眾在統一文化範疇上的互動。[9] 非物質文化遺產承載著中華民族的基因和血脈。儘管在港英時期，中國傳統的風俗習慣沒有被中斷，但英國殖民管治的環境及全球化時代的消費文化，卻影響著傳統風俗習慣的延續方式。形成本土特色並蘊含中華文化價值傳統的非物質文化遺產，是建立新的香港認同的基礎，民眾在身體力行參與過程中傳承中華文化和中國精神，因此是增強香港中華文化認同的重要內容。粵港澳三地政府早在 2003 年即開始籌劃向聯合國教科文組織申請「粵劇」為世界文化遺產。[10] 中國於 2004 年認可《公約》後，香港特別行政區政府也於 2004 年 12 月正式確認公約適用於香港，由民政事務局負責制定相關的保護政策，具體事務則由康樂及文化事務署執行。隨著《公約》於 2006 年 4 月 20 日正式生效，香港政府於同年在康樂文化事務署屬下的香港文化博物館設立「非物質文化遺產組」（2015 年 5 月升格為非物質文化遺產辦事處），[11] 以執行《公約》要求的具體工作：

1. 確認香港的非物質文化遺產項目，予以記錄、立檔及進行研究；

8　楊慧儀：〈非物質文化遺產與非政府機構及進念・二十面體的非遺工作〉，載胡恩威主編：《文化視野》第 1 輯，進念・二十面體 E+E 出版 2012 年 9 月版，第 27 頁。

9　廖迪生：〈傳統、認同與資源：香港非物質文化遺產的創造〉，載文潔華主編：《香港嘅廣東文化》，商務印書館（香港）有限公司 2014 年版，第 215-216 頁。

10　最終 2009 年列入世界非物質文化遺產名錄。

11　辦事處轄下香港非物質文化遺產中心（三棟屋博物館），通過舉辦展覽和其他活動，增進公眾對非物質文化遺產的認識。

2. 保存及整理全港性非物質文化遺產普查及香港非物質文化遺產清單的記錄及資料，並建立清單項目的數據庫；

3. 對香港非物質文化遺產清單項目進行深入研究，以編制香港非物質文化遺產代表作名錄；

4. 通過教育及推廣活動，包括舉辦展覽、講座、研討會、傳承人示範、工作坊、深入研究及出版等，提升公眾對非物質文化遺產的認知和重視；

5. 推行專項資助計劃以推動社區參與保護非物質文化遺產；及

6. 為非物質文化遺產諮詢委員會提供秘書處服務。[12]

民政事務局於 2008 年成立「非物質文化遺產諮詢委員會」（以下簡稱非遺諮委會），委任本地學者、專家和社區人士為委員，就以下幾個方面向政府提供意見：

1. 就香港非物質文化遺產清單及代表作名錄的編制及更新提供意見；

2. 就揀選香港非物質文化遺產項目申請列入國家級非物質文化遺產，以至向聯合國教科文組織申遺，向政府提供意見；

3. 就非物質文化遺產的保護措施提供意見，包括研究、宣傳、弘揚、傳承和振興等各方面；

4. 就推行專項資助計劃以推動社區參與保護非物質文化遺產，向政府提供意見；及

5. 就政府提出其他有關非物質文化遺產的事宜給予意見。[13]

12　參見香港非物質文化遺產辦事處網頁：https://www.lcsd.gov.hk/CE/Museum/ICHO/zh_TW/web/icho/intangible_cultural_heritage_office.html，訪問日期：2020 年 1 月 8 日。

13　同上。

　　2009 年 8 月特區政府委聘香港科技大學華南研究中心進行全港性非物質文化遺產普查。普查工作設立了自下而上的公眾申報機制，讓民眾廣泛參與到主動申報他們認為重要的地方傳統。經過三年多的時間，整項普查工作就近 800 個本地非物質文化遺產個案進行了廣泛研究和實地考察，於 2013 年中完成。非遺諮委會根據普查結果深入討論後，推薦了一份包含 477 個主及次項目的香港非物質文化遺產建議清單。隨後特區政府於 2013 年 7 月 10 日至 11 月 9 日，展開為期四個月的公眾諮詢，搜集社會各界對建議清單的意見。十八區區議會和鄉議局及市民、團體均提交了多份書面意見。非遺諮委會參考公眾意見後，最終收錄了 210 個主項目（主及次項目合計 480 個），並於 2014 年 6 月由特區政府公佈為香港首份非物質文化遺產清單。[14] 這一過程體現了尊重地方社會的認同表達及確認認同的制度設計。此後，非遺諮委會再從首份香港非遺清單項目中，經審議後作出代表作名錄推薦。[15] 康樂及文化事務署 2017 年 2 月至 5 月進行為期三個月的公眾諮詢後，於當年 8 月 14 日公佈首個「香港非物質文化遺產代表作名錄」（依照《公約》所界定的類別共涵蓋 20 個項目）。以上開展的都是非物質文化遺產保育的前期基礎工作，對文化政策來說，最為關鍵的還是如何落實到社區參與非物質文化遺產保護實踐中。2018 年特區政府撥 3 億元推行「非物質文化遺產資助計劃」，非物質文化遺產辦事處於 2019 年、2020 年推出兩輪「計劃」，促進個人、團體和社區參與保護和推廣非遺的工作，資助與代表作名錄及香港非遺清單上的項目有關的社區主導項目。衛奕信勳爵文物信託基金、香港賽馬會慈善信託基金每年也均有撥捐款項資助文化遺產項目的保育及研習、教育活動。比如，香港賽馬會慈善信託基金捐助了「香港賽馬會社區

14　參見香港非物質文化遺產辦事處網頁：https://www.lcsd.gov.hk/CE/Museum/ICHO/zh_TW/web/icho/the_first_intangible_cultural_heritage_inventory_of_hong_kong.html，訪問日期：2020 年 1 月 8 日。

15　已列入國家級非遺代表性項目名錄的 10 個香港本地項目，自動成為香港代表作名錄的項目。

資助計劃–世代共融社區文化遺產計劃」。

　　早期香港文化遺產政策主要側重於物質性遺產或者說古蹟，自1970年代即展開了行政主導發展與工程主導的工作，1976年訂立的香港法例第五十三章《古物及古蹟條例》即為體現。其中涉及的主要原則包括：（1）保護文物建築，並非接管或擁有文物建築；（2）保護準則取決於文物的價值，而非歷史的長短；（3）要在文物保護與經濟代價中取得平衡；（4）充分顧及私人權益。[16] 本章第一節中也提及最初文物保護與建立地方身份認同的聯繫並不緊密。進入21世紀後，香港社會對物質及非物質文化遺產日益重視，香港城市規劃委員會在2002年及其後的《大綱核准圖》說明書內均增添「文化遺產」的項目，以顯示官方在規劃過程中會就城市中一些具有歷史文化價值的建築物進行保育工作。城市規劃委員會亦強調任何可能影響這些古蹟及建築物的發展或改劃用途地帶的建議，需要事先諮詢康樂文化事務處轄下的古物古蹟辦事處。[17] 有學者分析，遺產保護是文化政策領域對文化進行干預最沒用爭議的共識之一。文化遺產是傳統物質形態和象徵元素的集合，它使文化得以傳承和延續；文化遺產也是社會凝聚力要素的重要組成部分，與身份象徵息息相關。故在歐洲國家，文化遺產通常都被視為與國家歷史和民族身份密切相關。[18] 在香港語境中，文化遺產與本土身份勾連後，引發了一系列基於文化保育的社會運動。一方面，公眾及社會團體參與對文化政策、規劃過程及民主化、諮詢架構及行政權力等方面的討論，直接促動了2007年底特區政府施政報告提出「文物保育」政策。另一方面，狹義的歷史保存訴求導致部分極端分子將地方與單一本土認同形式相關聯，割裂與國族認同

16　〈文化政策——多元一體，和而不同〉，載何志平、陳雲根：《文化政策與香港傳承》，北京：中華書局2008年版，第70頁。

17　陳子安：《漁村變奏：廟宇、節日與筲箕灣地區歷史1872-2016》，中華書局（香港）有限公司2018年版，第54-56頁。

18　保羅・勞塞利・科斯特爾，勞爾，阿韋萊，多・桑奇斯，李傳，王瑩：〈歐洲的文化政策〉，載胡惠林、陳昕主編：《中國文化產業評論》（第27卷），上海人民出版社2019年版，第107-126頁。

形式的聯繫。文化遺產的歷時統一性被忽視了。非物質文化遺產保育作為香港文化政策新的內容，本文認為可以成為克服傳統與現代、地方歸屬與國家歸屬緊張關係的一種方案。

當今不同國家、地域和民族「無意識地傳承」文化傳統，其中都有國家和民間的力量在「有意識地創造」。[19] 非物質文化遺產的意義和價值在地方性社區、國家及國際社會中發揮著複雜的功能。認同的建構功能是當前學界達致共識的一個重要觀點，國內學者在「認同功能論」上也多有發揮。[20] 運用於香港議題上，需要思考在已成型的地方認同之上，如何不受制於原有的（殖民體制內）知識框架，逐漸建構出國族身份認同。本文認為路徑之一——順應發展新思維。2008年全球經濟危機之後，國際上日益將文化創意活動對區域發展和經濟創新動態的影響放於較為重要的位置，許多國家亦重視加強文化在社會及發展政策中的作用，關注文化藝術與社會其他領域的連接關係。然而如果沒有組織良好、資源豐富的文化生態系統，沒有象徵意義上的共識凝聚社會，社會的可持續、包容性、創造性的發展也是不可能實現的。[21] 是以，對香港來說，當前尤需促進基層社區文化對社會融合的貢獻，民間傳統文化蘊涵著深厚的歷史文化內容和精神特質，有助於培養包容性的文化氛圍。路徑之二——向民間尋找智慧。挖掘香港非物質文化遺產的多重價值，尤其要弘揚中華文明蘊含的全人類共同價值。賦予非遺項目意義和認同的再生產，重新闡釋並傳播其承載的文化內涵。非遺的實踐既要能適應特定時空的社會變遷，也要能使原來僅限於社區社群內共享的優秀傳統文化，變成共同體的文化遺產。以下本文將從香港非遺保育實踐分析中論證這一合理性。

19　麻國慶：〈非物質文化遺產：文化的表達與文化的文法〉，《學術研究》2011 年第 5 期。

20　劉魁立：〈關於非物質文化遺產保護的若干理論反思〉，《民間文化論壇》2004 年第 4 期；高丙中：〈非物質文化遺產：作為整合性的學術概念的成型〉，《河南社會科學》2007 年第 2 期。

21　保羅‧勞塞利‧科斯特爾，勞爾‧阿韋萊，多‧桑奇斯，李傳，王瑩：〈歐洲的文化政策〉，載胡惠林、陳昕主編：《中國文化產業評論》（第 27 卷），上海人民出版社 2019 年版，第 107-126 頁。

二、香港非物質文化遺產保育中的身份認同和社區參與

非遺與身份認同是近年來文化遺產研究的熱點問題。如何處理非遺傳承中傳統價值與現代價值之間的關係，以及文化身份意涵在日常生活中的生產是其中的關鍵。這一內容從根本上說是在改造「深化在同文化個體中的內化的邏輯」。[22] 人類學家李亦園用「文化的文法」指涉這種「不可觀察的文化」，即指文化表達上的理念和價值判斷。[23] 劉魁立亦指出對非遺的關注，重點不在物質層面，而是隱含在物質載體表現背後的寶貴的人文精神內涵和歷史傳統；這種文化遺產對維繫社區傳統、凝聚民族認同、促進情感交流具有極為重要的功能和價值。[24] 非遺是一個動態的過程。社會文化意義上的身份表徵並不只是表現在文本和象徵系統之中，更是人們在實踐過程中、習慣養成過程中加以明確。傳統儀式在現代社會的變化，重新組織了人們習以為常的習慣和經驗模式，是文化塑造行動的例證。[25] 因此非遺的再生活化才能將傳統融入現代日常生活。

首先，非物質文化遺產在香港華人身份認同重構與社區文化有機生長方面扮演著重要的角色。有研究者發現：舞麒麟作為客家人的傳統活動，已走出村落參與到都市社區活動。從客家族群傳授到其他族群，這在技藝不外傳的客家傳統社會是不可想像的。舞麒麟組織在推廣及「本土化」過程中，不斷適應新的環境與社會空間，由原先以村落為中心的組織，發展出跨地區性組織，由儀式表演，拓展出綜合體育競技、文化教育等現代活動。[26] 這說明麒麟作為客家族群身份認

---

22 麻國慶：〈非物質文化遺產：文化的表達與文化的文法〉，《學術研究》2011 年第 5 期。

23 李亦園：《人類的視野》，上海文藝出版社 1996 年版，第 103 頁。

24 劉魁立：〈論全球化背景下的中國非物質文化遺產保護〉，《河南社會科學》2007 年第 1 期。

25 Swidler, Ann. "Culture in action: Symbols and strategies", In *American Sociological Review*, vol.51(2), 1986, p.273-286.

26 劉繼堯、袁展聰：《武舞民間：香港客家麒麟研究》，商務印書館（香港）有限公司 2018 年版，第 xiii、xvii、144、149 頁。

同最顯著的象徵符號，並沒有嚴格的區隔性。「傳統的發明」往往是服務於現實社會關係，所以不會一成不變，需要應對生存環境不斷調適，既有傳承，又要創新和重構。在文化實踐中，麒麟既起到客家族群身份表徵的建構作用，同時又是與其他族群聯繫的媒介。這是由麒麟本身富有的傳統文化內涵所決定的。麒麟作為中國古代傳說中的神獸、瑞獸、仁獸，雖然史籍記載的形象、出處不盡相同，但均指出麒麟為儒家思想的象徵。[27] 體現於客家麒麟對儒家「仁」和「禮」傳統觀念的注重。客家麒麟（見圖 3-4）並不是孤立存在的。作為中華文明精神特質的載體，它實際上是包含了禮儀、紮作、武術等豐富文化內涵的複合有機體。拿禮儀來說，除了世俗的實用功能──辟邪、淨化、更新、祈福等──以外，其精神內涵是要通過傳統儀式傳達一套有關「禮」（天理、倫理、事理）的思想觀念及價值，使儀式參與者能夠轉化身心，起到團結、維繫族群關係的作用。這裏「禮儀」的實際功能是對社區成員的行為方式作一定的規範，引向合理的秩序；其中包涵的「仁道」則是處理人與人之間的交往，引向和諧的方向。拿紮作來說，製作工藝中的紮、撲、寫、裝有各自的「小調和」，紮講求對稱平衡；撲講求柔順平滑；寫講求色彩協調；裝講求飾物配置。四項工序各自的「小調和」，最終形成物件的「大調和」。[28] 這裏亦承載著中華文化的價值符號──尚和合、求大同。

　　在中華文明發展形態與非物質文化遺產之間，我們可以察覺到美國人類學家、社會學家雷德斐爾德（Robert Redfield）提出的「大傳統」與「小傳統」的互動關係。葛兆光評析這一互動關係時指出，大傳統是屬少數上層文化人的文化傳統，是經教育體制有意識培養和延續的產物。小傳統是產生於日常生活中的文化傳統，沒有人專門培養和發

27　劉繼堯、袁展聰：《武舞民間：香港客家麒麟研究》，商務印書館（香港）有限公司 2018 年版，第 2 頁。

28　同上，第 100 頁。

圖 3-4 客家舞麒麟（羅定明 攝）

展，是自然生成的。在中國，小傳統的產生主要通過耳濡目染的經驗、文化階層的影響、傳統儀式的暗示，及鄉村生活中演戲、說書等大眾娛樂活動傳達倫理道德規則。[29] 這裏也可以從社會知識體系，特別是從知識傳授的方式和手段來理解。知識界的知識體系可視為大傳統，傳習主要是通過學校教育來實現的；而廣大民眾掌握的另一套知識體系則是小傳統，依靠民間社會生活分享而獲得。大傳統或多或少影響著小傳統，小傳統包含著大傳統。中國傳統觀念中成教化、助人倫往往是在兩者互動過程中完成的。小傳統中的精神本質需要大傳統予以闡釋，也需要在具體日常實踐中體悟領會。在現代社會中，葛兆光所說的「鄉村生活」在香港社會語境中更多地已轉換為社區生活。社區參與非遺保育需要喚起重新認識和認同傳統與習俗的文化自覺，因此這不是一般意義上的重返傳統，而是在重新審視傳統的過程中，尋求主體與過去、現代及未來發展的關係，開拓可持續的文化新機。

29　葛兆光：《古代中國文化講義》，上海：復旦大學出版社 2012 年版，第 170-171 頁。

其次，社區文化及傳統節日的社會性功能及其與社區組織的互動關係，有助於創生出新的包容性社群身份，從而引入有序的基層文化治理空間。譚公信仰最初並非筲箕灣地區主流信仰，[30] 譚公誕（農曆四月初八）為何成為筲箕灣一年一度最熱鬧的傳統宗教節慶，其實是多種因素綜合作用的結果。香港回歸中國後，筲箕灣東除了每年既定的譚公誕賀巡遊活動之外，也出現了不少大型的慶祝譚公誕、回歸及國慶的活動，出色活動的舉辦促成了筲箕灣社團聯合會的成立。筲箕灣社團聯合會通過譚公誕，成功統合不同族群背景的社會團體、地區組織，發展成為一支重要的地方社會力量。[31] 近些年香港社會各界非物質文化遺產傳承及保育意識有所提升，在政府文化及旅遊發展政策支持下，東區區議會轄下節日慶祝活動專責小組從 2011 年開始每年資助社團聯合會舉辦譚公誕活動。節目內容包括粵劇折子戲，也有巡遊和賀誕活動。[32] 政府的介入，使得譚公誕逐漸被認定為東區主要的傳統文化活動，[33] 很快成為整個筲箕灣地區的文化象徵，同時也成為地方社群展現傳統文化和身份認同的重要方式和手段。從諸多研究及社區實踐來看，帶有民間宗教色彩的傳統節日活動，隨著城市現代化發展，其宗教功能在逐漸減弱，但在文化傳承及公共性方面的社會功能仍有延續的可能性和必要性。比如，舞麒麟轉為強身健體的「功夫」或藝術表演，傳統搶太平包改為體育競賽項目。為了適應現代生活，非遺本身原具有的封閉性被開放了。譚公信仰及其傳統節日，長洲太平清醮及傳統打醮儀式、潮人盂蘭勝會等，不但凝聚地方社會的不同族群，而且與旅遊經濟相互推動下發展成為香港的文化旅遊熱

30　譚公誕賀誕活動原本只是筲箕灣東漁民重視的民間宗教活動。

31　與之相似，該地區龍舟會通過組織龍舟競渡從昔日以水上族群為主的社區組織，變成今天水陸族群共同合作的社區組織。參見陳子安：《漁村變奏：廟宇、節日與筲箕灣地區歷史 1872-2016》，中華書局（香港）有限公司 2018 年版，第 323、343 頁。

32　陳子安：《漁村變奏：廟宇、節日與筲箕灣地區歷史 1872-2016》，第 56 頁。

33　在香港非物質文化遺產清單「社會實踐、儀式、節慶活動」的類別中，筲箕灣東譚公誕（編號 3.19.2）榜上有名。

點，帶動社區經濟發展。

類似還有中秋節大坑舞火龍（見圖 3-5）亦是有著悠久歷史的本土習俗。與傳統社區相比，大坑一帶早已演變為現代化社區，鄰里人際之間缺乏密切的聯繫。目前大坑舞火龍已在社區制度化發展，設有領隊、教練、指揮、各組組長及一眾委員籌劃活動事宜，並獲得賽馬會慈善信託基金、灣仔區議會的資助和旅發局協助宣傳推廣。活動當天負責舞火龍的居民會一早派發傳單，邀請新搬入的街坊，尤其是年輕人，一同參與舞火龍盛事，以此促進新舊街坊的交流。[34] 這裏展現出的是一個多元參與、開放包容的合作模式。當民間自發性推動非遺項目時，雖然區內也有不少矛盾，最終在各方面的協商及討論下，會解決不少內部衝突，從而衍生出社區認同感。[35] 扎根於地方社群的舞火龍，有助保留傳統中華文化，更是對培養居民民主參與的公共德性——寬容、尊重、互惠、誠信等有益。無論研究者還是業界人士均表示，民間是保育和推廣非物質文化遺產最重要的力量；與基層社區文化相結合是未來發展路徑。正是由於這種參與的民間性，高丙中將非遺保護的重要意義與促進公民社會建構聯繫在一起。[36] 從香港實踐來看，非遺保育也成為政府與公民社會協商共建的重要平台。[37] 因為與政府的積極互動，在政治立場上，筲箕灣社團聯合會主張維護國家主權及地區和諧，支持特區政府依照《基本法》及香港現行的法律去治理香港。[38] 這是上下聯動，實現有序社區治理的具體例證。

---

34 高寶齡、區志堅等編：《非物質文化遺產在香港》，中華書局（香港）有限公司 2019 年版，第 93、133 頁。

35 同上，第 73 頁。

36 侯松、陳茁：〈行動與反思——「當代中國非物質文化遺產保護的行動研究：政策、實踐和理論反思」國際研討會綜述〉，《文化藝術研究》2012 年第 2 期。

37 譬如，「文化力量」是由一群熱心推動文化的志同道合的區議員、文化人及藝術家成立的非營利團體。還有其他「文化葫蘆」這類非營利機構等，均對社區文化及非遺保育有積極參與。

38 陳子安：《漁村變奏：廟宇、節日與筲箕灣地區歷史 1872-2016》，中華書局（香港）有限公司 2018 年版，第 359-360 頁。

圖 3-5　中秋節 —— 大坑舞火龍盛會（羅定明 攝）

三、身份認同與文化制度之間的互動影響

　　從以上香港民間傳統禮儀、節慶等民俗中，我們可以清楚地看到個人、社會與國家三者之間的共生關係。這種關係是通過文化、社會心理的認同而構成的，藉助儀式及其包含的價值符號而獲得表徵。因此，特定的儀式既可以反映出國家與社會的現實關係，又是調節國家與社會關係的媒介。多位研究者均發現，明嘉靖以後華南地區宗族意識形態在地方社會的滲透；宗族禮儀在地方社會的推廣，即是地方和民間主動將自己納入到正統之中，這是地方認同與國家象徵相結合的過程。[39] 而香港地區的民間禮儀、節慶等活動，也多與華南地區宗族習俗盛行相關。高丙中指出，儘管各地方在國家意識形態之外可以

39　陳春聲：〈地域社會史研究中的族群問題 ——以「潮州人」與「客家人」的分界為例〉，《汕頭大學學報（人文社會科學版）》2007 年第 2 期；科大衛、劉志偉：〈宗族與地方社會的國家認同 —— 明清華南地區宗族發展的意識形態基礎〉，《歷史研究》2000 年第 3 期。

保持自己的價值觀、表達方式及地方傳統，但並不意味著毫不相干，民間文化實踐中不斷創新出國家與地方社會的連接方式。譬如，民間儀式常常借用特定的象徵符號讓國家在場，存在於民間的國家符號，是民間在相對自主的狀況下發生的。民間自覺自願選擇的背後既是身份認同，又是通過國家在場賦予儀式合法性。[40] 在香港，傳統龍獅文化的傳承及龍舟會國慶活動參與，亦體現出民間主動與國家建立認同關係。國龍會將傳統龍舟運動融入國慶活動，是首個以龍舟為主題慶祝國慶的團體。自 2005 年開始每年國慶，國龍會都會在筲箕灣一帶組織盛大的龍舟賽事、國慶巡遊匯演等。表演節目包括金龍醒獅、武術、民族舞蹈、銀樂隊演奏、飄色及陸上龍舟等，巡遊路綫兩旁常常會擠滿圍觀市民。除了積極參與國慶活動以外，國龍會也會定期舉辦各種內地交流團。國龍會執行委員會表示希望通過這些活動能團結地方一群青年及中年人，認識祖國的過去與現在，加深對祖國文化的瞭解，從而培養他們對國家的認同，自然流露對祖國的熱愛。[41] 這裏將民俗文化與實踐及社會組織行動者聯繫起來看，可以發現傳統節日及民俗活動的參與為「社區和群體提供認同感和持續感」，不僅延續了世代相傳的文化身份認同，而且可以重新搭建起與祖國的關聯，與祖國同命運共呼吸。所以，已在事實上將「地方認同」與「國家認同」再結構化為一種互為促進、同一整體的關係。這種再結構化需要我們在建構身份認同有效表述時，不但要予以文化實踐建制化，即完善非遺政策、引導基層發起自下而上的雙向互動，爭取社會情緒的支持；[42] 還要在「大傳統」與「小傳統」互動中予以合理闡釋，發揮非

40　高丙中：〈民間的儀式與國家的在場〉，《北京大學學報（哲學社會科學版）》2001 年第 1 期。

41　陳子安：《漁村變奏：廟宇、節日與筲箕灣地區歷史 1872-2016》，中華書局（香港）有限公司 2018 年版，第 322-323 頁。

42　馬傑偉指出新生代對國慶節目感疏離，公眾對自上而下推動的國慶及回歸慶典等活動作多重「對抗性解讀」等等現象，均提醒我們要重視香港民情，將香港人的家國情懷建立在香港人的集體經驗之上。馬傑偉：〈「愛國工程」〉，載吳俊雄、張志偉編：《閱讀香港普及文化：1970-2000》（修訂版），香港：牛津大學出版社 2002 年，第 678-680 頁。

遺在社會動員及國家、民族身份認同中的作用。

　　我們今天講傳統文化，不是要回歸到某種單一的傳統，而是把東西方文明的成果均看作是整個人類文明的成果，從中汲取資源和智慧。面對與文化身份密切相關的傳統流失問題，金耀基將傳統立足於當下及未來，認為傳統的「重新發現」過程即是一個創造過程，需要把對傳統的想像與對未來的想像進行一種交融。[43] 美國學者卡斯特基於民族是構建起來的文化共同體的觀點，提出生產一種文化認同的共同體，必須要經歷一個社會動員的過程，人們在參與過程中可內在化其意義並共享經驗。[44] 英國學者羅奇從歐洲一體化與文化政策視角出發，認為與其建立一種基礎並不堅實的共同文化遺產，不如在歐洲「共同場地」和「共同空間」語境中，將公眾的凝聚力引向現在和將來可能性的共性方面。羅奇是想通過當代歐洲文化的包容性和向前看的觀念將所有歐洲人連接起來，以此建立文化公民身份和集體認同。[45] 法國學者格羅塞也認為解決身份認同的困境，必須參與到對歸屬性群體之未來的引導和掌控嘗試中去。[46] 儘管以上四位學者立足的文化處境及表達的觀點側重點不同，但共同之處均是要打破身份認同本質化建構路徑，跳出歷史和集體記憶的束縛，強調立足現在和未來建立基於共同參與和情感經驗的身份認同，這亦是文化建制的內在要求。英國學者布盧姆菲爾德和比安契尼以西歐城市為例提出另一種思路，即通過文化達致一種民主及具包容性的措施，以應對社會兩極化和政治排他性的問題。他們認為城市需要創造文化交互的空間及實踐

43　金耀基：〈世紀回眸：從香港文化看中西文化的衝突與融合〉，載《中國現代化的終極願景：金耀基自選集》，上海人民出版社 2013 年版，第 386、387 頁。

44　〔美〕曼紐爾·卡斯特：《認同的力量（第 2 版）》，曹榮湘譯，北京：社會科學文獻出版社 2006 年版，第 70 頁。

45　〔英〕莫里斯·羅奇：〈公民身份、大眾文化與歐洲〉，載尼克·史蒂文森編：《文化與公民身份》，陳志傑譯，長春：吉林出版集團股份有限公司 2007 年版，第 133-134 頁。

46　〔法〕阿爾弗雷德·格羅塞：《身份認同的困境》，王鯤譯，北京：社會科學文獻出版社 2010 年版，第 34、91 頁。

活動，建立文化交流的場地及文化討論、政策制定的公共論壇。要利用嵌入策略發揮城市多元化的特點，並吸納外來的影響、觀點及人員。既要防範本土「內部人」強調純潔性或優越性，抵制外來者所帶來的封閉；又要防止技術和人才大量流出。[47] 這種將文化的開放包容性轉化為制度中的包容性工具，與聯合國教科文組織一直倡導「文化在締造全球和平方面發揮作用」是相通的。當代衝突的發展脈絡亦證實，我們今天越來越需要這種「軟實力」，[48] 需要利用文化具有表達、參與及動員集體的價值。[49] 文化的積極因素應該作為當下文化建制的目標及內容。

　　在討論香港人身份認同問題時，很多香港研究學者歸因香港經濟的崛起及流行文化的普及所孕育出的本土文化。他們強調香港人身份認同是自下而上自然構成的，是在日常生活中形塑而成，其中文化起著關鍵作用，文化製造身份。[50] 譬如，陳冠中認為粵語流行曲是最佳範例。他以此指出香港文化本地化發展是混雜修成正果，將進口產品本地化，即雜種的本地化形成獨有特色，並建構出香港的文化身份。[51] 雜種在香港語境中不是貶義詞，而是指多種文化形式在交流碰撞過程中生產出的文化混雜狀態，也包涵創新的意義。首先，這裏可以發現交流互鑒在創新機制中的作用是不可忽視的，香港文化特色的

---

47 〔英〕祖德·布盧姆菲爾德、弗朗哥·比安契尼：〈文化公民身份與西歐的城市治理〉，載尼克·史蒂文森編：《文化與公民身份》，陳志傑譯，長春：吉林出版集團股份有限公司 2007 年版，第 169-170 頁。

48 《文化：和平的基石》，聯合國教科文組織《信使》2017 年第 3 期。

49 〔保加利亞〕伊琳娜·博科娃：〈文化為發展開闢道路〉，中國文化與可持續發展國際大會，杭州，2013 年 5 月。

50 吳俊雄、馬傑偉：〈普及文化與身份建構〉，廖迪生等編：《香港歷史、文化與社會：教與學篇》，香港：香港科技大學華南研究中心 2001 年版，第 177-193 頁。朱耀偉主編：《香港研究作為方法》，香港：中華書局，2016 年，第 34 頁，第 111 頁，第 132 頁；Gordon Mathews, Eric Kit-wai Ma, and Tai-lok Lui, *Hong Kong,China: Learning to Belong to a Nation* (Longdon and New York: Routledge, 2008), p.146. 轉引自朱耀偉：〈香港文化創意產業再思：以流行音樂為例〉，《二十一世紀》2016 年 2 月號總第 153 期。

51 陳冠中：《事後：香港文化志》，台北：印刻出版有限公司 2008 年版，第 240 頁。

形成離不開交流、離不開本地生產。其次，將身份認同建立在語言及文化的本土性上，若在非開放的狀態下容易限制交流，反而將人們推向封閉。本土文化並不必然導致香港人身份認同危機。單一維度是無法解釋清楚問題的複雜性，但可以肯定的是這裏未考慮到文化建制在其中所起到的驅動性作用。再次，香港不少分析是將本土論述與國族論述放置於疏離或對立的闡釋框架下，論證香港人身份是在與內地對立的想像中塑造的。[52] 然而，事實上根本不存在一個孤立於內地之外的香港社會。可見，敘事方式及敘事結構對身份建構影響很大。

從本文梳理的香港文化政策發展實踐經驗來看，文化製造身份的路徑是：進行文化制度性建構及吸納制度中的參與機制，將自上而下與自下而上的建構方式相結合的過程。移民的外生性的（exegenous）身份（同一性）被動態地融入和同化進制度運作過程中，藉助社會分類和類比推理而自然化為制度的內在因素——即成為（香港）內生性的（endogenous）身份。身份認同反過來又不斷強化理性的制度設計及特定機制運作。這種彼此雙向互為作用的因果關係凝聚成一種路徑鎖定（lock-in），使參與其中的雙方持續處於一種相互建構的態勢中。如何解決回歸後香港人身份認同內在衝突？簡而言之，首先需要解構殖民體制建構身份的方法；其次需要探討如何利用文化遺產，轉化成可憑藉的資源；最後需要建立文化自覺與文化重構，處理好地方認同與國家認同之間的關係。這涉及怎樣「文化去殖」及如何實現文化領域治理能力現代化的問題。當前僅依賴於法理意義上的規定並不能保證民眾情感上認同國家的充分性，還需要聚焦於制度設計，改善文化政策，充分尊重並引導基層文化創新實踐，實現真正的人心的回歸。

52　唐佳希：〈二十世紀七八十年代香港歌詞的時空敘事與身份認同〉，《廣東黨史與文獻研究》2019年第 5 期。

第四章

香港文化政策話語
與身份建構

文化政策屬公共政策的分支領域，除了規範的文化政策文本以外，嚴格來說還應包括許多相關的文化政策研究、諮詢報告或可行性方案評估、文化項目規劃等。它們在時間上或者先於正式的法律、規章而產生，或與之並行存在。文化政策是治理活動中最重要的過程和工具。[1] 由於權力關係普遍根植於社會網絡系統之中，故在文化政策議程中，並不僅限於政府相關機構的權力行為，其他結構性因素也發揮著一定的作用。社會中的協商、研討及對政策議程的左右活動時有發生，此外任何政策都深受反饋機制的影響。是以，縱然文化政策體現的是國家 / 地方政府在文化領域的干預舉措，但其中不只有國家 / 地方政府的角色和力量，共同建構政策過程的市場、社會角色和力量也不容忽視。在現代社會中，這裏永恆存在著「制約」與「平衡」的關係。對此，麥圭根提出三種文化政策話語——國家話語、市場話語、市民 / 交流話語——分別指向政府可干預的公共領域內的文化內容、市場機制及管理主義主導的文化選擇、公民實踐中的民主參與和開放討論這三種不同的話語表達力量。[2] 雖然三種文化政策話語均處於權力結構之中，但它們在不同政治經濟環境下所能調動的力量是處於不同層次的，並隨著社會政治條件的改變而變化。以下本文在方法論上採用麥圭根文化政策三種話語結構框架作為分析工具，考察香港文化政策話語中呈現出來的或是隱藏的意義宣示及價值建構，以及話語背後的權力對身份建構的作用和影響。正是因為三種文化政策話

1　靳永翥、劉強強：〈從公眾話語走向政策話語：一項政策問題建構的話語分析〉，《行政論壇》2017 年第 6 期。

2　〔英〕吉姆・麥圭根：〈文化政策的三種話語〉，載尼克・史蒂文森編：《文化與公民身份》，陳志傑譯，長春：吉林出版集團股份有限公司 2007 年版，第 180-198 頁。

語所代表的權力是不均衡的,所以可見交流的不對稱性。此外,在香港語境中參與文化政策話語的公民實踐主體較多地偏向精英階層或廣義的受教育程度高的新精英階層,即知識精英掌握了更大話語權,市民 / 交流話語內部實際亦存在權力不平衡的問題。如何從香港與國家關係的角度塑造香港人的身份認同,達致社會共識、築牢中華民族共同體意識,需要解構產生問題的文化政策話語,積極建構具有協商民主特徵的、包容性的話語策略。

三種文化政策話語對身份建構的作用

◇◇◇

▌一、國家 / 地方政府話語 —— 公共政策干預

在英國管治下，香港公共政策涉及的所有政治決定均是由倫敦作出的。[3] 當時的香港行政當局應該是英國政府的一部分，而絕不是獨立的政治實體。由此可見 1970 年代港英政府推行的社會改革，以及在文化、康樂及體育領域的行政干預與當時英國工黨 [4] 的執政理念不無相關。事實上，國家支持藝術在英國有著非凡的歷史。[5] 英國也是到了 1945 年才建立起現代政府對文學藝術的津貼制度 —— 大不列

3　曾鈺成：〈殖民管治留下的兩個問題〉，《思考香港》2019 年 7 月 15 日。https://www.thinkhk.com/article/2019-07/15/35359.html，訪問日期：2020 年 1 月 13 日。

4　英國工黨是英國兩大主要執政黨之一，是左翼政黨，二戰後主張建立福利型國家。1950 年代到 1990 年代，工黨曾有兩度獲得執政，分別為 1964－1970 年和 1974－1979 年。這期間戴麟趾 1964 年至 1971 年任第 24 任香港總督，麥理浩 1971 年至 1981 年任第 25 任香港總督。工黨 1997 年才再次執政。此後英國工黨政府新的管治哲學 ——「巧政府」（smart government），對文化的「功用性」效應產生興趣。主張政府要介入推動文化發展，用公共財政資助文化事業，並與商業經營的創意產業協力打通兩者之間的交流，豐富多元、活躍的文化生活。藉助擴大青年就業、活化市鎮更新等措施，推動經濟轉型及經濟增長。

5　亞歷山大指出每一次國家參與藝術都會引發大規模爭論，這些辯論回應了當時英國知識分子和政治思想的核心主題，辯論中有些提議經歷了近一個世紀才被認識。〔英〕維多利亞．D. 亞歷山大、〔美〕瑪里林．魯施邁耶：《藝術與國家：比較視野中的視覺藝術》，趙卿譯，南京：譯林出版社 2021 年版，第 59、65、66 頁。

顛藝術委員會爭取到政府重大補助，用以支持藝術。[6] 珍妮特·米尼漢（Janet Minihan，1977）認為國家對文化事務的廣泛參與，是二戰後福利國家的出現以及工業和服務業國有化發展的一部分。[7] 英國工黨執政時實行的是社會民主的教育和文化政策，對待文化議題上主張文化民主化、教育普及化，通過增加撥款增進公眾接觸藝術與文化的機會。[8] 與英國明確的政策理念表達相比，殖民時期香港幾乎沒有相關論述，亦沒有政策文本，只有具體工作指引。但從港英政府委託外籍顧問研究內容來看，有不容忽視的相關性；1970 年代教育普及化[9] 以及「為普羅大眾發展社區活動」[10] 均是具體體現。

　　從港英政府發佈的施政報告內容及干預措施來看，對文化康樂事務的關注也相對集中在工黨執政時期。這與 1997 年前保守黨執政的 18 年裏的風格有顯著差異。比如，在麥理浩之後就任的香港總督中，尤德所發表的施政報告裏，全部缺乏有關文化、藝術、康樂事務的敘述。衛奕信則在 1988 年施政報告中明確表示：「過於依賴納稅人的公帑來支持藝術團體是錯誤的，民間社團應增加對藝術的資助。」撒切爾夫人當政期間（1979-1990），英國在經濟上強調發揮市場機制的作用，減少國家干預，推行私有化和貨幣主義政策。因此，文化政策走向了更加具有市場導向的藝術資助，當時削減政府相關公共開支、鼓勵企業贊助藝術是撒切爾政府的一個重要的政治目標。1990

6　〔美〕普利西拉·帕克赫斯特·克拉克：《文學法蘭西：一種文化的誕生》，施清婧譯，南京：譯林出版社 2019 年版，第 30 頁。作為直接進行藝術支援和服務的非政府部門公共機構——大不列顛藝術委員會（Arts Council of Great Britain）是 1945 年成立，並歸於戰時機構；於 1946 年獲得王室特許的法人地位。其前身為音樂和美術促進委員會（the Council for the Encouragement of Music and the Arts），約翰·凱恩斯（John Maynard Keynes, 1883-1946）曾 1942 年 2 月起擔任該委員會主席。大不列顛藝術委員會的成立通常被視為英國對藝術的政府支持進入一個新的階段。

7　轉引自〔英〕維多利亞·D. 亞歷山大、〔美〕瑪里林·魯施邁耶：《藝術與國家：比較視野中的視覺藝術》，趙卿譯，南京：譯林出版社 2021 年版，第 71 頁。

8　〔英〕吉姆·麥奎根：《重新思考文化政策》，何道寬譯，北京：中國人民大學出版社 2010 年版，第 52-53 頁。

9　1971 年港英政府推行六年強制免費教育，1978 年實施九年強制免費教育。

10　1981 年港英政府為文化藝術推廣工作出台的七條內部工作指引中的第 2 條。

年代，彭定康就任時期僅在 1993 年施政報告中提及「有更多的市民在增加收入之後需要享受文化藝術；目前政府每年用在文化藝術活動上達港幣 5 億元；政府決定在 1994 年初成立臨時藝術發展局，並為此項計劃撥款 1 億元。」[11] 有評論者稱港英當局不予任何干預的方針為「沒有政策的文化政策」。[12] 類似的觀點在香港相當普遍，反映的是港英當局在政策話語上有意不彰顯。何建宗認為香港文化政策作為沒有政策的故事是殖民者想要建構的刻板印象。[13] 現代國家是以「民族—國家」（nation-state）為特徵的。由於國家干預的目的是建立國族身份認同、履行國家對培養民族文化的責任，這一理據用於被殖民時期的香港顯然是不適宜的，因此港英政府否認「國家干預」的存在，掩蓋「英國」在場。

整體管治策略上，港英政府一方面對文化身份（及政治）採取迴避的態度，另一方面則將重點放在發展文化設施建設及經濟項目上面。[14] 從文化藝術管理方式來看，英國有在政府和公民社會、市場之間建立中介機構的傳統，以「一臂之距」原則（arm's-length' principle）處理中介機構與政府系統在行政工作方面的關係。[15] 政府控制資源分配，中介機構則負責日常運作管理。例如大不列顛藝術

---

11 以上施政報告內容轉引自劉靖之：《香港音樂史論：文化政策·音樂教育》，商務印書館（香港）有限公司 2014 年版，第 3-6 頁。

12 周凡夫：〈沒有政策的文化政策〉，《明報月刊》1996 年 11 月號。

13 何建宗：《模棱兩可》，載朱耀偉編：《香港關鍵詞：想像新未來》，香港中文大學出版社 2019 年版，第 107 頁。

14 谷淑美、徐匡慈：〈一場新社區運動帶來的啟迪——從「忽然」文化說起〉，載馬傑偉、吳俊雄、呂大樂編：《香港文化政治》，香港大學出版社 2009 年版，第 81 頁。

15 也有學者指出「一臂之距」原則帶有理想成分，因為藝術委員會的主席本就是一個政治任命。另一些重要的由理事會管理的「獨立公共機構」，如泰特美術館，藝術家理事佔比很低，而且幾乎都是由首相任命，雖然任期為 5 年，但任滿後可連任。同樣採用「一臂之距」原則的美國國家藝術基金會，在 1990 年代國會通過一些變革政策後，其工作與聯邦政府的距離更近了，也更貼近國會的控制。參見〔英〕維多利亞·D. 亞歷山大、〔美〕瑪里林·魯施邁耶：《藝術與國家：比較視野中的視覺藝術》，趙卿譯，南京：譯林出版社 2021 年版，第 83-85、41 頁。

委員會（Arts Council of Great Britain）[16]、英國遺產委員會（English Heritage）和英國廣播公司（British Broadcasting Corporation）。香港法定機構及諮詢委員會制度的設立即是對這種模式的翻版。但英國執行這一原則的目的是為了確保藝術組織和藝術家不受黨派政治影響，而香港在港英時期實行的是總督專制的殖民統治，總督作為英國在香港殖民統治的核心，手握最終的政治權力從來沒有改變過。[17] 這就決定了該管理原則在香港的運用只能是形式上的移植，未能發揮其實質性的作用。一些關鍵性的制度設計，英國其實並未拿來嫁接，整個運作體系仍立足於為英國殖民統治服務。由於干預的存在，港英政府的介入傾向於以直接管理和高資助率為方法。有報告指出那段時期香港的文化經費估計大約超過 95% 來自政府資金。[18] 周凡夫指出殖民政府一直都是直接干預文化藝術，而且是強大且集中的干預，形成從培訓到演出場地、演出團體、演出活動均一手包辦的壟斷局面。[19] 這一客觀事實，與香港一些政客、學者稱港英當局在文化領域不予任何干預相去甚遠。

英國文化政策的出現與「國家干預」理念密切相關。英國文化批評家馬修·阿諾德（Mattew Arnold，1869）在《文化與無政府主義》（Culture and Anarchy）一書中認為，舊有文化權威喪失導致文化與政治無調控發展，這一狀況下呈現出的放任自由主義（laissez-faire）無政府狀態是刺激國家行使權威的驅動性因素。阿諾德認為「國家最能代表國民健全理智的力量，因而也最具統治資格」；文化樹立的國家觀念，秉持精英文化傳統（希伯來精神和希臘精神），依靠文化內

---

16 1994 年大不列顛藝術委員會分化重組成英格蘭藝術委員會、蘇格蘭藝術委員會（2010 年 7 月改組為創意蘇格蘭）、威爾士藝術委員會這三個機構，後再加上北愛爾蘭藝術委員會。

17 強世功編：《香港政制發展資料彙編（一）：港英時期及起草〈基本法〉》，三聯書店（香港）有限公司 2015 年版，第 46 頁。

18 《香港文化藝術政策的釐定、推行與資源開拓》，香港政策研究所，1998 年 12 月。

19 周凡夫：《文化局？還看回歸十五年的文化生態》，載胡恩威主編：《文化視野》第 1 輯，進念·二十面體 E+E 出版 2012 年 9 月，第 114 頁。

在的大眾化傾向發揮教化民眾的功能，以文化（對完美的探究與追尋，達致「美好與光明」品格）替代宗教，引導人類走向更全面、更和諧的完美。[20] 阿諾德批判十九世紀流行的自由放任個人主義思潮，希望藉現代國家的文化價值設計現代國民，藉理性官僚權威取代傳統宗教權威，藉修復文化秩序來重建社會秩序。阿諾德關於藝術的文明本質的觀念至今影響西方國家的文化政策。

國家干預理念在英國不同時期均有不同內容的發展。即便 1980-1990 年代去管制化時期，藝術與文化的私有化運動在英國日漸顯著，政府鼓勵私人（特別是公司）資助對藝術的激勵作用，國家參與依然發揮一定的作用。撒切爾夫人的第一任藝術部長諾曼·聖約翰—斯特瓦斯公開表示，政府承諾兌現其維護藝術公共支持的職責，並將之作為一項政策內容，但希望私人領域可以補足短缺，並提供即時增長的辦法。[21] 1992 年約翰·梅傑當選英國首相後，保守黨政府成立的國家遺產部被視為首個英國文化部；1997 年托尼·布萊爾新工黨政府上台後，變身為英國文化、媒體和體育部，政府增加了對這個新部門的投資。有學者提出，當市場機制納入到現代國家文化資助體系中，出於對文化市場消費不均衡性的考慮，國家的有限干預有助於彌補市場失靈，有助於把治理性與品味相結合，在公眾層面上形塑與管理倫理不完整的個體。[22] 此外，出於對公平性的考慮，也是國家干預的另一重要理據。[23]

國家干預（State intervention）理念在文化領域內的運用，得到

20 〔英〕馬修·阿諾德：《文化與無政府狀態：政治與社會批評》，韓敏中譯，北京：生活·讀書·新知三聯書店 2012 年第 3 版，第 24、36、48、64 頁。

21 轉引自〔英〕維多利亞·D. 亞歷山大、〔美〕瑪里林·魯施邁耶：《藝術與國家：比較視野中的視覺藝術》，趙卿譯，南京：譯林出版社 2021 年版，第 75 頁。

22 〔美〕Toby Miller/George Yudice 著《文化政策》，編譯館主譯，蔣淑貞、馮建三譯，台北：巨流圖書公司 2006 年版，第 4-29 頁。

23 〔美〕詹姆斯·海爾布倫、查爾斯·M. 格雷著《藝術文化經濟學（第二版）》，詹正茂等譯，北京：中國人民大學出版社 2007 年，第 244-245 頁。

了聯合國教科文組織的支持與推廣。1967 年聯合國教科文組織召開了「二十四國文化圓桌會議」，在此會議上首次給文化政策作了一套操作性原則（operational principles）：

首先，文化政策應該被理解為一個社會為了滿足特定的文化需求，通過一定時期內可以取得的物質資源和人力資源的最佳利用，而制定的有意義的、特定的措施，以及干預的或不干預的行動的總和。其次，應確定文化發展的標準，這一標準需將文化與人的實現以及經濟、社會發展聯繫起來。[24]

這個定義是從經濟學基本問題 —— 文化需求與供給關係出發的。當時正處於冷戰期間東西方政治意識形態對立之下，為了避免理解上的衝突，形成最基本的共識，故將行政主導立於文化政策首位，將公共文化行政體系建立在公共產品供需之間客觀關係基礎之上。儘管視「干預的或不干預的行動」均為文化政策的表現，但這裏的核心仍是「國家干預」理念。文化圓桌會議鼓勵國家層面的文化行動，同時也提醒「國家干預決不能對創作自由產生有害影響，須不惜一切代價避免公眾的消極情緒。」[25]「國家干預」理念一直延續在聯合國教科文組織國際文化政策和項目領域的引領中。聯合國教科文組織曾多次修正對文化政策的基本共識，督促成員國制定、實施文化政策的內容也在不斷擴展。2005 年聯合國教科文組織為「文化政策和措施」下的定義已經將關注點傾注於文化本身，以一種適用於所有社會形態的統一方式進行界定，「地方、國家、區域或國際層面上針對文化本身或為了對個人、群體或社會的文化表現形式產生直接影響的各項政

24　Cultural Policy, A Preliminary Study, Paris: UNESCO,1969.p.10-11. 參見聯合國教科文組織數字圖書館：https://unesdoc.unesco.org/ark:/48223/pf0000001173?posInSet=2&queryId=N-EXPLORE-f59bb64f-e2a4-4009-a1d0-c8dc2bec448d，訪問日期：2020 年 1 月 15 日。

25　同上。

策和措施，包括與創作、生產、傳播、銷售和享有文化活動、產品與服務相關的政策和措施。」[26] 這裏已從隱含的單一民族國家視角轉化為不同層面主體（地方政府、民族國家、區域或國際間）公共干預及投入對於「文化循環模式」（Cultural Cycle）鏈條的介入。比如，倫敦在 2018 年底公佈的《面向全民的文化：倫敦市長文化發展戰略》（*Culture for All Londoners: Mayor of London's Culture Strategy*）中就不僅將「熱愛倫敦」作為首要的核心願景之一，而且對每一項願景都做了可操作性的推進策略與行動計劃安排，這便可視為一種公共干預及投入。[27] 這裏「熱愛倫敦」成為促進社會執行力與凝聚力的方式，即通過促進市民參與地方或社區文化活動，增強文化凝聚力和自豪感，以建構倫敦身份認同。

　　任何時代的文化政策話語體現的均是當時主導話語意識形態的內容，不可能孤立存在。「國家干預」，已從早期狹義內涵逐步發展到今天的廣義內涵，即「公共政策干預」。在地方政府話語中，如果說「國家干預」在港英政府時期是隱性存在的，以「非政治化」消解潛在矛盾；那麼香港回歸後顯然「公共政策干預」已逐步成為特區政府必須面對的全球發展趨勢。但受制度慣性思維所牽絆，這一角色轉換並非容易。1998 年 7 月，時任民政事務局局長的藍鴻震，在一次文化政策研討會上發言，表明「香港並非沒有文化政策，只是沒有一套宏觀的。」當年 9 月，他又向報界公開表示「政府對文化政策一直是採取不干預的態度，營造一個高度自由的文化環境，不會有任何宏

26　聯合國教科文組織：《保護和促進文化表達形式多樣性公約》，2005 年 10 月 20 日頒佈，2007 年 3 月 18 日實施。參見：文化政策圖書館 http://e.cacanet.cn/cpll/law7840.shtml，訪問日期：2020 年 1 月 20 日。

27　Greater London Authority, *Culture for All Londoners: Mayor of London's Culture Strategy*, December 2018, https://www.london.gov.uk/sites/default/files/2018_culture_strategy_final_0.pdf，訪問日期：2020 年 6 月 1 日。

觀文化政策限制文化藝術工作者的創作空間。」[28] 臨近新世紀時，文化議程在特區政府工作中的地位日益提升。香港特區政府開始強調藝術資助是文化及社會投資；扶助創意產業可帶來經濟收益；文化藝術協助社會融入與社區更新可產生社會效益。[29] 藝術和文化成為社會治理領域的關鍵組成部分，不僅可以提高生活質量，還塑造觀念、構建身份認同。文化政策在實際運作過程中也成為融合不同政策（如教育、創意、旅遊、城市規劃、知識經濟等）的治理工具。對此，也有人持反對意見，擔心政府管控文化藝術生產、消費的干預行為和制度。有的人贊同一些經濟學家的觀點，認為資助可能會產生低效率補貼；資助的公平性問題也是爭議的焦點，比如對政府藝術支持傾向表演藝術及主要藝團的批評一直不斷 [30]。二是政府干預可能會限制或控制文化藝術發展的自主性，因為這種支持往往需要藝術家們遵從政策制定者的審美和政治偏好。反對或贊成國家藝術支持的爭論一直存在。正如有學者指出國家的行動必然會反映出它們所制定的政治制度；對藝術表達的絕對控制是不可能的，而脫離一切控制的絕對自由也不存在。[31] 政府政策是干預公共文化還是不干預公共文化？以及宏觀文化政策如何進行合理或恰當干預的爭論，一直影響著香港文化政策發展。許多人對政府規制文化內容的任何企圖都感到懼怕，一系列歷史記憶也致使香港人對政府干預文化發展持保守態度。反對干預意見的存在導致特區政府設立文化局的構想一直未能實現，甚至影響了城市文化發展的長遠規劃。

---

28 〈香港文化政策紀事（一九五〇至二〇〇七）〉，載陳雲：《香港有文化——香港的文化政策（上卷）》，香港：花千樹出版有限公司 2008 年版，第 580、581 頁。

29 《文化行政改革與公民素質》，載何志平、陳雲根：《文化政策與香港傳承》，北京：中華書局 2008 年版，第 76 頁。

30 陳雲、甄小慧、聶本洲：《香港藝團競爭文化資源的困境》，《藝術界》2013 年第 2 期第 106-113 頁。

31 〔英〕維多利亞・D. 亞歷山大、〔美〕瑪里林・魯施邁耶：《藝術與國家：比較視野中的視覺藝術》，趙卿譯，南京：譯林出版社 2021 年版，第 196 頁。

香港政府每年度發表的施政報告是代表香港最高權力機構的政策文本。它由回歸前港督和回歸後的香港特區行政長官在每年度的第一次立法會大會上向立法會成員宣讀，之後再向香港市民公告普及。內容包括對過去一年重大事件的總結，並對未來一年重大民生問題及城市發展提出計劃和具體措施。回歸前後施政報告的形式沒有重大變化；但內容上因代表不同政府立場，必然會呈現截然不同的政治觀點及價值取向，以不同的「主流」意識形態去建構香港人不同的社會身份。[32] 回歸後的特區政府施政報告中，政府話語明顯加強了與國家的互動。一方面，通過與中國文化和傳統的聯繫促進情感認同，這裏既有從香港文化身份定位上強調「在中國文化為主體的基礎上，吸收西方文化」[33]，凸顯「東西文化薈萃」[34] 的特徵，道德觀念方面要發揚中華傳統美德；也有直接的政策措施介入：

……面對香港回歸祖國的歷史轉變，對個別市民來說，是需要有一個對國家的歷史，民族文化逐步增加認識，逐步培養感情的過程。特區政府十分重視和鼓勵推動這項工作，甚至需要投放必要的資源，採取適當的方式，通過教育、文娛康樂、文化交流等領域，動員民間的力量，好好開展這項工作……特區政府重視和鼓勵重新認同祖國文化，同時重視和鼓勵發展香港社會現有的文化特色。[35]

香港文化是中國文化的一部分。源遠流長的中華文化，是支持香港文化發展的龐大寶庫。要讓青年學生認識我國的歷史，接觸我國博大精深的文化傳統……[36]

香港回歸十年，市民的國家認同不斷提高，我們要進一步深化

32 陳建平、王加林：〈互文性與身份建構話語策略〉，《中國外語》2014 年第 2 期。
33 香港特別行政區行政長官董建華《一九九九年施政報告》，第 164 段。
34 香港特別行政區行政長官曾蔭權《二〇〇六至〇七年施政報告》，第 31 段。
35 香港特別行政區行政長官董建華《一九九七年施政報告》，第 110、111 段。
36 香港特別行政區行政長官董建華《二〇〇〇年施政報告》，第 79 段。

對國家發展的認識、對民族文化的認同，為下一個十年作準備……推動國民教育是一項全社會工程，特區政府會與社會各界，特別是教育界，積極和密切合作，通過種種方法和渠道，包括教學、師資培訓、課外活動及與內地青少年交流等，提升青少年對國家發展的了解和認識，對祖國山河大地和人民的認識，對中國歷史與文化的認識，使青少年建立民胞物與的情懷、身為中國人的自豪感，以及對國民身份的認同……明年北京舉辦奧運會，我們會以這次盛事作為推廣國民教育的重點主題，藉此契機，讓香港市民加深對國家的認識和分享民族自豪感。[37]

另一方面，特區政府話語與國家政策形成呼應，以港人治港的自信[38]主動配合、支持國家融合，參與「內地與香港關於建立更緊密經貿關係的安排」（簡稱 CEPA）的實施、配合國家實施國民經濟和社會發展規劃綱要、促進香港與內地在經濟方面的融合以及粵港合作、融入國家發展戰略「一帶一路」及粵港澳大灣區建設等。特區政府話語中多次強調「香港『一國』和『兩制』的雙重優勢」及香港立足國家，面向全球及未來的發展思路，建立歸屬於中國的香港人的身份。總體來看，這裏既反映了香港人在文化身份上的認同傾向，也暗示出主動性自我角色的建構。從地方政府話語變化來看，回歸前港英政府極力淡化香港人的國家認同感，疏離香港與中國內地的關係；回歸後特區政府則致力於與中國的價值觀、利益、標準等保持一致，加強香港與內地更緊密的關係。[39] 香港與中國內地之間的關係成為香港人身份認同變化的顯性決定因素。

37　香港特別行政區行政長官曾蔭權《二〇〇七至〇八施政報告》，第 116、118、121 段。

38　如「特區政府和香港市民，當家作主」「小而強的高效能政府」「超級連絡人」等描述。

39　Wang Jialin, *Discursive Strategies and Identity Construction: A Study Based on the PAs of the HK Governments Pre- and Post- Transition* (Guangzhou: Jinan University Press, 2017), p.154.

二、市場話語——經濟理性

港英政府統治香港以來，出於維護殖民統治和本地商業發展所需，制度設計偏重香港經濟功能。行政大權執掌於港督，委任的行政局和立法局，逐漸成為政府諮詢主要商業團體和利益集團的機制。[40] 二戰後香港社會高速現代化發展，也是強調功能化服務經濟發展。有學者認為香港在殖民統治下，如果說文化生活偏向於「行政主導」，那麼經濟生活卻和全球接軌。[41] 處於全球化經濟和文化環境背景下，跨國力量亦在市場中參與持續塑造地方的意識形態。原來國際商業群體以英國佔主導，隨著美國、歐洲、日本、東南亞等海外企業機構的到來，變得多元化了。這其中美國的影響尤為顯著。新中國成立後，在相當長一段歷史時期，以毛澤東為代表的中共第一代領導集體，一直採取「暫時不動香港」之「長期打算，充分利用」的特殊政策。這使得新中國能夠通過香港保持與外部世界的經濟聯繫。後來實行「一國兩制」方針解決香港問題，也是希望能夠繼續保持香港繁榮穩定的國際經濟貿易中心地位。讓香港能夠一如既往，在國家的現代化過程中發揮獨特和不可替代的作用。在這樣的歷史和環境下，促成香港成為一個活躍的經濟體系，這也使得市場話語在社會中佔據重要地位。

亞洲（包括香港）的現代化，與二戰後美國建構世界秩序的發展主義意識形態與政策密切相關。發展資本主義市場經濟與自由主義民主，成為美國政府及其「非政府組織」對第三世界政策的價值

---

40 在這種體制中，商界人士既是企業管理者，也是立法者，還是行政局議員。商界對政府決策的影響力一直較大。〔美〕米高·恩萊特等著，《香港優勢》，曾憲冠譯，北京：商務印書館 1999 年版，第 4、32、33 頁。

41 許煜：〈獅子山精神的批判〉，載王慧麟等編著：《本土論述年刊 2009》，台北：漫遊者文化出版社 2009 年版，第 179 頁。

取向。[42] 美國試圖以經濟、文化的方式實施新的殖民控制，[43] 在亞洲推行現代化道路，使其成為取代共產主義道路的另一種選擇。發展到 20 世紀 60 年代時，美國模式「現代化」理念儼然成為美國新聞署（United States Information Agency，USIA）宣傳主題之一，力圖展現「新興國家（和地區）可以在保持傳統、特色和滿足人民願望的情況下，通過民主的、務實的政治和經濟發展來實現現代化」，[44] 而且是現代化為西方式的民主、資本主義和個人主義的社會。美國認為自己作為西方工業民主國家中最為先進的現代化國家，通過干涉主義幫助發展中國家實現「現代化」是必要的。[45]

　　1950 年代美國把香港作為實施對新中國經濟制裁和貿易禁運的基地。禁運政策改變了香港的經濟結構，在切斷香港轉口貿易經濟命脈後，美國又主導重建香港工業，並一度操縱亞洲地區貿易發展。美國的文化控制是將貿易作為冷戰中的長期武器。1953 年，時任副總統的尼克鬆訪問香港回國後，對國家安全委員會宣佈：「最好以貿易作掩護」，在貿易往來中去除「中國性」。田邁修研究發現，到 1955 年美國駐港領事館已收集了大量涉及香港各項工業的檔案以及研究

42　1957 年 10 月美國頒佈的國家安全委員會第 5723 號文件（NSC5723）規定，美國政策的最高優先性是「支持海外華人，特別是東南亞華人融入其居住國及當地社區」。Interview with Ambassador Arthur William Hummel. 1994，轉引自張楊：〈「前綫」外交：冷戰初期美國在香港的文化活動初探〉，《美國問題研究》2015 年第 2 期。

43　1950 年代至 1960 年代，美國中情局通過「文化自由大會」及弗萊希曼（及法菲爾德基金會）、洛克菲勒基金會等諸如此類的個人或基金會「私人來源」，秘密資助了各種反共文化活動。事實上，國家文化政策作為冷戰的產物，也是 1950 年代在美國出現的。也有學者認為美國中央情報局實際上是在起著一個文化部的作用。參見 Carole Rosenstein, Understanding Cultural Policy, New York:Routledge, 2018. p.4、23；〔英〕弗朗西絲‧斯托納‧桑德斯（Frances Stonor Saunders）：《文化冷戰與中央情報局》，曹大鵬譯，北京：國際文化出版公司 2002 年版，第 142 頁。《文化冷戰與中央情報局》及〔加納〕克瓦米‧恩克魯瑪（Kwame Nkrumah）：《新殖民主義：帝國主義的最後階段》，北京編譯社，世界知識出版社 1966 年版；這兩本書分別從文化角度和經濟角度對此有分析批判。

44　Operations and Policy Research Inc., Policy Sheet from USIA to OPR associate, Apr.30, 1963, Enclosure: Five Areas of Emphasis, Hoover Institution Archives, P.M.A. Linebarger Papers, Box 19, Folder: Speeches and Writings, *Book Reviews for USIA 1966*. 轉引自：張楊：《冷戰與學術：美國的中國學（1949-1972）》，北京：中國社會科學出版社 2019 年版，第 111-112 頁。

45　魏孝稷：〈文化帝國主義沒有不失敗的〉，《歷史評論》2021 年第 3 期。

報告，這些都是專為美國廠商而做的，而且越來越多商業檔案上均蓋有一個印章：「不可向英國官員透露」。[46] 1960 年代香港本地產品出口美國市場與出口英國市場的規模還旗鼓相當，市場份額分別為23.1% 和 20.1%；到了 1970 年代香港本地產品出口美國市場所佔份額就已達 41.5%，同期出口英國市場所佔份額卻僅為 14.2%；這一數據對比到了 1980 年代差距更為明顯，由 1970 年代的 2.92 倍拉大為3.78 倍。[47]

美國一直聲稱國家並無文化政策，奉行儘量不干預的政策。法國學者貝爾納·古奈（Bernard Gournay）認為美國中央政府、地方政府（州、郡縣、市）都在積極但不均等地支持文化和藝術，美國在絕大多數領域也都存在對藝術和文化生活的官方和半官方支持，只是比較分散，並隱藏於各項具體政策與措施之中而已。[48] 美國社會學者弗雷德·布洛克（Fred Block）的研究則提出美國存在著一種「隱形發展型國家」。比如兩黨政治辯論或公開討論都不承認文化發展議程存在，即無文化政策。布洛克認為美國發展型國家的隱蔽性在很大程度上是市場原教旨主義思想—— 主張市場自我調節解決經濟和社會問題——佔主導地位的結果。[49] 港英政府顯然是接受自由市場理念的。

有人認為香港管治策略或經濟政策深受美國經濟學家米爾頓·弗里德曼（Milton Friedman）理論影響。弗里德曼是美國芝加哥經濟學派領軍人物，以主張自由放任資本主義而聞名。在《資本主義

46　田邁修（Matthew Turner）：《香港設計與中美貿易紛爭的根源》，載陳清僑編：《文化想像與意識形態：當代香港文化政治論評》，香港：牛津大學出版社 1997 年版，第 277、281-283、285 頁。

47　參見本文第二章表 2-1 香港本地產品出口美國、英國、中國內地市場份額（1961-1991）。

48　〔法〕貝爾納·古奈（Bernard Gournay）著：《反思文化例外論》，李穎譯，北京：社會科學文獻出版社 2010 年版，第 44-45 頁。

49　弗雷德·布洛克（Fred·Block）：〈逆流而行：隱形發展型國家在美國的崛起〉，陳靜譯，參見實驗主義治理公眾號網頁 https://mp.weixin.qq.com/s/hLWqtMF-Iehfj9xcMF7XHA，訪問日期：2020年 10 月 28 日。

與自由》（Capitalism and Freedom，1962）一書中，他提出「經濟自由」的概念，倡導以自由經濟維持政治和社會自由。他的政治哲學即強調自由市場經濟，反對政府的干預。弗里德曼在六十年代訪港時與時任財政司的郭伯偉（John James Cowperthwaite）相識。郭伯偉主導香港財政政策時（1961 年至 1971 年）一貫奉行自由放任主義，與弗里德曼宣揚的自由經濟學說十分契合。此後，弗里德曼在理論上積極介入香港的政策，宣揚香港簡單稅制及無外匯管制、依賴市場與私企、無產業政策等。在他 1980 年主持的十集電視紀錄片《自由選擇》（Free to Choice）裏，特地用第一集來講述香港的成就。[50] 他將香港的經濟奇蹟歸功於郭伯偉所締造的自由競爭的市場，並將香港描述成自由市場經濟的典範。

在香港回歸前，港英政府將「積極不干預」奉為圭臬。[51] 但其實早在 1977 年 4 月一次立法局會議上，時任財政司夏鼎基曾表明港英政府不存在奉行無限制的「積極不干預」財政方針。他強調政府有責任介入外匯市場、促進工商發展、提供基本公共服務，以調控宏觀經濟和保障市民利益。[52] 傅高義指出，港英政府在經濟發展中實際扮演著一個重要角色，港英政府某些機構對諸如股市等進行嚴格控制，政府的收購行為也並非完全通過競爭投標進行的，一些專業鑒定標準是根據英式標準而非國際慣例，等等。[53] 縱然如此，從理念落實到政策層面，「積極不干預」均早已演變為一種意識形態話語，把某些政府行為與角色合理化了；香港回歸後，這種意識形態依然影響著特區政府的政策話語及政策措施。[54] 不過政府已不再嚴格秉持了，可發現特

50　王於漸：《香港深層次矛盾》，北京：中國人民大學出版社 2015 年版，第 58 頁。

51　梁振英：《家是香港》，香港：明報出版社 2007 年第二版，第 115 頁。

52　香港地方志中心編纂：《香港志·總述·大事記》，中華書局（香港）有限公司 2020 年版，第 378 頁。

53　〔美〕傅高義：《先行一步：改革中的廣東》，凌可豐、丁安華譯，廣州：廣東人民出版社 2008 年第 2 版，第 33 頁。

54　呂大樂：《香港模式：從現在式到過去式》，中華書局（香港）有限公司 2015 年版，第 42-43 頁。

區政府施政報告中出現：政府「只有在市場機制失效時，才作出必要而有限度的干預」[55]；「在『大市場、小政府』的管治原則下」[56]；「履行『市場主導、政府促進』的理念」[57]；「經濟要發展，政府就要『適度有為』」[58] 等表述。[59]

為此，弗里德曼曾多次質疑香港背離自由經濟原則，猛烈抨擊香港特區政府。在 2006 年弗里德曼去世前一個月，他還在《亞洲華爾街日報》（*The Wall Street Journal Asia*）發表《香港錯了》（*Hong Kong Wrong*）一文，批評當時特首曾蔭權破壞了郭伯偉幾十年來的影響，令「積極不干預」制度夭折。歷來弗里德曼對香港經濟政策的評議均能引起香港政治、經濟界的反彈及廣泛爭議，從而也間接影響了特區政府相關政策的制定及政策話語的表述。香港社會亦有批評政府以「開放市場」和「自由經濟」為坐視不理的代名詞。[60]

---

55 香港特別行政區行政長官董建華《一九九九年施政報告》，第 158 段。在「政府的經濟角色」中，首先強調「香港數十年來經濟表現非凡，主要依靠市場主導、公平競爭的自由經濟體制」，政府會「一如既往堅持審慎理財和小政府的方針」，「政府在符合經濟規律的原則下，積極為市場健康發展打好基礎」，政府「所做的經濟建設工作，集中在基礎設施範疇之內」，今後「所有策略都必須是以市場為主導、配合私營經濟發展為原則。」（第 158 段）

56 香港特別行政區行政長官董建華《二〇〇三年施政報告》，第 16 段。在「市場主導」中，特區政府重申「香港是奉行自由市場經濟的地方，推動經濟轉型主要依靠私人企業和個人的努力。」並強調政府的有限介入「在濟轉型中政府對推動硬件和軟件的配套方向發揮積極作用」，及面對「知識經濟發展帶來的新挑戰」，仍需積極作為——將政府角色定位在推動角色上面。（第 14 段、15 段）香港特別行政區行政長官曾蔭權《二〇〇九至一〇年施政報告》中第 6 段對政府角色定位上也提及「我們會緊守『大市場、小政府』的原則」。

57 香港特別行政區行政長官曾蔭權《二〇〇五至〇六年施政報告》，第 77 段。在推動文化和創意產業的發展方面，政府提出「我們會通過策略發展委員會，研究各種切合實際的方式，包括營造有利的環境，促進運用創意發展經濟，製造更多機會，讓創意人才交流互動。」（第 98 段）

58 香港特別行政區行政長官梁振英《二〇一三年施政報告》，第 20 段。政府在面對文化及創意產業方面，亦指出「只要調動資源，加上政府適當扶助，這些產業仍然有很大的發展空間。……我會探討以適當機制，盡力支持香港的文化藝術活動，推動文化及創意產業的發展。」（第 180 段）

59 對於政府的角色，曾蔭權在財政司司長任內（1995-2001）提出「最大的支持、最少的干預，以及審慎理財」，梁錦松在財政司司長任內（2001-2003）提出「積極為市場發展創造條件」，唐英年在財政司司長任內（2003-2007）提出「市場主導，政府促進」，曾俊華在財政司司長任內（2007-2016）提出「大市場，小政府」。參見王於漸：《香港深層次矛盾》，北京：中國人民大學出版社 2015 年版，第 17、59 頁。

60 梁振英：〈全力推動專業服務出口〉，《明報》2004 年 9 月 7 日，載梁振英：《家是香港》，香港：明報出版社 2007 年第二版，第 171 頁。

殖民時期，政府補貼和政府主辦的各類文化藝術活動，並未達致吸引大多數香港人參與。儘管殖民政府所支持的康樂及文化領域，很大程度上屬大眾文化範疇。但港英政府藝術資助秉承的，仍是英國傳統的精英文化優先的理念，且以西方品味優先。香港自 1960 年代開始實行自由市場，並在上個世紀七八十年代逐漸發展到高峰。[61] 當時大多數香港人的文化及娛樂需求，是由市場中各類文化商品予以滿足的。因此，文化消費內容和華人身份的構建也較多受制於文化市場的生產方式。在經濟理性話語引導下，「自由經濟迷思」成為香港社會的主流敘事，市場也成為影響文化生產的主要機制。市場化曾經創造了香港影視、歌曲的輝煌。但為何後來整個香港流行文化在各個市場上都表現欠佳。有學者分析認為這是受一系列政治、經濟、文化乃至技術變遷影響所致，是宏觀環境變化的結果，不能簡單歸於產業本身問題。[62]

回歸後，特區政府在文化領域並非採用自由放任政策。為重振香港電影業，特區政府先是於 1999 年設立「電影發展基金」，用以資助有利於香港電影業長遠發展的項目。後又於 2007 年成立「電影發展局」，就政策／策略、體制安排及項目資助等，向商務及經濟發展局局長提供諮詢意見。以此事件為分界，早期「電影發展基金」並未直接介入電影業的生產經營活動，主要是開展培訓、研討會，制定獎勵計劃，進行調查研究、編纂業界文件，贊助海外推廣和商業營銷等周邊活動。後來設立的「電影製作融資計劃」「電影製作資助計劃」

61　在 1960 和 1970 年代，殖民政府即已獲得自行制定商業政策和匯率，以及處理外匯儲備的權利。高馬可：《香港簡史——從殖民地至特別行政區》，林立偉譯，中華書局（香港）有限公司 2013 年版，第 218 頁。

62　易蓮媛：〈電影發展基金與香港電影工業的轉型〉，《文藝論壇》2019 年第 1 期。

和「首部劇情電影計劃」，[63] 則直接為中低成本製作電影生產提供了部分融資或製作費用。2007 年開始特區政府先後向「電影發展基金」共注資 15.4 億元，以推動培育人才、提升本地影片製作、拓展市場及拓展觀眾群。[64] 2009 年商務及經濟發展局通訊及創意產業科，下設「創意香港」專責辦公室，以統籌特區政府在創意產業方面的政策和工作。「創意香港」管理各項與產業相關的資助計劃，監督推廣設計的機構——「香港設計中心」[65]，以及為「設計創業計劃」和「時裝創業培育計劃」提供資助。同時設立的「創意智優計劃」，先後在 2009 年（3 億元）、2013 年（3 億元）、2016 年（4 億元）和 2018 年（10 億元）獲注資合計 20 億元。[66] 2021 年再度獲注資 10 億港元，以支援業界舉辦更多有利創意產業長遠發展的項目。

娛樂化是市場核心。面對商業大眾文化追求官能刺激和娛樂，有人憂慮媒體決定議題、文化產品模式化等，導致大眾思考、情感愈見單一。[67] 有人從政府責任角度，指出政府一直只採取放任以外最低度的道德管制，對於如何能打破壟斷及提高大眾文化質素束手無策，從而成為社會一種隱憂。[68] 還有人從集體意識層面，擔憂文化商業性中的個體主義式工具理性大大壓倒了互惠的群體意識，從而阻礙香港去殖意識的公共文化的產生。[69] 但也有擁護者從另一角度看到，市場

---

63 融資計劃屬政府投資，電影上映之後政府要按投資比例分享收益；而資助計劃是不要求返還的。資助計劃比融資計劃更強調對本地電影工作者社區的培養。首部劇情電影計劃是以比賽的形式選拔資助行業新人電影創作及製作計劃。參見易蓮媛：《香港電影發展基金的基本運作方式和發展軌跡》，https://baijiahao.baidu.com/s?id=1627985592860149461，訪問日期：2022 年 4 月 30 日。

64 張盼：〈政策護航，香港電影業蓄勢待發〉，《人民日報海外版》2020 年 8 月 22 日。

65 香港設計中心是由本地五個設計師協會於 2001 年成立，一直是政府推廣設計及相關創意產業的合作夥伴，並得到政府支持。

66 《香港便覽·創意產業》2021 年 7 月，參見香港政府一站通網站：http://www.gov.hk。

67 也斯：《香港文化十論》，杭州：浙江大學出版社 2012 年版，第 247 頁。

68 史文鴻：〈香港的大眾文化與消費生活〉，載王賡武主編：《香港史新編（增訂版）》下冊，三聯書店（香港）有限公司 2017 年版，第 688-689 頁。

69 梁卓恆：《香港公民教育的文化政治脈絡——後殖民困境與批判教育學框架》，載王慧麟等編著：《本土論述年刊 2013-2014》，台北：漫遊者文化事業股份有限公司 2015 年版，第 32 頁。

原教旨主義對於抵制殖民政府不必要的監管是有好處的,也豐富了大眾化的文化產業。

從近些年市場領域文化生存空間來看:香港「二樓書店」的存在,本身即反映了其處於商業環境下的窘迫,近些年受資本壓力及高地價政策影響日漸消失,能存活下去的也已搬至三樓、七樓、十樓……甚至十幾樓。閱讀環境逐步地邊緣化,導致香港出版社的生存空間很小,經營成本高企,能支撐下來的不多。早些年依附於報紙副刊雜誌的文學場域,受新的商業文化擠壓,進入新世紀後整個文學讀者群都在萎縮。[70]講求以市場需求定供應量和設計方向的製作原則,在一定程度上限制了面對本地市場及公共領域的創新創意生產。對於市場邏輯壓制文化空間類似事件的發生,有評論認為這是新自由主義邏輯的勝利。[71]這種邏輯是以企業價值觀,而非公共價值觀來衡量文化空間發展尺度及生存,以「立即產生投資回報」這一潛在要求選擇文化生產,沒有短綫經濟回報的即面臨被市場淘汰的處境。以上看到的是經濟理性在市場邏輯中的負面影響。

但我們不能忘記香港人曾經一度引以為豪的流行文化 —— 被視為香港重要文化資產 —— 是與商業運作緊密相聯的,是香港文化產業的主軸。[72]市場機制可激發人的自主性和創造力,帶來活躍的文化氛圍,亦對市民的娛樂需求反應靈敏。這是市場帶來的活力。但要達致文化層次的平衡發展及文化生態的多元並存,仍需要市場以外的力量來加以平衡。市場機制不是萬能的,我們不能迴避市場機制解決不了的問題。文化如果過於屈從於市場追逐經濟利益的原則,那麼創新也會失去生存的土壤。因此,我們可以看到對於文化藝術的支

70　莊向陽等:《純鈞:文學在當今時代沒什力氣》,2011 年 1 月 9 日《晶報》B04-05 版。

71　吳鑫、聶麗平:《斯坦福大學出版社爭議:學術出版該不該以盈利為中心?》,2019 年 5 月 18 日《新京報書評週刊》。

72　香港特別行政區行政長官梁振英《二〇一三年施政報告》中指出:「中西文化的薰陶,加上旺盛的創意,孕育了以香港流行文化為主軸的文化產業。」(第 179 條)

持，許多社會也都不完全依賴開放性市場機制，而是結合了政府資助（financial support）、慈善捐助（donate）和商業贊助（patronage）等多種形式。

競爭力、區域經濟發展和國際商業策略專家米高‧恩萊特（Michael J.Enright）在香港即將回歸前表示：香港基本上是一個功利的地方，由商業所創造，並為商業所維持；香港作為一個小型開放式經濟體系，其特點即在於一系列的平衡關係，這使得它能夠成為世界經濟活動的統籌兼協調者。[73] 恩萊特認為這是「香港的優勢」，維持並發展香港的特性對香港未來發展十分重要。顯見在國家改革開放的過程中，香港也一直以市場領域所長，貢獻國家經濟發展所需。比如，多媒體（音樂、電影、電視、動畫與漫畫）產業；設計、廣告及公關；專業培訓與教育等文化相關領域，市場化運作模式、市場規制等，均通過香港企業與內地企業合作，或專業人士知識服務等方式引入內地市場。[74] 同時，大量由香港流向內地的資本也促進了私營和集體企業的發展。這一過程帶動了香港流行文化在內地的廣泛傳播。

香港回歸後不久即面對亞洲金融危機的衝擊，特區政府不得不首要考慮支持經濟發展。特區政府公共政策受到「新自由主義市場化」與「新公共管理」思潮影響，這是經濟理性邏輯在新時期的發展。「審計社會」（audit society）觀念日漸普及，獲得公共資助的文化領域也概莫能外。經濟理性（經濟、效率和效益）對公共部門的影響可見於問責制下強調政府資助津貼的產出效率，也需要通過評估與比較來證明政府支出的效益。包括：文化藝術資助的效率審計 [75]、以

---

73 〔美〕米高‧恩萊特等：《香港優勢》，曾憲冠譯，北京：商務印書館 1999 年版，第 1、2 頁。

74 參見香港地方志中心編撰：《香港參與國家改革開放志》（下冊），中華書局（香港）有限公司 2021 年版。

75 1997 年香港藝術發展局委託永道會計師行《通常性經費資助的檢討報告》，被視為首次採用效率審計的方式檢討香港的藝術資助。在之後，政府注資的「創意智優計劃」等，也需採用額外主要績效指標全面量度財政資金使用效用，考核策略焦點實現情況。

衡工量值審查工作效能等；[76] 引入公共服務外判、競爭合約機制；公共文化機構私有化的可能性探討 [77] 及文化融資、公私合作夥伴等社會資源開拓。強調市場驅動模式也促使文化政策經濟論述的進一步發展。

千禧年初，香港策略發展委員會（由行政長官董建華擔任主席）發佈《共瞻遠景，齊創未來：香港長遠發展需要及目標》文件，希望推動香港成為「亞洲的首要國際都會及中國的一個主要城市」。委員會指出要實現這一遠景目標，「必須加強與內地的聯繫、增加競爭力、提升生活質素，及確立本身的特色與形象」。其中發展「創作和文化活動」是路徑之一，生活質素（即生活質量）所包括的文化藝術類項目，在新經濟體系中被賦予了關鍵角色。[78] 這是特區政府首次公開認可文化在經濟發展中的作用。

此後，香港陸續推出相關研究報告或委約顧問報告，全面梳理香港文化及創意產業發展現狀及未來前景。2000 年香港藝術發展局研究部推出《創意工業導論：英國的例子與香港的推行策略》，闡釋創意工業概念及相關政策措施由來，並討論了政府的角色。2002 年9 月，香港貿易發展局公佈了首份《香港的創意工業》，評估其對香港經濟的貢獻。這裏的「創意工業」基本採用了英國「創意工業特別工作組」（DCMS）1998 年在《英國創意工業路徑》文件中給予的工作界定（working definition）——「源自個人的創造力、技能和天分，通過知識產權的開發與利用，具有創造財富和就業潛力的行業」，將

76　鄭新文：《藝術管理概論：香港地區經驗及國內外案例》，上海音樂出版社 2009 年版，第19-20 頁。

77　2000 年開始公營博物館公司化的討論，前後爭論十年最終放棄博物館公司化改革。2001 年三個旗艦藝團正式公司化；2004 年國際電影節也完成公司化；西九龍文娛藝術區則是政府首次打算由商業機構發展的文化場地，後來運營策略又有變化，改為通過法定機構的方式，根據市場原則自主經營。參見鄭新文：《藝術管理概論：香港地區經驗及國內外案例》，上海音樂出版社 2009 年版，第 219 頁。

78　趙健：《香港策略發展委員會希望推動香港成為亞洲首要國際都會》，中國新聞網 2000 年 2 月 22 日。http://www.chinanews.com/2000-2-22/26/18653.html，訪問日期：2020 年 1 月 15 日。

廣告、建築、設計、音樂、電影、資訊科技服務及藝術等行業納入發展範圍。據資料顯示，截至 2002 年 3 月，香港創意工業就業人數超過 9 萬人，佔香港總就業人數的 3.7%；創意工業在 2000 年的出口總值達 100 億港元，佔香港服務出口總額的 3.1%；同年，創意工業產值為 250 億港元，約佔香港本地生產總值的 2%。貿發局首席助理經濟師曾錫堯表示，業界應抓住中國入世帶來的商機，內地將會是香港服務業，包括創意工業最有潛力的出口市場。[79]《內地與香港關於建立更緊密經貿關係的安排》（CEPA）於 2003 年 6 月 29 日簽署並實施。[80] 兩地經濟融合和策略性的區域協作此後得到進一步推進。

2003 年「創意產業」取代「創意工業」，被特區政府列入香港需要拓展的經濟領域。2004 年特區政府更是明確在「鞏固四大支柱產業」之外，將創意產業作為「新經濟增長點」。在隨後的 2005 年，政府施政報告史無前例的、大篇幅論述「文化及創意產業」[81]：從海外經驗到香港發展優勢，從已取得的進展到未來發展目標，從組織架構建設到城市舊區更新要與之配合。「加快推動文化及創意產業，是我們的重要工作之一」，顯然特區政府對文化經濟的重視程度在不斷加強，文化的經濟論述成為文化政策的重點。這期間，特區政府中央政策組曾委託香港大學文化政策研究中心，先後完成顧問報告《香港創意產業基綫研究》（2003）和《香港文化及創意產業與珠江三角洲的關係研究》（2006），為特區政府政策制定提供了理論解釋和證據，也推動了文化經濟政策的制定、執行及走向。

2010 年，特區政府統計處完成對香港文化及創意產業統計構架

---

79 《香港貿易發展局研究報告指香港為亞洲創意中心》，中國新聞網 2002 年 9 月 6 日。http://www.chinanews.com.cn/2002-09-06/26/219525.html，訪問日期：2020 年 1 月 15 日。

80 後期又相繼簽署補充協議及其他相關協議。內地向香港開放服務貿易的具體承諾中涉及視聽、文娛服務相關條款，這為香港文化及創意產業在內地市場的延伸提供了政策保障。

81 「香港文化及創意產業」的 11 個組成界別為：廣告，娛樂服務，建築，藝術品、古董及工藝品，文化教育及圖書館、檔案保存和博物館服務，設計，電影及錄像和音樂，表演藝術，出版，軟件、電腦遊戲及互動媒體，以及電視、電台。

的檢討，其涵蓋範圍和分類是根據聯合國所倡議的國際統計指引所訂定，並結合本地經濟情況作了適當調整。界定「文化及創意產業」為：涵蓋一組知識型活動，通過創意及以智力資本為基本投入要素，而生產具文化、藝術和創意內容的貨品和服務。特區政府統計處並非每年公佈行業統計數據，2020 年 6 月期《香港統計月刊》上公佈的是 2018 年香港文化及創意產業統計數字。據統計顯示，2018 年文化及創意產業的增加值為 1178 億元，約佔香港本地生產總值的 4.4%，就業人數超過 21 萬，佔香港總就業人數的 5.6%。與此同時，特區政府更傾向採用「創意產業」範疇。並通過成立「創意香港」機構，統籌推動八個創意界別的發展——廣告、建築、設計、數碼娛樂、電影、音樂、印刷及出版、電視。據資料顯示，香港共有 28780 家與創意產業相關的企業，從業人員約 136880 人。在 2019 年，創意產業的增加值約 614 億元，約佔香港本地生產總值的 2.2%。[82]

　　軟件、電腦遊戲及互動媒體在文化及創意產業中一直佔據重要地位。它在文化及創意產業總增加值中所佔比重由 2008 年的 28.8% 增加至 2018 年的 45.1%。[83] 在日益興起的創意經濟或文化經濟背景下，可見技術的力量已然超越了文化本身。在互聯網及新媒體影響下，流量導向改變了文化內容生產方式。影視及音樂的創作／製作、推廣營銷等均發生了改變，香港華語樂壇、華語影視昔日光芒不再的原因之一，也是受此影響。社會的關注點並不是傳統文化部門的成長，而是如何驅動更廣泛的經濟增長。有學者指出，當文化政策聚焦於經濟原理時，文化的其他重要作用，比如教育、身份認同、某種精神，或者僅僅是身心愉悅，可能就被模糊了。[84] 這即是市場話語與文

82　參見《香港便覽‧創意產業》2021 年 7 月，參見香港政府一站通網站：http://www.gov.hk；相關部門指出由於涵蓋範圍不同，以上提及的香港創意產業統計數字不能與政府統計處所公佈的文化及創意產業統計數字相比。

83　香港特別行政區政府統計處：《香港統計月刊》2020 年 6 月期。

84　David B,Kate O., *Cultural Policy: Key Ideas in Media and Cultural Studies* (Routledge, 2015), p.14、38.

化價值相衝突的一面，這同時影響了基於文化價值的身份認同塑造。從另一角度看，很多香港研究學者認為往日流行文化的普及與身份認同有著密切的關聯。如今香港發展「文化及創意產業」或「創意產業」既是香港文化繁榮的重要體現，也是重建香港人自豪感的籌碼。弔詭的是這仍然是建立在經濟論述之上的（經濟性的）身份認同。由於特區政府是將「文化及創意產業」定位為一項經濟政策來發展的，因此，對於政府的干預行為仍抱著審慎的態度。朱耀偉批評雖然政府倡導「文化創意」，但要是沒有短綫回報也難以成為「產業」，抨擊政府仍堅持自由市場原則，不願投放資源在文化及創意產業長綫發展上。[85] 就電影產業而言，其實這些年政府投資策略也在不斷調整，更加側重本地創造力和後備人才培育方面了，但電影產業振興所受到的限制還不僅僅在於此。

採用什麼樣的政策，這與政府如何看待文化及創意產業發展方向有關。「文化」在產業領域或市場領域是否有「例外原則」，還是僅僅為經濟服務？何建宗指出香港文化及創意產業政策是一項過分偏重「生產層面」的經濟政策，故對創造層面關注不夠。文化及創意產業要想有更大的發展，需要拓展本地的文化及創意消費市場，即培養出人數更多，以及品味更多元的文化及創意消費群。[86] 從內部結構來看，這些是需要與公共領域文化藝術發展形成互補關係。從國際發展趨勢來看，文化及創意產業或創意經濟的貢獻，我們已經難以用通用指標——就業人數佔比、本地生產總值佔比等——來衡量了，儘管相關絕對數在增長。以香港為例，自 2005 至 2019 年創意產業就業人數佔全港總就業人數，基本穩固在 3.5%-3.6%；創意產業增加值佔本地生產總值，略有起伏，2005 年佔比 2.4%，最高值是佔比 2.7%，

85　朱耀偉：〈香港文化創意產業再思：以流行音樂為例〉，《二十一世紀》2016 年 2 月號總第 153 期。

86　何建宗：《文藝勞動：香港創作人的工作與日常》，中華書局（香港）有限公司 2016 年版，第 33 頁。

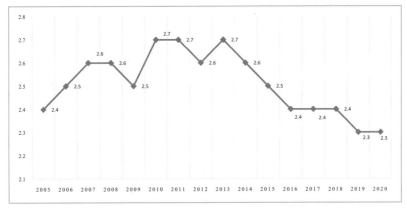

注：香港創意產業的統計數字更新日期為 2021 年 12 月 28 日，數據來源「創意香港」官方網站：
https://www.createhk.gov.hk/tc/statistics.htm。

**圖 4-1「創意香港」轄下八大創意產業的增加值佔本地生產總值百分比
（2005-2020）**

2019 年又回落到佔比 2.3%。[87] 經濟論述顯然不能全面反映其價值。

　　文化及創意產業在可持續發展中的積極作用，這一理念逐步在國際社會上獲得了認可。文化及創意產業產生的社會效益，以及在整體社會結構中的綜合作用，日益被重視。人們發現這種影響是長期顯現的。世界銀行與聯合國教科文組織在《利用文化和創意促進可持續城市發展和包容性增長》（2021）報告中，提供了一個具有指導性的城市、文化和創意框架（CCC 框架），以支持全世界的城市釋放文化和創意產業在城市可持續發展、城市競爭力、社會包容度等方面所具有的潛在能量。[88] 由此可發現，當今文化政策聚焦經濟論述時，實際上也不再是僅僅解決經濟層面上的問題。它也致力於社會的可持續和創新性發展，並最終凝聚為一個價值目標，即「認同」建構。故如果

87　與政府統計處不同，「創意香港」每年會跟蹤香港創意產業的統計數字。以上數據參見「創意香港」官方網站：https://www.createhk.gov.hk/tc/statistics.htm。

88　UNESCO and INTERNATIONAL BANK FOR RECONSTRUCTION AND DEVELOPMENT/THE WORLD BANK: Cities, Culture, and Creativity: Leveraging culture and creativity for sustainable urban development and inclusive growth, 2021.

僅作為經濟政策必然限制了文化政策更為多樣化、包容性、開放性的內涵和價值。

此外，從「文化及創意產業」產業特徵及就業特點來看，實際上是可以與青年政策形成良性互動，以解決具備較高教育程度青年的就業及潛能發揮問題。有學者指出目前一些制度性因素影響世代交替得以成為社會轉變的動力；而全球化及科技發展衍生的離根化及流動性，也在一定程度上令年輕人的行為模式趨於多樣，青年作為單一群體的內在同質性幾乎不存在了。以上制度的惰性及時代的變化，致使香港青年政策與社會發展不協調。當前需要檢討如何改變制度讓青年成為促進社會轉變的力量。[89] 眾所周知，現代社會充滿了各種各樣的壓抑機制，開放、包容、多元的文化藝術氛圍，可以讓青年自由發揮個性，年輕一代的創造力和想像力是新經濟的未來。如果讓大部分青年包括底層精英，都有一種挫敗感，一定是不利於城市可持續發展的。新加坡最近做過一個調查，青年群體（16-34 歲）對城市建設的關注主要體現在四個方面：包容性、可持續性、彈性和獨特性。[90] 這裏顯現出與文化環境一定的相關性，尤其獨特性直指城市建設與文化藝術融合。這些內容又都不可能由單一經濟政策予以解決和發展的，需要長遠文化發展策略去系統引導、協調才能實現。滙豐與香港青年協會青年研究中心公佈一項調查結果顯示：受訪大學生到大灣區最想從事的三個行業分別為「文化及創意」（17.9%）、「金融服務」（17.6%）及「科技與創新」（17.2%）。[91] 這從某種程度上印證了青年群體對文化及創意領域的偏好。

89　參見馮應謙、鄧鍵一：〈青年與社會轉變〉，載張妙清、趙永佳編：《香港特區二十年》，香港中文大學香港亞太研究所 2017 年版，第 487-497 頁。

90　https://www.ura.gov.sg/Corporate/Media-Room/Media-Releases/pr22-09，訪問日期：2022 年 4 月 28 日。

91　〈逾八成受訪大學生對大灣區創業持樂觀態度〉，《文匯報》2022 年 5 月 19 日。

三、市民／交流話語 —— 本土迷思／身份焦慮

　　吉姆·麥奎根認為，市民社會的觀念與資產階級公共領域，以及現代民族國家興起的交往權利、文化權利有著密切的關係。[92] 事實上，市民社會在每個具體社會中的表現是不同的。由於文化具有社會交往意義上的公共性，並容易在話語及社會文化實踐中獲得共享和傳播，這一特性使得文化活動成為推動市民社會發展的重要媒介。市民社會在政府體制外的公共領域中，通過一些具體問題的論述表達肯定或否定態度的意見，影響政府政策制定。「市民社會」概念雖然在西方語境中是與政府相對的，但並不必然處於對抗位置。安東尼奧·葛蘭西描述「既複雜又井然有序的市民社會」的特徵是：「作為一種積極文化的因素（即作為一種創造新文明、新型的人及新型公民的運動），可以使國家和個人保持一致」；在市民社會，領導權發揮作用依賴於「個人能夠自己管理自己，而又並不因此而同政治社會相抵觸」。[93] 葛蘭西敏銳地意識到，市民社會對於政治權威的維持是一個關鍵的機制，「贊同」是通過市民社會組織起來的。在葛蘭西看來，市民社會是文化領導權實施的重要場域。市民社會這一概念也被翻譯為公民社會。

　　從殖民後期香港公民社會的緩慢發展，到回歸後公民社會的日益成熟，可發現市民／交流話語對香港人身份重構的影響日益增大，這一話語力量不容小覷。嚴格來說，香港文化政策中的市民／交流話語，實際上在很多時候都忽略了處於權力邊緣、社會邊緣群體的想法，沉默的大多數並沒有參與到公共話語的討論中。這從某種角度亦解釋了當人們在做政策評估時，出現一些有利於市民文化生活的措施

92　〔英〕吉姆·麥奎根：《重新思考文化政策》，何道寬譯，北京：中國人民大學出版社 2010 年版，第 70-71 頁。

93　〔意〕安東尼奧·葛蘭西：《葛蘭西文選》，李鵬程編，北京：人民出版社 2008 年版，第 214 頁。

但顯現缺乏民意支持。這裏是否存在精英與大眾之間的分裂？在身份認同上的分歧還需要進一步考察。市民／交流話語中香港精英階層是掌握最多公共話語的群體，西方對抗性思維對一部分精英階層影響尤其深遠。他們對身份認同的表述和爭論、對社會記憶的選擇與詮釋通過大眾傳媒和教育體系擴散影響。回歸前可見社會彌漫著對 1997 年以後將發生事情的惶恐情緒，由此形塑了一股本土迷思／身份焦慮的強烈氛圍，而這種強烈的身份焦慮和危機氛圍深刻地浸染了香港社會的心理。

　　文化精英話語對香港人身份認同的形成和再現，主要集中發生在精英話語可控制的文化場域中。香港經濟經過上個世紀七八十年代的快速發展，整個社會呈現出富裕化、多元化的整體變化。一些傳統的社會組織（如新界鄉議局）已無法再發揮昔日的力量。利益群體紛紛出現，形成了一些以職業或行業會聚而成的壓力團體。[94] 進念・二十面體 [95] 於 1987 年率先成立香港文化政策小組，推動和組織文化議題公眾論壇及獨立研究。小組成員由來自文化、藝術和學術界的熱心志願者組成，核心成員包括：榮念曾、馮美華、陳清橋、胡恩威、蕭競聰、鮑藹倫、梁文道等。[96]1991 年文化界有關立法局功能組別議席的爭論，以及對港英政府發表《藝術政策檢討報告諮詢文件》的回應，促使文化界組織起來成立聯席會議——「香港文化界聯席會

94　郭少棠：〈無邊的論述：從文化中國到後殖民地反思〉，載陳清僑編：《文化想像與意識形態：當代香港文化政治論評》，香港：牛津大學出版社 1997 年版，第 171 頁；王鳳超：《香港政制發展歷程（1843-2015）》，北京：生活・讀書・新知三聯書店 2019 年版，第 65 頁。

95　成立於 1982 年，是香港最具代表性的實驗劇團，屬接受特區政府民政事務局直接恆常資助的九個專業演藝團體之一。

96　胡恩威：《胡恩威亂講文化政策》，香港：進念・二十面體 E+E 2016 年版，第 110 頁。

議」。[97] 該組織 1993 年正式註冊成立，以民間壓力團體的身份向港英政府提出訴求。1999 年 10 月 -11 月香港文化界聯席會議曾與香港大學文化研究中心、香港電台第四台合辦「文化政策與文化委員會」研究論壇，共六次公眾論壇及三次小組討論。[98] 在香港文化政策發展歷程上，這標誌著由市民 / 交流話語帶動的抗衡性論述的出現。此階段，抗衡性論述是以理性的、協商的方式推動文化藝術領域建制。當時領導者是文化藝術界精英，主要著眼於加強建制的開放性。[99] 鄭新文認為，「1990 年代藝術工作者和支持者通過遊說、民主參與及公眾辯論等方式，表達了業界對藝術建制和管理的意見，同時也促使公共文化機構的政策制定和資源運用原則更加透明」。[100] 可以說 1994 年香港藝術發展局的成立，及回歸後立法會功能議席增加體育 / 演藝 / 文化及出版界界別、文化行政架構大改革、文化資源配置的調整等等，很大程度上跟市民 / 交流話語積極介入有關。

香港媒介在九七前後為大眾消費不斷炮製懷舊風物及集體記憶，文學及視覺藝術領域也在表達對身份的恆常不安感和對香港未來的疑慮（甚至帶著末世悲觀），將個人生活經驗與歷史，及對未來的想像均困於這一敘事框架中。這種編織營造的情緒深刻地影響了香港人最根本的身份認同。對此，文化研究學者阿克巴·阿巴斯（Ackbar Abbas）提出「逆向幻覺」（Reverse Hallucination）概念。這一概念

---

97 1992 年 4 月文化界聯席會議以公開論壇形式運作，發表各種政策評論。同年 5 月 18 日，文化界聯席會議向立法局提出文化界功能組別方案，建議界別包括：舞蹈、戲劇、音樂、視藝、寫作、文化 / 藝術行政和舞台技術。（44 段）文化界與官方互動，正式啟動總體文化政策的討論。（48 段）後來在 1998 年 5 月回歸後首屆立法會選舉時，文化專業包括在「體育、演藝、文化及出版界」中（在香港文化界，傳播媒介和演藝界較為活躍）；並規定只有在上述界別的註冊團體才可以登記成為有權投票的選民。參見香港藝術發展局：《五十年文化紀事：香港文化行政與文化政策（1950-2000）》，2001 年 1 月。

98 2004 年 10 月文化界聯席會議結束有限公司的註冊。

99 谷淑美、徐匡慈：〈一場新社區運動帶來的啟迪——從「忽然」文化說起〉，載馬傑偉、吳俊雄、呂大樂編：《香港文化政治》，香港大學出版社 2009 年版，第 82-83 頁。

100 鄭新文：《藝術管理概論：香港地區經驗及國內外案例》，上海音樂出版社 2009 年版，第 215-218 頁。

原本用以描述香港電影敘事特徵及城市建築特色等，意在批評對原本存在的東西（自身文化）視而不見，直至回歸臨近才著意呈現。他將這一文化現象稱之為「消失的政治」（Politics of Disappearance）。[101] 有學者回憶自上個世紀八十年代起香港本地的藝術團體及藝術空間就開始以民間傳統及懷緬舊城香港為創作或展覽題材，並推及界定本土藝術。[102] 隨著當代中國藝術作品逐漸進駐本地畫廊，且更被國際藝術市場所關注，香港藝術符號和話語被中心視角邊緣化，藝術家在藝術實踐中便更為急切地要表現本土獨特風格和專屬性，從而有選擇性地強化了對某方面集體記憶的表現。類似創作中本土化的表現，是有意在藝術表達上的創新，而非意識形態或政治上的對抗，這與後來出現的本土分離主義有本質區別。我們要避免將這部分內容引向對立。

尋求文化身份的焦慮也彌漫在公共領域論述中。香港文化界以前所未有的熱度爭辯相關議題。1993 年 6 月在香港藝術中心舉行了「文化身份與本土意識」座談會。1994 年 11 月「香港六十年代：身份、文化認同與設計」是學院和流行文化以外的一次大規模引起對香港文化身份思考的展覽，社會反響很大。此後，1995 年出版的《今天》第廿八期「香港文化專輯」中彙集了一系列有關香港身份及其論述的探討；《香港文化研究》（1995）第二、三期，也以「知識分子」及「北進想像」為專題討論香港文化身份問題。

在這場描述香港文化身份的討論中，也斯將後殖民理論中的「混雜性」與「邊緣性」賦予了本土意義，肯定其「挑戰一元獨尊二元對立」的靈活性。周蕾將香港定位在「夾縫」處境，力言「既不是尋根也不是混雜」的「後殖民自創」。丘靜美提出超越自我／他者二元對立，強調香港文化身份混成特徵。李歐梵則以中原以外的邊緣文化作

---

101 Ackbar Abbas. *Hong Kong: Culture and the Politics of Disappearance* (University of Minnesota Press, 1997), p.7

102 黎明海、劉智鵬編著：《與香港藝術對話 1960-1979》，三聯書店（香港）有限公司 2014 版，第 15 頁。

為香港論述的起點，等等。諸多學者針對這些觀點中方法的運用、呈現的問題進行了回應。葉蔭聰批評這類立足於後殖民批判論述的相關表達，雖然各有不同的演繹，但「似乎都把殖民主義或這個後殖民處境看得太簡單了」，未關注到社會脈絡的複雜性。因此，他提出要在具體的社會體制、論述構成的脈絡之中形成身份與策略。[103] 張美君指責這場關於香港文化身份的論述，存在一種主體膨脹及本土本質主義的傾向。[104] 史書美亦從主體性角度質疑論述空間的自主性。她認為這一時段的香港論述是階段性的短期行為，它的出現與九七臨近及西方後殖民論述興起有關。[105] 這場探討凸顯出「後學」的翻譯與引介帶來徵用後殖民理論及反對它的辯論用於香港論述。縱然我們能夠在這場辯論中感受到強烈的主體訴求，但由於參與者缺乏真正的文化自覺，仍是以西方視角返觀自身；抽空香港具體的歷史脈絡及現實語境，格式化香港與中國內地之間的文化差異，因此所見到的並不是越辯越明，而是游離不定的身份焦慮。趙稀方觀察到在這場香港文化身份論述中無論是「邊緣」「夾縫」觀點，還是「北進想像」，均聚焦於香港與中國內地關係之上；缺乏對「香港／英國」殖民關係的反省批評，這不但顯現在香港後殖民實踐中，而且也體現在香港漫長的歷史上。[106] 吊詭的是，公共論述中常見對於香港內地化的隱憂，卻少見對於全球文化市場擴張的反思。

　　學界後續徵用後現代理論中對一切「宏大敘述」（grand narrative）的不信任、對「差異性」及「他者」的敏感，用於「香港故事」敘事

103　葉蔭聰：〈邊緣與混雜的幽靈：談文化評論中的「香港身份」〉，陳清僑編：《文化想像與意識形態：當代香港文化政治論評》，香港：牛津大學出版社 1997 年版，第 48-51 頁。

104　張美君：〈文化建制與知識政治：反思「嚴肅」與「流行」之別〉，載陳清僑編：《文化想像與意識形態：當代香港文化政治論評》，香港：牛津大學出版社 1997 年版，第 197 頁。

105　史書美：〈「北進想像」的問題：香港文化認同政治〉，載陳清僑編：《文化想像與意識形態：當代香港文化政治論評》，香港：牛津大學出版社 1997 年版，第 151、153 頁。

106　趙稀方：〈後殖民理論與香港文化〉，首都師範大學文學院編：《身份、敘事與當代中國經驗》，北京：社會科學文獻出版社 2010 年版，第 229 頁。

也存在類似的問題。王岳川發現「香港和港人身份的重新釐定具有過多的焦慮性成分和政治意識形態訴求」，[107] 這一影響延續至今。可見回歸十年後，當文化界再次探討香港文化本土特徵時，仍繼承了文化多元化和混雜性的定位；也還可見身份焦慮的對應關係。[108] 由於香港人在構建身份時未能有效反思重構敘事中的殖民性問題，導致不僅文化主體性難以建立，而且所秉持的二元論思維又建立了新的對抗性他者。曾擔任香港大學文學院院長的雷金慶指出香港回歸後，立足「亞洲的世界城市」創造全球文化（力爭與紐約、倫敦比肩，積極參與「紐倫港」Nylonkong 想像的締造），在尋求和維護其獨特香港身份表述上越來越政治化。一系列文本及影像研究均證明當今香港文化的發展得利於中國文化與西方文化的相互影響，其活力也源於豐富的中國、亞洲和國際經驗在當地的實踐。[109] 香港文化的獨特性及優勢並不能脫離歷史和現實而孤立發展。從「消失的政治」轉為過度政治化，可見香港人並未處理好身份認同問題。

上個世紀九十年代末，在主流的文化藝術界精英以外，有研究者發現出於對地方的關注，一套強調藝術要走入社區、扎根社區的本土論述正在漸漸醞釀起來。[110] 2000 年以後的本土論述已不再僅限於香港文化特徵的討論，內容已擴展到香港社會生活中諸多人文方面的議題。對「本土」及普遍性「香港經驗」的不同理解甚至引發了世代之爭。[111] 有學者指出這種認同分歧和代際差異與社會觀念的變遷相

---

107 王岳川：《後現代後殖民主義在中國》，北京：首都師範大學出版社 2002 年版，第 220 頁。

108 雖然焦慮的性質有所改變，已轉移至對內部經濟、政治及人文生態方面的危機感。參見陳智德：〈「回歸」的文化焦慮—1995 年的《今天‧香港文化專輯》與 2007 年的《今天‧香港十年》〉，《政大中文學報》第 25 期 2016 年 6 月，第 65-90 頁。

109 Louie, Kam. *Hong Kong Culture: Word and Image* (Hong Kong: Hong Kong University Press; London: Eurospan, 2010), p.1-7.

110 谷淑美、徐匡慈：〈一場新社區運動帶來的啟迪——從「忽然」文化說起〉，載馬傑偉、吳俊雄、呂大樂編：《香港文化政治》，香港大學出版社 2009 年版，第 83 頁。

111 代表性著作：陳冠中《我這一代香港人》（2005）、韓江雪／鄒崇銘《香港的鬱悶：新生代 VS. 嬰兒潮世代》（2006）、呂大樂《四代香港人》（2007）等。

關。在此立論基礎上，後來很多學者將之視為「物質主義」價值觀與「後物質主義」價值觀的區別。[112] 香港中文大學香港亞太研究所民意調查顯示：香港人核心價值取向因應社會變遷以及世代更替而出現變化，雖然後物質主義價值已迅速冒起，但仍以崇尚物質主義者居多，其中優先價值觀並不穩定，隨政治經濟局勢而變化。[113] 也有學者指出這裏不純粹源於世代間的思想理念分歧，教育水平提升可能才是核心所在。美國政治學者羅納德·英格爾哈特（Ronald Inglehart）從世界範圍論證，認為「人均收入」和「受教育程度」是物質主義到後物質主義轉變的重要條件。[114] 美國政治學者弗朗西斯·福山（Francis Fukuyama）指出在後物質主義的氛圍中，人們對物質需求或欲望驅動的經濟動機並不明顯，人們對尊嚴與承認的關注卻持續升高，現代身份感易迅速演變為身份政治。[115] 同時，香港的特殊性在於其現代教育體系脫離傳統更接近西方價值，因此令青年學子更易接受西方主流價值，尤其是民主、自由和其他公民權利。[116] 基於本土的價值論述發展出不同的立場，比如強調自我批判（葉蔭聰，2011）[117]、反對主體

112 「後物質主義」（post materialism），是美國政治學者英格爾哈特提出的概念。他將強調經濟和人身安全的需求視為「物質主義」價值觀，而強調自主、尊重、歸屬感和自我表現、審美和知識滿足及生活質量等需求則視為「後物質主義」價值觀。測量工具即在兩組目標中選擇：一組包括經濟增長、抑制物價飛漲、維持秩序和打擊犯罪等目標，代表著物質主義優先目標；另一組是言論自由、在政府重要決策中有更多話語權、在工作中有更多話語權和重視社會中的理念等目標，代表後物質主義價值觀。羅納德·英格爾哈特：《西方和中國民眾的價值觀轉變：後物質主義價值觀的崛起（1970-2007年）》，載〔美〕羅納德·英格爾哈特：《現代化與後現代化：43個國家的文化、經濟與政治變遷》，嚴挺譯，北京：社會科學文獻出版社2013年版，第1-10頁。

113 張妙清、鄭宏泰、尹寶珊：〈核心價值〉，載張妙清、趙永佳編：《香港特區二十年》，香港中文大學香港亞太研究所2017年版，第66、79頁；張妙清、鄭宏泰、尹寶珊：〈香港核心價值的變遷——基於民意調查的分析〉，《港澳研究》2015年第1期。

114 〔美〕羅納德·英格爾哈特：《現代化與後現代化：43個國家的文化、經濟與政治變遷》，嚴挺譯，北京：社會科學文獻出版社2013年版，第3-4頁。

115 〔美〕弗朗西斯·福山：《身份政治：對尊嚴與認同的渴求》，劉芳譯，北京：中譯出版社2021年版，第15、81頁。

116 鄭宏泰、尹寶珊：《香港新青年》，香港中文大學香港亞太研究所2019年版，第189、209頁。

117 葉蔭聰：〈香港新本土論述的自我批判意識〉，《思想》第19期，《香港：解殖與回歸》，台北：聯經出版事業有限公司2011年9月版，第110、111頁。

本質化／排他性（陳冠中，2013；朱耀偉，2016）[118]、調和「國族性」與「本土性」（程美寶，2003；梁淑雯，2019）[119] 等等，可見並非鐵板一塊。

　　本土論述的話語從混雜、邊緣、懷舊等，逐步走向了公共空間、文化保育、歷史價值及集體記憶、發展觀念等。[120]「本土」作為觀念或是思潮並不是抽象存在的，它既有一個「源」的問題，同時內容的演變轉化也呈現出「流」的狀態。這些思想的發生植根於當時特定的社會背景。市民／交流話語中的身份敘事儘管頗為豐富但相對靜態，當它無法進入政策話語協商過程時，基於實踐與展演的行動主義 [121] 就轉化成為市民／交流話語的一種形式（參見第二章具體事例討論）。青年社會學家嚴飛於 2008 年開始先後訪談了多位年齡介乎於 30-35 歲之間的新一代香港文化人，發現今日香港文化和文化人的本土性之強，幾乎是前所未有的。與以往相比，他們更加堅持「我城」是「我主場」的本土觀點。[122] 然而一系列本土行動在構建身份時並未能反思重構中的去殖問題，也未能在尊重歷史、賡續傳統中積蓄力量，導致不僅文化主體性難以建立，而且也未能深耕基層、建立起人際間的互動與和諧關係。胡婉慧指出「本土」在跨媒介的轉化過程中，引證了其作為概念、意識、表徵、論述、行動等形態，在文化、社會、政治不同景觀中流動和越界。[123] 大風起於青萍之末。裹挾在本

---

118 朱耀偉主編：《香港研究作為方法》，中華書局（香港）有限公司，2016 年版，第 121 頁；高福慧採訪，葉芷華整理：《〈自由風自由 Phone〉陳冠中談佔領中環與本土主義》，2013 年 7 月。

119 梁淑雯：《國族身份》，載朱耀偉編：《香港關鍵詞：想像新未來》，香港中文大學出版社 2019 年版，第 139-145 頁。

120 潘國靈的十年指 2003 年至 2013 年間的香港。潘國靈：〈「本土」的十年變化〉，《號外》2013 年 7 月號（第 442 期），第 100-102 頁。

121 文化行動主義包括非暴力抗爭、亞文化與反文化以及藝術介入社會行動等，起源於 1960 年代青年反文化運動，在新世紀反抗資本主義全球化及新自由主義運動中得以復興。香港文化行動主義的興起與台灣社會有明顯的互動關係。

122 參見嚴飛：《城市的張望》，北京：中信出版集團 2017 年版，「第三輯港聲」。

123 胡婉慧：《在（本〔土〕）地》，載朱耀偉編：《香港關鍵詞：想像新未來》，香港中文大學出版社 2019 年版，第 193 頁。

土迷思中的激進者將之演化為本土分離主義運動。如何突破本土迷思的悖論？行動者強調身體參與、實踐和個體情感、情緒對於身份塑造的能動意義。將行動者有序參與納入制度化參與機制中，是實現有效的政治和文化治理的關鍵。這可以被視為是葛蘭西所言的「一種積極文化的因素」，但前提是需要市民社會具備贊同性國家認同。由此引導市民／交流話語對公共文化事務深入的主動介入，有助於整合公眾離散化的文化利益表達與訴求；[124] 同時，這也是公民自我教育的重要方式和參與能力提高的重要手段。香港市民社會發展未能達致促進社會融合，推動社會良性建構。這是當前迫切需要注意的問題。這裏必須要重視基層文化的有序建構，打破整個社會陷入自我圍困的局面，這樣才能有效阻斷本土分離主義成長的土壤。

現代國家制定文化政策的過程，即是一項溝通實踐。話語策略不只體現在政策主體對各種社會事實賦予的意義或符號，也反映社會文化及政治權力間的互動協商（interactive negotiation）。自回歸以來，西九文化區一直是香港文化政策討論的聚焦點，無論是特區政府還是民間社會均期望通過西九文化區建設項目重構香港人的身份論述，為中華文化在未來發展扮演積極和建設性的角色。[125] 追溯香港建設西九文化區的緣起，政府是希望吸引旅客到港旅遊和消費，為香港帶來經濟效益。可見於特區政府施政報告最初在經濟板塊「加強優勢」行文中，提及旅遊業未來發展規劃：「為了協助香港發展成亞洲娛樂之都，我們現正計劃在西九龍填海區興建一個設備先進的新表演場地。」[126] 隨後在特區政府《一九九九年施政報告》中，相關論述移至優質生活環境建設方面，這時西九文化區的發展已不僅是發展旅遊業的要求了，還要為市民提供世界級的文化藝術設施及節目，為提高

---

124 近年來有關社會運動論述多強調自發性和多元性，不具有完整的政策或價值訴求。

125 胡恩威主編：《文化視野》第 2 輯，進念・二十面體 E+E 出版 2013 年 5 月，第 9 頁；胡恩威：〈西九龍文娛藝術區是香港精神文明的基本建設〉，《二十一世紀》2005 年 6 月號總第 89 期。

126 香港特別行政區行政長官董建華《一九九八年施政報告》10 月 7 日，第 45、46 段。

市民生活質量服務。這也是呼應將香港建設為「世界級大都會」的實際行動。2003 年政府公佈邀請書，其中針對計劃競投的規定招致民間團體對整個項目計劃的不滿及批評。社會各界對商業掛帥的地產商掌控香港文化藝術發展三十年極為不信任。[127] 政府不得不出面強調，「政府是持開放態度，聽取所有意見，我們一定會以民意及香港整體和長遠的利益為依歸，完成諮詢後作出決定。」[128]

　　2006 年在社會各界不同意見的壓力下，特區政府宣佈放棄原有發展框架，重新啟動項目。特區政府成立了核心文化藝術設施諮詢委員會和轄下三個小組，對香港藝術界和相關團體作廣泛諮詢。最終立法會於 2008 年 7 月 11 日制定《西九文化區管理局條例》（《香港條例》第 601 章）。特區政府於同年 10 月 23 日依條例成立法定機構，同時通過一筆 216 億元的撥款，予西九文化區管理局發展西九文化區項目。特區政府亦在民政事務局下設「西九文化區部」，負責監察西九文化區管理局及其附屬公司達致／擔當法定目標和角色方面的表現。2009 年至 2011 年期間，政府分三個階段進行了公眾參與活動，收集公眾意見及其對文化區的需求及期望。[129] 西九文化區進展並不順利，不但設計方案一波三折，西九文化區管理層方面也屢換行政總裁。後來有關 M+ 博物館希克藏品 [130] 以及其策展人資歷、收藏和展出政策等也引發業界爭論，民間對其發展方向質疑，認為其脫離了香港語境，未能深入認識本土文化，本地藝術在西九文化區中亦鮮有

127　丁燕燕撰文詳細介紹西九龍文化區項目的緣起及過程中的諸多爭議。參見丁燕燕：〈龐大的文化工程——談西九龍文娛藝術區〉，《二十一世紀》2005 年 6 月號總第八十九期。

128　香港特別行政區行政長官曾蔭權《二〇〇五年施政報告》，第 67 段。

129　西九龍文化區管理局網站：https://www.westkowloon.hk/tc/the-authority/background，訪問日期：2020 年 1 月 22 日。

130　瑞士收藏家烏利·希克（Uli Sigg）自 1980 年代開始以商人和外交官的身份在中國生活多年。2012 年 6 月，希克將 1463 件中國當代藝術品捐贈予香港 M+ 視覺文化博物館。M+ 還向希克購買了 47 件作品。雖然這批藏品被視為目前世界上關於中國當代藝術最全面的收藏，但因為其中部分作品的政治性指向而備受爭議。參見王曉波：《香港 M+ 重磅：「希克藏品展」梳理中國當代藝術歷程》，《藝術中國》2016 年 4 月 7 日 http://art.china.cn/zixun/2016-04/07/content_8687191.htm，訪問日期：2020 年 1 月 22 日。

參與機會。[131] 西九文化區項目發展過程中暴露出許多文化政策制定過程中的問題。譬如，劉靖之指出西九文化區政策配套準備工作嚴重不足，對西九文化區基本完工之後與現有文化設施之間的配合、協調有關調查、分析、研究、未來運營方針等方面欠缺完整方案。[132] 胡恩威評論政府主辦的諮詢會流於形式，不是以知識為本，沒有實質的交流和辯論。決策部門缺乏專業指導，公眾諮詢沒有誠意，令西九龍計劃很難獲得社會支持。[133] 多位學者更是批評西九文化區發展計劃只是強調地標、建築硬體及規模，無視和社區文化及鄰近地區的關係；缺乏文化藝術軟件協助深層次文化的提升及人文價值的傳承；未能深耕軟實力，成為孕育香港創意開發的母體；藝術發展定位未考慮與內地的關係，未思考香港在內地與國際藝術交流中所應擔任的角色，等等。[134]

　　這些討論的核心，一是希望香港的文化政策及項目規劃能結合在地文化資源和特色，考慮實際情況及需求，營造良好的文化藝術生態以培養當地文化藝術人才及可持續的藝術成就。二是希望西九文化區項目不能僅從經濟意義上服務於遊客，也要從社會意義上服務社區互動及市民的可達性，服務國家對外文化交流所需。這些市民／交流

---

131 Vivienne Chow: A Series of Unfortunate Events: The Past and Present of West Kowloon Cultural District；謝妙思：《M+ 錯把「視覺文化博物館」當美術館》，載胡恩威主編：《文化視野》第 2 輯，進念·二十面體 E+E 出版 2013 年 5 月朱耀偉：《香港文化創意產業再思：以流行音樂為例》，《二十一世紀》2016 年 2 月號總第 153 期。

132 劉靖之：《香港音樂史論：文化政策·音樂教育》，商務印書館（香港）有限公司 2014 年版，第 xvi 頁。

133 胡恩威：〈西九龍文娛藝術區是香港精神文明的基本建設〉，《二十一世紀》2005 年 6 月號總第 89 期。

134 谷淑美、徐匡慈：〈一場新社區運動帶來的啟迪——從「忽然」文化說起〉，載馬傑偉、吳俊雄、呂大樂編：《香港文化政治》，香港大學出版社 2009 年版，第 94 頁；伍婉婷（灣仔區區議員）：〈文化建設與我城發展〉，載高寶齡、陳財喜等編：《發現香港——文化·社區·機遇》，中華書局（香港）有限公司 2015 年版，第 48-49 頁；陳財喜：〈重新思考「西九效應」〉，《經濟導報》2009 年第 9 期；鄭新文：〈西九文化區與香港文化藝術軟件的不足及其提升策略〉，載樂正、王為理主編：《深圳與香港文化創意產業發展報告（2010）》，北京：社會科學文獻出版 2010 年版，第 145-154 頁。

話語促進了西九文化區規劃聚焦問題的解決，不斷改進工作方法向良性發展；一些建設性意見，包括西九文化區更為前瞻性的定位，最終被政府所吸納。儘管市民／交流話語在反制不受約束的市場邏輯，反制政府放棄公共責任方面，發揮了一定的積極作用；但這裏亦存在相關公共論述政治化的傾向，集中表現在文化身份表徵方面。由此西九文化區自公佈至實施擾攘十多年。目前，香港是亞洲新興藝術和文化的樞紐，是中外文化藝術交流中心。包括戲曲中心、「M+」博物館以及香港故宮博物館在內的西九文化區，不僅展現香港文化藝術薈萃東西，同時也代表著國家形象在文化藝術領域的軟實力。這一新的定位，需要香港從過去被西方中心主義和後殖民主義所滲入的話語體系，轉向主動建構交流互鑒的方式進行對話，形成自己的藝術創造力和審美判斷力。

文化政策話語策略：表徵與建構

◇◇◇

一、表徵構成主義與話語分析

　　表徵（representation），在《錢伯斯 20 世紀詞典》中有以下涵義：「表徵與被表徵的行為、狀態或事實；表徵之物；形象；圖像；戲劇表演；意象；關於事實或理由的意見之陳述；請願、抗議、勸諫；繼承權之獲得；代表團。」這些定義凸顯了表徵的複雜性和多重性。[1] 在文藝理論研究範式中，表徵亦被翻譯為再現，是創作者通過模仿、描述，顯明事物（事實）的審美能力或敘事能力。進入文化領域後，「表徵」被賦予了表現社會關係及權力結構中意義再生產的功能。「表徵」一方面是對客觀世界的準確再現，是基於所表徵事物的主觀意圖的傳達；另一方面更是塑造意義的文化實踐活動，具有現實情境性及主體能動性。[2] 英國學者丹尼・卡瓦拉羅（Dani Cavallaro）指出，當今批判及文化理論的諸多重大發展，都是與表徵危機聯繫在一起的。他認為表徵是維護文化意識形態的一個重要手段，他以文藝理論中的現實主義、繪畫技術中的透視法、象徵符號和神話結構為例，解釋了表徵和意識形態之間的相互影響。在他看來表徵研究需要

1　〔英〕丹尼・卡瓦拉羅：《文化理論關鍵詞》，張衛東等譯，南京：江蘇人民出版社 2013 年版，第 39 頁。

2　常江：〈再現之道：文化理論在全球化時代的重新政治化〉，《學習與探索》2018 年第 12 期。

關注文化存在的中介特徵，以往作為現實經驗的反映已逐漸被轉移到了意象領域。[3] 這提醒我們要考慮所感與所知之間的關係，情感在社會關係中的位置及象徵性資源的運用。情感上的改變可能比認知上改變對減少成見更為關鍵。卡瓦拉羅的表徵研究側重的是對世界的解釋，及對文化現象和意識形態議程的關注；對於文化實踐的意義再生產涉及不多。

　　斯圖亞特・霍爾在《表徵的動作》一文中提出構成主義（constructionist）表徵理論，以區別於文學藝術史研究領域中的反映論的或模仿論的和意向性（intentional）的表徵觀念。反映論的或模仿論的表徵觀念，提出語言或符號和代表或表述事物之間直接和透明的模仿或反映關係。意向性的表徵觀念，則把表徵限制在其作者或主體的各種意圖之中。構成主義表徵理論提出：在世上諸事物、我們的思想概念和語言之間存在著一種複雜的中介關係，可將表徵作為中介，重新建立權力與身份之間的關係。[4] 因此，在霍爾看來表徵既是權力踐行的方式，也是身份認同的重要基礎。身份表徵不僅是對權力關係的一種反映，其本身也是文化制度中權力機制的構成要素。從方法論上，霍爾指出有兩種構成主義表徵路徑：一種致力於弄清表徵如何運作，語言和意指（即語言中各種符號的使用）如何生產各種意義，這也是詩學的方法，源於索緒爾和巴特符號學方法。另一種則追隨福柯的話語觀，致力於弄清話語和話語實踐所生產的知識如何與權力聯結並規範行為、構建各種認同和主體性。這一政治學路徑關心的是表徵的後果和影響，強調的是運作方式的歷史具體性及時空性。[5]

3　〔英〕丹尼・卡瓦拉羅：《文化理論關鍵詞》，張衛東等譯，南京：江蘇人民出版社 2013 年，第 41-45 頁。

4　〔英〕斯圖爾特・霍爾：〈表徵的動作〉，載斯圖爾特・霍爾編：《表徵：文化表徵與意指實踐》，徐亮、陸興華譯，北京：商務印書館出版 2013 年版，第 51 頁。

5　〔英〕斯圖爾特・霍爾編：《表徵：文化表徵與意指實踐》，徐亮、陸興華譯，北京：商務印書館出版 2013 年版，第 9、92 頁。

亨里埃塔・利奇在《他種文化展覽中的詩學和政治學》一文中，將對表徵媒介（語言、文本或影像、符號等）的關注轉移至分類及展出而被創造出來的方法上。他認為兩種構成主義表徵觀可組成雙重路徑結構，根據所使用的分類系統，以文化的方式建構，在具體歷史情境中識別出其固有的文化和社會特徵。[6] 對利奇來說，符號邊界是區分差異的標誌。以差異賦予一個群體區別於「他者」的身份，在西方思維方式中普遍存在。文化通過分類體系獲取事物的意義，是來自人類學的解釋。瑪麗・道格拉斯認為社會群體是通過分類系統給予生活世界以意義的。她將這一觀念延伸至對制度的理解，及制度如何賦予人以同一性的解釋。道格拉斯認為制度是建立在類比之上的，制度控制分類、創造界限，以維護制度規則的合法性，它提供個體思想的範疇，確定自我知識的術語，確立身份。[7] 在諾曼・費爾克拉夫話語分析研究中，是以話語表徵（discourse representation）來體現表徵概念的話語實踐。他強調要在文本、話語實踐、社會實踐三個向度說明話語實例的生產、解釋以及與社會的關係。費爾克拉夫採納福柯的立場，強調話語的社會性的建構屬性，他提出話語分析中身份功能、關係功能及觀念功能三種功能之間的互動影響。[8] 由此，某種集體身份之所以能夠得以在話語中確立，與話語參與者之間社會關係如何被制定和協商是密切相關的，這一過程中所表達的意義宣示及價值建構，不僅依賴於社會環境，而且隨著社會環境變化而發生變化。儘管費爾克拉夫關注的是與社會的和文化的變化相關的話語變化，但我們從話語分析的方法上仍能尋跡到話語建構身份的路徑。以上探討為本文基於

6　〔英〕亨里埃塔・利奇：〈他種文化展覽中的詩學和政治學〉，載斯圖爾特・霍爾編：《表徵：文化表徵與意指實踐》，徐亮、陸興華譯，北京：商務印書館出版 2013 年版，第 153、222、244 頁。

7　〔英〕瑪麗・道格拉斯著，《制度如何思考》，張晨曲譯，北京：經濟管理出版社 2013 年版，第 60-61、143-144 頁。

8　〔英〕諾曼・費爾克拉夫：《話語與社會變遷》，殷曉蓉譯，北京：華夏出版社 2003 年版，第 8、60 頁。

身份表徵的文化政策話語分析提供了理論探討的背景及方法論上的指引。

　　表徵機制與身份認同密切相關。考察文化政策話語中的身份表徵，即話語中展現的群體歸屬與價值聯繫，以之為研究對象加以批判性的話語分析，是為了揭示複雜權力結構中的鬥爭衝突或民主協商，及在身份認同上呈現的問題。上一章節已針對文化政策話語內部存在的三種話語制衡結構關係，結合政府施政報告文本、話語實踐、社會實踐三方面內容進行了分析。在地方政府話語中，「國家干預」在殖民政府時期是隱性存在的，並以「非政治化」的方式消解社會內部潛在的矛盾，以「去中國化」的文化和教育政策壓抑國家意識、強化香港本位的意識形態塑造。香港回歸後「公共政策干預」已成為特區政府必須面對的全球發展趨勢，與歷史中形成的「不干預」政策話語形成了對抗，這在文化政策領域尤為明顯。對於特區政府行政架構中是否需要設立文化局，社會內部爭議不斷；對於文化及創意產業原屬經濟領域的事務，是按照經濟理性原則選擇文化生產，還是需要政府干預予以扶持有利於社會效益的長遠發展，眾說紛紜。當特區政府官員提出文化發展民間主導原則時，民間社會並不以此為然，一方面繼續推動文化發展權力下放，另一方面質疑政府推卸公共責任。這些內部政策話語的角力導致了香港在文化政策上未能有清晰的遠景發展規劃。香港文化及身份定位方面，特區政府話語著力建立歸屬於中國的香港人的身份，致力於培育對社會、國家與民族的歸屬感和身份認同，這裏既反映了香港人在文化身份上的認同傾向，也暗示出自我角色（港人治港）的建構。公民社會對自我角色的建構有強烈的訴求，著力建立「香港的中國人」，並以此為獨特文化身份；不反對加強年青人的國家民族意識，與此同時亦強調加強「香港人」的文化身份認

同。[9] 原本國族認同與本土身份之間並不矛盾，亦可相輔相成，爭執的重心造成二元結構的對立關係，從而潛在地割裂了兩者的融合關係。類似的爭論在西九文化區項目實踐中也有體現。儘管無論是特區政府，還是民間社會，均期望藉西九項目重構香港人的身份論述，使香港傲立於國家與國際間。但在具體實踐上仍有一定的分歧，民間社會有聲音質疑其發展脫離香港語境。[10] 這裏強調的仍側重於「香港人」的文化身份認同。如何求同存異、調和兩者之間的融合關係是重建香港人身份認同的關鍵，需要將國族身份重新納入香港本土認同的構成之中。梁淑雯提議讓本土性吸收、挪用以及轉化國族性，發展出一種新的論述香港的方法。[11] 話語實踐需要在社會實踐中反覆展演，社區參與香港非物質文化遺產保育的實踐，將地方認同與國家認同再結構化為一種互為促進、同一整體的關係。透過這一經驗過程，我們可以連接（articulation）出認同的意義。

在市場話語中，「自由經濟迷思」一度成為香港社會的主流敘事，市場成為影響文化生產的主要機制，並創造了香港 1970-1990 年代流行文化的輝煌。市場既生產了基於本土文化標識的身份認同，又製造了基於差異的定型化身份。這可見於影視媒介中塑造的香港人與內地人形象。但這並非一成不變，從早年正負面形象的極端對比，到回歸前沒有設定的中性角色，及回歸後影視角色中香港人和內地人已沒有鮮明的分野，顯然影視文本與社會情境相互影響形構了香港認同。[12] 影視等普及文化對香港人身份建構的作用，隨著香港流行文化的衰落而減弱。

9　《城市智庫回應文委會諮詢文件 2002》，立法會 CB（2）703/02-03（02）號文件。

10　胡恩威主編：《文化視野》第 2 輯，進念．二十面體 E+E 出版 2013 年 5 月，第 9 頁。

11　梁淑雯：〈國族身份〉，載朱耀偉編：《香港關鍵詞：想像新未來》，香港中文大學出版社 2019 年版，第 139-145 頁。

12　馬傑偉、曾仲堅：《影視香港：身份認同的時代變奏》，香港中文大學香港亞太研究所 2010 年版，第 16、30、47 頁。

上個世紀九十年代末開始，新自由主義推崇的自由市場機制佔據了重要位置，著重於個人需求／選擇、個體創意自主性及市場競爭的公共語言逐步成為文化政策話語的主體。當時英國界定了一個比文化產業更寬泛的產業門類，引入「創意」概念作為文化產業發展的核心戰略。強調從個人的創造力、技能和天分中獲取發展動力。此後，多個國際組織分別給創意經濟做了界定，並在全球範圍內推廣這個概念。「創意」概念得到進一步發展。創意也是「一種可以全方位解決問題、創造機會的能力。」[13] 這樣創意活動就不僅在產業領域體現其實踐意義，創意活動更來源於絕大多數人日常生活中的潛在創造力。因此，美好而富創新性的城市需要培養市民的創造力，並將其作為城市的精神和動力機制。在這裏，儘管創意仍與個人的創造力相關，但創意在更大程度上已經是一項集體活動了。從這個意義上來說，發展創意經濟也就成為一項綜合性發展策略，被視為「一系列以發展為維度、以知識為基礎的經濟活動，包含了經濟、文化、社會元素與科技、智力元素和旅遊的互動，在產生工作機會、收入和出口的同時，促進了社會包容、文化多樣和人類發展」。[14] 現代價值觀念中肯定個體參與創造、迎接挑戰、個人成長和自我實現，乃至肯定個體對「美好生活」的嚮往等，對於社會進步是有貢獻的。國家層面的繁榮源自廣大人民對創新過程的普遍參與，文化的生成及創新發展是建立在群體層次之上的。由此，將有利於個體發展與有利於共同體發展相協同的思路更有助於社會繁榮。

　　與此同時，人們對以消費主導生產的文化發展模式亦有反思。有學者認為文化及創意產業的基礎被視為進取式價值，而不是文化藝

13　〔英〕查爾斯‧蘭德利著：《創意城市打造：決策者指南》，田歡譯，北京：社會科學文獻出版社2019 年版，第 76 頁。

14　聯合國教科文組織國際創意與可持續發展中心主編：《創意經濟與城市更新（2019-2020）》，北京：社會科學文獻出版社 2021 年版，第 11 頁。

術價值本身。[15] 文化政策經濟論述的出現與文化政策傳統議題，如藝術表達民主、解決文化公共可及性的不平等、培植公民品格等，形成了文化政策話語內部的張力。新自由主義經濟發展模式產生的貧富分化加劇及種種社會困境，直接轉化為普遍的社會心理問題，成為身份焦慮的重要來源。特區政府一旦在管治方面未能幫助民眾走出經濟衰退，並改善生活條件、緩解社會焦慮，就會面臨其認受性降低。王於漸認為福利社會與有限政府的內在矛盾，是香港深層次矛盾的其中一個來源，這使得凝聚社會共識極為困難。[16] 在市民／交流話語中，本土迷思一直伴隨著游離不定的身份焦慮，從本土論述走向本土行動，要求把殖民統治時代較為非政治化的社會，轉化為一個要求政治參與、批判社會不公、倡導問責體制的公民社會。[17] 這是回歸後香港社會呈現出的新狀況，日趨政治化的社會對香港人身份建構的影響日益增大，社會撕裂嚴重。市民社會並非一定與政府處對立面。在葛蘭西眼裏，「一種積極文化的因素」可以促進「既複雜又井然有序的市民社會」。這需要市民社會具備贊同性國家認同，愛國者治港是香港繁榮穩定的根本保障。

從以上分析我們可以發現：香港文化政策話語中對身份的表徵，並不是一種單一的文化表達或觀念系統的現實解釋，而是彙集了所有對其加以描述、闡釋、區分、評判等話語實踐。這裏既存在政策話語內部歷時性意識形態的縱向影響，又有共時性不同政策話語之間的衝突或協商。從文化政策話語文本、話語實踐與社會實踐互動關係來看，身份表徵亦不僅是對自我或群體形象或意義的指涉，而且更是一種主體的話語實踐和文化實踐。其實踐意義在於：儘管支配性的制

15　〔英〕馬克·班克斯（Mark Banks）:《文化工作的政治》，王志弘、徐苔玲、沈台訓譯，新北：群學出版有限公司 2015 年版，第 84 頁。

16　王於漸:《香港深層次矛盾》，北京：中國人民大學出版社 2015 年版，第 28 頁。

17　馬傑偉、曾仲堅:《影視香港：身份認同的時代變奏》，香港中文大學香港亞太研究所 2010 年版，第 132 頁。

度可以產生認同，但只有當主體行動者將認同內化，並圍繞這種內化的社會過程構建意義時，它才能夠成為真正的認同。[18] 香港回歸後由於缺乏主流話語所具有的中心意識，或者說政策話語呈現多元化未形成基本共識，情緒化和政治化的「立場表達」替代了調和不同意見的「智識話語」，這就使得歷史形成的複雜性要素未能被整合進一個穩定的結構性框架中。香港面臨回歸以來最為嚴峻的局面，可見一些深層次矛盾和身份認同問題是不可迴避的。文化身份的回歸，需要在觀念和體制上持續改造話語實踐。在傳承和發展中賡續傳統文化，促進贊同性國家認同，積極建構具有協商民主特徵的、包容性的話語策略及社會文化實踐，這對於香港未來的發展十分必要。

▍二、身份表徵策略：從區隔走向融合

由於身份認同等詞語是個現代概念，起源於西方，當人們追溯其涵義時更多的需要參考西方學術語境中關鍵詞的解釋。這裏顯然不能從中國文化傳統中去追溯其意蘊。因此，對身份認同的闡釋，就很容易陷入西方思維及方法論下處理在中國現實語境中發生的問題。當我們扎根於具體的社會脈絡時，就會發現並不存在一勞永逸的方法。社會上產生的種種分歧，主要是由於人們採用了不同的概念框架或理論模型來理解問題，背後也是不同的政策隱喻。比如將「文明等級論」「現代化論」「文化差異論」等放置於二元對立的態勢中，引發孰優孰劣的討論而不是平等的溝通交流；後現代主義思潮雖然打破了西方二元對立思維和認知實踐，但所形成的關於差異合理性的話語，易將價值多元又簡化為價值虛無；[19] 區分的標準是強調意識形態還是文

---

18 〔美〕曼紐爾‧卡斯特：《認同的力量》（第二版），曹榮湘譯，北京：社會科學文獻出版社 2006 年版，第 5 頁。

19 常江：〈再現之道：文化理論在全球化時代的重新政治化〉，《學習與探索》2018 年第 12 期。

化及生活方式，決定了不同的政治立場等等，這些都是需要我們警惕的。香港真實的情況需要我們能夠立足於動態性的確切事實及歷史傳統形成的經驗中，予以闡釋及處置。比如，我們需要通過文化身份意義轉換或重新賦予歷史與源流、血脈與基因更深刻的精神內涵，逆轉被殖民文化主導話語「合法化」的表徵，重新激活今日香港精神的驅動力，實現香港文化的再生。一言以蔽之，方法必須創新。這涉及身份表徵策略的選擇，本文認為需要從文化政策話語秩序、中外文化藝術交流及香港與內地關係上從區隔走向融合。

（一）促進文化政策話語秩序的民主協商

文化政策話語中政府話語、市場話語和市民／交流話語構成其話語秩序。在費爾克拉夫看來，不同話語秩序內部或話語秩序之間邊界的重組，是社會文化變遷在話語層面上的體現。這些邊界往往成為權力鬥爭和矛盾的焦點。[20] 在對香港文化政策話語分析中，亦可見話語秩序所包含的對抗力量，有的發生過促進作用，照顧到公共利益；更有阻礙發展，未能有效處理社會文化長期存在的核心問題。如何妥善處理這一發展中的矛盾？首先，需要建立具有民主協商特徵的、包容性的體制機制。政府話語要以公平正義為價值旨歸；市場話語以交換價值為導向的同時需兼顧文化的多元價值；市民／交流話語並不是一味對政府話語和市場話語抵制，我們也看到從建設性的角度推動社會進步。權力間不能各自為政，既能相互制約又要能相互平衡，協商共治、營造共識。譬如，特區政府是以公共干預的方式介入香港非物質文化遺產政策的，設立專職機構非物質文化遺產辦事處，成立「非物質文化遺產諮詢委員會」為政府提供專業意見。委託專業研究機構香港科技大學華南研究中心進行全港性非物質文化遺產普查，啟動自下

20　Fairclough, N. CDA: *the Critical Study of Language*. Longman, 1995. p.56 轉引自紀衛寧、辛斌：〈費爾克勞夫的批評話語分析思想論略〉，《外國語文》2009 年第 6 期。

而上的公眾申報機制。非遺諮委會根據普查結果推薦一份香港非物質文化遺產建議清單，政府以此開展為期四個月的公眾諮詢，搜集社會各界對建議清單的意見，最後社會形成對非物質文化遺產保育的基本共識及廣泛認知。這一過程體現了既有專業嚴謹科學的調查研究，又尊重民間社會的認同表達及贊同性認同的制度設計，文化政策三種話語亦形成良性互動。一方面這項政策內容的重心是推動社區參與保護非物質文化遺產，為「社區和群體提供認同感和持續感」，不僅體現了地方社會與國家的互動，而且也呼應了國際社會達致共識的思想觀念和政策原則。另一方面非遺政策也與藝術政策、旅遊政策等密切聯繫，將本地非物質文化遺產及其資源轉化為特色旅遊項目及文化產品，既活躍社區經濟的同時又帶來地區能見度。需要注意的是這裏之所以機制運行順暢，前提是社會各界已對非物質文化遺產政策理念形成了話語凝聚、達致了發展共識，這既來自於國際公約的倡導又有國家立法的保障。儘管這是自上而下的政策安排，但政策過程中充分尊重民眾及社區訴求，從而完成文化政策話語的整合。

其次，根據社會、經濟和政治情況的變化改變文化政策話語表徵亦十分重要。話語分析中經常提及互文性（intertextuality）方法的使用，即文化政策話語的敘述方式、修辭、語詞等使用，並不僅存在於相關政策文本中，許多地方均存在文本間蹤跡，存在話語的共享、共創及整合，這使得影響與被影響的關係構成一種互文性。這種互文性關係受變化著的社會關係及意識形態所影響。話語實踐則通過文本間互動過程達致意義的生產及身份的塑造。其路徑為：話語表徵身份，通過互文性的方法，加強話語的再生產；或通過話語新的內容結合，豐富話語原有的內涵，使話語秩序的發展適應社會的變化。這樣「互文性」就連接了話語實踐和社會實踐，實現了通過話語策略來聚焦具體問題的解決這一終極目標。張萌萌在香港身份認同的媒體化建構研究中，以香港《文匯報》《明報》《信報》《東方日報》《蘋果日

報》五份報紙文本為研究對象，通過事件報道為案例研究，即發現身份認同受到媒體表徵等多種不同實踐的影響，處於不斷被再造和調整之中。身份表徵的話語變化是由更廣泛的政治變化、經濟發展和文化變遷影響和推動的。政治是影響力最大的因素之一，其重要性隨民眾對香港特區政府和社會經濟情況的滿意度而浮動。[21] 這裏亦證明了話語表徵、話語實踐並不能孤立發揮作用。儘管身份表徵是在特定的社會文化背景下展開的，但也存在人的能動性。人的能動性對身份建構的影響，是要通過能動者的反覆實踐才能結構化。這體現在文本的互文性方法中，也體現在話語實踐與社會實踐互動過程中。因此，形成話語整合、話語凝聚機制，促進文化政策話語秩序民主協商的關鍵是要協調文化制度、話語表徵及文化實踐之間關係，建立上下聯動的共同治理機制，實現基於信任基礎上的公眾配合及自願合作。

（二）致力融會中西、兼備體用的文化治理模式

特區政府多次強調香港文化的特色是融會中西文化。我們可以在回歸後政府施政報告中看到：「香港一向對中西文化兼收並蓄」「香港成功的一個重要原因，是中西文化能夠在這個城市相處交融，由此也形成了香港社會文化的特色」；[22]「香港風味獨特，中西文化薈萃其中」；[23]「我們背靠發展蓬勃的祖國內地，是中西多元文化的交匯點」「遊客更可從中感受香港中西文化交匯的魅力」；[24]「香港是中西文化薈萃之地」；[25]「香港長期以來是中西文化交匯的地方」；[26]「既是中西

21　張萌萌：《香港認同構建：政媒機制與媒體化再現》，北京：社會科學文獻出版社 2013 年版，第163-165 頁。

22　香港特別行政區行政長官董建華《一九九七年施政報告》，第 108、111 段。

23　香港特別行政區行政長官董建華《一九九八年施政報告》，第 44 段。

24　香港特別行政區行政長官董建華《一九九九年施政報告》，第 45、136 段。

25　香港特別行政區行政長官董建華《二〇〇三年施政報告》，第 28 段。

26　香港特別行政區行政長官董建華《二〇〇四年施政報告》，第 30 段。

文化交匯點，又是不少海外華人的文化搖籃」；[27]「香港在中華文化源流上有獨特的地位，通過融合中西方文化藝術，創造了獨特、多元和燦爛的香港風格」「中西文化的熏陶，加上旺盛的創意，孕育了以香港流行文化為主軸的文化產業」；[28]「發展香港成為一個植根於中國傳統並融會多元文化的國際文化大都會」。[29] 呂大樂曾指出香港「華洋共處」並沒有說清楚殖民者與被殖民者存在一種怎樣的關係。[30] 香港當前的融會中西似乎成為理所當然、無需辯論的事實。然而，全球化時代香港融入現代性並保持中國的文化主體性問題其實並未得以解決，體現的是中國文化認同的危機。當前亟待處理難以化解的文化困局，尋求針對差異展開協商的本土方案。

儘管香港文化有地域特色，但任何強調香港本質性「文化特質」都是錯誤的，在認同概念上指向（與內地）排斥性意義的闡釋，則更是一種走偏的文化身份路徑。香港經驗仍是中國文化主體在現代化發展道路上的具體案例。翟學偉認為中國文化認同出現危機，其根本原因是找不到中國傳統文化同現代化的契合性機制。[31] 諸多學者提出建設性的路徑，如麻國慶提出將文化「無意識的傳承」傳統與「有意識的創造」相結合；[32] 韓震提出多重構造的文化認同需要具備自主性、開放性和創造性；[33] 任裕海以世界主義姿態提出與文化他者進行良性互動、汲取整合各種文化資源，[34] 等等。這些均是從中西文化平等對話意義上論及融會的方式。具體到香港語境中，本文認為需要從中國

27　香港特別行政區行政長官曾蔭權《二〇〇五年施政報告》，第 84 段。

28　香港特別行政區行政長官梁振英《二〇一三年施政報告》，第 178、179 段。

29　香港特別行政區行政長官林鄭月娥《二〇一八年施政報告》，第 294 段。

30　呂大樂：〈香港殖民生活的「冷經驗」〉，載王慧麟等編著《本土論述年刊 2009》，台北：漫遊者文化出版社 2009 年版，第 102 頁。

31　翟學偉：〈進步的觀念與文化認同的危機——對中國人價值變遷機制的探討〉，《開放時代》2008 年第 1 期。

32　麻國慶：〈全球化：文化的生產與文化認同——族群、地方社會與跨國文化圈〉，《北京大學學報（哲學社會科學版）》2000 年第 4 期。

33　韓震：〈論全球化進程中的多重文化認同〉，《求是學刊》2005 年第 5 期。

34　任裕海：《全球化、身份認同與超文化能力》，南京大學出版社 2015 年版，第 154、158 頁。

傳統文化中尋求能提高現代化治理能力的資源。比如,可以倡導中國傳統文化中基於情感的倫理關係以緩和自由主義個人本位的消極影響。[35] 梁漱溟認為中國傳統倫理社會是重情誼的社會,倫理社會所貴者,即尊重對方。而所謂倫理者是要人認清楚人生相關係之理是在於彼此相關係之中互以對方為重。[36] 現代社會如果僅關注個體權利,便可能導致人與人之間的相互衝突,甚至走向對抗。可見,傳統資源是可以成為治理意義上的社會資本的,但必須與現代生活相適應。比如,這裏強調中國傳統文化中的倫理關係,即情誼關係,是一種基於相互間信任的親密關係;而不是倫理社會中差序格局和宗法等級制的內涵。這種基於相互間信任的情感結構,可以與西方講求的契約關係形成互補關係。在日常生活中,以具體文化實踐的方式將表徵與建構的邏輯予以接洽與整合,以更為靈活性、更為開放包容的姿態整合現有的物質環境、中西文化傳統及現代價值觀念等諸種要素,[37] 實現真正意義上的融會中西。

香港特區政府在做文化政策探討時,諮詢報告提出「以象徵精神價值的廣義文化為『體』,以可以管理的狹義文化為『用』」的政策理念。雖然視兩者互為補充,融為一體,但在西方二元論方法下卻易將發展路徑割裂。諮詢報告繼而指出「在政策序言裏強調自由與民族傳統等精神價值」的內容,是為「體」;「在措施上列出如何保護文物遺產和促進文化藝術教育」的手段,是為「用」。[38] 前者是協調各部門和民間組織的共識基礎和道德力量;後者則是政府推動的行政程序和管理技術,是文化政策中的「有形」(tangibility) 或「物性」

35　有學者認為英國在香港的殖民統治,經濟上採取自由貿易主義、社會文化上推行盡量不干預政策,基本上與自由主義的精神銜接,對香港人的集體意識有很深的影響。參見王家英:《香港人的族群認同與民族認同:一個自由主義的解釋》,香港中文大學香港亞太研究所,1996 年 4 月。

36　梁漱溟:《中國文化要義》,上海:世紀出版集團、上海人民出版社 2011 年第 2 版,第 86-88 頁。

37　劉翠霞、林聚任:〈表徵與建構:兩種理念還是一種實踐?——研究的方法論之爭〉,《科學與社會》2013 年第 1 期。

38　《香港文化藝術政策的釐定、推行與資源開拓》第 2 段,香港政策研究所,1998 年 12 月。

（thingness）的內容。近代以來，中國文化曾將「體」「用」關係置於處理主流文化價值與邊緣文化或外來文化關係上。清末張之洞在《勸學篇》中提出「中學為體，西學為用」，即視中國社會中最重要的倫理原則、行為規範為「體」；視西方的法制、器械和工藝為「用」，以「中學治身心」、「西學應世事」，以此避免中國精神文明的「混成化」。[39] 後來，孫中山繼以物質和精神之關聯來闡釋「體用關係」，其實內涵上已發生很大變化：

> 然總括宇宙現象，要不外物質與精神二者。精神雖為物質之對，然實相輔為用。考從前科學未發達時代，往往以精神與物質為絕對分離，而不知二者本合為一。在中國學者，亦恆言有體有用。何謂體？即物質。何謂用？即精神。……兩者相輔，不可分離，若猝然喪失精神，官骸雖具，不能言語，不能動作，用既失，而體亦即成為死物矣。[40]

香港特區政府在闡述文化政策「體」與「用」關係時，實指「體」是精神層面的內涵及宏觀政策理念，也包括文化認同及身份定位；「用」是物質實踐具體內容。文化政策理論、觀念及發展原則與文化政策的實踐是相輔相成關係，不可割裂。但從香港文化政策現實發展情況來看，則偏重講求實際，長於具體措施和專業管理技術，短於其精神層面凝聚社會價值共識和共同體意識，文化政策理論研究也不能創造性地豐富文化實踐解決社會問題。可見未能有效處理所謂的「體用關係」。社會共識可以賦予認同和身份意義，促進身份認同更具廣泛的社會性；同時也能使個人在多元文化環境中更聚焦特定的認

39　張之洞：《勸學篇‧外篇》，會通第十三；陳國賁：《漂流：華人移民的身份混成與文化整合》，中華書局（香港）有限公司2012年版，第67-68頁。

40　孫中山：〈在桂林對滇贛粵軍的演講〉（1921年12月10日），載《孫中山全集》（第六卷），北京：中華書局1985年版，第12頁。

同。[41] 社會共識缺失必然造成集體身份（collective identity）意識不明晰，社會深層撕裂。

當前普遍使用的「文化治理」是現代概念。就像文化政策是公共政策的下位概念一樣，文化治理也是治理的下位概念。治理概念的出現，主要是針對社會管理中國家和市場在資源配置中的雙重失效，強調以新的方法來善治，如多元參與，協商而不是控制，公共機構與私人機構的合作等。中國傳統社會的文治教化與文化治理表面上看有很大的差異，但深入到本質目的上又可以找到共通之處。文化在中國傳統社會中講求的是人文化成。樓宇烈認為這其中包涵兩層含義，一層含義是以人為本，即保持人的主體性、能動性和獨立性；另一層含義則是以禮樂教化，讓人自覺自律地遵守社會的行為規範。[42] 人文化成在今天看來具有兼備體用的功能，保持中華文化的主體性意識，堅持文化自覺，以具體措施實施開放性的文化治理。趙鼎新指出文化不是基因，文化需要藉助組織和制度才能傳承下去。[43] 尤其組織和制度實踐價值觀的方式，成為軟實力的根本——通過吸引的能力來獲得他人影響。如此，創新並完善文化治理體系、提升文化治理能力現代化就顯得尤為重要了。而建設好融會中西、兼備體用的文化治理模式，將會是香港予以中國經驗及東方智慧的重要貢獻。

（三）以邊界轉換的方式實現主體性與共融性合一

本文在追溯香港人身份認同問題根源時，曾提及空間維度、地理邊界的區隔和時間上抽離於現實中國，是香港社會本土意識產生的最直接原因。香港與祖國母體上相分離，連帶出經濟、社會結構上的轉變和制度差異，這一節點後來被劃定象徵性邊界、製造對抗性位置

41　吳瑩：《文化、群體與認同：社會心理學的視角》，北京：社會科學文獻出版社 2016 年版，第 23 頁。

42　樓宇烈：《中國文化的根本精神》，北京：中華書局 2016 年版，第 7 頁。

43　趙鼎新：〈價值缺失與過度有為：從古今異同看當前官僚制的困境〉，《文化縱橫》2019 年第 5 期。

的起點。傳統路徑即由此「邊界」建立共享的經驗，通過加以本質化的普遍特徵辨識「我們」與「他者」。「邊界」在諸多身份認同研究中均為關鍵性的中介物。譬如，美國學者卡斯特主張將構建認同的形式和來源分為三種：合法性認同、抗拒性認同、規劃性認同。[44]其中抗拒性認同在香港人身份認同問題中較為顯著，表現出卡斯特所言的「用支配性的制度和意識形態詞匯建構出來的防衛性認同，在強化邊界的同時翻轉價值判斷。」這裏「邊界」儘管是象徵性的，但也是身份區隔的手段，並最終體現於價值區分。對於如何建立歸屬感及基於文化認同的共同體，他提示群體必須經歷一個社會動員的過程。人們只有在共同參與過程中才能找到和保護彼此共同的利益，分享彼此生活經驗，從而獲得全新的意義。[45]法國學者格羅塞也有類似的表述，他認為「邊界的界定往往能夠產生身份認同。獲得共同治理、接受共同教育、參與或應對相同的權力中心，單獨這一事實便超越了共同歸屬的表象，產生並強化著一種共同身份的情感。」[46]兩位學者給出的方案或方法並沒有突破社會學意義上的邊界意識，而是以「跨界紐帶」（cross-cutting ties）、「邊界轉換」（transform boundary）的方式重塑身份認同。只要有「邊界」存在，本質上就仍有「分類」機制。一般來說，流動代表著去邊界化。但流動並不意味著各參與主體會迅速融入對方並產生一個均質而統一的空間；相反，流動可能還會強化反差的異質空間結構。僅有流動機制並不能保證潛在對抗性的消解，這裏需要我們在理論和方法上轉型，看到相互分類中文化共生的現象，將差異性作為一種整合方式而非整合的障礙，促進和諧融洽關係。

---

44 〔美〕曼紐爾·卡斯特：《認同的力量》（第二版），曹榮湘譯，北京：社會科學文獻出版社 2006年版，第 6 頁。

45 同上，第 8、65 頁。

46 〔法〕阿爾弗雷德·格羅塞：《身份認同的困境》，王鯤譯，北京：社會科學文獻出版社 2010 年第2 版，第 12 頁。

　　具體到香港問題上，林芬和林斯嫻研究發現：對同一種象徵性資源的使用並不能帶來一致性的認同建構與想像，這其中存在社會結構及身份參照對象的變化，起決定作用的是認同的「邊界機制」如何借用象徵性要素來詮釋自己與「他者」的邊界，即自己與「他者」的關係。[47] 鄭婉卿通過研究香港社會動態跟蹤調查數據，指出香港居民身份認同是在尋求相似性和差異性兩者的互動中形成的。差異體驗顯著時區隔感增強，象徵符號邊界成為區分差異的標誌。在她看來，僅僅依靠跨境流動並不能減少兩地差異體驗和偏見。[48] 鄭宏泰和尹寶珊通過考察香港與內地融合進程中雙向交流情況，發現香港人親赴內地與內地人接觸後印象變好的比例，顯著高於自由行的相關比例。[49] 但也有人觀察到：並不能想當然地認為香港人有過內地生活經歷就會對內地有認同感，儘管香港社會與內地交往日益加深，社會融合尤其是心理層面的融合，依然處於隔膜、隔閡甚至隔絕狀態。[50] 這種「自我圍困」是一種無形的邊界。在當今流動性時代重拾香港人的國族身份，重塑香港與祖國不可分割的空間意識仍很重要，但地理上的「物理邊界」所發揮的作用已不再顯著了。邊界機制的發生更多的來自於如何看待邊界，交流的方式以及如何詮釋共同體、凝聚共同體。十九大報告提出以「粵港澳大灣區」為戰略抓手，促進香港再發展、融入國家發展大局。在粵港澳大灣區建設中促進香港社會對國家與民族的人文歸屬及身份認同，正是「邊界轉換」方式的具體運用。正所謂「拋棄區分，求共對」。（黃霑《獅子山下》，1979）

　　高丙中發現二戰以後的國際社會，對文化概念代表性意涵的運用發生了重要轉變：從區隔走向共享。譬如「世界文化遺產」概念，

47　林芬、林斯嫻：〈香港青年的中國觀：民族認同與學生運動〉，《二十一世紀》2017 年 12 月號。

48　鄭婉卿：〈流動與認同：以香港居民為例〉，《人文地理》2019 年第 1 期。

49　鄭宏泰、尹寶珊：〈香港與內地的融合進程〉，載張妙清、趙永佳編：《香港特區二十年》，香港中文大學香港亞太研究所 2017 年版，第 131、139 頁。

50　高建軍：〈大灣區中的小港灣——從居深港人看深港融合發展〉，《文化縱橫》2021 年第 1 期。

就是把「你的」或「他的」轉化為「我們的」，將私人性和共同性打通。「不否定私人性而共享」是極具時代性的文化創新。[51] 這與中華傳統文化中包含的共享性價值觀有異曲同工之處。這種轉化技巧的運用在非物質文化遺產倡導上更能體現其廣泛性意義，它改變了以往「普遍性─對立性」觀念之上邊界劃定的原則，為人類社會處理社群差異與區隔，提供了新的理念和方法，也為文化認同及其再生產問題提供了新的路徑。是以，我們可以看到非物質文化遺產政策從理念到實踐，在香港均能獲得社會共識，未在公共「干預」或「不干預」問題上發生爭執。無論是從民族文化歷史，還是地方集體經驗的層面，非物質文化遺產保育與社區文化的結合均能對文化的傳承性和創造性予以肯定，對非物質文化載體──人的活動的能動性及群體間互動性實踐予以強調。非物質文化遺產為地方或群體提供認同感和持續感，主要是基於扎根地方性的日常交往和情感溝通，因此有著深厚的群眾基礎。這一方法既可以延伸至與香港在人文和血緣、民間風俗、語言飲食等方面有歷史傳統聯繫的粵港澳大灣區城市群，同時又增加了港人的尋根情懷和親情關係。通過民間以人際關係為基礎的文化實踐、文化項目的共同參與機制及文化生活共享，重塑大灣區內「活的傳統、新的記憶」和共同的榮譽感；通過構建新的社會發展共識並拓展共同利益，促進香港主體性與大灣區共融性合一。生活上的融合及文化上的融合比經濟上的融合惠及群體更廣，不僅可以縮短大灣區內不同城市居民之間的心理距離，促進積極的交流與溝通、包容、開放與共享，而且其多方影響也將有助於再生各種文化資源及合作發展項目，增進可持續性的信任關係和協同創造。

51　高丙中：〈從文化的代表性意涵理解世界文化遺產〉，《清華大學學報（哲學社會科學版）》2017年第 5 期。

結　語

綜合以上研究內容，這裏我將研究的主要結論做一歸結整理：

其一，身份認同的本質是一種文化或價值的歸屬，身份認同呈現的問題是香港社會政治問題的表徵，而不是根源。本土身份並非社會政治衝突的原因，而是在社會政治衝突產生過程中才得以凸顯，或在香港具體衝突事件發展中獲得了新的內容和（政治）功能。文化作為一個綜合性體系，它在與政治、經濟、社會、生態之間因應互動過程中，既相互支持同時又建構其內部結構，對人們日常生活中的思維方式、行為模式和情感經驗，有著根本性的作用和潛移默化的影響，是身份意義生產的重要機制。

其二，香港人的身份認同受複雜的結構性關係影響，其發展走向始終徘徊於內生動力和外部壓力之間，是一種合力作用的結果。但其中決定性因素是：香港與中國內地的關係。殖民歷史及自由資本主義市場主導的全球化，塑造了香港人多元化的認同結構。香港人身份認同危機表現為：體制及意識形態中的殖民性與全球化語境中文化無意識疊加作用，造成本土身份與國族身份相互區隔及複雜對立。

其三，港英政府配合其管治需要，將殖民性思維內化於文化建制，進而影響香港人身份認同。香港主權回歸後，由於制度邏輯和認知框架沒有改變，依然發揮著同一性的作用，故在與社會互動過程中進一步強化了認同機制的再生產。本文批判了由於歷史原因所導致的西方中心主義的制度建構，強調去殖並不是將西方作為抵抗的對象，而是從文明互鑒的角度肯定西方先進經驗只是普遍性建構中的一個組

成部分。文化重建需要繼承香港歷史形成的多元參與機制、開放包容、科學理性為特徵的現代化制度，將文化的參與性、開放性及面向群體未來，作為形塑文化政策的重要依據；將文化的創新機制及包容性發展理念作為文化建制目標及內容。

其四，非物質文化遺產保育作為香港文化政策新的內容，可以成為克服傳統與現代、地方認同與國家歸屬緊張關係的一種方案。非物質文化遺產在香港華人身份認同重構與社區文化有機生長方面，扮演著重要的角色；社區文化及傳統節日的社會性功能，及其與社區組織的互動關係，有助於創生出新的包容性社群身份，從而引入有序的基層文化治理空間。

其五，在香港文化政策中可見政府話語、市場話語及市民／交流話語三種話語結構力量的制衡關係。現代國家／城市制定公共文化政策的過程，即是一項溝通實踐。話語策略不只體現在政策主體對各種社會事實賦予的意義象徵，也反映社會文化及政治權力的互動協商。促進文化政策話語秩序民主協商的關鍵是要協調文化制度、話語表徵及文化實踐之間關係，建立上下聯動的共同治理機制。增進國家認同，促進人心回歸，是形成愛國者治港穩固局面的關鍵。

其六，基於認知論和方法論的反思，取消西方中心、弱化邊界概念、促進平等對話，開啟新的生產機制和話語體系，重建文化主體。融會中西需要從傳統文化中尋求能提高現代化治理能力的資源，讓倫理關係與契約關係形成互補，再以日常文化實踐的方式將身份表徵與建構的邏輯予以接洽與整合。文化政策的體用關係需要處理好精神層面凝聚社會價值共識與科學管理之間的相輔相成關係；妥善地處理好差異和共通、特殊和普通，建成融會中西、兼備體用的文化治理模式，將會是香港予以中國經驗及東方智慧的重要貢獻。

本書關於身份認同與香港文化政策的研究，還存在許多局限。仍有許多問題值得繼續討論。比如本研究受資料所限，沒有將多

元宗教對於香港社會身份認同的影響納入討論之中。《基本法》第一百四十一條規定「香港特別行政區政府不限制宗教信仰自由，不干預宗教組織的內部事務，不限制與香港特別行政區法律沒有抵觸的宗教活動。」這是保障香港多元宗教和諧並存的法制基礎。除中國傳統節日外，香港市民也會在其他宗教節日慶祝。民族意識和宗教信仰常常被視為產生衝突或引發政治分歧的重要因素，但在香港社會中這一點並不顯著，這可證明香港社會文化的開放性和包容性。香港並存多種宗教信仰，以異質性為特點。縱然，現代社會中宗教信仰對民眾日常生活的影響已經明顯弱於傳統社會，但依然作用於信徒的行為方式、價值理念及道德倫理等。這一點從本文對民間信仰節慶儀式案例分析中，也可見一斑。《香港年報》顯示：香港有超過 100 萬的佛教信徒，及超過 100 萬的道教信徒；約有 120 萬人信奉基督，大部分是基督教徒和羅馬天主教徒；伊斯蘭教信徒約有 30 萬人，印度教信徒約有 10 萬人等等。[1] 同期香港居民近 734 萬人，可見有宗教信仰的比重不可謂不大。這裏需要探究的是，不同宗教影響如何發生作用及發生了怎樣的影響，不同宗教信仰群體對社會、國家與民族的歸屬感和身份認同是否有不同的理解。

此外，因本書涉及的香港人身份認同問題主要集中在本土身份與國族身份關係上，針對的是佔大多數的華人社會狀況而言，故少數族裔群體身份認同問題未納入討論。2016 年香港少數族裔人口佔總人口約 8%，菲律賓人和印尼人分別佔所有少數族裔人士的 31.5% 和 26.2%，他們大部分是在香港工作的外籍家庭傭工。其他主要族群包括南亞裔人士佔所有少數族裔人士的 14.5%（其中排前三位的印度人口佔 6.2%，尼泊爾人佔 4.4%、巴基斯坦人佔 3.1%），混血兒和白人

1　參見《香港年報》第二十一章「宗教與風俗」，2021 年 8 月 2 日，第 298-302 頁。https://www.yearbook.gov.hk/2020/sc/pdf/SC21.pdf。

佔所有少數族裔人士的 11.2% 和 10.0%。[2] 很顯然對於少數族裔群體而言，身份與文化認同同華人群體是不完全一致的，其中可能一致的是多元身份中的香港地方認同。從香港人口結構特徵可發現，其多元文化主要不是依附於多元化的種族和族裔。這與信仰和傳統極為多元的移民國家／地區的經驗是不一樣的。[3] 香港多元文化是殖民歷史及全球性文化流動過程造成的結果。

　　本文討論專注於香港殖民歷史經驗及與內地關係的影響。香港人身份認同的動向始終徘徊於內生動力和外部壓力之間，是在一定的國際政治格局和全球化背景下發生的，不可避免受後者影響。本研究對作用於香港的中英關係和中美關係有涉及，但全球性文化流動的影響深入還不夠。由於前述的歷史原因和英國殖民遺留問題，截至 2019 年底，香港約有 314,800 名持有英國海外公民護照（British National Overseaspassort，BNO）的人，持該護照的人沒有英國居留權。[4] 由於香港永久性居民身份並沒有要求放棄外國國籍，[5] 故另一組數據顯示，香港有接近六分之一的人口持境外護照。[6] 這裏包括 20 世紀八九十年代大量已移民海外返港生活工作，保留香港永久性居民身

2　自 1961 年起香港每 10 年進行一次人口普查，並在兩次人口普查中間，進行一次中期人口統計。據香港 2016 年中期人口統計結果顯示：華人佔總人口比重為 92%，略有下降；少數族裔中主要從事家庭傭工職業的菲律賓人及印尼人佔總人口比重為 4.6%（2006 年佔比 2.9% 並一直持上升趨勢），其他族裔佔比均非常少。參見香港特別行政區政府統計處：《2016 年中期人口統計：香港的少數族裔人士》，https://www.bycensus2016.gov.hk/tc/Snapshot-10.html，訪問日期：2020 年 2 月 20 日。

3　這也解釋了為什麼香港呈現的身份政治與西方國家身份政治表現是不同的。

4　英國 BNO 護照只適用於 1997 年 7 月英國將香港主權移交中國之前出生的香港人。目前可申請的香港人約有 250 萬人。從英國內政部（Home Office）所提供的 2015-2019 年數據顯示：由於 2019 年香港形勢緊張，BNO 護照持有人數大幅增長，同比增長 85.5%。參見網頁：https://www.parliament.uk/business/publications/written-questions-answers-statements/written-question/Commons/2020-02-21/18820/，訪問日期：2020 年 5 月 30 日。

5　中國港澳居民國籍安排依照：（1）國籍身份與國籍權利分離的原則；（2）國籍與永久性居民身份分離原則；（3）護照與國籍分離原則。中國並不承認雙重國籍。參見參見李浩然：《「一國兩制」下的香港法治和管治研究》，三聯書店（香港）有限公司 2019 年版，第 257 頁。

6　Nan M. Sussman, *Return Migration and Identity: A Global Phenomenon, A Hong Kong Case*, Hong Kong: Hong Kong University Press, 2011, p.85.

份的華人。另回歸前英國推行「居英權計劃」，不少香港人在該計劃下取得英國籍，卻仍以香港永久性居民身份在香港居住。[7] 可見，香港人國籍構成複雜，單一集體身份和國家認同容易被新的跨國和流散身份認同所取代。學界很早就有人探討過社會身份對人類行為決策的影響。文化生產的全球化過程，早已突破時空限制在虛擬環境中進行。這裏還需進一步探討當網絡成為社會交往的重要載體時，認同碎片化困境如何處理？香港回歸 25 年來，內地新移民開始在香港人口結構中佔據一定的比例。這一變化對香港人身份認同的影響是怎樣的，本文並沒有深入研究。此外，由於香港問題錯綜複雜，多個維度綜合影響身份建構，為了論述方便一些方面的分析可能簡單化了。本文所涉理論跨度較大，有些問題尚處演變發展中，故本文的理論主張與政策建議尚存在較大的探索求證空間，還需不斷跟蹤研究。維護香港長期繁榮穩定對整個中華民族未來發展非常關鍵，人心回歸和文化重建將是一項持久的長期工作。

總體而言，本文結合文化研究、香港研究、文化政策及文化社會學等領域交叉學術視野，以當下存在的身份認同問題為導向，考察了人、制度、實踐和話語在社會結構中如何相互作用，形塑了香港人身份認同的走向。試圖追溯制度與其他相關權力結構的動力機制，將批判性研究的最終旨歸指向建設性實踐。研究創新之處：為身份認同研究引入文化政策新的視角，從文化制度生產及政策話語分析的角度，進行身份認同研究；同時亦從身份認同角度，豐富並發展了批判性文化政策理論與實踐研究。本文藉助理論的邏輯，提供了一個闡釋問題成因的角度和分析工具。通過歷史的視角，一是啟發我們關注制度設置在不同時代背景中所發揮的作用，識別其內在（同一性）運作機制；二是幫助我們理解研究社會現象的來龍去脈，從縱向上提供身

7　陳麗君等：《香港人價值觀念研究》，北京：社會科學文獻出版社 2011 年，第 277 頁。

份認同延續與演變的綫索。

　　本文從理論層面提出：（一）文化與社會結構關係及其對身份意義形成機制的動態作用。不只強調文化在社會運行中塑造身份意義，更是將文化要素視為一種身份建構的社會資本，是社會協同行動網絡中不可或缺的要素構成與運行機制。（二）建立在身份認同與文化制度互構邏輯關係之上的身份認同制度性生成機制。一是以此作為通過文化政策及制度介入身份構建的理論依據；二是要對具有殖民性─現代性雙重性特徵的香港文化體制實施去殖民化，同時利用現代性特徵和傳統文化資源完善文化治理模式。（三）基於認知論和方法論的反思，以流動性的視角去邊界化，將差異視為資源而不是障礙，以此提供制度創新的空間。

　　從香港文化政策發展歷程來看，一是身份認同與文化政策在具體社會文化語境中是相互聯繫和相互塑造的，需要從建設性實踐探尋轉化、改造、重塑原有問題機制組成要素，從香港與國家關係的角度建構新的香港人身份認同，築牢中華民族共同體意識。二是從文化政策本身來看，循證決策（Evidence-based Policy Making) 的政策路徑，結合政治環境的認知和判斷，已成為當代公共領域政策制定的重要原則。這需要特區政府能夠堅持實事求是，不斷研究變化的內外部環境，立足本地及時調整策略，更加準確靈活地符合客觀規律。若決策過程不尊重專業的科學性，就易面臨原有的文化行政程序失效或決策「議而不決」，不能引導實踐的情況，從而阻礙文化政策向適應社會發展的面向調整。三是香港文化政策三種話語結構關係反映了政府、市場和社會互動所形成的共生的社會生態。其中呈現出的問題需要制度創新和社會治理等領域有新的思想解放及改革措施。需要特區政府全面地看問題，提升文化政策範疇內的統籌協調，確立長遠發展目標。以上均亟待香港在文化制度及文化政策實踐方面作進一步改進，形成政府、市場、公民社會協商參與公共文化建設的新的方法。

　　鑒於以上研究，本文提出五條政策建議：

　　一是要提升特區政府在基層治理和網絡中的文化動員能力，正視社會動員方式新的變化及傳統應對方式的失效，突破社群的封閉性，通過文化藝術活動加強地方社會與國家的良性互動。以國家「十四五」規劃賦予香港「中外文化藝術交流中心」的新定位為著力點，讓「文化」成為香港未來發展關鍵詞，重新審視文化藝術的社會功能及與可持續性發展之間的密切聯繫。鼓勵社區參與非物質文化遺產保育及其他文化活動，加強國情國史教育，提高香港人國民身份認同和愛國意識，增進香港人對中華文化自信的認同。文化安全是國家安全重要組成部分，要防止香港問題對整個國家構成安全威脅。充分發揮中華優秀文化資源的有效性，將有助於形成政治上的穩定合法性。

　　二是將文化的開放包容性轉化為制度中的包容性工具，去除體制中殖民性的消極影響，進行務實性的體制調適和治理改變（通過社會參與開放文化治理），完善體用兼備的文化治理模式在組織形式和決策機制上的制度設計。建議加強前瞻性文化政策研究和儲備，形成理論共識，以新的思維應對變化的形勢；將文化認同建構作為香港社會文化政策的重大課題列入議程，並著力解決香港文化發展的不平衡問題。建議強化專業意見和原則在文化政策制定中的採用，提高文化政策的科學性和民主性；改善諮詢委員會制度，加強民意吸納，促進其與公民社會及市民溝通政策及施政，並擔負起培訓人才的作用。

　　三是推動文化政策與青年政策的互動。文化政策範疇是能夠以較低限度政策改善，去配合及促進青年實踐社會、經濟活動，從而達致較顯著社會影響的公共政策領域。新加坡政府目前採用了將文化部門和社區、青少年發展部整合在一起的行政架構設置，即考慮了文化藝術作為社會建設與整合力量所發揮出的作用，將其與國家構建、社會凝聚、跨文化對話和理解緊密聯繫。建議將年輕人獲得社會認同的

尊嚴感及實踐自我的價值感，引向有積極意義的實踐活動，增加青少年公共參與改善社會問題的機會，以文化及創意產業發展促進青年就業；通過文化治理拓寬香港青年發展空間，為香港青年的個人發展、政治參與提供合法性渠道和支持。

四是改變粵港澳大灣區文化交流策略及理念，擴大交流面增進民心相通。文化互動不能僅限於地方政府層面的文化合作，要更多的藉助吸納半官方文化中介機構及民間力量，將交流由小眾變成大眾，由局部走向普及。建議創新人文交流內容、形式及合作機制，將中華民族及嶺南區域最基本的文化基因與當下開放的環境相協調，與現代社會民眾的需求相適應，利用市場機制及科技手段激發文化創新活力。通過具有約束力的協議，將國家利益與非政府組織職能及廣泛參與度的文化藝術交流活動有效結合在一起，在多層面文化互動中建立多元夥伴式合作關係。將人文交流更多寓於灣區民眾日常交往中，促進民心相通、共享共建。

五是立足香港現在和未來建立基於共同參與和情感經驗的身份認同。以邊界轉換的方式實現主體性與共融性合一，通過共建人文灣區推進香港人在「一國兩制」秩序下對社會、國家與民族的歸屬感和身份認同的建構，增強中華民族的凝聚力。建議加強人文灣區與有關國際組織和機構的交流合作，共同參與人文領域全球治理，參與文化議題設置並組織研究項目，向國際社會提供人文公共產品，分享人文灣區在公共文化服務、文化及創意產業、中華優秀傳統文化現代轉化等領域的經驗做法。建議塑造人文灣區在文化多元化的社會內促進多元性與和平共處、促進文明交流互鑒方面形成強大的價值吸引。在全球的文化與可持續發展議題上，增強對話實力，以實踐價值觀的方式展現國家文化軟實力。

中外文參考文獻

1. 中文專著、編著

[1]   《馬克思恩格斯選集》，北京：人民出版社 2013 年版。

[2]   《鄧小平文選》第三卷，北京：人民出版社 1993 年版。

[3]   《習近平談治國理政 第二卷》，北京：外文出版社 2017 年版。

[4]   《孫中山全集》（第六卷），北京：中華書局 1985 年版。

[5]   鄭曉雲：《文化認同論》，北京：中國社會科學出版社 1992 年出版，2008 年再版。

[6]   余繩武、劉存寬：《十九世紀的香港》，北京：中華書局 1994 年版。

[7]   冼玉儀編：《香港文化與社會》，香港大學亞洲研究中心 1995 年版。

[8]   王家英：《香港人的族群認同與民族認同：一個自由主義的解釋》，香港中文大學出版社 1996 年版。

[9]   李亦園：《人類的視野》，上海文藝出版社 1996 年版。

[10]   王賡武主編：《香港史新編》，三聯書店（香港）有限公司 1997 年版，2017 年增訂版。

[11]   陳清僑編：《文化想像與意識形態：當代香港文化政治論評》，香港：牛津大學出版社 1997 年版。

[12]   進念二十面體 / 香港文化界聯席會議 / 國際演藝評論家協會（香港）編：《香港九七文化視野文件集：Cultural perspective Hong Kong 1997》，香港：進念二十面體出版 1997 年版。

[13]   劉青峰、關小春編：《轉化中的香港：身份與秩序的再尋求》，香港中文大學出版社 1998 年版。

[14]   劉兆佳等編：《華人社會的變貌：社會指標的分析》，香港中文大學出版社 1998 年版。

[15]   趙雨樂、程美寶編：《香港史研究論著選輯》，香港公開大學出版社 1999 年版。

[16]   艾曉明：《從文本到彼岸》，廣州出版社 1999 年版。

[17]　羅鋼、劉象愚編：《文化研究讀本》，北京：中國社會科學出版社 2000 年版。

[18]　廖迪生等編：《香港歷史、文化與社會：教與學篇》，香港科技大學華南研究中心 2001 年版。

[19]　張美君、朱耀偉編：《香港文學 @ 香港文化》，香港：牛津大學出版社 2002 年版。

[20]　張美君、朱耀偉編：《香港文學 @ 文化研究》，香港：牛津大學出版社 2002 年版。

[21]　吳俊雄、張志偉編：《閱讀香港普及文化 1970-2000》（修訂版），香港：牛津大學 出版社 2002 年版。

[22]　劉潤和：《香港市議會史（1883-1999）：從潔淨局到市政局及區域市政局》，香港大 學出版社出版 2002 年版。

[23]　王岳川：《後現代後殖民主義在中國》，北京：首都師範大學出版社 2002 年版。

[24]　趙稀方：《小說香港》，北京：生活・讀書・新知三聯書店 2003 年版。

[25]　李歐梵：《尋回香港文化》，桂林：廣西師範大學出版社 2003 年版。

[26]　何兆武、柳卸林編：《中國印象》，桂林：廣西師範大學出版社 2004 年版。

[27]　周怡：《解讀社會：文化與結構的路徑》，北京：社會科學文獻出版社 2004 年版。

[28]　陳國球：《文學史書寫形態與文化政治》，北京大學出版社 2004 年版。

[29]　鍾寶賢：《香港影視業百年》，三聯書店（香港）有限公司 2004 年版。

[30]　香港城市大學中國文化中心編：《考察香港——文化歷史個案研究》，三聯書店 （香港）有限公司 2005 年版。

[31]　吳俊雄、馬傑偉、呂大樂編：《香港・文化・研究》，香港大學出版社 2005 年版。

[32]　張旭東：《全球化時代的文化認同：西方普遍主義話語的歷史批判》，北京大學出 版社 2005 年版。

[33]　顧軍、苑利：《文化遺產報告：世界文化遺產保護運動的理論與實踐》，北京：社 會科學文獻出版社 2005 年版。

[34]　程美寶：《地域文化與國家認同——晚清以來「廣東文化」觀的形成》，三聯書店 （香港）有限公司 2018 年版。

[35]　梁振英：《家是香港》，香港：明報出版社 2007 年第二版。

[36]　陳冠中：《我這一代香港人》（增訂版），香港：牛津大學出版社 2007 年版。

[37]　呂大樂：《唔該，埋單：一個社會學家的香港筆記》（增訂本），香港：牛津大學出 版社 2007 年版。

[38]　羅永生：《殖民無間道》，香港：牛津大學出版社 2007 年版。

[39]　強世功：《中國香港：文明視野中的新邊疆》，三聯書店（香港）有限公司 2022 年版。

[40]　陳冠中：《事後：香港文化志》，台北：印刻出版有限公司 2008 年版。

[41]　王慧麟、梁文道、馬家輝與新力量網絡編：《本土論述 2008》，香港：上書局 2008 年版。

[42]　何志平、陳雲根：《文化政策與香港傳承》，北京：中華書局 2008 年版。

[43]　陳雲：《香港有文化——香港的文化政策（上卷）》，香港：花千樹出版有限公司 2009 年版。

[44]　劉蜀永編：《簡明香港史》（新版），三聯書店（香港）有限公司 2009 年版。

[45]　張炳良 等：《香港經驗：文化傳承與制度創新》，商務印書館（香港）有限公司 2009 年版。

[46]　馬傑偉、吳俊雄、呂大樂編：《香港文化政治》，香港大學出版社 2009 年版。

[47]　趙稀方：《後殖民理論》，北京大學出版社 2009 年版。

[48]　金觀濤、劉青峰：《觀念史研究：中國現代重要政治術語的形成》，北京：法律出版社 2009 年版。

[49]　鄭新文：《藝術管理概論：香港地區經驗及國內外案例》，上海音樂出版社 2009 年版。

[50]　李治安編：《中國五千年中央與地方關係》，北京：人民出版社 2010 年版。

[51]　盧瑋鑾、熊志琴：《雙程路：中西文化的體驗與思考 1963-2003（古兆申訪談錄）》，香港：牛津大學出版社 2010 年版。

[52]　首都師範大學文學院編：《身份、敘事與當代中國經驗》，北京：社會科學文獻出版社 2010 年版。

[53]　馬傑偉、曾仲堅：《影視香港：身份認同的時代變奏》，香港中文大學香港亞太研究所 2010 年版。

[54]　許寶強編：《重寫我城的歷史故事》，香港：牛津大學出版社 2010 年版。

[55]　羅永生編：《文化研究與文化教育》，香港：進一步多媒體有限公司 2010 年版。

[56]　黃培烽、許煜編：《80 前後：超越社運、論述與世代的想像》，香港：圓桌精英出版 2010 年版。

[57]　馬家輝、梁文道、王慧麟編：《本土論述 2009：香港的市民抗爭與殖民地秩序》，台北：漫遊者文化事業股份有限公司 2010 年版。

[58]　樂正、王為理編：《深圳與香港文化創意產業發展報告（2010）》，北京：社會科學文獻出版社 2010 年版。

[59]　馬家輝、梁文道、王慧麟編：《香港本土論述 2010：香港新階級鬥爭》，台北：漫遊者文化事業股份有限公司 2011 年版。

[60]　葉蔭聰：《為當下懷舊：文化保育的前世今生》，香港中文大學出版社 2011 年版。

[61]　吳俊雄、馬傑偉、呂大樂編：《香港‧生活‧文化》，香港大學出版社 2011 年版。

[62]　陳麗君 等：《香港人價值觀念研究》，北京：社會科學文獻出版社 2011 年版。

[63]　孫歌：《我們為什麼要談東亞——狀況中的政治與歷史》，北京：生活‧讀書‧新知三聯書店 2011 年版。

[64]　梁漱溟：《中國文化要義》，上海：世紀出版集團、上海人民出版社 2011 年第

2 版。

[65]　洛楓：《流動風景：香港文化的時代記憶》，杭州：浙江大學出版社 2011 年版。

[66]　許驥：《我們香港的蝸居、蟻族、富二代》，杭州：浙江大學出版社 2011 年版。

[67]　葛兆光：《古代中國文化講義》，上海：復旦大學出版社 2012 年版。

[68]　李彭廣：《管治香港：英國解密檔案的啟示》，香港：牛津大學出版社 2012 年版。

[69]　陳國賁：《漂流：華人移民的身份混成與文化整合》，中華書局（香港）有限公司 2012 年版。

[70]　馬家輝、梁文道、王慧麟編：《本土論述 2011：想像新界 / 本土的性與別》，台北：漫遊者文化事業股份有限公司 2012 年版。

[71]　吳俊雄、張志偉、曾仲堅編：《普普香港：閱讀香港普及文化，2000-2010》，香港教育圖書公司 2012 年版。

[72]　也斯：《香港文化十論》，杭州：浙江大學出版社 2012 年版。

[73]　嚴飛：《我要的香港》，杭州：浙江大學出版社 2012 年版。

[74]　馬家輝、梁文道、王慧麟編：《本土論述 2012：官商勾結》，新北：漫遊者文化事業股份有限公司 2012 年版。

[75]　胡恩威編：《文化視野》第 1 輯，香港：進念‧二十面體 E+E 出版 2012 年版。

[76]　胡恩威編：《文化視野》第 2 輯，香港：進念‧二十面體 E+E 出版 2013 年版。

[77]　梁秉鈞等著：《痛苦中有歡樂的時代：五〇年代香港文化》，中華書局（香港）有限公司 2013 年版。

[78]　呂大樂：《那似曾相識的七十年代》，中華書局（香港）有限公司 2013 年第二版。

[79]　陳智德：《地文志：追憶香港地方與文學》，新北：聯經出版事業有限公司 2013 年版。

[80]　劉靖之：《香港音樂史論：粵語流行曲‧嚴肅音樂‧粵劇》，商務印書館（香港）有限公司 2013 年版。

[81]　也斯：《城與文學》，杭州：浙江大學出版社 2013 年版。

[82]　張萌萌：《香港認同構建：政媒機制與媒體化再現》，北京：社會科學文獻出版社 2013 年版。

[83]　張平功編：《全球化與文化身份認同》，廣州：暨南大學出版社 2013 年版。

[84]　金耀基：《中國現代化的終極願景：金耀基自選集》，上海人民出版社 2013 年版。

[85]　郭志標：《香港本土旅行八十載》，三聯書店（香港）有限公司 2013 年版。

[86]　區志堅、彭淑敏、蔡思行：《香港記憶》，北京：中國法制出版社 2013 年版。

[87]　錢乘旦、陳曉律：《在傳統與變革之間：英國文化模式溯源》，香港中和出版社 2013 年。

[88]　中華人民共和國國務院新聞辦公室：《「一國兩制」在香港特別行政區的實踐》，北京：人民出版社 2014 年 6 月版。

[89] 文潔華編:《香港嘅廣東文化》,商務印書館(香港)有限公司 2014 年版。

[90] 文潔華編:《粵語的政治——香港語言文化的異質與多元》,香港中文大學出版社 2014 年。

[91] 王國華編:《香港文化發展史》,中華書局(香港)有限公司 2014 年版。

[92] 王國華編:《香港文化導論》,中華書局(香港)有限公司 2014 年版。

[93] 丁新豹、盧淑櫻等:《非我族裔:戰前香港的外籍族群》,三聯書店(香港)有限公司 2014 年版。

[94] 劉靖之:《香港音樂史論——文化政策‧音樂教育》,商務印書館(香港)有限公司 2014 年版。

[95] 黎明海、劉智鵬編:《與香港藝術對話,1960-1979》,三聯書店(香港)有限公司 2014 年版。

[96] 盧瑋鑾、熊志琴編:《香港文化眾聲道(第一冊)》,三聯書店(香港)有限公司 2014 年版。

[97] 深圳市政協文化文史和學習委員會、深圳博物館編:《深圳文史第 14 輯‧百年滄桑 深港軼事》,深圳:海天出版社 2014 年版。

[98] 游靜:《我從未應許你一個玫瑰園:香港文化政治生態》,香港:文化工房出版 2014 年版。

[99] 強世功編:《香港政制發展資料彙編(一):港英時期及起草《基本法》》,三聯書店(香港)有限公司 2015 年版。

[100] 黃湛利:《香港政府諮詢委員會制度》,中華書局(香港)有限公司 2015 年版。

[101] 黃盛:《批判香港》,北京:中國人民大學出版社 2015 年版。

[102] 許寶強:《缺學無思:香港教育的文化研究》,香港:牛津大學出版社 2015 年版。

[103] 吳偉明:《日本流行文化與香港》,商務印書館(香港)有限公司 2015 年版。

[104] 黎明海、文潔華編:《與香港藝術對話,1980-2014》,三聯書店(香港)有限公司 2015 年版。

[105] 周永新:《香港人的身份認同和價值觀》,中華書局(香港)有限公司 2015 年版。

[106] 呂大樂:《香港模式:從現在式到過去式》,中華書局(香港)有限公司 2015 年版。

[107] 陳志傑、王慧麟編:《香港本土論述 2013-2014》,台北:漫遊者文化事業股份有限公司 2015 年版。

[108] 張少強、崔志輝:《香港後工業年代的生活故事》,三聯書店(香港)有限公司、香港浸會大學當代中國研究所 2015 年版。

[109] 張俊義、劉智鵬:《中華民國專題史‧第十七卷:香港與內地關係研究》,南京大學出版社 2015 年版。

[110] 劉兆佳:《一國兩制在香港的實踐》,商務印書館(香港)有限公司 2015 年版。

[111] 呂大樂:《香港模式:從現在式到過去式》,中華書局(香港)有限公司 2015 年版。

[112] 高寶齡、陳財喜等編:《發現香港——文化‧社區‧機遇》,中華書局(香港)有限公司 2015 年版。

[113] 王於漸:《香港深層次矛盾》,北京:中國人民大學出版社 2015 年版。

[114] 陳平原、陳國球、王德威編:《香港:都市想像與文化記憶》,北京大學出版社 2015 年版。

[115] 任裕海:《全球化、身份認同與超文化能力》,南京大學出版社 2015 年版。

[116] 樓宇烈:《中國文化的根本精神》,北京:中華書局 2016 年版。

[117] 劉兆佳:《香港社會的民主與管治》,北京:中信出版集團 2016 年版。

[118] 閻小駿:《香港治與亂:2047 的政治想像》,北京:人民出版社 2016 年版。

[119] 朱耀偉主編:《香港研究作為方法》,中華書局(香港)有限公司 2016 年版。

[120] 何建宗:《文藝勞動:香港創作人的工作與日常》,中華書局(香港)有限公司 2016 年版。

[121] 胡恩威:《胡恩威亂講文化政策》,香港:進念‧二十面體 E+E 2016 年版。

[122] 吳瑩:《文化、群體與認同:社會心理學的視角》,北京:社會科學文獻出版社 2016 年版。

[123] 羅如春:《後殖民身份認同話語研究》,北京:中國社會科學出版社 2016 年版。

[124] 盧瑋鑾、熊志琴編:《香港文化眾聲道(第二冊)》,三聯書店(香港)有限公司 2017 年版。

[125] 張妙清、趙永佳編:《香港特區二十年》,香港中文大學香港亞太研究所 2017 年版。

[126] 陳雲:《文化在香港——香港的文化政策》(中卷),香港:花千樹出版有限公司 2017 年版。

[127] 王慧麟、陳智傑、《本土論述》編輯委員會編:《本土論述 2015-2017》,香港:基道出版社 2017 年版。

[128] 葉兆輝:《香港貧窮問題真相》,中華書局(香港)有限公司 2017 年版。

[129] 夏循祥:《權力的生成:香港市區重建的民族志》,北京:社會科學文獻出版社 2017 年版。

[130] 嚴飛:《城市的張望》,北京:中信出版集團 2017 年版。

[131] 黃士芳、毛少瑩編:《香港—上海—台北—深圳:四城市文化交流會議紀念文集(1998-2015)》,深圳報業集團出版社 2017 年版。

[132] 王振民:《「一國兩制」與基本法:二十年回顧與展望》,南京:江蘇人民出版社 2017 年版。

[133] 程美寶、黃素娟編:《省港澳大眾文化與都市變遷》,北京:社會科學文獻出版社 2017 年版。

[134] 鄭宏泰、黃紹倫:《香港身份證透視(第二版)》,三聯書店(香港)有限公司

2018 年版。

[135] 陳子安：《漁村變奏：廟宇、節日與筲箕灣地區歷史 1872-2016》，中華書局（香港）有限公司 2018 年版。

[136] 劉繼堯、袁展聰：《武舞民間：香港客家麒麟研究》，商務印書館（香港）有限公司 2018 年版。

[137] 陳守仁、湛黎淑貞：《香港神功粵劇的浮沉》，中華書局（香港）有限公司 2018 年版。

[138] 王賡武：《1800 年以來的中英碰撞：戰爭、貿易、科學及治理》（增訂版），金明、王之光譯，杭州：浙江人民出版社 2018 年版。

[139] 麻國慶、朱偉：《文化人類學與非物質文化遺產》，北京：生活・讀書・新知三聯書店 2018 年版。

[140] 王鳳超：《香港政制發展歷程（1843-2015）》，北京：生活・讀書・新知三聯書店 2019 年版。

[141] 朱耀偉編：《香港關鍵詞：想像新未來》，香港中文大學出版社 2019 年版。

[142] 周永新：《香港人的身份認同和價值觀（2019 增訂版）》，中華書局（香港）有限公司 2019 年版。

[143] 胡惠林、陳昕編：《中國文化產業評論》（第 27 卷），上海人民出版社 2019 年版。

[144] 張徹：《回顧香港電影三十年》，三聯書店（香港）有限公司 2019 年版。

[145] 高寶齡、區志堅等編：《非物質文化遺產在香港》，中華書局（香港）有限公司 2019 年版。

[146] 陳智德：《根著我城：戰後至 2000 年代的香港文學》，新北：聯經出版事業股份有限公司 2019 年版。

[147] 鄭天儀：《地方營造：重塑社區肌理的過去與未來》，三聯書店（香港）有限公司 2019 年版。

[148] 李曉惠編：《香港社團理論與實務》，商務印書館（香港）有限公司 2019 年版。

[149] 饒宗頤：《饒宗頤香港史論集》，中華書局（香港）有限公司 2019 年版。

[150] 趙稀方：《報刊香港：歷史語境與文學場域》，三聯書店（香港）有限公司 2019 年版。

[151] 林準祥：《香港・開港：歷史新編》，中華書局（香港）有限公司 2019 年版。

[152] 鄭宏泰、尹寶珊：《香港新青年》，香港中文大學香港亞太研究所 2019 年版。

[153] 陳多編：《改革開放 40 年與香港》，三聯書店（香港）有限公司 2019 年版。

[154] 張楊：《冷戰與學術：美國的中國學（1949-1972）》，北京：中國社會科學出版社 2019 年版。

[155] 李浩然：《「一國兩制」下的香港法治和管治研究》，三聯書店（香港）有限公司 2019 年版。

[156] 王明珂：《華夏邊緣：歷史記憶與族群認同》，上海人民出版社 2020 年版。

[157] 任意：《撕裂之城：香港運動的謎與思》，中華書局（香港）有限公司 2020 年版。

[158] 香港地方志中心編撰：《香港志：總述・大事記》，中華書局（香港）有限公司 2020 年版。

[159] 香港地方志中心編撰：《香港參與國家改革開放志》，中華書局（香港）有限公司 2021 年版。

▌2. 譯著

[1] 〔英〕費約翰：《藝術與公共政策：從古希臘到現今政府的「藝術政策」之探討》，江靜玲編譯，台北：桂冠圖書股份有限公司 1995 年版。

[2] 〔英〕白莎莉（Sally Blyth）、胡德品（Ian Wotherspoon）：《說吧，香港》，林藹純譯、洛敏校，香港：牛津大學出版社（中國）公司 1999 年版。

[3] 〔美〕米高・恩萊特等著，《香港優勢》，曾憲冠譯，北京：商務印書館 1999 年版。

[4] 〔加〕文森特・莫斯可著，《傳播政治經濟學》，胡正榮等譯，北京：華夏出版社 2000 年版。

[5] 〔英〕弗朗西絲・斯托納・桑德斯（Frances Stonor Saunders）：《文化冷戰與中央情報局》，曹大鵬譯，北京：國際文化出版公司 2002 年版。

[6] 〔美〕喬納森・弗里德曼：《文化認同與全球性過程》，郭健如譯，北京：商務印書館 2003 年版。

[7] 〔英〕諾曼・費爾克拉夫：《話語與社會變遷》，殷曉蓉譯，北京：華夏出版社 2003 年版。

[8] 〔英〕巴特・摩爾—吉爾伯特（Bart Moore-Gilbert）：《後殖民理論》，彭淮棟譯，新北：聯經出版事業公司 2004 年版。

[9] 〔美〕本尼迪克特・安德森：《想像的共同體：民族主義的起源與散佈》，吳睿人譯，上海人民出版社 2005 年版。

[10] 〔美〕米爾斯：《社會學的想像力》，陳強、張永強譯，北京：生活・讀書・新知三聯書店 2005 年版。

[11] 〔英〕雷蒙・威廉斯：《關鍵詞：文化與社會的詞匯》，劉建基譯，北京：生活・讀書・新知三聯書店 2005 年版。

[12] 〔美〕曼紐爾・卡斯特：《認同的力量（第 2 版）》，曹榮湘譯，北京：社會科學文獻出版社 2006 年版。

[13] 〔美〕Tim Cresswell：《地方：記憶、想像與認同》，徐苔玲、王志弘譯，台北：群學出版有限公司 2006 年版。

[14] 〔澳〕Toby Miller、〔美〕George Yudice：《文化政策》，「國立編譯館」主譯，蔣淑貞、馮建三譯，台北：巨流圖書公司 2006 年版。

[15] 〔英〕弗蘭克‧韋爾什（Frank Welsh）：《香港史》，中央編譯出版社 2007 年版。

[16] 〔英〕尼克‧史蒂文森：《文化與公民身份》，陳志傑譯，長春：吉林出版集團股份有限公司 2007 年版。

[17] 〔美〕詹姆斯‧海爾布倫、查爾斯‧M. 格雷著《藝術文化經濟學（第二版）》，詹正茂等譯，北京：中國人民大學出版社 2007 年版。

[18] 〔加〕卜正民（Timothy Brook）、施恩德（Andre Schmid）編：《民族的構建：亞洲精英及其民族身份認同》，陳城等譯，長春：吉林出版集團有限責任公司 2008 年版。

[19] 〔意〕安東尼奧‧葛蘭西：《葛蘭西文選》，李鵬程編，北京：人民出版社 2008 年版。

[20] 〔美〕傅高義（Ezra F.Vogel）：《先行一步：改革中的廣東》，凌可豐、丁安華譯，廣州：廣東人民出版社 2008 年第 2 版。

[21] 〔美〕彼得‧伯格、托馬斯‧盧克曼：《現實的社會建構》，汪湧譯，北京大學出版社 2009 年版。

[22] 〔英〕安‧格雷：《文化研究：民族志方法與生活文化》，許夢雲譯，高丙中校，重慶大學出版社 2009 年版。

[23] 〔英〕斯圖亞特‧霍爾（Stuart Hall）、保羅‧杜蓋伊（Pauldu Gay）：《文化身份問題研究》，開封：河南大學出版社 2010 年版。

[24] 〔英〕吉姆‧麥圭根：《重新思考文化政策》，何道寬譯，北京：中國人民大學出版社 2010 年版。

[25] 〔法〕阿爾弗雷德‧格羅塞：《身份認同的困境》，王鯤譯，北京：社會科學文獻出版社 2010 年版。

[26] 〔美〕傑弗里‧亞歷山大著：《社會生活的意義：一種文化社會學的視角》，周怡譯，北京大學出版社 2011 年版。

[27] 〔英〕馬修‧阿諾德：《文化與無政府狀態：政治與社會批評》，韓敏中譯，北京：生活‧讀書‧新知三聯書店 2012 年第 3 版。

[28] 〔美〕馬克‧D. 雅各布斯、南希‧韋斯‧漢拉恩編：《文化社會學指南》，劉佳林譯，南京大學出版社 2012 年版。

[29] 〔美〕戴安娜‧克蘭：《文化生產：媒體與都市藝術》，趙國新譯，南京：譯林出版社 2012 年版。

[30] 〔英〕瑪麗‧道格拉斯（Mary Douglas）著，《制度如何思考》，張晨曲譯，北京：經濟管理出版社 2013 年版。

[31] 高馬可（John Carroll）：《香港簡史：從殖民地至特別行政區》，中華書局（香港）

有限公司 2013 年版。

[32] 〔澳〕克里斯·巴克：《文化研究：理論與實踐》，孔敏譯，北京大學出版社 2013 年版。

[33] 〔英〕丹尼·卡瓦拉羅：《文化理論關鍵詞》，張衛東等譯，南京：江蘇人民出版社 2013 年版。

[34] 〔英〕斯圖爾特·霍爾編：《表徵：文化表徵與意指實踐》，徐亮、陸興華譯，北京：商務印書館 2013 年版。

[35] 〔美〕羅納德·英格爾哈特：《現代化與後現代化：43 個國家的文化、經濟與政治變遷》，嚴挺譯，北京：社會科學文獻出版社 2013 年版。

[36] 〔美〕于連·沃爾夫萊：《批評關鍵詞：文學與文化理論》，陳永國譯，北京大學出版社 2015 年版。

[37] 〔德〕揚·阿斯曼：《文化記憶：早期高級文化中的文字、回憶和政治身份》，金壽福、黃曉晨譯，北京大學出版社 2015 年版。

[38] 〔澳〕德波拉·史蒂文森（Deborah Stevenson）：《城市與城市文化》，李東航譯，北京大學出版社 2015 年版。

[39] 〔英〕馬克·班克斯（Mark Banks）：《文化工作的政治》，王志弘、徐苔玲、沈台訓譯，新北：群學出版有限公司 2015 年版。

[40] 〔美〕哈羅德·伊羅生：《群氓之族：群體認同與政治變遷》，鄧伯宸譯，桂林：廣西師範大學出版社 2015 年第 2 版。

[41] 〔比利時〕馬可·馬爾蒂尼埃羅（Marco Martiniello）：《多元文化與民主：公民身份、多樣性與社會公正》，尹明明、王鳴鳳譯，北京：社會科學文獻出版社 2015 年版。

[42] 〔美〕M. 萊恩·布魯納：《記憶的戰略：國家認同建構中的修辭維度》，藍胤淇譯，北京：商務印書館 2016 年版。

[43] 〔英〕托尼·本尼特：《文化、治理與社會》，王傑、強東紅等譯，上海：東方出版中心出版 2016 年版。

[44] 〔德〕李峻石：《何故為敵：族群與宗教衝突論綱》，吳秀傑譯，北京：社會科學文獻出版社 2017 年版。

[45] 〔美〕段義孚：《空間與地方：經驗的視角》，北京：中國人民大學出版社 2017 年版。

[46] 〔澳〕約翰·哈特利 / 賈森·波茨：《文化科學：故事、亞部落與革新的自然歷史》，何道寬譯，北京：商務印書館 2017 年版。

[47] 〔美〕凱文·馬爾卡希：《公共文化、文化認同與文化政策》，何道寬譯，北京：商務印書館 2017 年版。

[48] 〔英〕雷蒙·威廉斯：《文化與社會：1780-1950》，高曉玲譯，北京：商務印書館

2018 年版。

[49] 〔美〕道格拉斯・凱爾納：《媒體文化：介於現代與後現代之間的文化研究、認同性與政治》，丁寧譯，北京：商務印書館 2018 年版。

[50] 〔英〕特里・伊格爾頓：《論文化》，張舒語譯，北京：中信出版集團 2018 年版。

[51] 〔美〕麥哲維：《學海堂與晚清嶺南學術文化》，沈正邦譯，廣州：廣東人民出版社 2018 年版。

[52] 〔美〕普利西拉・帕克赫斯特・克拉克：《文學法蘭西：一種文化的誕生》，施清婧譯，南京：譯林出版社 2019 年版。

[53] 〔英〕埃里克・瓊斯：《文化融合：基於歷史學和經濟學的文化批判》，王志標譯，杭州：浙江大學出版社 2019 年版。

[54] 〔瑞士〕安德烈亞斯・威默（Andreas Wimmer）：《國家建構：聚合與崩潰》，葉江譯，上海人民出版社 2019 年版。

[55] 〔英〕大衛・貝爾、凱特・奧克利：《文化政策》，匡景鵬等譯，北京：中國青年出版社 2020 年版。

[56] 〔德〕李峻石 (Günther Schlee)、郝時亞（Alexander Horstmann）編：《再造異同：人類學視域下的整合模式》，吳秀傑譯，北京：社會科學文獻出版社 2020 年版。

[57] 〔英〕杜葉錫恩：《我眼中的殖民時代香港》，隋麗君譯，長沙：湖南文藝出版社 2020 年版。

[58] 〔美〕弗朗西斯・福山：《身份政治：對尊嚴與認同的渴求》，劉芳譯，北京：中譯出版社 2021 年版。

[59] 〔英〕維多利亞・D. 亞歷山大、〔美〕瑪里林・魯施邁耶：《藝術與國家：比較視野中的視覺藝術》，趙卿譯，南京：譯林出版社 2021 年版。

3. 英文專著、編著

[1] David Clarke, *Art & Place: Essays on Art from a Hong Kong Perspective* (Hong Kong University Press, 1996).

[2] Ackbar Abbas, *Hong Kong: Culture and the Politics of Disappearance* (University Of Minnesota Press, 1997).

[3] Kath Woodward, *Understanding Identity* (London: Hodder Arnold, 2002).

[4] Chris Weedon, *Identity and Culture: Narratives of Difference and Belonging* (London: Open University Press, 2004).

[5] Tony Bennett, Lawrence Grossberg, and Meaghan Morris, eds., *New Keywords: A Revised Vocabulary of Culture and Society* (Oxford: Blackwell, 2005).

[6]   Wayne C.Booth, Gregory G.Colomb, Joseph M.Williams., *The Craft of Research 3rd ed.* (the University of Chicago Press, 2008).

[7]   Louie, Kam.*Hong Kong Culture: Word and Image* (Hong Kong:Hong Kong University Press; London: Eurospan, 2010).

[8]   Nan M.Sussman, *Return Migration and Identity: A Global Phenomenon, A Hong Kong Case* (Hong Kong: Hong Kong University Press, 2011).

[9]   Constance DeVereaux and Martin Griffin: *Narrative, Identity, and the Map of Cultural Policy:Once Upon a Time in a Globalized World* (Ashgate Publishing, 2013).

[10]   Steph Lawler, *Identity: Sociological Perspectives, Second edition* (Policy Press, 2014).

[11]   David B, Kate O., *Cultural Policy: Key Ideas in Media and Cultural Studies* (New York:Routledge, 2015).

[12]   Yiu-Wai Chu(ed.), *Hong Kong Culture and Society in the New Millennium: Hong Kong as Method* (Springer, 2017).

[13]   Wang Jialin, *Discursive Strategies and Identity Construction:A Study Based on the PAs of the HK Governments Pre- and Post- Transition* (Guangzhou: Jinan University Press, 2017).

[14]   Carole Rosenstein, *Understanding Cultural Policy* (New York: Routledge, 2018).

[15]   Greater London Authority, *Culture for All Londoners: Mayor of London's Culture Strategy*, December 2018.

[16]   Francis Fukuyama, *Identity: The Demand for Dignity and the Politics of Resentment* (Farrar, Straus and Giroux, 2019).

4. 中文論文

[1]   毛韻澤:〈論葛蘭西的「陣地戰」理論今日面臨的挑戰〉,《國外社會科學》1991 年第 10 期。

[2]   陳清僑等:〈近二十年香港普及文化書目概覽(1974-1994)〉,《香港文化研究》 1995 年第 1 期。

[3]   艾曉明:〈後殖民處境與香港身份辨析──香港文化研究書刊述評之一〉,《當代 港澳》1996 年第 1 期。

[4]   艾曉明:〈後殖民處境與香港身份辨析──香港文化研究書刊述評之二〉,《當代 港澳》1996 年第 2 期。

[5]   許紀霖:《文化認同的困境──90 年代中國知識界的反西化思潮〉,《戰略與管理》 1996 年第 5 期。

[6]　古遠清：〈「九七」前夕的香港文壇〉，《中國文化研究》1997 年第 2 期。

[7]　周毅之：〈從香港文化的發展歷程看香港文化與內地文化的關係〉，《廣東社會科學》1997 年第 2 期。

[8]　李後：〈撒切爾夫人訪華和中英高峰會談〉，《黨的文獻》1997 年第 3 期。

[9]　費孝通：〈反思、對話、文化自覺〉，《北京大學學報（哲學社會科學版）》1997 年第 3 期；

[10]　蘇金智：〈英語對香港語言使用的影響〉，《中國語文》1997 年第 3 期。

[11]　吳仲柱：〈香港文化現狀及其走向分析〉，《福建師範大學學報（哲學社會科學版）》1997 年第 3 期。

[12]　蕭蔚雲、Edward Leroy Fulmer：〈香港特別行政區的教育、科學與文化政策〉，《中國法律》1997 第 4 期。

[13]　吳江：〈香港文化認同問題〉，《廣東社會科學》1997 年第 4 期。

[14]　劉兆佳：〈「香港人」或「中國人」：香港華人的身份認同 1985-1995〉，《二十一世紀》1997 年 6 月號總第 41 期。

[15]　費孝通：〈中華民族的多元一體格局〉，《北京大學學報（哲學社會科學版）》1989 年第 4 期。

[16]　陶東風：〈全球化、文化認同與後殖民批評〉，《馬克思主義與現實》1998 年第 6 期。

[17]　王岳川：〈香港文化的後殖民身份〉，《文學自由談》1999 年第 2 期。

[18]　楊匡漢：〈文化的驛站──香港與內地藝文關聯的一個側面〉，《文藝研究》1999 年第 2 期。

[19]　阿爾坎塔拉、辛西婭：〈「治理」概念的運用與濫用〉，《國際社會科學雜誌》1999 年第 1 期。

[20]　麻國慶：〈全球化：文化的生產與文化認同──族群、地方社會與跨國文化圈〉，《北京大學學報（哲學社會科學版）》2000 年第 4 期。

[21]　劉登翰：〈香港文學的文化身份：關於香港文學的「本土性」及其相關話題〉，《福建論壇（人文社會科學版）》2000 年第 3 期。

[22]　科大衛、劉志偉：〈宗族與地方社會的國家認同──明清華南地區宗族發展的意識形態基礎〉，《歷史研究》2000 年第 3 期。

[23]　高丙中：〈民間的儀式與國家的在場〉，《北京大學學報（哲學社會科學版）》2001 年第 1 期。

[24]　張汝倫：〈經濟全球化與文化認同〉，《哲學研究》2001 年第 2 期。

[25]　呂劍虹，王則嵩：〈後回歸香港：文化裂隙、文化認同與彌合〉，《五邑大學學報（社會科學版）》2001 年第 3 期。

[26]　羅崗：〈「文學香港」與都市文化認同〉，《杭州師範學院學報（人文社會科學版）》

2002 年第 1 期。

[27] 王寧：〈敘述、文化定位和身份認同──霍米‧巴巴的後殖民批評理論〉，《外國文學》2002 年第 6 期。

[28] 陳剛：〈全球化與文化認同〉，《江海學刊》2002 年第 5 期。

[29] 劉鎮發：〈香港兩百年來語言生活的演變〉，提交給「華人地區語文生活與語文計劃國際學術研討會」論文，福建武夷山，2002 年 1 月。

[30] 鄭宏泰、黃紹倫：〈香港華人的身份認同：九七前後的轉變〉，《二十一世紀》2002 年 10 月號總第 73 期。

[31] 孫溯源：〈集體認同與國際政治──一種文化視角〉，《現代國際關係》2003 年第 1 期。

[32] 趙汀陽：〈認同與文化自身認同〉，《哲學研究》2003 年第 7 期。

[33] 朱耀偉：〈90 年代香港文化研究：體制化及其不滿〉，《香港社會科學學報》26 期（秋 / 冬季 2003 年）。

[34] 鄒穎文：〈香港文化研究資料與廣東文獻──香港中文大學圖書館館藏之香港古典詩文資料介紹〉，《圖書情報工作》2003 年第 11 期。

[35] 陶家俊：〈身份認同導論〉，《外國文學》2004 年第 2 期。

[36] 崔新建：〈文化認同及其根源〉，《北京師範大學學報（社會科學版）》2004 年第 4 期。

[37] 趙稀方：〈一種主義，三種命運──後殖民理論在兩岸三地的理論旅行〉，《江蘇社會科學》2004 年第 4 期。

[38] 劉魁立：〈關於非物質文化遺產保護的若干理論反思〉，《民間文化論壇》2004 年第 4 期。

[39] 周怡：〈文化社會學發展之爭辯：概念、關係及思考〉，《社會學研究》2004 年第 5 期。

[40] 李少兵、劉義章：〈20 世紀 80 年代以來內地學者與香港文化研究〉，《河北大學學報 (哲學社會科學版)》2004 年第 6 期。

[41] 李春玲：〈社會階層的身份認同〉，《江蘇社會科學》2004 年第 6 期。

[42] 朱白薇、孟慶順：〈香港公民教育與文化認同〉，《鄭州大學學報（哲學社會科學版）》2005 年第 1 期。

[43] 黎熙元：〈全球性、民族性與本土性──香港學術界的後殖民批評與香港人文化認同的再建構〉，《社會學研究》2005 年第 4 期。

[44] 韓震：〈論全球化進程中的多重文化認同〉，《求是學刊》2005 年第 5 期。

[45] 胡恩威：〈《西九龍文娛藝術區是香港精神文明的基本建設〉，《二十一世紀》2005 年 6 月號總第 89 期。

[46] 丁燕燕：〈龐大的文化工程──談西九龍文娛藝術區〉，《二十一世紀》2005 年 6

月號總第 89 期。

[47] 許光烈:〈香港語言政策及思考〉,《廣州大學學報(社會科學版)》2005 年第 7 期。

[48] 鄭宏泰、黃紹倫:〈身份認同與政府角色:香港的例子〉,《二十一世紀》2005 年 12 月號總第 92 期。

[49] 陳慧燕:〈後殖民香港在全球化下的城市空間與文化身份〉,《文化研究 @ 嶺南》2006 年第 1 期。

[50] 高丙中:〈社團合作與中國公民社會的有機團結〉,《中國社會科學》2006 年第 3 期。

[51] 苑利、顧軍:〈非物質文化遺產保護的十項基本原則〉,《學習與實踐》2006 年第 11 期。

[52] 劉魁立:〈論全球化背景下的中國非物質文化遺產保護〉,《河南社會科學》2007 年第 1 期。

[53] 高丙中:《非物質文化遺產:作為整合性的學術概念的成型〉,《河南社會科學》2007 年第 2 期。

[54] 陳春聲:〈地域社會史研究中的族群問題──以「潮州人」與「客家人」的分界為例〉,《汕頭大學學報(人文社會科學版)》2007 年第 2 期。

[55] 陳慧燕:〈文化保育、發展與可持續發展〉,《文化研究 @ 嶺南》2007 年第 4 期。

[56] 強世功:〈帝國的技藝──香江邊的思考之三〉,《讀書》2007 年第 11 期。

[57] 翟學偉:〈進步的觀念與文化認同的危機──對中國人價值變遷機制的探討〉,《開放時代》2008 年第 1 期。

[58] 范可:〈全球化語境下的文化認同與文化自覺〉,《世界民族》2008 年第 2 期。

[59] 劉杏玲、吳滿意:〈區域一體化過程中的文化認同研究綜述〉,《電子科技大學學報(社會科學版)》2008 年第 1 期。

[60] 周憲:〈認同建構的寬容差異邏輯〉,《社會科學戰綫》2008 年第 1 期。

[61] 翟學偉:〈進步的觀念與文化認同的危機──對中國人價值變遷機制的探討〉,《開放時代》2008 年第 1 期。

[62] 范可:〈《全球化語境下的文化認同與文化自覺〉,《世界民族》2008 年第 2 期。

[63] 蘇勇:〈文化身份認同與建構中的文化主體性〉,《貴州師範大學學報(社會科學版)》2009 年第 1 期。

[64] 〔澳〕Terry Flew,趙介苇編譯:〈「統一化」與「軟實力」──全球創新經濟大潮下對文化政策的反思〉,《文化藝術研究》2009 年第 2 期。

[65] 項蘊華:〈《身份建構研究綜述〉,《社會科學研究》2009 年第 5 期。

[66] 紀衛寧、辛斌:〈費爾克勞夫的批評話語分析思想論略〉,《外國語文》2009 年第 6 期。

[67] 項蘊華:〈國外有關身份的社會語言學研究〉,《哲學動態》2009 年第 7 期。

[68]　陳財喜：〈重新思考「西九效應」〉，《經濟導報》2009 年第 9 期。

[69]　王寧：〈重建全球化時代的中華民族和文化認同〉，《社會科學》2010 年第 1 期。

[70]　韓震：〈論國家認同、民族認同及文化認同——一種基於歷史哲學的分析與思考〉，《北京師範大學學報（社會科學版）》2010 年第 1 期。

[71]　孫頻捷：〈身份認同研究淺析〉，《前沿》2010 年第 2 期。

[72]　韓震：〈全球化時代的公民教育與國家認同及文化認同〉，《社會科學戰綫》2010 年第 5 期。

[73]　強世功：〈國家認同與文化政治——香港人的身份變遷與價值認同變遷〉，《文化縱橫》2010 年第 6 期。

[74]　劉慧敏、白楊：〈香港文化中的本土意識透視〉，《社會科學戰綫》2010 年第 6 期。

[75]　朱竑、錢俊希、陳曉亮：〈地方與認同：歐美人文地理學對地方的再認識〉，《人文地理》2010 年第 6 期。

[76]　曹慧、張妙清：〈認同整合——自我和諧之路〉，《心理科學進展》2010 年第 12 期。

[77]　劉月悅：〈全球化語境下文化身份的模糊性問題——以香港為例〉，《蘭州大學學報（社會科學版）》2011 年第 1 期。

[78]　麻國慶：〈非物質文化遺產：文化的表達與文化的文法〉，《學術研究》2011 年第 5 期。

[79]　張淑華、李海瑩、劉芳：〈身份認同研究綜述〉，《心理研究》2012 年第 1 期。

[80]　侯松、陳茁：〈行動與反思——「當代中國非物質文化遺產保護的行動研究：政策、實踐和理論反思」國際研討會綜述〉，《文化藝術研究》2012 年第 2 期。

[81]　張萌萌：〈香港政治傳播中的認同構建〉，《探索與爭鳴》2012 年第 6 期。

[82]　孫樂川：〈香港文化藝術的「他者」身份的再現〉，《文化研究 @ 嶺南》2012 年第 30 期。

[83]　劉智鵬：〈香港史研究的現狀、功用與設想〉，《港澳研究》2013 年 1 期。

[84]　劉翠霞、林聚任：〈表徵與建構：兩種理念還是一種實踐？——研究的方法論之爭〉，《科學與社會》2013 年第 1 期。

[85]　陳雲、甄小慧、聶本洲：〈香港藝團競爭文化資源的困境〉，《藝術界》2013 年第 2 期。

[86]　李敢：〈內地與香港文化價值共識重構的實證分析——以香港國民教育科爭議處置個案為例〉，《華僑大學學報（哲學社會科學版）》2013 年第 4 期。

[87]　嚴飛：〈殖民管治香港的要義——評〈管治香港〉〉，《二十一世紀》2013 年 6 月號總第 137 期。

[88]　閆國疆：〈問題與反思：近 30 年中國身份認同研究析評〉，《西南民族大學學報（人文社會科學版）》2013 年第 4 期。

[89]　郭台輝：〈公民身份認同：一個新研究領域的形成理路〉，《社會》2013 年第 5 期。

[90]   吳偉光：〈反思香港的文化身份理論〉，《文化研究 @ 嶺南》2013 年第 35 期。

[91]   潘國靈：〈「本土」的十年變化〉，《號外》2013 年 7 月號（第 442 期）。

[92]   林克歡：〈身份認同與文化包容——香港的「九七劇」與「後九七」劇場〉，《藝術百家》2013 年第 4 期。

[93]   陳小嬌：〈民族文化認同研究綜述〉，《思想戰綫》2013 年第 S2 期。

[94]   陳建平、王加林：〈互文性與身份建構話語策略〉，《中國外語》2014 年第 2 期。

[95]   和磊：〈論香港文化研究的本土意識〉，《中國文學研究》2014 年第 3 期。

[96]   鄭宏泰、尹寶珊：〈香港本土意識初探：身份認同的社經與政治視角〉，《港澳研究》2014 年第 3 期。

[97]   胡翼青：〈文化政策的重新思考與再思考——評《重新思考文化政策》〉，《中國圖書評論》2014 年第 7 期。

[98]   張妙清、鄭宏泰、尹寶珊：〈香港核心價值的變遷——基於民意調查的分析〉，《港澳研究》2015 年第 1 期。

[99]   鄭宏泰：〈流動本土意識：身份認同的政治與歷史視角〉，《當代港澳研究》2015 年第 1 期。

[100]   何志平：〈香港青年：問題與出路〉，《港澳研究》2015 年第 1 期。

[101]   張鴻雁：〈核心價值文化認同的建構與文化治理——深化改革文化治理創新的模式與入徑〉，《南京社會科學》2015 年第 1 期。

[102]   張楊：〈「前綫」外交：冷戰初期美國在香港的文化活動初探〉，《美國問題研究》2015 年第 2 期。

[103]   張楊：〈亞洲基金會：香港中文大學創建背後的美國推手〉，《當代中國史研究》2015 年第 2 期。

[104]   朱耀偉：〈香港（研究）作為方法：關於「香港論述」的可能性〉，《二十一世紀》2015 年 2 月號總 147 期。

[105]   周永新：〈香港居民的身份認同和價值觀〉，《港澳研究》2015 年第 4 期。

[106]   錢澤紅：〈移動互聯時代的城市文化發展——上海—台北—香港—深圳城市文化交流會議 2015 上海年會述評〉，《上海文化》2015 年第 12 期。

[107]   祝捷、章小杉：〈「香港本土意識」的歷史性梳理與還原——兼論「港獨」思潮的形成與演化〉，《港澳研究》2016 年第 1 期。

[108]   劉強：〈香港本土意識的歷史由來〉，《廣東省社會主義學院學報》2016 年第 2 期。

[109]   鍾華、徐拓倩：〈「一帶一路」框架下的社會科學研究：以香港問題為例〉，《港澳研究》2016 年第 2 期。

[110]   樊鵬：〈「否決玩家」與香港政治體制的「碎片化」〉，《文化縱橫》2016 年第 2 期。

[111]   朱耀偉：〈香港文化創意產業再思：以流行音樂為例〉，《二十一世紀》2016 年 2 月號總第 153 期。

[112] 鄭湘萍、徐海波：〈香港回歸後的本土主義運動辨析〉，《理論研究》2016 年第 3 期。

[113] 馮慶想：〈《香港本土主義的內在邏輯與歷史演變〉，《天府新論》2016 年第 5 期。

[114] 陳智德：〈「回歸」的文化焦慮——1995 年的《今天・香港文化專輯》與 2007 年的《今天・香港十年》〉，《政大中文學報》第 25 期 2016 年 6 月。

[115] 陳薇：〈香港身份認同的媒體建構：社會建構論的視角〉，《港澳研究》2017 年第 1 期。

[116] 周平：〈民族國家認同構建的邏輯〉，《政治學研究》2017 年第 2 期。

[117] 徐詩穎：〈二十世紀九十年代以來香港文學文化身份認同研究批判——以本土性與中國性的內在矛盾為核心〉，《文藝理論研究》2017 年第 3 期。

[118] 蘇濤：〈文化「冷戰」與香港右派電影的文化想像——以亞洲影業有限公司為中心〉，《文藝研究》2017 年第 3 期。

[119] 李文珍、夏銀平、梁濤：〈香港青年國家認同的影響因素與建構〉，《當代港澳研究》2017 年第 4 期。

[120] 馮偉才：〈在歷史的空間中對話——評《香港文化眾聲道》〉，《現代中文學刊》2017 年第 5 期。

[121] 吉米・麥克古根：〈公共文化政策研究的知識脈絡〉，王列生、鞠靜譯，《甘肅社會科學》2017 年第 6 期。

[122] 許紀霖：〈國家／國民、國家／民族：國家認同的兩個面向〉，《浙江社會科學》2017 年第 6 期。

[123] 靳永翥、劉強強：〈從公眾話語走向政策話語：一項政策問題建構的話語分析〉，《行政論壇》2017 年第 6 期。

[124] 鄭戈：〈一國兩制與國家整合〉，《二十一世紀雙月刊》2017 年 6 月號總 161 期。

[125] 高丙中：〈從文化的代表性意涵理解世界文化遺產〉，《清華大學學報》（哲學社會科學版）2017 年第 5 期。

[126] 張江：〈公共闡釋論綱〉，《學術研究》2017 年 6 期。

[127] 張江、邁克・費瑟斯通：〈作為一種公共行為的闡釋——張江與邁克・費瑟斯通的對話〉，《學術研究》2017 年 11 期。

[128] 張江、約翰・湯普森：〈公共闡釋還是社會闡釋——張江與約翰・湯普森的對話〉，《學術研究》2017 年 11 期。

[129] 張江、哈貝馬斯：〈關於公共闡釋的對話〉，《學術月刊》2018 年第 5 期。

[130] 林芬、林斯嫻：〈香港青年的中國觀：民族認同與學生運動〉，《二十一世紀》2017 年 12 月號。

[131] 康玉梅：〈「一國兩制」下香港特別行政區的國民教育與國家認同〉，《環球法律評論》2018 年第 2 期。

[132] 常江、田浩；洪美恩：〈文化研究是超越國族的世界主義——不確定時代的身份迷思〉，《新聞界》2018 年第 3 期。

[133] 黃宗智：〈探尋扎根於（中國）實際的社會科學〉，《開放時代》2018 年第 6 期。

[134] 李浴洋：〈重探「香港文學」——陳國球教授訪談錄〉，《文藝研究》2018 年第 8 期。

[135] 江寧康：〈民族文化遺產的審美再造與國家認同〉，《馬克思主義美學研究》2018 年第 2 期。

[136] 常江、田浩，托伊恩‧范‧迪克：〈批判話語研究是一種政治立場——新聞、精英話語與意識形態〉，《新聞界》2018 年第 5 期。

[137] 〔德〕沃爾夫岡‧卡舒巴著，包漢毅譯，〈城市，一個碩大的自拍照？——在舞台與舶來品之間游弋的城市性〉，《民俗研究》2018 年第 6 期。

[138] 許崇德：〈「六七暴動」與「香港人」身份意識的萌生〉，《二十一世紀》，2018 年 10 月號，總第一六九期。

[139] 常江：〈再現之道：文化理論在全球化時代的重新政治化〉，《學習與探索》2018 年第 12 期。

[140] 蕭博文、陳露：〈文化政策研究：概念演變、學科分析與未來展望〉，《人文天下》2018 年第 19 期。

[141] 鄭婉卿：〈流動與認同：以香港居民為例〉，《人文地理》2019 年第 1 期。

[142] 鄭婉卿：〈香港青年的生活滿意度、政治傾向與身份認同〉，《青年探索》2019 年第 1 期。

[143] 趙鼎新：〈價值缺失與過度有為：從古今異同看當前官僚制的困境〉，《文化縱橫》2019 年第 5 期。

[144] 周計武：〈藝術體制的現代性邏輯〉，《文藝爭鳴》2019 年第 10 期。

[145] 傅葆石：〈文化冷戰在香港：《中國學生週報》與亞洲基金會（1950-1970）上〉，《二十一世紀》2019 年 6 月號總第 173 期。

[146] 唐佳希：〈二十世紀七八十年代香港歌詞的時空敘事與身份認同〉，《廣東黨史與文獻研究》2019 年第 5 期。

[147] 孫揚：〈警惕香港史書寫中的分離傾向〉，《歷史評論》2020 年第 1 期。

[148] 周憲：〈文化引領權：從地方性到全球性——關於中國話語的世界建構〉，《南國學術》2020 年第 1 期。

[149] 顧明棟：〈論文化無意識的雙向去殖民化〉，《學術界》2020 年第 4 期。

[150] 劉洪一：〈文明對話與文化比較〉，《深圳大學學報（人文社會科學版）》2017 年第 5 期。

[151] 劉洪一：〈文明通鑒與普惠文明：人類命運共同體的文明路徑〉，《深圳大學學報（人文社會科學版）》2019 年第 5 期。

[152] 劉洪一：〈「界」的範疇意義與工具價值〉，《哲學研究》2021 年 11 期。

[153] 劉洪一：〈構建人類普惠新文明：機理機制與邏輯工具〉，《中國比較文學》2021 年第 2 期。

[154] 劉洪一：〈共建人文灣區 繫牢精神紐帶〉，《光明日報》2022 年 1 月 11 日。

[155] 劉英傑、田雨：〈從反本質主義的「身份」到逆向文化策略——斯圖亞特‧霍爾文化身份觀探微〉，《求是學刊》2021 年第 1 期。

[156] 高建軍：〈大灣區中的小港灣—— 從居深港人看深港融合發展〉，《文化縱橫》2021 年第 1 期。

[157] 魏孝稷：〈文化帝國主義沒有不失敗的〉，《歷史評論》2021 年第 3 期。

[158] 湯景泰、陳秋怡、徐銘亮：〈情感共同體與協同行動：香港「修例風波」中虛假信息的動員機制〉，《新聞與傳播研究》2021 年第 8 期。

▌5. 英文期刊

[1] Swidler, Ann. "Culture in action: Symbols and strategies". In *American Sociological Review*, vol.51(2), 1986，p.273-286.

[2] Ku, Agnes S. "Immigration Policies, Discourses, and the Politics of Local Belonging in Hong Kong(1950-1980)", In *Modern China* 30(3), July issue, 2004, p.326-360.

[3] Scullion, Adrienne, and Beatriz García. "What is Ccultural Policy Research?", In *International Journal of Cultural Policy*, vol.11(2), 2005, p.113-127.

[4] Morris, Paul and Ian Scott. "Education Reform and Policy Implementation in Hong Kong," in Lok Sang Ho, Paul Morris and Yue-ping Chung eds. *Education Reform and the Quest for Excellence-The Hong Kong Story*, Hong Kong: Hong Kong University Press, 2005, p.83-97.

[5] Oliver J.Brearey, "Hong Kong Identity and History—A Review Article", In *Journal of the Royal Asiatic Society Hong Kong Branch*, vol.49, 2009, p.295-319.

[6] Oktar, L. "The ideological organization of representational processes in the presentation of us and them", In *Discourse and Society*, 2001, 12(3) p.318.

[7] Sigrid Royseng, "The Ritual Logic of Cultural Policy", *Paper for the Fifth International Conferenceon Cultural Policy Research*, Istanbul, August20-24, 2008.

[8] Pierre-Michel Menger, "Cultural Policies in Europe. From a State to a City-Centered Perspective on Cultural Generativity", Tokyo, Japan, GRIPS Policy Research Center, Discussion Paper: 10–28, Dec 2010.

▌6. 網絡資源

[1] 電子版香港法例：https://www.elegislation.gov.hk

[2] 香港政府一站通：https://www.gov.hk

[3] 香港特區行政長官施政報告資料庫：https://www.policyaddress.gov.hk/2018/sim/archives.html

[4] 香港政府新聞網：https://sc.news.gov.hk

[5] 香港特別行政區政府民政事務局：https://www.hab.gov.hk

[6] 香港特別行政區政府康樂及文化事務署：https://www.lcsd.gov.hk

[7] 香港藝術發展局：http://www.hkadc.org.hk

[8] 香港非物質文化遺產辦事處：https://www.lcsd.gov.hk/CE/Museum/ICHO/zh_TW/web/icho/home.html

[9] 康樂及文化署音樂事務處：https://www.lcsd.gov.hk/sc/mo/sitemap.html

[10] 香港古物古蹟辦事處：http://www.amo.gov.hk

[11] 西九文化區：https://www.westkowloon.hk

[12] 香港中央圖書館：https://www.hkpl.gov.hk

[13] 香港公共圖書館——香港舊報紙網頁：http://mmis.hkpl.gov.hk/old-hk-collection

[14] 香港特別行政區政府統計處：https://www.censtatd.gov.hk

[15] 香港政府檔案處：http://www.grs.gov.hk/ws/tc/home.html

[16] 香港立法會圖書館：http://www.legco.gov.hk/general/chinese/library/index.html

[17] 香港中文大學・《二十一世紀》雙月刊：http://www.cuhk.edu.hk/ics/21c/zh/issues

[18] 香港政策研究所：http://www.hkpri.org.hk

[19] 香港文化協進智庫：http://www.hkcdri.org.hk/zh

[20] 團結香港基金智庫：https://www.ourhkfoundation.org.hk

[21] 聯合國教科文組織數字圖書館：https://unesdoc.unesco.org

[22] 文化政策圖書館：http://e.cacanet.cn/cpll/index.aspx

附　錄

香港、台灣、新加坡三地文化藝術資助政策比較研究 [1]

◇◇◇

　　現代政府通過文化藝術資助政策來決定公共資源分配及藝術的可持續發展方向，涉及內容包括：資助對象及資助範圍的界定、藝術價值評判的制定（社會標準及美學標準）、項目遴選程序、資助方式的選擇以及公共政策價值導向的確立、社會價值的推廣等。對文化藝術的支持，被普遍視為文明國家的重要象徵。聯合國教科文組織認為對文化的公共資助是對人類發展的投資。許多國家和地區也從補貼藝術向投資藝術轉型，推動建立完善的資助體系。隨著國際間交流日趨頻密，文化政策措施亦相互借鑒學習，西方文化藝術資助機制對香港、台灣地區和新加坡均產生了不同程度的影響和作用，它們之間也相互影響。比如，配額補助金（matching grants）是美國激勵私人藝術支持的一項做法，新加坡、香港、台灣地區先後採用；管理架構上它們學習了英國「一臂之距」模式，以體現形式上藝術自主和去政治

1　附錄彙集了筆者主持的國家社會科學基金藝術學一般項目「文化藝術資助機制及政策研究」部分成果。這些成果由課題組成員多篇論文組成，重新採用時對香港案例做了較大修改，三個案例均補充介紹了近期疫情下藝文紓困政策措施。參見任珺：〈香港藝術資助政策及實踐〉，《上海藍皮書：上海文化發展報告（2017）》，北京：社會科學文獻出版社 2017 年版；任明：〈台灣地區藝術資助機制及政策研究〉，《中國文化產業評論》第 24 卷，上海人民出版社 2017 年版；宋陽：〈台灣藝術資助政策及其對深圳藝術發展的啟示〉，《深圳藍皮書：深圳文化發展報告 2017》，社科文獻出版社 2017 年版；任明：〈新加坡文化藝術資助機制及政策實踐〉，載任珺著《文化藝術資助機制及政策研究》，北京：中國社會科學出版社 2020 年版。

化的觀念等等。由於不同的歷史傳統、政治經濟環境、文化生產及藝術實踐，三個地區藝術政策及資助機制既擁有相似的發展策略，強調多元化；又有著各自獨特的發展邏輯。他們在學習西方經驗的同時，融入本地價值並改造為適合本地區發展的政策措施。這裏既有成功經驗，也有需要總結反思實踐的地方。以下重點梳理三個地區文化藝術資助政策歷史變遷、政府運用文化資源的機制或組織架構；分析政策理念轉化為具體政策措施時，以及文化藝術行政改革過程中的博弈；探討藝術資助實踐過程中存在的困境等。

第一節

香港文化藝術資助機制及政策實踐

◇◇◇

一、香港文化藝術資助政策歷史變遷

原香港民政事務局局長何志平認為，「香港是在 1962 年大會堂成立之際，才開始正式資助公共文化的」；「後來香港實施的藝術政策則是以 1977 年政府內部工作指引；以及 1981 年原行政局公佈的發展藝術的七點政策作為基礎；並根據兩個市政局的藝術資助，即場地管理經驗、藝術發展局的撥款制度研究及發展方向；文化委員會在 2003 年發表的《政策建議報告》綜合而成。」[2] 可見，香港文化藝術資助政策的成形是在發展中逐步汲取經驗的過程。梳理香港文化藝術資助政策的歷史變遷，可大致了解香港特區政府制定文化藝術資助政策背後的核心理念和發展邏輯、政府價值選擇的社會文化語境，以及政府資助文化藝術活動的組織架構及操作方法、行政實踐的構建過程等，這些將有助於我們認識香港文化藝術資助政策的特徵及現實困境。

香港藝術界通常將 20 世紀 50 年代香港大會堂籌建及 1962 年對公眾啟用，作為殖民時期文化政策的開端。此時市政局及港英政府有關部門的贊助和推廣藝術工作，傾向於將藝術理解為「恢復精神與體

2　〈文化政策——多元一體，和而不同〉，載何志平、陳雲根：《文化政策與香港傳承》，北京：中華書局 2008 年版，第 66、70 頁。

力」的閒娛活動。受資助的藝術門類以西方表演藝術為主；1977年港英政府在教育司署成立音樂事務統籌處，負責為青年提供有系統的器樂訓練，[3] 並舉辦大眾音樂活動，以推廣音樂。港英政府意圖向民眾普及西方精英文化。而此前港英政府一直採取的是種族隔離政策——在社會文化上將英國精英與普通華人社會區隔開來。

1967年香港發生反英抗暴運動後，港英政府意識到文娛活動對維持社會穩定的政治作用和教育功能，為了配合管制需要，開始大量增加大眾文化娛樂活動，並將英式社會政策中的文娛和康樂政策引入香港社會。1977年在文化藝術推廣工作方面，港英政府正式確立了作為「統籌者及催化者、所需基本設施的供應者及推動者，並於有需要時提供財政或其他資助」的角色。[4] 香港開始以科層組織管理公共文化事務。1980年代開始，為民眾發展社區文化活動開始納入政府制定的文化藝術政策目標[5] 當中，但獲得支援的藝術領域仍以表演藝術為主。香港重要的專業藝團在這時及隨後相繼成立，大型文化場館建設熱潮一直持續到1990年代初。[6]1960至1990年代期間，港英政府一直以對待市民康樂文娛活動的思維和理念來制定方案和財政預算。[7]

九七香港主權回歸前夕，港英政府加強了政策研究和政策的公眾諮詢，公佈了一系列政策諮詢文件，如文康廣播科《藝術政策檢討報告》（1993）；香港文化政策研究小組的反建議（1994）；藝術發展

3　1980年代中期，器樂訓練涵蓋多種中西樂器，包括西樂中的弦樂、木管樂、銅管樂及敲擊樂，以及中樂中的拉弦樂、彈撥樂、吹管樂及敲擊樂。參見：胡銘堯：《碩果纍纍四十載 音樂事務處歷史回顧》，音樂事務處官網：https://www.lcsd.gov.hk/tc/mo/aboutus/40th-anniversary/40-year-retrospective.html，訪問日期：2022年5月16日。

4　《藝術政策檢討報告諮詢文件》，香港政府文康廣播科，1993年。

5　1981年行政局制訂推動及發展藝術的目標中有「為普羅大眾發展社區活動」。參見《藝術政策檢討報告諮詢文件》，香港政府文康廣播科，1993年。

6　《五十年文化紀事：香港文化行政與文化政策（1950-2000）》，香港藝術發展局研究部，2001年1月。

7　劉靖之：《香港音樂史論：文化政策・音樂教育》，商務印書館（香港）有限公司2014年版，第3頁。

局的《五年策略計劃書》（1995）；市政局的《文化委員會五年計劃》（1996）；區域市政局的《藝術發展計劃書》（1997）等。因此，在社會上興起了關於文化藝術政策的討論。鄭新文認為，1990 年代藝術工作者和支持者通過遊說、民主參與及公眾辯論等方式，表達了業界對藝術建制和管理的意見，同時也促使公共文化藝術機構的政策制定和資源運用原則更加透明。[8] 這為香港回歸後後續文化行政架構大改革及公共資源配置調整做了前期準備。總體來看，港英政府的藝術支持傾向於以直接管理和高資助率為方法。有報告指出那段時期香港的文化經費估計大約超過 95% 來自政府資金。[9]

　　1999 年原負責文化及藝術活動的市政局與區域市政局組織架構解散，2000 年民政事務局成立了康樂及文化事務署。民政事務局負責統籌政府在康樂、體育、文化和文物方面的政策，藝術發展局等機構協助政府制定相關政策。康樂及文化事務署是民政事務局的執行部門，負責保護香港的文化遺產、美好環境，以及加強體育、文化及社區團體之間的協作。康樂及文化事務署也負責執行管理公共文化設施，籌辦展覽、體育活動及文化表演節目等工作。[10]1990 年代以後英美的新自由主義思潮與英語國家的新公共管理措施在香港也產生了影響。[11] 政府在不同時期都有提出：文化藝術資助的效率審計；公共服務外包（即公共服務外判）、私有化的可能性 [12] 及文化藝術融資、公私夥伴資助等資源開拓 [13]。受國際趨勢影響 [14]，尤其英國新工黨創意

8　鄭新文：《藝術管理概論：香港地區經驗及國內外案例》，上海音樂出版社 2009 年版，第 215-218 頁。

9　《香港文化藝術政策的釐定、推行與資源開拓》，香港政策研究所，1998 年 12 月。

10　參見《香港年報》第二十章「康樂體育和文化藝術」，2021 年 8 月 2 日，第 272 頁。

11　香港自 1989 年仿效英國的新公共管理推行「公共服務改革」。

12　2001 年三個旗艦藝團正式公司化；2004 年國際電影節也完成公司化；西九龍文娛藝術區則是政府首次打算由商業機構發展的文化場地。鄭新文：《藝術管理概論：香港地區經驗及國內外案例》，上海音樂出版社 2009 年版，第 219 頁。

13　《香港文化藝術政策的釐定、推行與資源開拓》，香港政策研究所，1998 年 12 月。

14　譬如 1998 年世界銀行與聯合國教科文組織召開「可持續發展中的文化」會議，就強調文化是公共投資，不過關注的不只是投資本身的產值，更是在投資後所產生的更為廣泛的社會效應。

產業政策思維的影響，進入新世紀後香港特區政府也開始強調文化資助是藝術及社會投資，注重藝術創意融合帶來的經濟效益，以及文化藝術干預產生的社會效益。儘管文化藝術政策的領域擴大了，但文化藝術政策在實際運作過程中也成為融合不同政策（如教育、城市規劃、知識經濟等）的治理工具。

二、香港文化藝術資助機制及模式

目前香港特區政府的文化藝術資助政策並未對資助對象作詳細的界定，依據實際獲得資助的情況來看，主要涉及藝術種類包括：表演藝術、文學藝術、視覺藝術，以及新興的媒體藝術及跨界藝術等藝術門類。而政府文化藝術資助模式則包括：公共財政投資於基礎設施或藝術機構、專業院校；給予藝術項目直接經濟補助；為藝術家或藝術社群提供物料或薪水、津貼；為文化藝術活動提供免費或補貼的（政府擁有的）文化場地等。

（一）文化藝術資助部門及機構

民政事務局是特區政府統籌文化藝術事務的政策局，管理架構上民政事務局下設文化科，專責文化及藝術政策、香港藝術發展局及香港演藝學院的資助及發展、表演藝術的資助及發展等。公共財政支持的文化藝術發展及推廣機構為：康樂及文化事務署（主要透過提供多種文娛設施和舉辦、推廣節目活動來支持表演及視覺藝術發展）；香港藝術發展局（主要為中小型藝團提供資助）及香港演藝學院（主要從事專業人才培養）。

近些年來，特區政府逐步增加投放文化藝術領域的公共資源，總開支（不包括基建工程開支）由 2005-2006 年度約 26 億港元增加至 2021-2022 年度約 57 億港元（不包括藝術及體育發展基金藝術部

分及粵劇發展基金）。這些資源主要用於為藝術活動提供場地支援、資助藝術團體、藝術教育和推廣，以及支付相關的行政費用。[15] 在文化藝術基礎建設工程方面，特區政府曾在 2008 年撥款 216 億港元予以西九文化區管理局，用於西九文化區策略性投資發展世界級綜合文化藝術樞紐。西九各項文化藝術設施也由 2016 年起分三批落成，包括戲曲中心、M+ 視覺文化博物館、西九藝術公園、演藝綜合劇場、香港故宮文化博物館、ACE 展覽會議等配套設施、藝術家旅捨 / 公寓等。目前，戲曲中心、自由空間、藝術公園、M+ 視覺文化博物館已投入運營。康樂及文化事務署曾獲撥款 41.7 億港元興建東九文化中心，預計 2023 年啟用。特區政府也於 2018 年預留 200 億港元，用於此後十年間改善和發展文化設施。[16] 目前規劃中的項目是粉嶺的新界東文化中心及文物修復資源中心，這兩個項目將配合特區政府致力發展的北部都會區建設。

　　香港康樂及文化事務署（以下簡稱「康文署」）是特區政府文化及藝術政策的執行部門，也有學者認為它是一個服務性的部門[17]。該署的文化事務部負責規劃和管理轄下演藝場地，舉辦和推廣各類文娛節目，在學校和社區推廣藝術。該部也負責提供公共圖書館服務、公共博物館及有關的博物館服務，並致力推廣閱讀、文學藝術及本地文化遺產等。康文署管理香港文化中心、香港大會堂、油麻地戲院等 16 個主要演藝場地及兩個室內體育館，轄下另有 11 個區域及地區文娛中心和劇院，包括上環文娛中心、高山劇場、沙田大會堂等。康文署運營香港中央圖書館等 70 間圖書館和 12 間流動圖書館，並管理書刊註冊組；管理香港歷史博物館、香港文化博物館等 14 個博物館、

15　民政事務局網站：https://www.hab.gov.hk/tc/policy_responsibilities/arts_culture_recreation_and_sport/arts.htm，訪問日期：2022 年 5 月 18 日。

16　參見《香港年報》第二十章「康樂體育和文化藝術」，2021 年 8 月 2 日，第 283 頁。

17　榮念曾：〈推動文化原創建立有腦政府──宏觀西九、文化局勢〉，載胡恩威主編：《文化視野01》，香港：進念・二十面體 E+E 出版 2012 年 9 月，第 88 頁。

兩所視覺藝術中心及一間電影資料館。

　　康文署主要採用資助表演場地和節目製作等方式支持香港藝術發展。康文署資助表演場地一般有兩種模式。一種是推出「場地贊助計劃」，讓地區藝術團體免費使用康文署管轄的社區演藝設施，為區內居民舉辦文化藝術活動。在 2018-2019 年度，87 個社區藝術團體受惠於該計劃；這些團體共舉辦 621 項活動，參加者總數逾 108,000 人次。另一種是「場地夥伴計劃」，幫助康文署轄下演藝場地與本地演藝團體建立夥伴關係。「場地夥伴計劃」自 2009 年 4 月起推行，每屆為期三年，第四輪由 2018 年 4 月起實行。該計劃以不同形式支援演藝團體，例如提供工作間、安排優先使用場地設施、給予基本資助、協助宣傳等。在 2018-2019 年度，康文署 22 個場地夥伴（包括以個別、聯合和聯盟形式參與的藝團）在 12 個場地共舉辦了 731 場表演，並參與了 1,206 項觀眾拓展活動，吸引了約 794,000 人次入場。[18]

　　資助節目製作則是由文化節目組和藝術節辦事處負責支持藝術節協會舉辦的活動及舉辦經常性的演藝節目。主要資助模式有兩種：其一，通過主辦節目的方式，委託藝術家、藝術團體提供節目。康文署支付演出費用、提供場地及製作支持，提出活動相關計劃及要求，並負責宣傳。演出門票最終歸康文署所有，並上交給香港庫務署。其二，通過贊助節目的方式，與藝術團體合作。藝術團體自行策劃節目，負責節目製作費，節目納入康文署活動計劃後，康文署提供免費場地、售票服務和宣傳協助，演出門票收益歸藝術團體所有。[19]

　　與之相似，康文署也以贊助的方式，支持藝團及藝術家主辦一系列觀眾拓展活動。如社區文化大使計劃、社區口述歷史戲劇計劃、

18　參見《康樂及文化事務署 2018-2019 年報》，第 51、53 頁。https://www.lcsd.gov.hk/en/common/pdf/annual_report_1819_tc.pdf，訪問日期：2022 年 5 月 18 日。

19　鄧澤宏、董志漢：〈香港藝術團體分類管理體制特點及啟示〉，《人民論壇》2015 年第 1 期。

學校文化日計劃、學校演藝實踐計劃、大專生藝術通識計劃等。「觀眾拓展計劃」由康文署轄下的觀眾拓展辦事處負責。康文署為非牟利藝團免費提供轄下的場地和售票服務，以及贊助費，贊助費的金額按個別節目申報建議而定。獲贊助的藝術機構則負責一切製作、宣傳及其他場地租用（如適用）的費用，藝團可保留門票收入（如有）。康文署也會以「贊助場地和售票服務」的方式，為在各文娛中心進行普及藝術的藝術教育活動（如學校戲劇節／舞蹈節／音樂節等校際或社區演藝活動），免費提供場地和售票服務，接受贊助的機構則負責所有製作上的開支，並可保留門票收入（如有）。[20] 其他還有康文署轄下的非物質文化遺產辦事處負責的「非物質文化遺產資助計劃」，資助社區主導項目及夥伴合作項目，旨在推動社區參與保護香港非物質文化遺產工作。

培育人才方面，康文署推出「藝術行政見習員計劃」，以培育藝術行政及相關管理專業人員。「藝術行政見習員」接受場地運作、設施管理、活動推廣，以及籌辦演藝活動、藝術節及文化交流活動等訓練，為期兩年。「舞台管理見習員」接受與舞台運作及技術相關的在職培訓，為期一年半。「博物館見習員」可派駐香港藝術館、香港歷史博物館等文博場館、藝術推廣辦事處、非物質文化遺產辦事處及文物修復辦事處，接受為期兩年博物館管理或文物修復在職培訓。[21] 康文署轄下的音樂事務處致力於為市民，尤其是年輕人提供音樂訓練和樂團訓練。

香港藝術發展局（以下簡稱「藝發局」）是政府指定全方位發展香港藝術的法定機構。其近 80% 的經費主要來自政府的經常資助金，其餘 20% 來自藝術及體育發展基金撥款以及利息收入等。藝發局負責

---

20 參見康樂及文化事務署官網：https://www.lcsd.gov.hk/tc/artist/audience.html#2，訪問日期：2022 年 5 月 18 日。

21 參見《香港年報》第二十章「康樂體育和文化藝術」，2021 年 8 月 2 日，第 295-296 頁。

策劃、推廣、資助和支持，包括音樂、舞蹈、戲劇、戲曲、電影及媒體藝術、視覺藝術、跨媒介藝術、文學及藝術評論、藝術教育及藝術行政的發展。藝發局推行多個資助計劃扶植具潛質的藝術家／藝團，支持不同形式的普及藝術計劃，為不同發展階段的藝術工作者及藝團提供支持；也透過海外留駐計劃、藝術獎學金／文化實習／人才培育計劃，及國內外交流計劃等，幫助藝團提升管理能力。藝發局常設的資助模式包括：年度資助（設有一年及三年的資助期）、計劃資助（一年分兩次申請）、文學平台計劃（設有一年及三年的資助期）、配對資助計劃（每個財政年度設三月及九月申請）、學校與藝團夥伴計劃等。其中配對資助計劃要求申請機構須為藝術項目籌募最少 3 萬元港幣來自非政府機構的現金捐款／贊助作配對之用，藝發局以最多「一比一倍半」形式提供配對資助。項目的資助上限：同一申請團體在每個財政年度可籌募最多 150 萬港幣現金捐款／贊助參與配對資助計劃。藝發局也通過「香港藝術發展基金」推行「優秀藝團計劃」，為少量優秀藝團提供一次性五年期運營資助。疫情期間推出「藝文界支援計劃」為因藝文場地關閉而取消工作的藝術家提供定額補貼。

除了主要政府部門或公共機構對文化藝術支持以外，區議會則從社區層面支持本地區節慶和社區文化活動。截至 2022 年 5 月，香港民政事務總署轄下共有 70 間社區會堂和 37 間社區中心，由民政事務總署負責管理，各區民政事務處負責日常管理及運作。[22] 區議會自 2008 年開始參與管理。其中多用途禮堂（附設舞台）、會議室等可供地方團體租用舉辦社區文化藝術活動。區議會同時還負責管理用於轄區內文化活動促進事務及社區文化活動的公共財政撥款，承擔區內文化藝術發展的推動者及贊助者角色。此外，這裏尚未涉及特區政府設立的「電影發展基金」（1999 年）、「創意智優計劃」（2009 年）等，

22　民政事務總署官網：https://www.had.gov.hk/tc/public_services/community.htm，訪問日期：2022 年 5 月 18 日。

這些雖然是立足文化及創意產業的資助及項目，背後的支撐點也是基於對文化藝術創作和人才培育的支持。還有與文化傳承相關的「保育歷史建築基金」（2016 年），以資助「活化歷史建築夥伴計劃」及「維修資助計劃」等。

（二）政府對藝術團體的資助

推動及鼓勵藝術團體的發展是特區政府一項重要的工作。《中華人民共和國香港特別行政區基本法》第一百四十四條規定：「香港特別行政區政府保持原在香港實行的對教育、醫療衛生、文化、藝術、康樂、體育、社會福利、社會工作等方面的民間團體機構的資助政策。」特區政府在不斷探索多元化藝術資助模式的同時，特別關注「主要藝團可持續資助機制」的構建。2007 年政府把原來由香港藝發局資助的六個「三年資助」藝團（香港小交響樂團、香港芭蕾舞團、城市當代舞蹈團、中英劇團、進念・二十面體和劇場組織）、加上由康文署資助的四個大型專業藝團（香港管弦樂團、香港中樂團、香港話劇團、香港舞蹈團）集中接受民政事務局的直接恆常資助（2008年劇場組合放棄政府資助，將劇團企業化），並成立表演藝術資助委員會為政府提供意見，2011 年該項工作又交予當時剛成立的表演藝術諮詢委員會負責。[23]

在這項政策安排下，九個主要藝團每年獲得來自財政的資助金額穩步增長，2019-2020 年度獲得約 4.036 億港元政府資助。[24] 藝術發展諮詢委員會（成立於 2010 年）[25] 則就各主要藝團的資助額分配向民

23　鄭新文：〈表演藝術機構的表現指標〉，載胡恩威主編：《文化視野 01》，香港：進念・二十面體 E+E 出版，2012 年 9 月，第 122 頁。

24　《香港年報》第二十章「康樂體育和文化藝術」，2021 年 8 月 2 日，第 283 頁。

25　藝術發展諮詢委員會委員的任期均為 2 年，民政事務局代表、康樂及文化事務署代表、香港藝術發展局代表為當然委員，並聘請知名人士擔任委員。委員會的工作範疇，包括就與藝術及體育發展基金 (藝術部分) 的資助事宜進行評估，檢討主要表演藝術團體的資助機制，發展藝術節目、推動藝術教育及培育人才等。

政事務局局長提供意見。為改善資助方式的公平性，自 2012 年起，民政事務局專為主要藝團設立具競爭元素資助計劃，鼓勵九個演藝團體推出有助於在財務和藝術創作方面持續發展的新計劃。除了政府恆常撥款及「具競爭元素資助計劃」「配對資助試驗計劃」[26] 專項資助以外，九大演藝團體需要通過票房、海外演出、教育推廣等活動收入；廣告收益及其他自籌經費提供的資金（包括捐款和贊助）等維持運營。儘管九大演藝團體均獲得來自政府較為穩固的差額資助，但不同演藝團體運營資金來源比例是不一樣的（見表 A-1），政府資助佔比較大的演藝團體受政府資助政策變化的影響也會較大。

表 A-1 香港九個主要演藝團體 2018-2019 年度運營收入分類匯總表格

演藝團體	政府資助		票房及活動收入		捐款、贊助等		其他收入	
	金額（港元）	佔比 %	金額（港元）	佔比 %	金額（港元）	佔比 %	金額（港元）	佔比 %
香港管弦樂團	84,931,969	56.75	32,354,118	21.62	31,240,948	20.87	1,142,744	0.76
香港舞蹈團	42,642,201	72.03	12,239,980	20.68	3,082,334	5.21	1,233,919	2.08
香港小交響樂團	43,345,946	68.77	9,284,413	14.73	9,429,506	14.96	971,926	1.54
香港中樂團	73,858,868	74.33	16,209,468	16.31	7,616,217	7.66	1,688,300	1.70
城市當代舞蹈團	21,174,333	50.18	3,036,421	7.20	4,203,117	9.96	13,779,584	32.66
香港芭蕾舞團	46,185,209	67.36	18,456,203	26.92	1,436,905	2.10	2,483,446	3.62
中英劇團	18,800,088	51.11	11,689,905	31.78	5,830,387	15.85	466,257	1.26
香港話劇團	50,832,995	57.38	23,244,268	26.24	14,001,977	15.80	515,572	0.58
進念·二十面體	14,186,148	66.71	2,814,237	13.24	3,662,294	17.22	601,670	2.83

注：香港財政年度由 4 月 1 日至第二年 3 月 31 日，表格數據來源於九大演藝團體 2018-19 年報。
其中票房及活動收入，是指票房及演出收入（包括海外演出收入）、教育推廣及其他活動收入。

26　為藝團所籌得的捐助提供一比一配對資助。

從法律角度劃分，香港藝術團體實質上有三種形式：註冊社團、有限公司與法定組織。對於前兩者香港政府依照公司法和社團條例進行管理和監督。大部分香港藝術團體都是註冊社團，有限公司形式的藝術團體相對較少，一般可分為營利性和非營利性兩種。法定組織則由政府提議，再由立法會經立法程序通過成立，並制訂有關法律規定其權責。不同性質的藝術團體運行機制是不一樣的，維持發展的資金來源及享受的政策也不同。譬如有限公司是正式法人，註冊社團則無法律地位，有些機構不會與註冊社團訂立涉及可觀金額的合約。申請藝發局計劃資助的藝團必須是根據《稅務條例》（第 112 章）第 88 條獲豁免繳稅的公共性質慈善機構或信託團體。非營利性質的有限公司如果獲稅局批准慈善機構資格，可以少繳納多項稅務，獲得的捐款也可申請免稅。[27] 比如，香港藝術節即註冊為香港藝術節協會有限公司，接受康文署和香港賽馬會慈善信託基金贊助，是以非營利機構形式運營的。

（三）政府對民間資源的整合

民政事務局轄下用以資助文化藝術類的公益基金有藝術發展基金（1993 年成立）、藝術及體育發展基金（1997 年成立），兩者均為戴麟趾爵士康樂基金下的子基金。公益基金資助模式上並非完全採用直接資助模式。藝術發展基金設立的主要目的是促進香港與其他地方的文化交流，推廣香港的文化藝術。在藝術發展基金《申請撥款須知》中規定：藝術發展基金的資助上限為申請預算總開支的三分之二。[28] 這說明了藝術發展基金只提供部分資助，鼓勵項目爭取其他渠道的資助、贊助或收入。2010-2011 年度，特區政府向藝術及體育

27　參見鄭新文：《藝術管理概論：香港地區經驗及國內外案例》，上海音樂出版社 2009 年版，第 74-75 頁；香港藝術發展局官網：https://www.hkadc.org.hk/grants-and-scholarship/grants/matching-fund-scheme，訪問日期：2022 年 5 月 18 日。

28　2014 年 6 月 9 日之前藝術發展基金的資助上限為申請預算總開支的三分之一。

發展基金（藝術部分）注資 15 億港元作為種子基金，並利用基金的投資回報資助文化藝術長遠發展。從 2011-2012 年度開始，每年從基金投資收益撥出 3,000 萬元用以香港藝術發展局轄下資助的計劃或項目，另外預留資金通過「藝能發展資助計劃」發放。「藝能發展資助計劃」是通過有配對資助元素的躍進資助和項目計劃資助，以培養社會和私營企業支持藝術的文化環境，促進政府、藝團、社會三方的夥伴關係，共同推動香港的文化藝術發展。2020 年，該計劃共撥款 4,000 萬元，為 13 個項目提供資助。[29] 為合資格藝團所籌得的私人捐款和贊助提供配對資助，撬動社會各界對香港文化藝術的支持，是香港在藝術資助政策領域內最重要的發展趨勢。自 2011 年開始這一發展趨勢越發明顯。民政局設置了為數八億元的「藝術發展配對資助計劃」，財政司司長於《2021-22 年度財政預算案》中宣佈會為該計劃增撥九億元。

　　一些援助文化藝術範疇的慈善信託基金由民政事務局管理，民政事務局為其提供行政支援。其一，香港賽馬會音樂及舞蹈信託基金於 1980 年由香港賽馬會慈善信託基金捐贈 1,000 萬元成立，旨在推動和發展香港的音樂及舞蹈。基金通過獎助金形式資助本地年輕藝術家赴海外知名院校修讀綜合性音樂或舞蹈進修課程、深造課程或接受音樂或舞蹈方面的專業訓練。基金以非法定形式運作，並由一受託人委員會管理。其二，衛奕信勳爵文物信託於 1992 年《衛奕信勳爵文物信託條例》（第 425 章）頒佈後成立。信託為社區組織及個人提供資助，以推行與文物及非物質文化遺產有關的計劃。截至 2021 年 3 月 31 日，信託已資助 273 項社區計劃，資助金額總數約為港幣 6,582 萬元。[30] 其三，粵劇發展基金是 2005 年成立的，依據《民政事務局局

---

29 《香港年報》第二十章「康樂體育和文化藝術」，2021 年 8 月 2 日，第 283 頁。

30 衛奕信勳爵文物信託網址：https://www.lordwilson-heritagetrust.org.hk/sc/projects/index.html，訪問日期：2022 年 5 月 18 日。

長法團條例》(第 1044 章) 運作。該基金主要是資助粵劇研究、推廣和延續發展的計劃和活動。2020 年，基金撥款約 1730 萬元資助多個粵劇計劃，包括於油麻地戲院、元朗劇院、屯門大會堂和沙田大會堂推行的場地夥伴計劃。[31]

　　政府對民間資源的整合，不僅通過將慈善基金納入管理，而且還依靠各類文化藝術基金的「配對資助」鼓勵更多的社會資金贊助藝術發展；同時市民被鼓勵捐款港幣一百元或以上，可獲收據申請扣稅。目前來看，藝術贊助及捐款在各類文化藝術機構 / 團體收入中的佔比還不太理想 (就九個主要藝團來看，多數比幾年前有所改善)，其中的原因既與整體社會氛圍密切相關，又有香港特殊稅制因素影響。2001 年香港政府中央政策組曾委約進行慈善機構的研究 ——《香港第三部門的角色及其發展》，調查顯示：只有 11% 的訪問對象有意贊助文化和體育活動，而 58% 的被訪者則選擇支持教育活動。贊助藝術活動並非工商機構從事慈善活動的優先考慮。鄭新文曾分析，由於香港的稅制簡單而稅率甚低 (利得稅 15%)，政府推行的稅務優惠措施未能有效刺激香港商界贊助文化藝術活動。[32] 陳雲也曾指出，香港民營公益機構成長的法律和經營環境已經成熟，政府很早就為各種法定組織和官方注資的民營組織提供公共和社會服務；香港有明確的私有產權保護和公司法，公益事業也有良好聲譽，但社會人士為促進藝術發展而捐獻的風氣仍不蓬勃。[33] 國際上廣為通行的經驗，尤其是美國通過稅惠政策對藝術進行間接資助，在香港並不能成為有效的方法。後文也將提及在香港文化藝術贊助調查中顯示：財務方面的優惠是回應者對政府各項扶持措施中認同度最低的一項。可見，藝術資助

31　《香港年報》第二十章「康樂體育和文化藝術」，2021 年 8 月 2 日，第 283 頁。

32　鄭新文：《藝術管理概論：香港地區經驗及國內外案例》，上海音樂出版社 2009 年版，第 200、227 頁。

33　陳雲：《香港有文化——香港的文化政策（上卷）》，香港：花千樹出版有限公司 2009 年版，第546 頁。

制度方面並沒有普適的法則，各地政策環境不同，需因地制宜尋求適合本地發展的政策措施。

在香港，一個創作團體一般能從哪幾個途徑獲得資金和資源上的補助與支持？以下訪談內容可見一斑：

潘詩韻：我們拿到的補助通常有以下幾個渠道。香港藝發局是其中的一個，它的補助方式有兩種，一種是發放一年到兩年的全年運作資金。另一種就是他們的 project program 計劃：這是一種計劃補助，是靠政府的暗補。另外一個渠道是康文署，他們補助的資金更多。比如他們舉辦的「新視野藝術節」。我們可以獨立地去跟他們申請每一個演出的補助，他們可以提供場地，提供票房服務。其他的渠道就是一些私人基金會，比如說何弘毅基金會。因為他們可能覺得有些演出有教育意義，或者對文化的傳承有幫助，所以他們會贊助。如果你不拿這些補助的話，你就要靠自己的票房去支撐著。[34]

▎三、藝術市場及商業贊助實踐

香港活躍著近百家本地及國際當代與現代藝術畫廊，中環聚集了香港最重要的商業畫廊，荷里活道則是其中的核心地帶。一級市場的完善吸引了二級市場的參與，不僅大批國際拍賣行 [35] 及大陸拍賣行業巨頭嘉德、保利駐紮香港，而且吸引了中國內地藏家、投資者

34　潘詩韻：〈透過劇場創作去思考香港〉，載嚴飛著：《城市的張望》，北京：中信出版集團 2017 年版，第 195-196 頁。

35　蘇富比和佳士得早在上世紀七八十年代就已進駐香港，帶動其他國際及亞洲拍賣行一起，成為香港藝術品市場的核心力量。

們蜂擁而至。近年來由於全球頂級藝術博覽會品牌巴塞爾的介入[36]，更是促成了香港層次豐富、生態多元的市場結構，使香港成為名副其實的亞洲藝術品交易中心。從 Artprice 和雅昌藝術市場監測中心發佈的《2021 年度全球藝術市場報告》分析來看，香港在全球藝術市場格局中的地位愈發穩固。倫敦總成交額為 19 億美元，僅比香港多 10.5%。十年前，倫敦的業績還幾乎是香港的五倍多。2015 年以來香港業績漲幅高達 61%，2021 年成交額達到 17 億美元。（見表 A-2）[37] 結合 2021 年香港地區拍賣行情來看，香港已成為西方藝術引進地及國外開拓內地市場的「中轉站」；同時，香港市場按成交額排行的藝術家 30 強中，來自東半球和西半球的藝術家實現了完美的均衡。展現了香港作為中外文化藝術交流中心的特質。香港在藝術品市場中的優勢主要得利於：擁有低稅率、簡單稅制[38] 及完善的保險；不設進出口稅、藝術品不加收增值稅和遺產稅；能夠為收藏家提供完善的私人財富管理服務；穩健的知識產權保護制度；國際自由港的貿易環境；國際金融中心；國際會展中心；完善的法治系統；高效率的營商環境；多元開放的文化氛圍，等等。與此同時，香港本土藝術品市場並不發達；居高不下的房價與日漸狹窄的藝術空間之間的矛盾，重商主義環境，極大抑制了本土藝術生發場所的生長。

36　目前香港藝博會市場已形成三個層次的細分：頂級層面是「香港巴塞爾」，其前身是成立於 2008 年的香港國際藝術博覽會（Art HK），2011 年被巴塞爾藝博會母公司收購；專業博覽會則處於中間等級，即 2015 年成立的「藝術中環」（Art Central），2006 年成立的亞洲國際藝術古董博覽會（AIAA）和香港國際古玩及藝術品博覽會（Fine Art Asia）也屬這個層級；底部則是處於普及層面的「亞洲當代藝術」酒店博覽會和「買得起的藝術節」（Affordable Art Fair Hong Kong）年度展覽。

37　《2021 年度全球藝術市場報告》（2022 年 3 月 15 日），第 15、17、29 頁。

38　香港既沒有進出口關稅，也沒有增值稅，只需付利得稅，即淨收入的 16.5% 的稅率。額度低又簡單的稅務政策使得外國畫廊和拍賣公司能夠非常容易地進駐香港。同時，這個稅項不應用於收藏家買賣上，收藏家可能需要在所屬國納稅，但在香港交易是不需要繳利得稅。

表 A-2 2021 年度全球三大拍賣市場純藝術品成交額比較

城市	總成交額（美元）	總成交量（件）	成交記錄（美元）
紐約	52.7 億	29,577	1.0341 億
倫敦	19.1 億	36,724	2,937 萬
香港	17 億	6,956	4,166 萬

注：純藝術類作品包括繪畫、雕塑、素描、攝影、版畫、影片、裝置、壁毯、NFT，而不涉及古董、不具名的文化財產或房產。© artprice.com

　　自律型藝術的非功利目標與商業機構追求利益最大化的功利目標是存在分歧的。目前跨越商業藝術機構和公營藝術機構之間，針對香港本土藝術培育的空間還或多或少需要政府支持或社會贊助。譬如作為當代藝術空間的「藝穗會」，由一個非營利藝術組織運營，其運營經費來自康文署和藝發局的項目資助，會費、場租、售票、餐廳等自籌收入，及贊助、捐款及廣告。香港藝術中心以自負盈虧方式運作，2018-2019 年度從政府部門獲得節目補助金額佔總收入 11.38%，從社會獲得捐款及贊助金額佔總收入 36.65%（其中來自香港賽馬會慈善信託基金的補助約佔 41.56%），而場地運營中獲的節目收入佔比並不多，僅 0.74%，主要收入來源租金（佔比 30.97%）及課程 / 項目收入（佔比 16.41%）。[39] 牛棚藝術村（前身為北角油街藝術村）作為藝術原創基地，沒有引入商業機制，由香港發展局管理，日常維護經費來源於藝術發展局的資助。香港視覺藝術中心和「油街實現」藝術空間均由康文署藝術推廣辦事處管理。2018 年開放的大館古蹟及藝術館 [40] 則是特區政府與賽馬會合作古蹟項目活化後，由賽馬會慈善信託基金成立的非營利公司「賽馬會文物保育有限公司」負責運營。

39　《香港藝術中心 2018-19 年報》，香港藝術中心，2019 年 4 月。

40　是中區警署建築群活化計劃的成果，營造的文化藝術空間旨在保存及活化由前中區警署、中央裁判司署和域多利監獄組成的古蹟建築群，形成融文物、當代藝術、表演藝術和消閒元素為一體。大館古蹟及藝術館網址：https://www.taikwun.hk/zh/。

賽馬會創意藝術中心 (JCCAC 藝術村) 也是通過自上而下的方式將石硤尾一家廢棄工廠改造成集中式管理的藝術空間。香港政府以期限七年託管協議（Entrustment Agreement）形式將經營權交予香港浸會大學，以自負盈虧及非盈利機構的模式運作；藝術空間以補助形式租給藝文界人士，為駐場藝術家及團體提供藝術工作室和展示場地的支持。

其他更為傾向民間自發性質的藝術空間，並沒有被單一運營模式所局限，資金來源具有一定的獨立性，或引入多方資金相互制衡，或以教育等作為副業支持運營，或嘗試以共籌經濟（The economy of Contribution）模式維持。如由藝術家自營的空間 Para/Site、1a space、C&G Artpartment、Floating projects、咩事和百尺空間等，有的也曾接受過香港藝術發展局的項目資助，目前更傾向藝術社群的支持；伙炭當代藝術工作室群聚及灣仔富德樓藝術創作社群，則是通過自下而上的方式自發聚集的。前者面臨著房租不斷上漲的困擾，發展期間政府機構及信和集團對工作室的開放計劃提供過贊助，伙炭藝術家在舉辦展覽時可向政府（香港藝術發展局、康樂及文化事務署）申請資金和場地支持；[41] 後者則依靠富德樓大業主以低租金（約周邊房屋租價的兩成左右）予以藝術空間支援，幫助藝術社群獨立自治發展。香港置地及太古公司 [42]、新世界 [43]、新鴻基地產 [44]、信和 [45] 等商業地產集團以及香港地鐵公司 [46]、新世界第一巴士公司 [47] 等公共

41　劉玫：〈香港創意文化中的當代社區藝術——荷李活大道與伙炭〉，《科技致富嚮導》2013 年第 8 期。

42　早期置地及太古公司就在其發展的大型商業及住宅項目中放置名家大師的公共雕塑。

43　新世界發展有限公司曾資助香港藝術館舉辦首屆戶外雕塑公開比賽，讓獲獎的本地藝術家首次有機會在主要公共場所展出他們的作品。

44　新鴻基地產策劃的公共藝術項目「城市藝坊」，整個項目耗資近 1 億。

45　信和集團專門設立了一個「香港藝術」的項目，嘗試各種形式的藝術贊助，包括場地、宣傳、資金扶持等。信和集團每年投入 500 萬港幣於藝術贊助，多年獲得香港政府頒發的「藝術贊助獎」。

46　香港地鐵公司在 1998 年開始車站藝術計劃，平均每年增添 3 至 4 件藝術品；並曾在 2001 年於北角站主辦「藝術在車站建築」計劃。

47　2001 年開展「流動畫廊」項目。

運輸系統，也都以不同的方式贊助或開展過一些公共藝術項目。很多私人機構主持的項目會優先選擇海外知名藝術家，對本地藝術家支持有限。有研究報告指出：這些私人機構贊助僅支持可作裝飾用途的藝術作品，其市場策略並不包括提升社區參與，因此較少涉及環境的整合。[48] 早期地產開發商傾向於在中心商業區及中高檔住宅項目的公共空間擺放藝術品；2000 年前後，購物商場內的公共藝術項目大規模興起。地產發展商熱衷於公共藝術贊助，與香港「在私人發展項目內提供公眾設施」的政策有關[49]，這一政策間接保障並促進了地產發展商贊助並支持公共藝術在這些私有公共空間中的發展。其他國家也有通過「百分比藝術計劃」，或規劃優惠，或公私合作夥伴制基金會等方式，鼓勵私人機構或吸納社會資本贊助公共藝術。比如紐約將公共藝術作為「容積率獎勵」機制中一項重要內容，鼓勵私人企業提供公共藝術品為服務設施；舊金山針對私有建築項目提出建造費用的 1% 用於公共藝術品設置或可選擇繳納專項藝術基金。除了商業機構以外，一些私人基金會、企業設立的基金也為香港文化藝術發展提供贊助，如李嘉誠基金會、夏利豪基金會、奧沙藝術基金會，K11 藝術基金會等等。

香港嶺南大學受香港藝術發展局委託，曾於 2011 年發佈《香港文化藝術贊助調查報告》[50]（以下簡稱《報告》）。《報告》認為：隨著香港民眾藝術欣賞需求不斷提高，藝術節目製作及推廣成本也在逐漸增加，但政府在藝術界投放的公共資源只能維持在財政資助允許的某個水平，所以其他非政府資源對藝術界的支持會變得越來越重要。基於這樣的判斷，報告調查並分析了香港商業機構及基金在文化藝術贊助方面的基本情況。這些商業機構及基金主要集中在基金會／慈善

48　許焯權：《公共藝術研究》，香港藝術發展局委約報告，2003 年 9 月 15 日。

49　《私人發展公眾休憩空間設計及管理指引》，參見發展局官網：https://www.devb.gov.hk/tc/issues_in_focus/provision_of_public_facilities/index.html。

50　香港嶺南大學群芳文化研究及發展部：《香港文化藝術贊助調查報告》，2011 年 8 月。

團體、金融機構（如銀行、保險公司）、地產發展商、專業機構（如會計公司）、品牌產品 / 店舖 / 服務等。由於有效問卷佔比過小，僅38 份（約佔定向發放問卷的 10%），其實還不能全面描述香港商業機構及基金藝術贊助的真實情況，不過也反映了一些影響藝術贊助的普遍因素。比如不同贊助機構的訴求是不同的，但同類業務性質的贊助機構基本傾向某些共同的考慮因素。再比如基金會 / 慈善團體都認為藝術團體自身的發展方向很重要；金融機構普遍選擇那些與機構形象配合的藝術團體類型，要求藝術團體具有相當規模，同時團體的受眾是贊助機構的目標客戶群；地產商則傾向選擇以往業績得到公眾認同的藝術團體。實驗性作品和任何挑戰文化和經濟現狀的藝術幾乎不可能獲得青睞，能吸引到贊助的藝術都是較為傳統的精英藝術或有市場價值的大眾文化。事實上，不單是商業贊助，各國政府機構都有意迴避贊助「有爭議的」或「有挑戰性的」先鋒藝術，而樂於資助更多「主流的」或「裝飾性」的藝術。[51]

《報告》分析了贊助者最常採用的贊助形式 [52]、選擇贊助對象的普遍標準 [53] 和常獲得贊助的藝術活動形式 [54]；以及藝術團體尋求贊助時遇到的困難。這些困難基本反映了藝術贊助普遍存在的問題：尋求贊助需要不少行政資源，而這正是很多小型藝術團體所缺乏的；商界的藝術贊助意識不濃；某些藝術類型，社會認識不多，小型藝術團體也難獲得高知名度；某些藝術類型比較難與贊助商的時代形象配合；很多藝術團體的活動都是比較小眾，受眾人數和層面不廣，對贊助機

---

51 〔英〕維多利亞．D. 亞歷山大、〔美〕瑪里林．魯施邁耶：《藝術與國家：比較視野中的視覺藝術》，趙卿譯，南京：譯林出版社 2021 年版，第 14 頁。

52 《報告》指出直接撥款是最常採用的贊助形式，其次是贊助活動廣告及推廣、免費提供或贊助場地。其他方式包括攝影服務、專場、紙張供應及設計及擺放公共藝術品。最常採用的其他支持方式是「於場刊登廣告」「鼓勵員工參加活動或做義工」。

53 對如何爭取商業或基金贊助的能力，贊助者大都認為需要增加活動的受眾及接觸面、建立藝術團體正面形象。

54 《報告》指出獲贊助最多的活動形式是「表演」，其次是「節日 / 綜合活動」；從文化藝術類型來看，獲贊助最多的是音樂及戲劇，兩項超過一半的總贊助次數，最少的是文學及電影。

構來說未能將贊助達到最大的效益，等等。藝術贊助要想獲得持續發展必須在贊助者和被贊助方之間形成雙贏的互動關係，相互了解彼此的訴求是促成合作夥伴關係的前提。當前商業贊助大都認同藝術贊助的目的是履行社會責任，但將藝術贊助作為行之有效的營銷手段還尚未成為普遍接受的理念，這制約了大量中小企業參與藝術贊助的可能性。此外，專業贊助中介機構的存在，也可以幫助藝術團體處理不擅長領域，專注於創作。譬如在伙炭工作室開放計劃中，非營利機構Pep！就發揮了重要作用，它代表伙炭藝術村與外界溝通聯繫，獲取來自政府及商界的贊助。但這類中介機構在香港藝術生態中也是比較匱乏的，其自身的成長也存在諸多制約。

香港文化藝術贊助調查呈現出的問題，可促進政府部門檢討藝術資助政策，思考予以怎樣的支援方式才能幫助藝術團體獲得支撐其可持續發展的多元資源。對此，政府的藝術資助政策所涉及的不應只是公共財政在多元藝術領域內的公平配置問題，藝術生態的完善還亟需政府對其外部發展環境進行整備 [55]，為中小藝團提供行政援助，扶持藝術贊助中介機構的成長與發展。從近些年香港藝術資助政策所做的一系列調整來看，政府對於這些問題亦作了積極回應。「藝術發展配對資助計劃」執行後，藝團及非營利文化機構從社會獲得捐款及贊助金額在總體收入中佔比，大都有所提升。「藝術行政見習員計劃」為專業在職培訓提供了平台。

國際上促進藝術和商業達成戰略夥伴關係的非營利機構有很多，譬如英國、法國、美國、澳大利亞、加拿大、德國、意大利、日

---

55 《報告》指出回應者對問卷提供的七個政府扶持措施認同度都比較高（1. 鼓勵市民參與，增加文藝活動的受眾人數；2. 制訂清晰的長遠文化藝術政策；3. 設立獎項表揚對文化藝術事業有貢獻的機構；4. 向藝術界提供資訊，協助更瞭解商業／基金贊助的運作；5. 增加撥款資助藝團，加強其舉辦活動時的行政能力；6. 推動文化創意產業的發展，讓文藝與商業活動更結合；7. 提供稅務優惠），全部超過八成。其中，實際財務方面的優惠反而是各項措施中認同度最低的一項；而「鼓勵市民參與，增加文藝活動的受眾人數」及「制訂清晰的長遠文化藝術政策」則是認同度較高的選項。

本、韓國等國家都有類似的機構，他們為藝術爭取更多的經費支持並推動藝術贊助和捐贈的社會氛圍發揮了重要的作用，這類藝術贊助中介機構本身的運作機制及在本地區可持續發展問題亟需藝術政策予以關注。此外，促進藝術和商業達成戰略夥伴關係，還需要從商業機構的角度開展實證研究，幫助企業了解如何在運營管理中與藝術項目合作。2017 年，商業機構在北美藝術贊助方面的總支出為 9.93 億美元，預計 2018 年將增長 3.7%，達到 10.3 億美元。這一數據與 CECP 聯盟 [56] 的研究結果相符，該聯盟發現在 2014 年至 2016 年間，企業對文化和藝術項目的捐款增長了 48%。企業對藝術捐助的增加通常歸因於自私的動機，即是否有利於企業盈利。CECP 聯盟的研究結論為：讓員工接觸藝術體驗往往會讓他們更快樂，而快樂的員工會在企業待得更久，從而為人力資源部門節省了大筆的招聘費用。這與佛羅里達在《創意階層的崛起》一書中的觀點相似——一個充滿活力的藝術和文化場景是年輕創意階層在選擇居住地時所追求的環境。一項發表在《商業研究雜誌》（*Journal of Business Research*）上的研究表明，「商業環境」中的「審美體驗」會「提高產品設計、品牌命名和問題解決方案生成的性能」。[57] 此外，藝術經驗通過解決社會問題提升品牌，是可能有助於公司盈利的；藝術推廣所能衍生出的創意力量，長遠來說也是可以回饋到商業機構未來發展的，等等。除了善意和公民責任感以外，這些種種實證性的影響研究結果為商業贊助藝術行為尋找到了更富有說服力的理由及互利互惠的方式，比傳統方式的勸捐也更有實效。

56　CECP 是由演員保羅・紐曼（Paul Newman）創立的一個由 CEO 領導的聯盟。

57　Mike Scutari, *What Are Some Measurable Benefits of the Arts? It's Getting Easier to Say*, https://www.insidephilanthropy.com/home/2018/6/18/what-are-some-measurable-benefits-of-the-arts-experience-its-easier-to-count-the-ways#.WzBZXihMkCR.twitter，引用日期：2018 年 10 月 10 日。

四、香港文化藝術資助政策的反思及啟示

　　基於公共資源支持藝術的公平與效率問題，及對藝術可持續發展的反思；如何完善藝術資助機制，在香港藝術政策發展史上始終是一項重要的政策議題。其中探討的重點涉及政府的角色；藝術資助對象的規管原則；藝術管理理念與管理體制、機制相互作用所形成的藝術資助制度等。作為直接參與文化行政制度改革議程的學者及官員針對以上爭論焦點曾動議：其一，政府在藝術資助議題上應從過去的「保護人」型的贊助人（patron）的角色轉變為「倡議者」型的贊助人（sponsor）的角色，扶植有社會效益的卓越藝術活動，並有限度地監管藝團的營運和藝術水平。其二，適度放寬規管（deregulation），確立資助對象時不預設藝團規格門檻，財政資金通過資助與否、資助方式和資助比率調節藝術環境，允許藝團自行籌措經費，發展不受政府資助的項目和路綫，以確保藝術自由和創造藝術發展的環境。其三，確立最基本的資助理念，增強資助制度的靈活性、適用性和穩定性。按照藝術創作者成長歷程，將資助分為培育新進及鼓勵可持續發展；減低資助制度與市場生態的脫節，同時回應藝術界的需求變化，使資助制度有廣泛的適用性和穩定性。擴大「財政資助」（arts funding）單一概念為「藝術支援」（arts support）綜合概念，即除了財政資助以外，政府還應在基礎建設、市場推廣、對外交流等方面，綜合支援藝術界。修訂差額資助的管制，讓藝團可以保留盈利，鼓勵藝團尋找多元資金來源、社會支援（駐場、志願者等合作夥伴）以及發展香港以外的市場。[58]

　　從香港近些年藝術資助制度改革發展的整體趨勢來看，這些動

58　〈文化政策──多元一體，和而不同〉，載何志平、陳雲根：《文化政策與香港傳承》，北京：中華書局 2008 年版，第 127-128 頁；陳雲：《香港有文化──香港的文化政策（上卷）》，香港：花千樹出版有限公司 2009 年版，第 512-514 頁。

議正在發生作用。政府對文化藝術發展的財政支持基本穩固在一定比例，但資助方式正謀求新的方向，更為強調由下而上的方法及整合多元社會力量，藉助公私合作夥伴關係增進社會凝聚力。早在 2003 年，文化委員會（臨時諮詢組織）在政策檢討報告中即提出「民間主導」的長遠策略，建議政府應逐步減少在文化設施及活動管理中的直接參與；但鑒於私人機構未必具有相關的專業知識和誘因去接替政府角色，因此提出「民間參與」作為由政府主導至民間主導的過渡性策略。此後，「民間參與」的概念在香港藝術政策中獲得了發展。[59]「民間參與」的形式不僅體現於將更多的活動及節目舉辦放權於民間藝團，而且在藝術政策制定及資源分配過程中充分重視相關專業委員會的諮詢作用，及重視對藝術界需求的回應。譬如香港藝術發展局的資助改革；注重拓展藝術觀眾、培育贊助者，通過新的藝術資助政策設計引入社會資源的支持，將有限的公共資源提質增效。可持續發展的藝術生態環境僅依靠單一領域的支持是不夠的，需要多元的社會支持，包括來自政府的間接藝術扶持政策、多渠道的公共機構資助、眾多觀眾和市場支持、民眾的志願參與、慈善捐助及商業贊助等。

當前香港藝術資助政策發展中的困境，既有普遍性的影響因素，又有特殊的歷史成因。譬如香港一貫採用的補貼性質的藝術資助，在某種程度上削弱了藝團的競爭力和自立能力，容易導致藝團只回應「資助者市場」，而沒有積極開發「消費者市場」。[60] 藝術與社會良性互動不足，公眾藝術參與通常僅限於鑒賞及教育層面，造成儘管香港商業氛圍濃厚，但社會支持藝術發展的整體氛圍還不夠，商業贊助及捐獻也未成氣候，藝術發展所需的多元資金渠道受限。香港是一個多元開放的社會，全球化市場語境中「身份」根性的喪失及流動帶

59　鄭新文：《藝術管理概論：香港地區經驗及國內外案例》，上海音樂出版社 2009 年版，第 220 頁。

60　《文化政策──多元一體，和而不同》，載何志平、陳雲根：《文化政策與香港傳承》，北京：中華書局 2008 年版，第 126 頁。

來了一些負面效應。如何消解負面影響？如何將現代化的流動性轉化為創新性資源及動力，而不是社會撕裂？新加坡較早意識到這一問題的存在，並在體制機制上做了相應的調整，重新重視文化社會資本的積累，引導內部深度交往與相互了解，以增進相互信任。事實上，認同感與參與度往往是正相關的，並互為促進。兩者與地方文化藝術生態的健康及可持續發展也不無關係，這是未來香港文化藝術發展尤需考慮的因素。

香港藝術資助政策發展過程中，一些運作機制還是值得我們學習的。首先，香港的法治環境不僅限制和規範了政府權力和行政行為，而且對社會主體、市場主體也有嚴格的法律約束，政府不用擔心「民間參與」會違約或投機。其次，藝術資助建立了較為完善的程序規則，資助項目申請、審核及評估等環節的操作規程，保證了每期資助有效運作。同時所有信息公開，業界對不公開透明的申請、審核有監督、質詢的權力。再次，藝術資助對象注重區分扶持主要藝團可持續發展及培育新生成長中的藝團，對待兩種不同發展階段的藝團採用不同的資助方式。儘管香港重點資助的主要藝團還僅限於表演藝術院團，但不同類別的表演藝術院團也是採用不同的管理及運作方式，或側重市場手段，或側重政府手段，抑或兩種兼顧，每個藝團資金來源渠道都是多元化的，政府不直接控制藝團對資源的使用。[61] 最後，通過決策層民主選舉、公開招募同儕評量審批員、利益申報及廉政公署、審計署、香港媒體第三方監督等方式，保證公共資源開放，藝術資助的申請可獲得公正公平對待，極力避免公共資源被利益團體或小圈子所佔用，失去藝術多元發展的初衷。

受 2019 年以來冠狀病毒疫情影響，文化藝術領域迎來最為嚴峻的挑戰。各類文化藝術和娛樂節目或改期或取消，展覽及會展、交流

61　鄧澤宏、董志漢：〈香港藝術團體分類管理體制特點及啟示〉，《人民論壇》2015 年第 1 期。

等暫不開展，博物館、美術館、劇院等場地暫停開放，文化藝術產業輸出也面臨著市場萎縮的窘境。危機之下保持文化藝術生態圈活力需要對專業人員和機構進行支持。關鍵是怎麼支持才能既紓困又能立足長遠。特區政府不僅沒有縮減對藝術團體的經常撥款，反而進一步加大了投入，從 2019 至 2020 年度 52 億元到 2021 至 2022 年度 57 億元。可以預見疫情下，無論是私人捐款和贊助，還是營業收入、投資收益均會大幅度減少。調整政府資助方式、補充財政投入有助於業界「疫中求變」，靈活應對挑戰。自 2020 年起，特區政府啟動「防疫抗疫基金」，並從中推出「藝術文化界資助計劃」，為不同藝術團體及個人藝術工作者提供支撐，並在新一期計劃中減免現有藝術工作室 75% 的租金。[62] 為應對疫情，康文署向轄下場地租用人提供租金寬減及退款，並利用場館關閉期間進行設備改善和更新工程。在海外藝術家未能來香港參與交流演出的情況下，康文署組織本地藝術家及藝團參與大型節目及社區文化節目；製作網上節目和課程，開發「寓樂頻道」網上平台及「更新視野」網上平台，以延續藝術教育及觀眾拓展活動等。藝發局推行「藝文界支援計劃」，為受疫情影響的藝術工作者及藝團提供補助。香港藝術發展局行政總裁周蕙心表示該計劃已支援超過 600 個因場地關閉而受影響的文化藝術活動及近 5000 名藝術工作者。[63] 後疫情時代，文化藝術領域會出現怎樣的新趨勢。目前，無論是從科技為藝術創作及表現形式注入新意來看，還是從新常態下在綫內容和資源拓展需求來看，數碼科技應用在藝術發展中均處重要地位。特區政府亦將藝術科技作為推動疫後文化藝術領域恢復；投資未來，激發更多潛力的關鍵。特區政府在《香港 2022-23 政府財政預算案》中公佈，計劃在 2020 年已預留 1 億港幣推動藝術與科技融合

62　吳宇揚：〈「疫」中有機「藝」為時創：疫情下香港文化藝術產業積聚新實力〉，2022 年 04 月 12 日，來源：人民網—港澳頻道 https://hm.people.com.cn/n1/2022/0412/c42272-32396960.html，訪問日期：2022 年 5 月 22 日。

63　同上。

的基礎上，再撥款 4,000 萬港幣，推行「藝術科技資助先導計劃」「藝能發展資助計劃」，鼓勵主要演藝團體及中小型藝團藝術科技應用探索。預留每年 8,500 萬港幣，支持 2023 年分階段啟用的東九文化中心發展藝術科技內容。[64] 同時，也通過藝發局資助項目推廣不同主題的藝術科技相關活動。

64　財政司司長陳茂波：《香港 2022-23 政府財政預算案》第 94、95、96 條，2022 年 2 月 23 日，第 30 頁。

台灣地區文化藝術資助機制及政策實踐

◇◇◇

▌一、台灣地區文化藝術資助政策歷史變遷

中國台灣地區的藝術文化政策在其基本法律的教育文化部分第158-167條中有著明確規定，重要之教育文化事業，得由當局辦理或輔助之（第163條）。教育、科學、文化之經費，在當局不得少於其預算總額15%，……在市、縣不得少於其預算總額35%。其依法設置及教育文化基金及產業，應予以保障（第164條）。第165條還明文規定應保障教育、科學、藝術工作者之生活，並依經濟之發展，隨時提高其待遇。除了在法律中對台灣地區的文化藝術投入有著明確規定以外，其具體的藝術資助政策則與文化行政部門的變遷有著密切聯繫。

中國台灣地區文化主管部門的前身為「行政院文化建設委員會」（以下簡稱為「文建會」），是行政主管部門於1981年成立的文化政策幕僚機構，因政務推動需要，具備了政策制定與執行職能，但初期文化事權並不統一，分散在教育主管部門、行政主管部門中的新聞主管部門等單位。成立初期的「文建會」，其主要工作是為文藝工作者和團體提供補助與獎勵，包括交流活動及以台北地區為主的文化活動，並負責策劃當時想要推動的重大文化設施計劃；成立以後在藝術資助與發展領域主要有如下舉措：1982年開始綜合性的年度大型藝

文展演活動——文藝季系列活動[1]；1983 年「加強文化及育樂活動方案」發佈實施[2]；1988 年成立文化建設基金，創立基金 9 億元台幣；1989 年與新聞主管部門合辦第一屆「優良文化錄影節目金帶獎」頒獎；1990 年制定補助優秀舞蹈人才出台研習處理要點，行政主管部門將文化與政治、經濟、社會三個面向並列為台灣地區建設的「四大方案」。1990 年後隨著台灣地區縣市文化中心和兩廳院完工，演出場地節目不足的窘況出現，台灣地區文化政策的重心轉向「藝術支持」。1992 年公佈《文化藝術獎助條例》，施行「國際性演藝團隊扶植」六年計劃；1993 年頒行《文化藝術獎助條例施行細則》，發佈《文化藝術事業減免營業稅及娛樂稅辦法》，文藝季辦理方式下放，辦理「各縣市文化中心文藝季」，促成「文化地方自治化」……這一時期台灣地區文化政策進入關鍵轉型期，「文建會」的影響力越來越擴散，原來集中在精緻文化和都會知識分子取向的文化資源分配也開始轉型。[3]1994 年台灣地區推出「社區總體營造」政策，希望以空間建築、產業文化與文藝活動等為議題，激發提升地方社區公民與共同體的自主意識。1996 年「文建會」捐助成立台灣地區財團法人文化藝術基金會（以下簡稱「財藝會」）；1998 年舉辦「第一屆文馨獎」頒獎典禮；1999 年實施地方制度法，各縣市成立文化局；2007 年頒發第一

1　該項目由教育部門於 1980 年起定期舉辦，1982 年後改由文化主管機構「文建會」主辦。

2　在此之前，1979 年蔣經國曾委託人類學家陳奇祿研擬《加強文化及育樂活動方案》，提出十二項落實文化建設的措施方案：1. 設置文化建設和文化政策推行的專管機構。2. 發動民間熱心人士組織文化建設協進委員會，策動成立文化基金會，以推動整體文化建設。3. 舉辦文藝季。4. 設置文化獎。5. 積極討論《著作權法》，早日予以修訂完成，以促進文化的成長。6. 修訂《古物保存法》為《文化資產保存法》，設置文化資產管理委員會，並指定台灣地區的史蹟。7. 加強文藝人才的培育，並提高國民文藝鑒賞能力。8. 音樂水準的提高。9. 國劇和話劇的推廣和扶植。10. 文化活動中心的設立。11. 傳統技藝的保存和改進。12. 民間設立文化機構的鼓勵。這十二項措施涵蓋文化體制、文化設施建設和文化環境培育，乃至文化人才養成等綜合面向，成為此後台灣地區文化建設和發展的基礎。參見林秀琴：〈1980 年代以來台灣文化政策的演變〉，《福建論壇・人文社會科學版》2011 年第 8 期。

3　于國華：〈台灣演藝團隊扶植政策發展與課題〉，發表於「首屆文化經濟學紫金論壇」，2016 年 5月 27-29 日。

屆「公共藝術卓越獎」；2009年陸續輔導縣市成立文資專責機構。[4] 可以說，在「文建會」存續期間，台灣的文化藝術發展戰略與資助政策越來越趨於明確化與專業化。

從2002年起「文建會」提出一系列與文化相關的發展政策，尤其是文化創意產業發展計劃，把台灣地區的文化政策思維帶入新時代。2010年台灣地區《文化創意產業發展法》及相關子法通過，使其文創事業進入法制化階段；在「向下扎根」的同時，以「走向國際」為基本方針，推動各項文化建設。2012年5月20日「文建會」改制為文化主管部門，明確其任務是解決台灣地區文化業務長久以來面臨的人力及資源困境，將台灣地區組織中原本分散的文化事務予以整合，營造豐富的文化生活環境，激發保存文化資產意識，提升民眾人文素養，並提出泥土化、國際化、雲端化、產值化為主要工作方向。2016年民進黨上台以後，台灣地區文化政策的核心理念的表述是「追求藝術的積極性自由，讓民眾享有充分的表達自由」，以「厚植文化力，帶動文化參與」為使命，圍繞「再造文化治理、建構藝術自由支持體系」「連結與再現土地與民眾的歷史記憶」「深化社區營造，發揚生活『所在』的在地文化」「以提升文化內涵來提振文化經濟」「開展文化未來新篇：重視青年創意、強化數位革新，創造國際連結」五大主軸進行文化施政。可以說，台灣地區行政部門對文化發展方向有著強烈的引導性，其對文化藝術的投入與資助是一以貫之的，一些獎助法令與辦法雖然幾經修訂，但基本宗旨並沒有改變。

1992年通過的《文化藝術獎助條例》（以下簡稱《獎助條例》）奠定了台灣地區補助文化藝術的法制基礎。該獎助條例總計38條，不僅對文化藝術事業的獎助範圍、獎助形式及文化藝術工作者的工作權、知識產權及福利進行了規定與要求，還在「文化環境」章節下對

4　根據台灣文化主管部門網站資料整理。

「公共藝術」的投入比例提出了要求——價值不得少於該建築物造價百分之一，並立法規定設立「財藝會」，對其工作內容及資金來源做出規定；此外，規定對經文教主管機關核准設立的私立圖書館、博物館、藝術館、美術館、民俗文物館、實驗劇場等場所，免徵土地稅及房屋稅；對「經認可之文化藝術事業」，減免營業稅及娛樂稅。在《獎助條例》的推動下，到 2004 年底全台灣地區共設置 496 件公共藝術，台灣地區投入設置金額約為 11.35 億台幣 [5]。

《獎助條例》規定的獎勵範圍如下：（1）對於文化保存有特殊貢獻者；（2）具有創作或重要專門著作，有助提升民眾文化水準者；（3）促進文化交流成績卓著者；（4）培育文化專業人才，具有特殊成就者；（5）在偏遠及貧瘠地區從事文化活動，對當地社會有重大貢獻者；（6）其他對促進文化建設、提升文化水準有貢獻者。獎勵方式為發給獎狀、獎座或獎牌，授予榮銜或其他榮譽，發給獎金等。可補助的經費範圍如下：（1）文化資產及著作的保存、維護、傳承及固有文化之宣揚；（2）文化藝術活動展演；（3）優良文化藝術作品交流；（4）文化藝術設施興修、設備購置及技術改良；（5）與文化藝術有關的休閒、娛樂、觀光方案規劃；（6）與文化藝術有關的調查、研究、記錄、整理、開發、保存及宣導；（7）文化藝術專業人才的培育、研究、進修、考察及參與文化交流活動；（8）聘請海外地區文化藝術專業人士；（9）文藝專業團體排演場所租用；（10）在偏遠及貧瘠地區從事文化藝術活動者；（11）從事創作藝術活動者；（12）文化藝術從業新秀及新設文化藝術團體；（13）依其他法令應予補助者。在附加補助條件的基礎上，可採取以下補助方式：（1）補助全部或部分經費；（2）依文化藝術事業自備款情形補助部分經費；（3）補助全部或部分貸款利息。[6]

5　王壽來：〈對於《文化藝術獎助條例》實施成效之醒思〉，《藝術論壇》2006 年第 4 期。

6　參見台灣地區文化事務主管部門官網資料。

　　1996 年依據《文化藝術獎助條例》第十九條設立的「財藝會」，建立了穩定且公開的獎助機制，承接了原本由「文建會」負責的對民間文藝團體的獎助工作。1999 年發佈的行政主管部門文化建設委員會主管文化藝術財團法人設立許可及監督準則，是台灣第一部關於文化藝術基金會的管理法則，並於 2002 年頒佈「要點」對其進行了進一步完善，成為台灣管理和制約文化藝術財團法人的最主要的法律監督規範。

　　為鼓勵具有累積性成就的傑出文藝工作者，「財藝會」自 1997 年起設立「文藝獎」，為台灣地區藝術界的最高榮譽，獎給文學、美術、音樂、戲劇、舞蹈、建築、電影等七大領域中具有代表性的標杆人物，每年獲獎者至多七名，得獎者獲贈獎杯一座，獎金新台幣 100 萬元。為擴大「文藝獎」的影響力與教育意義，「財藝會」除了舉辦頒獎典禮及編印「得獎者專輯」外，還舉行一系列後續推廣活動，包括制播「文化容顏音像紀實」紀錄片、推動「駐校藝術家」、製作「文藝獎網站特區」等，其目的是把得獎者的榮譽化為日常的關懷與踐行，讓更多人親近與看見，受其影響與鼓舞。

　　中國台灣地區對文化藝術的投入最初以「非營利」及「公益」性質為主要立場，直到 21 世紀「產業」的概念才受到重視。文化主管部門成立後，「文創發展」和「藝術發展」分別設司，支持藝術創新創作，由藝術發展司負責；包含表演藝術等文化內容的產業化、市場化，由文創發展司分管。然而據業內人士觀察，就其整體政策傾向來說，「產業發展」並未取代「藝術支持」，藝術支持依舊是台灣地區當下文化政策的重點。[7]

7　于國華：〈台灣演藝團隊扶植政策發展與課題〉，發表於「首屆文化經濟學紫金論壇」，2016 年 5 月 27-29 日。

二、台灣地區文化藝術資助機制及模式

（一）文化藝術資助部門及機構

中國台灣地區的文化藝術資助部門主要是文化主管部門、各地方政府及由當局撥款成立的「財藝會」。[8] 文化主管部門除自身行政職責所負責的各領域的獎助事務以外，還有附屬的傳統藝術中心、台灣美術館、工藝中心、台灣文學館等，以及分設在新竹、彰化、台南、台東為推動「生活美學運動」而設立的 4 家生活美學館，這些機構都有一定的獎助權限。文化主管部門也積極推動地方政府對文化團體、場所及活動進行獎助，具體包括：（1）補助縣市政府辦理「活化縣市文化中心劇場營運計劃」，營造優質文藝環境及提升演藝空間與品質，協助縣市文化中心引進專業劇場人才，強化規劃節目能力，呈現更精彩的表演節目，培養文藝觀眾人口，同時也建立起縣市間相互觀摩與交流的平台。該計劃 2013 年補助 12 個縣市，2014 年補助 14 個縣市，2015 年補助 12 個縣市，2016 年補助 15 個縣市，推動縣市演藝場館朝專業劇場營運的方向發展。（2）補助縣市政府辦理「縣市傑出演藝團隊徵選及獎勵計劃」，輔導縣市政府扶植該地區傑出演藝團隊，穩定其行政營運，提升專業創作水準。從 2012 年起，文化主管部門還開始補助各縣市政府提供空間給視覺藝術家進駐，同時推動科技與表演藝術跨界創作；2013 年該部門補助 8 個表演藝術團隊創作科技跨界作品，展演 47 場，舉辦「數字表演藝術節——數字啟示錄」；2014 年補助 6 個表演藝術團隊創作科技跨界作品，展演 22 場，舉辦「數字表演藝術節—象限·穿越」；2015 年補助 5 個表演藝術團隊創作科技跨界作品，展演 29 場；舉辦「台灣科技藝術節—科技藝術展示會」。

在影視藝術發展方面，文化主管部門於 2015 年 6 月 10 日公佈施

8　除文化主管部門外，教育主管部門、新聞主管部門等，也有相關經費供藝術機構申請，此處不展開。

行《電影法》（修正案），這是該法 1983 年制定以來首次大幅修訂，意圖由輔導代替管理，讓電影事業有更自由的發展空間，並納入電影事業投資抵減、外國人來台拍片退稅優惠等多項措施。台灣地區從 2014 年起加強推動紀錄片發展，補助紀錄片製作播出、培訓華語紀錄片人才、舉辦國際指標性紀錄片影展活動、補助辦理多元化播映及推廣活動等，同時積極拓展海外市場，努力建立「台灣紀錄片 Taiwan Docs」的品牌形象。為典藏及修復珍貴電影資產，文化主管部門除了逐年補助台灣電影中心營運經費、協助建全運作及督促其發揮功能外，還推出「台灣經典電影數字修復及加值利用計劃」，就電影中心典藏 17,000 餘部華語電影片中亟待修復者，以先進影像處理科技修復重現，並就修復成果進行交流與推廣；同時推出「電影資產保存及文化推廣計劃」。

　　「財藝會」主要目的是輔導、協助與營造有利於文化藝術工作者的展演環境，獎勵文化藝術事業，以提升文藝水準。「文建會」捐助新台幣 60 億元新台幣做為本金，另外通過吸引民間捐助，目標是使基金會達到 100 億新台幣的規模。「文建會」在其成立之初移交基金及其孳息共計 2,334,915,059 元新台幣，此後每年以編列預算的方式加以挹注，至 2003 年，當局捐贈金額已達目標 60 億元新台幣。「財藝會」設有董事會，負責督導基金會的業務方向與經費運用，監事會則是負責稽核財務執行狀況，確保所有基金與經費都能得到有效的管理和使用。基金會的董、監事人選由其文化主管部門從文化藝術界人士、學者、專家和當局有關機關代表和各界社會人士中遴選，提請行政主管部門審核聘任。基金會工作內容總共分四大方向，分別是研發、補助、獎項與推廣。發展目標是希望通過研究發展的工作，來檢視與累積目標成果，並建立當局與民間的交流管道，以利各方資源流通；補助分配與獎項頒發，則是為了鼓勵藝術工作者能長期從事創作，推廣藝術教育；推廣事務則致力於建立交流平台，讓文藝資訊能

傳遞給藝術工作者與社會大眾，打破藩籬、加強彼此交流。[9]

「財藝會」補助業務包括常態補助和專案補助。其中「常態補助」是補助的重點，佔比 75% 左右，每年公佈該年常態補助的申請基準，並逐年進行檢討和修正補助的基準。「財藝會」的常態補助每年 1 月與 6 月分兩期進行，現有補助項目類別包括：（1）創作；（2）演出、展覽、映演；（3）研習進修；（4）調查與研究、研討會；（5）對外文化交流；（6）出版；（7）藝術評論（美術類）；（8）文藝推廣服務計劃等。常態性補助經費評選的重點在於：鼓勵具前瞻性或突破性的文藝創作；鼓勵專業講習與調查研究，以便累積學識、史料和經驗；鼓勵擴展國際交流的文化藝術工作；期望文藝團體能穩定、持續並提升經營管理。此外還有配合常態性補助的「專案補助」，是為了依照各類藝術文化生態的實際發展，通過彈性專項規劃的方式以符合文藝界的需求，以擴大補助效益。「財藝會」現行的專案補助計劃包括長篇小說創作發表專案補助計劃、視覺藝術策展專案補助計劃、表演藝術追求卓越專案──表演藝術製作發表補助計劃、歌仔戲製作及發表專案補助計劃、紀錄片製作專案、藝教於樂專案（執行年度2003-2013）、海外藝遊專案等。

表 A-3「財藝會」常態補助和專案補助情況表（2012-2015 年）

年份	常態補助比例（%）	專案補助比例（%）	平均個案補助常態補助金額（台幣：元）	平均個案補助專案補助金額（台幣：元）
2012	76%	24%	158,900	678,000
2013	81%	19%	166,712	512,762
2014	81%	19%	173,483	553,511
2015	76.1%	23.9%	160,541	553,289

注：此表格作者根據財團法人國家文化藝術基金會年報 2012 年、2013 年、2014 年、2015 年數據整理而成。[10]

9　參見台灣地區「財團法人文化藝術基金會」網站資料。

10　謝瑩潔：《台灣藝術補助機制之討論──以組織、運作及財源籌措為討論》，碩士學位論文，台灣大學政治學研究所，2001 年。

　　除了「財藝會」以外的公立基金會，儘管有些並不具有撥款功能，但亦能發揮促進文化藝術發展的作用。譬如，財團法人台北市文化基金會自 2007 年 8 月底改組轉型納入台北市政府運作後，其主要職能是受台北市政府文化局之托，負責運營台北市重要文化藝術節慶如台北電影節、台北藝術節、台北兒童藝術節、台北藝穗節等大型活動及台北國際藝術村、寶藏岩國際藝術村、松山文創園區、台北當代藝術館、台北偶戲館、西門紅樓及電影主題公園等文藝館所。[11]

　　台灣地區地方政府資助藝術發展的主要部門是當地文化局及文化中心。「文建會」從 2008 年起推動「縣市傑出演藝團隊計劃」，補助地方政府效法當局團隊扶持方式，徵選優秀團隊給予補助。該扶持計劃的經費較當局略低，但參與爭取的團隊數量眾多，競爭激烈。此外，地方政府的資助通常可以體現因地制宜的效果。譬如，2012 年台北市文化局以新整建的水源劇場做為多場次連續演出的「長銷式」節目的專用劇場，2013 年再搭配「長銷式節目補助」，協助團隊培養多場次連續演出能力，使得該劇場從 2012 年的乏人問津，到 2015 年 5 個劇團 7 個節目，合計使用水源劇場近半年檔期，顯現「長銷式」節目製作在台北逐漸成熟，演出單位也能夠開發觀眾買票入場[12]。通過實地考察與堅持，地方政府對藝術的資助往往更能顯示一個地方的文化特色與願景。

　　藝術資助機構中，台灣地區的藝術銀行運營模式是一種值得提及的創新實踐。台灣地區文化主管部門主要借鑒澳大利亞藝術銀行的經驗，於 2013 年 3 月成立了非金融類型的台灣藝術銀行。成立之初，以幫助台灣地區藝術家、讓藝術走進台灣普通民眾的日常生活、突出美學教育為目的。台灣藝術銀行的運營經費主要由台灣地區文化

11　詳見台北市文化基金會網站。

12　于國華：〈台灣演藝團隊扶植政策發展與課題〉，發表於「首屆文化經濟學紫金論壇」，2016 年 5 月 27-29 日。

表 A-4 2015 年「財藝會」常態補助審核統計表

類別	核定件數 （件）	核定金額 （台幣：元）	佔常態補助金百 分比（%）
文學	70	8,507,000	7.6
美術	138	21,880,905	19.4
音樂	210	22,015,000	19.6
舞蹈	104	24,884,000	22.1
戲劇（曲）	126	23,857,000	21.2
文化資產	24	2,840,000	2.5
試聽媒體藝術	13	4,510,000	4.0
藝文環境與發展	16	4,045,000	3.6
合計	701	112,538,905	100

注：資料來源《2015 年財團法人國家文化藝術基金會年報》

主管部門承擔，人員聘用也屬公務體系運作。藝術作品採用徵集方式，藝術家或其代理人提出申請，再由藝術家、產業界、專家學者等組成的評選委員會進行評選，被選入的作品由藝術銀行出資購買並永久收藏。為了不影響台灣地區的藝術品市場，台灣藝術銀行實行的是「只租不售」的運作模式，通過收取租金支付運作成本，除了資金，租賃時還需依照作品價格、數量、租期、環境風險計算保險費。藝術銀行利用公開徵集的方式，網羅、徵集並購入台灣地區藝術家的精彩作品，並以完善的租賃流通機制，讓公立與民營機構都可以經由藝術銀行承租畫作展出，使得藝術作品可以在各種公開場合露面。台灣藝術銀行目前由台灣文化主管部門投入 7,000 萬元新台幣（折合人民幣約 1,200 萬元）。其中，第一年投入 3,500 萬元新台幣購買台灣藝術家作品，另外的 3,500 萬元新台幣預算用於裝潢展示空間和支付人工成本等相關費用。與澳大利亞藝術銀行不同的是，澳大利亞藝術銀行將購買藝術品的費用算入了運營成本，所以經過 12 年才能自負盈

虧。但台灣藝術銀行並沒有將購買藝術品的資金納入成本，因為他們認為，資金變現成了藝術品，本身並沒有流失。所以成本僅是維持日常運營的費用，這樣一來成本就降低了很多。

（二）台灣地區對演藝團體的資助

依據台灣地區文化主管部門解釋，「演藝團隊」是指依相關法規登記立案或設立，從事各項演藝活動的團體。目前台灣地區區域內登記設立的表演藝術團體總數超過 5,000 個，演藝團隊扶植政策經歷了幾個時期的演變。「文建會」自 1992 年開始直接資助傑出演藝團隊，後來逐漸發展成現今文化主管部門和縣市文化局兩個層級的補助計劃。演藝團隊扶植補助計劃是將演藝團隊分成四個類別：音樂、舞蹈、現代戲劇、傳統戲曲，各類別包含多種表演型式，均以現場及舞台演出為主，不包含流行音樂，每年大約補助 250 個演藝團隊。[13] 文化主管部門對表演藝術的資助主要是以促進表演藝術環境均衡發展、培育文藝創作人才、增加文藝欣賞人口為目標，通過扶植專業演藝團隊可持續經營，提升專業創作及展演水準。

台灣地區文化主管部門資助表演藝術團體的具體做法包括：（1）從 2013 年開始推動的「台灣品牌團隊計劃」，以一年約 1 億元台幣預算，獎助具文化軟實力的優質團隊，協助將其打造成表演藝術旗艦品牌。從 2013 年至 2016 年各補助雲門文化藝術基金會、擊樂文教基金會、紙風車劇團、優人文化藝術基金會、明華園戲劇團等 5 個團隊。獲獎團隊必須參與社會公益專案，做為當局補助的回饋。（2）依據團隊自身規模及發展階段不同所實行「演藝團隊分級獎助計劃」，依各團隊年度支出金額差異，分為「育成級」「發展級」和「卓越級」三等。其中 2016 年度共補助 81 團，包括音樂類 16 團、舞蹈類 22 團、傳統

13　于國華：〈台灣演藝團隊扶植政策發展與課題〉，發表於「首屆文化經濟學紫金論壇」，2016 年 5 月 27-29 日。

戲曲類 19 團、現代戲劇類 24 團。（3）推出「媒合演藝團隊進駐演藝場所合作計劃」，為表演藝術團隊長期駐點發展牽綫搭橋，團隊可與駐點場所合作討論出合作模式，建立演藝場所自身特色，提升展演品質，讓表演藝術深入社區及校園。2016 年成功牽綫搭橋 31 起，促進了劇場、團隊與觀眾三者之間良性互動。（4）補助舉辦「表演藝術活動」，提升表演藝術展演水準。2016 年共補助 104 個單位舉辦表演藝術活動。（5）「表演藝術製作提升排練補助計劃」。自 2015 年起實施，加強排練的質與量，提升表演製作水準；補助有製作或技術測試需求的新製作、國際演出前的整備及舊作重制等。2015 年計補助 32 件，共新台幣 1003 萬元，2016 年計補助 22 件作品，共新台幣 785 萬元。

「扶植團隊」計劃自 1992 年執行以來，隨著表演團隊申請數量的增加，政府投入金額也在不斷變化。從最初獲補團隊 8 個，投入金額 2,000 萬元新台幣，發展到最高資助團數 100 個（2012 年度），投入金額最多 23, 245 萬元新台幣（2009 年度）。2008 年起「文建會」推動執行兩個層級的補助計劃，儘管縣市層面核給團隊的補助經費較原來文化主管部門扶植經費略低，但可參與競爭的團隊數量增加許多，獲得補助的機會也相應得到擴展。從表 A-5 內容可見，「縣市傑出演藝團隊」總補助經費逐年增加，其中文化主管部門和地方政府的投入同步提高。

表 A-5 2013-2015 年台灣地區「縣市傑出演藝團隊計劃」執行比較表

比較項目	2013 年	2014 年	2015 年
各縣市提出申請團隊總數	283	331	312
各縣市獲選團隊總數	169	190	176
文化主管部門補助款總額（台幣：萬元）	1,370	1,600	1,850
各縣市配合款總額（台幣：萬元）	2,735.1	3,059.55	3,296.6
總補助經費（台幣：萬元）	4,105.1	4,659.55	5,146.6

資料來源：于國華〈台灣演藝團隊扶植政策發展與課題〉（未刊稿）

356

（三）台灣地區對民間資源的整合

台灣地區對文化藝術的資助可分為直接補助與間接補助兩種，「間接補助」的一個重要目的就是整合民間資源，鼓勵其投入到文化藝術事業與產業發展中來。台灣地區的「間接補助」除了設立「財藝會」這樣「一臂之距」的非政府中介組織，還通常通過獎勵、表彰及減免稅等形式表達對企業與個人投入文化藝術事業的鼓勵與支持。

「文建會」依據《文化藝術獎助條例》第十七條，於 1997 年公佈《獎勵出資獎助文化藝術事業者作業要點》，並於 1998 年開始頒發「文馨獎」，表揚贊助文藝的企業、團體或個人。1999 年訂定《獎勵出資獎助文化藝術事業者辦法》（2010、2013 年分別修正），規定出資獎助文化藝術事業的獎勵範圍如下：（1）成立、捐助成立或捐贈文化藝術財團法人；（2）獎助文化藝術之創作、調查、研究、出版、研習及國際交流；（3）獎助文化藝術之展演、傳播及推廣；（4）獎助文化藝術之人才培育；（5）設置、提供或改善文化藝術設施、場地，供文化創意事業、不特定團體、個人創作、展演、排練之用；（6）購買文化藝術、展演票券，提供不特定團體、個人觀賞；（7）獎助供公眾使用之建築物設置藝術品，美化建築物與環境；（8）獎助維護或修復古蹟、古蹟保存區內建築物；（9）獎助文化創意之研發及人才培訓；（10）其他獎助文化藝術事項。出資種類包括現金、動產、不動產及權利，出資金額按照最近兩年的累積計算。並規定外國團體或個人出資獎助中國台灣地區文化藝術事業，也可適用「獎勵要點」。通過評議，對出資獎助文化藝術事業達新台幣 100 萬元以上且具重大貢獻或特殊意義者，依下列類別發給獎座並進行公開表揚：最佳創意獎、長期贊助獎、文藝人才培育獎、企業文化獎、中小企業貢獻獎、年度贊助獎、評審團獎；出資獎助文化藝術事業達新台幣 100 萬元以上，但未獲上述獎勵者，發給感謝狀。[14]

---

14 資料來源台灣地區財團法人文化藝術基金會網站。

「財藝會」也通過種種手段，鼓勵社會對藝術的關注與投資。除一般性的捐款，「財藝會」發展出許多不同的模式來募集資源，例如：財藝之友會費、文化藝術認同卡捐款、藝企合作項目等。其近年來發展出許多新的贊助模式，除了對創意本身進行經費支持以外，有的項目專門針對行銷與宣傳活動展開贊助。譬如「財藝會」與台灣大忠銀行聯合推出的「文化藝術認同卡」，銀行將持卡人使用「文化藝術認同卡」消費金額的 2‰ 捐贈給「財藝會」，而持卡人則可以享有部分文藝團體票價優惠等福利。[15] 這種方式打開了藝文界與消費者良性互動的市場。

　　通過藝企合作實現的項目募款後來成為基金會最主要資金籌集方式。2003 年，基金會之友成立，以喜愛文化藝術及有志參與藝文事務的企業人士為主要招募對象，每月舉行藝文活動，向企業會員提供豐富優質的藝文資訊和參與各類展演活動的機會，使企業家對文化藝術及藝企合作領域有更深入的了解，推動民間企業與文化藝術的專業交流與資源共享，建立了具有創意性的雙贏的夥伴關係。

　　表演藝術「追求卓越」項目——「表演藝術製作發表補助計劃」是「藝企合作」的首個項目，由建弘文教基金會等三家贊助企業與「國藝會」共同出資促成，其主要目的是協助台灣優秀表演團隊與創作者，跨越資金、時間與創意的局限，提早規劃未來二年的製作計劃，在足夠的製作時間與經費保障為前提，讓整體製作盡善盡美。除了經費的補助，「財藝會」還與專業人士組成的諮詢團隊，協助製作團隊解決瓶頸問題。「藝教於樂」項目（執行年度 2003-2013）分為「藝術與人文」「透過藝術學習」「激發創造力」三個階段，為該基金會最長效的藝企合作項目。2005 年起為鼓勵中小學教師投入「藝術與人文」這方面課程的研究和進修，「財藝會」聯合相關領域學者、

15　資料來源台灣地區財團法人文化藝術基金會網站。

專家及文藝團體組成研究團隊，在跨校際與跨領域合作下，研發整合「藝術與人文」教學課程計劃；自 2009 年起進入第三階段，以「激發創造力」為主軸，鼓勵文藝團隊進入學校，以「藝術與人文領域」為框架進行跨領域的課程設計與教學。2013 年推出的「海外藝遊」項目由華祺工業股份有限公司贊助，目標在於鼓勵年輕藝術工作者，包括音樂、舞蹈、戲劇、視覺藝術、文學、視聽媒體等領域，從事創作、展演、策劃、行政等幕前幕後的相關工作者，自行規劃海外「藝術」充電行程，汲取世界各地藝術與文化的養分，回台之後將所見所聞公開與大家分享，進而累積台灣地區藝術發展的能量。

台灣地區另一吸引民間投入藝術的手段為租稅獎勵措施，通過租稅獎勵減免文藝工作者的租稅負擔，或提供參與者及贊助者租稅獎勵以鼓勵其參與。其《文化藝術獎助條例》《文化藝術事業減免營業稅及娛樂稅辦法》《文化公益信託許可及監督辦法》《文化創意產業發展法草案》等政策工具，皆以賦稅減免或獎勵的方式創造誘因，吸引民間力量的投入。其中 1993 年推出的《文化藝術事業減免營業稅及娛樂稅辦法》（2016 年修正發佈）規定，展覽、表演、映演、拍賣等文化藝術活動者，可以向文化主管部門就其文化勞務或銷售收入申請免徵營業稅或減徵娛樂稅的認可。

三、企業贊助及民間藝術基金會資助實踐

（一）基本情況

台灣地區對藝術進行資助的民間資源主要包括：各種類型的民間基金會、企業及個人的捐贈。以往台灣地區企業贊助的情形並不多見，後來隨著台灣地區經濟上突飛猛進，企業開始逐漸重視自身社會責任的建設，另加上稅法的適度獎勵，共同促進了企業贊助行為。

2000 年一項調查研究 [16] 顯示：台灣大型企業贊助文藝活動的情形相當普遍，67% 的企業曾經贊助過文藝活動；但從贊助頻率來看，超過 50% 的企業屬每年贊助一個文藝活動或不贊助，贊助頻率偏低。

企業贊助行為對台灣地區藝術市場的發展及文化傳播起到很大作用。台灣地區著名舞團雲門舞集獲得眾多企業的青睞，台灣積體電路製造股份有限公司、霖園集團及中國時報系都曾贊助過其演出，舞團與一些企業達成了較長期的穩定合作關係。自 1999 年起，宏碁電腦連續三年每年出資 1,000 萬台幣支持雲門舞集的巡演活動，支持其走訪歐美國家參加當地的藝術節表演。2001 年 5 月，宏碁電腦贊助雲門舞集 2 走進北京廣播學院、北京大學、清華大學三所知名院校舉辦「雲門舞集 2——示範演出」，以期更好得促進兩岸的文化交流。[17] 台灣國泰金融集團自 1996 年起贊助雲門舞集，帶動藝術下鄉風氣，打造「國泰藝術節」文化盛宴。截至 2011 年，「國泰藝術節——雲門戶外公演」已在我國台灣地區 23 個鄉鎮演出 44 場，觀眾多達近 180 萬人。[18] 同時，多渠道的收入來源也推動台灣地區文藝團體進入了良性發展。以 2016 年度雲門文化藝術基金會的財務報表來看，其收入來源中演出業務收入約佔 38%，其他收入佔 7%；民間捐助收入約佔 33%；當局補助約佔 22%，當年扣除各項開支，結餘 728 萬元台幣，佔收入比例的 3%[19]。

台灣地區基金會的數量在 1960 年代僅數十家，1987 年以後台灣地區文化開始進入繁榮階段，相應的基金會數量達到千餘家。到

16　研究者針對《天下雜誌》五百大企業（1999 年製造業前 300 大企業、金融業前 100 大企業、服務業前 100 大企業），以及「文馨獎」共三屆得獎企業為研究對象，共發放 544 份問卷進行調查。參見陳以亨：《台灣企業贊助文藝活動調查研究》，2000 年。

17　〈宏碁集團贊助雲門舞集舞神州〉，2001 年 5 月 30 日，網址：http://www.cnetnews.com.cn/2001/0530/28129.shtml，引用日期：2018 年 9 月 24 日。

18　〈國泰雲門舞集亮相上海〉，2011 年 4 月 20 日，網址：http://news.sina.com.cn/c/2011-04-20/131622326592.shtml，引用日期：2018 年 9 月 24 日。

19　《財團法人雲門文化藝術基金會 2016 年度報告》，網址：https://www.cloudgate.org.tw/report/annual_report_2016.pdf，引用日期：2018 年 9 月 24 日。

2015 年，登記在案的基金會數量已超過 6000 家，呈急劇增長的趨勢。台灣基金會資助的項目歷來以文化教育為主。進入 21 世紀，文化教育所佔比重仍高達 69.4％，居各類項目之首。其次，是社會福利與慈善類，18.9％。[20]

　　根據運作特徵和運作模式，民間的基金會可分為資助型基金會和運作型基金會。資助型基金會從資金出發，為文化藝術活動提供資金或者物品。而運作型基金會更多的是扮演生產者的角色。資助型基金會，通過提供不少於法律規定的啟動金額為原始資本，再由該公司的業務盈餘中抽出一定的資金，來輔助文化藝術的發展，主要形式是提供捐款、資助和協辦活動等方式協助其他文藝團體或非營利組織，不直接介入活動的執行或團體的運作。台灣地區這種資助型基金會中最具代表性的是台積電文教基金會、廣達文教基金會。如廣達電腦於 1999 年成立廣達文教基金會，致力於創意及文化藝術的教育推廣。基金會提供資金舉辦創意競賽、數位學習平台架設、國際交流、公共事務等，並資助各類型領域展覽。在台灣，絕大多數基金會除了投入資金予以資助之外，還實際參與藝術活動的運作，即運作型基金會。運作型基金會多數由對藝術有較高喜愛、有一定藝術素養的管理者建立，只有這樣，才能以專業的眼光對藝術活動進行指導。運作型基金會對豐富台灣地區文化藝術空間、推動文化可持續性發展起到了重要作用。如奇美企業於 1977 年設立奇美文化基金會，創立者許文龍先生每年將一定的利潤額捐予奇美文化基金會，除資助文化藝術活動以外，基金會還成立了曼陀林樂團、設立奇美藝術獎等，更是於 1990 年建立奇美博物館，免費提供大眾參觀。

20　朱傳一：〈進入 21 世紀的中國台灣基金會〉，《學會》2005 年第 10 期。

表 A-6 台灣地區主要民間文化藝術基金會及其重點項目

基金會名稱	創設時間	重點項目
奇美文化基金會	1977	奇美博物館
李仲生現代繪畫文教基金會	1985	第一個定位支持現代繪畫
帝門藝術教育基金會	1989	第一個推動藝術教育為宗旨，設立藝術評論獎，建立藝術資料庫，開展「駐校藝術家」計劃
丘再興文教基金會	1991	成立鳳甲美術館，推動音樂與視覺藝術的結合
和成文教基金會	1992	推動陶瓷藝術文化，成立和成窰陶藝工作室
山藝術文教基金會	1992	成立「山美術館」
世安文教基金會	1995	設立世安美學獎
富邦文化藝術基金會	1997	開展「藝術小餐車」、「粉樂町」展覽，「富邦講堂」
聯邦文教基金會	1998	台灣少數獎勵油畫古典創作的基金
台新銀行文化藝術基金會	2001	設立台新藝術獎

　　根據運作主體的不同，民間的基金會又可分為企業基金會和獨立基金會。企業基金會是由企業或企業主為實現其藝術理想或履行社會責任、維持社會形象等，提供原始基金和年度捐贈，以其名稱籌設基金會資助藝術團體和個人。獨立基金會多為個人捐款或大眾集資成立的基金會，捐助舉辦藝術活動、教育講座、藝術出版等。相較於西方多為個人捐款或大眾集資成立基金會，中國台灣地區因法規資金上的限制，獨立基金會在台灣地區規模相對較小，不活躍。帝門藝術教育基金會是個人捐助比較典型的一個特例，該基金會以個人捐款舉辦藝術活動、教育講座，資助藝術相關出版物，培養藝術研究人才，同

時還建立了台灣地區當代藝術家較為全面的資料庫。[21] 此外，還有一種是文藝團體籌設的基金會。文藝團體自身營運較為穩定且資金達到一定規模時，團體會成立自己的基金會，以利行政運作及資金運用，如雲門文化藝術基金會、台北愛樂文教基金會等。

（二）具有代表性的民間文化藝術基金會

1. 運作型企業基金會 —— 富邦藝術基金會

富邦集團陸續成立富邦慈善基金會（1988）、富邦文教基金會（1990）、富邦藝術基金會（1997）和台北富邦銀行公益慈善基金會（2005），四個基金會分別從事不同領域的社會公益。富邦藝術基金會以分享為初衷，不斷發掘及創造藝術、生活與企業之間相互串連的各種可能性，推出許多備受好評的具體行動，內容包括講堂、視覺設計及延伸性商品開發、藝術展覽等。其中「富邦講堂」以旅遊、飲食、音樂、電影與文學，涵蓋各類美學與生活創意，開辦系列課程，提供終身學習的場域。基金會也長期與自己的企業配合，提供藝術家創作機會，開發藝術商品回饋給企業客戶，同時為創作者提供多元被看見的渠道。在藝術展覽方面，富邦藝術基金會籌辦過多種形態的展演，包含「藝術小餐車」「Art Show 藝術櫥窗」"Art Salon" 與「粉樂町」等。「藝術小餐車」將開放空間作為藝術展覽場地，以無基地的移動式公共藝術走入民眾的生活；「Art Show 藝術櫥窗」是以富邦銀行的對外展示空間，開放藝術進駐，形成獨特的展覽表現空間；而 "Art Salon" 則使用企業的私人空間舉辦展覽，為特定客戶群體提供接觸與交流的平台；「粉樂町」是年度大型的戶外空間展覽，以活潑的形態在台北東區實踐無牆美術館的理念。[22]

21　江彗慈、林沛祺、洪達媛：〈台灣藝術基金會在藝術推廣的策略分析——以 2014 年富邦藝術基金會粉樂町計劃為例〉，《台灣藝術大學圖文傳播藝術學報》2015 年 6 月。

22　同上。

2. 獨立基金會—— 帝門藝術教育基金會

創立於 1989 年的獨立型基金會帝門藝術教育基金會，是以藝術教育為宗旨的非營利機構，致力於提升台灣地區藝術教育水準、鼓勵華人當代藝術創作；引介西洋知名藝術作品、進行相關學術研究；成立台灣當代藝術資料庫，推動與藝術生態息息相關的藝術評論等工作。1994 年該基金會開風氣之先，提倡台灣地區當代藝術評論，持續累積歷年藝術評論資料，為台灣當代藝術建立基礎檔案。1998 年規劃藝術家駐校計劃，10 多年以來與不同中小學合作，邀請藝術家與學校共同設計藝術課程，由基礎教學開始，引介當代藝術內容。2010 年結合國際知名品牌路易威登共同舉辦藝術家作品徵集活動，為藝術家提供創作與展出的機會，藉企業資源，為藝術家持續創作奠定基礎。近年來隨著公共藝術在台灣的興盛，基金會自 2004 年開始參與「公共藝術」的規劃、設置、推廣等各方面工作。[23] 一般的基金會往往採用基金孳息的方式運作，但僅僅是杯水車薪，2001 年，帝門尋求新的運作方式，積極承辦當局委託項目，讓基金會沒有辦法自己去做的項目通過「借力使力」的方式[24]，達到基金會藝術教育的目的。

3. 文藝團體籌設的基金會—— 雲門文化藝術基金會

「雲門舞集」由舞蹈家林懷民先生 1973 年創辦，成立 30 週年時，雲門已經走過了 20 多個國家，登上了 200 多個舞台，完成了近 1600 場演出，成為台灣地區的一張世界級文化名片。「雲門舞集」始終堅持傳承文化與藝術創新相結合，堅持「先有文化，才有產業」的經營思路，在舞蹈作品的品質上精益求精，同時推出一些公益性藝術普及活動，提高雲門品牌社會價值。雲門舞集 1988 年成立了財團法人雲門文化藝術基金會，以非營利組織基金會模式來運營雲門舞集團

23　資料來源帝門藝術教育基金會網址：http://www.deoa.org.tw。

24　傅遠政：〈積累‧前瞻—— 帝門藝術教育基金會〉，《藝術與投資》2009 年第 11 期。

體，並取得成功。基金會模式避免了企業股權和分紅機制，保障了團體的正常運轉。同時基金會實行財務狀況公開化，每年定期向社會公佈年度財務報表，接受社會監督。雲門沒有上市，但打造了一個「上市」的概念，雲門的每一位捐贈者都有權益關注捐贈金的去向。從近幾年雲門的財務報表來看，雲門收入來源中演出業務收入約佔 50%，社會捐助約 30%，政府補助約佔 20%；同時資產負債較少，保障了舞團的正常健康運轉。[25]

四、台灣地區文化藝術資助政策的反思及啟示

中國台灣地區的文化藝術資助政策自「文建會」至文化主管部門經過三十多年的發展，具有自身的鮮明特色，本文將其歸納為以下幾點：

首先，台灣地區當局對文化藝術的支持與投入給予最高法律的保障，規定從台灣當局到地方，對文化藝術的投入比例呈逐級增長的要求，地方投入的比例要大於當局，這不僅明確了文化藝術在台灣地區的重要地位和角色，也規制了當局對文化藝術領域提供支持和資助的義務和定位。規定當局對文化藝術的支持與投入以「公益性」為基本特徵。通過立法及相關法令推動文化領域發展，保證了台灣地區在文化藝術發展及人才培養上的可持續性。

其次，台灣地區當局通過獎勵、表揚、公開宣傳等手段積極鼓勵企業和個人參與地區文化事業發展，使得整個社會形成關注文化、投資文化的自覺風氣，很多企業、民間團體及個人形成了以推動台灣地區文化發展為己任的責任感與行動力。同時，政府還通過稅收減免鼓勵企業、個人投入及參與文化藝術發展和創作，使得投入及參與文

25　蕭懷德：〈從多元文化到創意台灣——台灣文化創意產業考察透視與案例研究〉，《現代傳播》
　　2012 年第 4 期。

化發展兼具自我認同與經濟驅動雙重面向，促進對文化藝術的投入、參與和創新形成良性循環。

再次，台灣地區文化行政主管部門對台灣地區文化發展的戰略方向與側重點具有明顯引導性，在積極尋找台灣地區文化發展國際定位的同時，強調地方文化特色與在地的主觀能動性。文化藝術政策執行方式趨向多元，其中非營利組織扮演的角色逐漸發展出更積極、更活躍的形態，他們關注於文化藝術不同層面的發展方向也越來越廣。這些非營利組織有以基金會的方式運作的，也有由民間相關專業者組成的協會、學會。

最後，當局對文化藝術的投入注重團隊培養、製作質量的提升及與新科技的結合，從人員、團隊與呈現質量上整體打造台灣地區的文化景觀與前瞻性，推動其文藝創作團隊及作品活躍在國際前沿。當局對演藝團隊的扶植成效受到業內人士肯定，其扶植手段體現了根據團隊發展的不同階段推動各團隊進行年度規劃、兼顧團隊成長、作品創新與呈現水準等特點，成功推動台灣表演藝術團隊不斷走出去，擴大文化影響並產生經濟效益。近些年，以賴聲川「表演工坊」為代表的台灣表演藝術團隊常年活躍於中國內地演藝市場，即可見一斑。

然而台灣地區的文化藝術資助政策就其內部體制及實踐效果來說，也有值得反思與注意的方面。譬如：面臨著與所有政府的文化藝術政策一樣的困境，如何以公平與民主為原則，處理好補助資金在不同領域分配、地緣分配與代際分配的問題，以及資助干預與藝術發展問題。比如，從「財藝會」常態補助藝術的類別來看，表演藝術獲得的補助明顯高於其他類別藝術。此外，行政部門受立法部門制衡，文化主管部門與分屬不同黨派的立法委員之間就撥款去向、獎勵機構與人選經常持不同觀點，導致文化發展與行政事務受到黨派政治的影響。台灣地區文化藝術政策及資助重點經常會受到黨派政治氣候影響，尤其在對獎助對象（包括團體、個人及地方）的選擇上，所產生

的不公對文化團體及個人的士氣與事業發展造成負面影響。還有，業界及行政與立法部門對「文建會」及後來的文化主管部門與「財藝會」之間角色分工不清及功能重疊一直有著持續的論戰與爭議。就當下台灣地區藝術資助行為來看，文化主管部門與「財藝會」的獎勵、補助計劃在很大程度上確實有重合、競爭的問題。例如，兩者都對演出團隊、演出製作、排練、文化交流、人員培訓等進行補助；文化資源分配權與行政的領導與監督權之間的平衡，尚需加以衡量與解決。

在疫情肆虐全球的背景下，多個國家或地區政府均實施了援助一攬子計劃：劃撥紓困資金，對在疫情中生存受到威脅的文化機構和藝術從業者提供一段時期內的資金支持；幫助各類藝術機構維持運營，以項目運作方式支持獨立藝術家和創造性工作實踐者。台灣文化主管部門依據「防疫優先、紓困為重、振興在後」的原則，在 2020 年 3 月制定了《「文化部」對受嚴重特殊傳染性肺炎影響發生營運困難產業事業紓困振興辦法》（以下簡稱《藝文紓困振興辦法》）。[26] 經文化主管部門公告的文化藝術產業、事業及相關從業人員均可依辦法規定申請紓困。後經過 2020 年 4 月、2021 年 5 月、2021 年 6 月三次修訂，分別形成紓困 1.0、紓困 2.0、紓困 3.0 和紓困 4.0。紓困 1.0 共投入 15 億元進行藝文補助和振興。補助各類型藝文事業及自然人營運費用，同時也為其提升未來營運能力而需要的研發創新、人才培育、製作排練、技術提升、數位行銷等計劃提供資助。藝文產業和事業均可獲得紓困貸款利息補貼。紓困 2.0 新增「藝文艱困事業員工薪資及營運補貼」，藝文事業營運收入額低於 50% 即可申請。後續振興措施包括發放 12 億元面額為 600 元的「藝 FUN 券」（藝文消費抵用券）和其他振興補助計劃。特別針對受疫情影響較大的表演藝術展演活動、流行音樂演出及電影國片商業映演的營運支出及票房損失，文

26　《「文化部」對受嚴重特殊傳染性肺炎影響發生營運困難產業事業紓困振興辦法》，台灣地區文化主管部門網站 https://www.moc.gov.tw/content_434.html，訪問日期：2022 年 5 月 10 日。

化主管部門修訂並推出了紓困 3.0 方案，相關機構可申請最高 250 萬元的補助。紓困 4.0 進一步完善了以上各項政策措施。此後文化主管部門認識到未來仍無法預測疫情的走向，繼而調整策略，於 2021 年 8 月推出「積極性藝文紓困補助」，幫助文化藝術界「創作不中斷、人才不流失、數位再進化」。據台灣文化主管部門公佈的紓困措施辦理成果數據顯示，截至到 2022 年 4 月 26 日，文化主管部門總計已開支 36.7985 億元用於藝文紓困補貼（含利息貸款補貼、演藝團體紓困貸款、場館規費補貼）。在振興措施中，民眾已領取面額為 600 元的藝 FUN 券 2851455 份，合計金額超過 14.6 億元，文化主管部門共計已開支 16.3701 億元用於藝文振興。[27] 文化主管部門從多方面幫助文化藝術界應對疫情、緩解經營困難、促進產業復甦、增強文化內容的孵化和創新（如實施「文化內容科技應用創新產業領航旗艦計劃」「研發孵育計劃」）。除常規資助、補貼以外，同時加大對文化企事業融資支持，開展直接面向民眾的文化惠民活動，刺激藝文消費。疫情下政府資助對文化藝術產業復甦是關鍵的一步，只是面對溫飽和健康等基本需求，文化藝術往往容易被忽視，故藝文消費抵用券的實效未必能充分發揮出來。

---

27 《「文化部」紓困措施辦理成果》，台灣地區文化主管部門網站 https://www.moc.gov.tw/webarticle_110908.html，訪問日期：2022 年 5 月 10 日。

新加坡文化藝術資助機制及政策實踐

◇◇◇

┃ 一、新加坡文化藝術資助政策歷史變遷

　　作為東南亞的島國，新加坡在 19 世紀以後歷經英國、日本、馬來西亞的殖民和聯邦統治，於 1965 年正式宣佈獨立。獨立以後的新加坡除了佔人口約 75% 的華人，還有馬來族、印度裔和歐亞裔 / 混血等族群。其官方語言為四種：英語、馬來語、華語和泰米爾語。早期背井離鄉的移民將各自的文化帶到新加坡，形成了新加坡多元文化特色。面積雖小但地理位置優越的新加坡，自獨立以後秉承自強不息的精神，不斷根據世界經濟發展趨勢調整自身戰略，成功躋身發達國家行列。在經濟發展達到一定程度之後，新加坡政府開始重視對藝術與文化的投資，以實現經濟與文化並頭並進，將新加坡建設成具有世界級文化與娛樂內容的「全球藝術之都」。

　　新加坡強調種族和諧，在立國之初就確定了各族平等的政策，並且鼓勵多元文化發展。1988 年，新加坡政府成立了文化藝術諮詢委員會（the Advisory Council on Culture and the Arts），研究文化藝術在新加坡的國家發展中所能擔當的角色。該委員會檢視了新加坡文化藝術的發展情況，出台了一個對新加坡中期文化藝術發展進行建議的報告，內容包括：1. 在大學及前大學階段加強藝術教育；2. 改善文化設施；3. 強化文化遺產及視覺藝術收藏；4. 在社群之間藉助媒體開

展藝術推廣。

　　作為對報告的回應，新加坡政府先後於 1991 年和 1993 年成立了國家藝術理事會（National Arts Council，NAC）[1] 與國家文物局（National Heritage Board，NHB）[2]，以推動相關領域的發展。十年之後，當報告中的大部分建議都已經完成之際，新加坡政府為研究文化藝術在 21 世紀從工業經濟向知識經濟轉變過程中所能起到的作用，對文化領域進行了第二次深入評估。評估結果使得政府意識到，新加坡需要在文化與藝術能力上進行更大投資，才能增強其創新能力，與世界上其他地區及城市展開競爭。1999 年，新加坡內閣通過了一項為期五年的「文藝復興城市計劃」（Renaissance City Project），每年在國家藝術理事會及國家文物局預算之外，額外投入 1000 萬新幣，助力於發展新加坡的「文化軟件」，包括國家的藝術發展能力、文化活力及對觀眾的培養等。「文藝復興城市計劃」的目標是將新加坡發展成「傑出的全球藝術城市」，使新加坡成為具有吸引力的工作、生活與休閒的地方，並幫助新加坡人繼續學習以及獲得新知識。「文藝復興城市計劃」的戰略是充分利用現有的文化基礎設施，達成下列目標：1. 加強新加坡文化藝術景觀的整體活力；2. 為新加坡文化藝術的發展打造觀眾基礎；3. 推進本地藝術家、人才及藝術公司的專業化發展；4. 提升新加坡作為「藝術中心」在國際上的知名度。為實現上述目標，該計劃建議新加坡政府採取以下措施，加強對文化藝術的扶植：1. 向本地主要藝術公司提供 1-2 年的撥款，為藝術家及藝術團體提供項目撥款，並且提供培訓費用、獎學金及助學金等。2. 推出與藝

1　1991 年 9 月由新加坡文化基金會、社區發展文化部、藝術節秘書處、國家劇院信託合併而成，是主導藝術發展的法定機構，其宗旨是培育文化藝術的發展，使其成為新加坡人民生活中不可或缺的一部分。

2　1993 年 8 月由國家文物局與國家檔案館、國家博物館和口述史部合併形成，是文化部下屬的法定機構，其使命是保存新加坡多元化的文化遺產，以此來進行文化教育與國家建設，進而使其文化獲得全球性的認可。

術、文化遺產等相關的教育及推廣項目。

在完成項目的第一個發展階段以後，2005 年「文藝復興城市計劃 2.0」作為《新加坡創意產業發展戰略》的一部分出爐，該計劃著重從產業角度闡述如何進一步推動新加坡的文化藝術發展。第二階段的「文藝復興城市計劃」將扶植資金提升到每年 1,200 萬新幣（2005-2006）及 1,550 萬新幣（2007），並在前一階段的目標之外，增加了新的發展目標：1. 發展文化藝術領域的產業能力；2. 在文化 / 藝術與商業之間建立更多的夥伴關係；3. 推動新加坡的藝術發展走向國際化。

2008 年，新加坡信息通訊藝術部（the Ministry of Information, Communications and the Arts）出台了「文藝復興城市計劃 3.0」。面對世界城市間日趨激烈的競爭及由於社會與文化差異所帶來的壓力，該計劃重申了未來的發展目標，確立了三個戰略發展方向：一是打造獨特的內容。在新加坡建設能夠提供重要文化與藝術產品的世界級文化娛樂區；將新加坡打造成為製作及首演聚焦新加坡及亞洲的原創內容的首選之地；積極在國際上展示「新加坡製造」的內容。二是打造充滿活力的藝術生態系統。建設繁榮的人才與產業聚居區；加強新加坡在文化藝術領域的專業能力，尤其是在藝術產業及專業藝術服務領域；在大學及大學預科的專業藝術教育與培訓中，增加產業內容及藝術與產業的關聯度。三是培育積極投入的社群。加強並豐富新加坡整體的藝術與人文教育；通過文化藝術活動增強社區人民的自豪感及彼此的關聯度；鼓勵文化藝術領域更多的私人慈善與贊助行為；通過舉辦各種研究與交流活動，加強對文化藝術的宣傳。為實施該計劃，新加坡政府宣佈 5 年投資 1.16 億美元，年均為 2,325 萬美元（約 3155 萬新幣）。[3] 為全面推進《文藝復興城市 3.0》的實施，新加坡國家藝術理事會還發佈了《藝術發展計劃（2008-2012）》，每年撥款 1,609

3　任明：〈新加坡 21 世紀以來城市文化發展觀測〉，《上海文化》2014 年第 10 期。

萬美元用於新加坡藝術產業的發展，以此配合《文藝復興城市 3.0》在藝術領域的發展。[4] 與上兩個階段相比，政府投入有了進一步的大幅度增長，顯示了新加坡政府的決心——通過文化藝術發展保持城市活力。

1999 年至 2015 年，新加坡持續 15 年實施了三個階段的「文藝復興城市計劃」，只是新加坡政府對文化藝術整體投資的一部分，但所提出的目標與戰略，對新加坡文化藝術的發展起到了整合與引導的作用，推動新加坡信息通訊藝術部與國家藝術理事會、國家文物局等機構朝著共同的目標前進。「文藝復興城市計劃」的宗旨是「以文化建設提升城市核心競爭力」，通過這一戰略性規劃，新加坡大大提升了在藝術活動、文藝欣賞、博物館建設等方面的水平及能級，成功吸引了世界各地的人才與資金，提升了國際上對新加坡的關注度，新加坡人民的國家自豪感與藝術自主性也得以確立。2018 年國家藝術理事會繼續推出未來 5 年新加坡發展藝術的主要戰略和優先事項——《我們新加坡藝術計劃 2018-2022》（Our SG Arts Plan）[5]，並決定每五年重新評議一次。報告涉及了藝術參與、擴大對文化多樣性的社會共識、及多元化方式支持藝術等問題，回應了國內和全球藝術景觀不斷發展變化的環境。

從文化藝術建設基礎性發展、驅動工業經濟向創意經濟轉型，到注重全社會積極參與發展新加坡多元文化、通過增加藝術體驗的可及性促進社會包容。這一邏輯轉換反映了新加坡政府開始反思文化的物質性，重新認識到文化藝術的精神性及社會治理功能，文化建設向平衡社會效益與經濟收益方向發展。任何的社會結構都需要一定的凝聚力，無形的社會資本比有形的物質資本更易建構一個共同的身

---

4   薛菁華：〈新加坡《藝術發展計劃》〉，2015 年 5 月 29 日，上海情報服務平台：http://www.istis. sh.cn/list/list.aspx?id=8576，引用日期：2018 年 9 月 30 日。

5   https://www.nac.gov.sg/media-resources/press-releases/National-Arts-Council-Launches-Our-SG-Arts-Plan-2018-2022，訪問日期：2018 年 10 月 31 日。

份認同，並形成強烈歸屬感。在「文藝復興城市計劃」等項目的大
力推動下，新加坡文化藝術領域的人才及活力有了快速增長。1996-
2007 年，新加坡的藝術公司及團體從 400 家增長到 800 家，此後持
續增長，2015 年新加坡獨立 50 週年時達到最高峰，為 5,749 家，
2016 年稍有回落，為 5,423 家，以音樂、視覺藝術和文學藝術類公
司居首。文化藝術活動的數量也大幅度提升，新加坡文化、社區與
青年部 2016 年統計數據顯示，新加坡每天平均有 23 項藝術表演，
72 項視覺藝術展覽。[6] 單就表演藝術而言，憑票入場的表演藝術演出
（包括民族、傳統、古典及當代形式的舞蹈、音樂及戲劇演出）場次
從 2010 年的 2,267 場，增加到 2016 年的 3,430 場；無需憑票入場的
演出從 2011 年的 4,311 場，增加到 2016 年的 5,931 場。視覺藝術展
覽場次從 2010 年的 999 次，增加到 2016 年的 1,114 次，展覽天數從
2010 年的 26,266 天，增加到 2016 年的 28,740 天。[7] 新加坡國民對文
化藝術的需求與欣賞水平也在逐步提升。1996 年，新加坡僅有 1/10
的民眾每年至少參加 1 次藝術活動，到 2008 年，每三個新加坡人中
就有一個參加藝術活動。每年民眾參與憑票入場的表演藝術活動人
數，從 2010 年的 157 萬多人，到 2011 年迅速增長為 231 萬人次，然
後有所回落，2016 年為 181 萬人次。表演藝術活動的售票數從 2010
年的 132 萬張，2011 年猛增為 186 萬張，然後逐漸回落，到 2016 年
約為 140 萬張，表演藝術活動收入 2010 年為 9,190 萬新幣，2011 年
猛增為 1.66 億新幣，後逐漸回落，2016 年為 8,938 萬新幣。[8]2015 年
國家全民藝術調查顯示，80% 的新加坡人至少參加過一次藝術活動，

6　National Arts Council Annual Report FY 2016/2017 [EB/OL]. https://www.nac.gov.sg/media-resources/annual-reports/annual-report-2016-2017.html，引用日期：2018 年 8 月 10 日。

7　Ministry of Culture, Community and Youth, Singapore, *Cultural Statistics 2017* [EB/OL]. https://www.nac.gov.sg/whatwedo/support/research/Research-Main-Page/Arts-Statistics-and-Studies/Statistics/sg-cultural-statictics.html，引用日期：2018 年 7 月 21 日。

8　同上。

近 90% 的新加坡人認為藝術幫助我們更好地理解來自不同文化背景的人。日益活躍的文化活動與文化景觀，使得新加坡在眾多國際排名中被認為是「最宜居的城市」之一。

▎二、新加坡文化藝術資助機制及模式

新加坡文化藝術資助機制與模式基本上是以政府規劃、推動為主，民間參與為輔。政府資助最初主要投資於藝術部門與藝術團隊的發展（「文藝復興城市計劃」第一階段），後來側重從創意產業發展的角度投資文化藝術的發展（「文藝復興城市計劃」第二階段），目前又回歸對社會文化發展的投資（「文藝復興城市計劃」第三階段）。雖然不同發展階段新加坡政府文化藝術資助的重點不同，但始終重視藝術人才的成長及社會藝術欣賞基礎的培育。

根據《新加坡文化統計 2017》數據 [9] 顯示，新加坡政府對文化藝術的撥款總額從 2010 年的 4.96 億新幣，到 2015 年（新加坡獨立 50 週年）達到破紀錄的 9.37 億新幣，2016 年回落到 7.13 億新幣；其中 4.13 億新幣用於藝術與遺產領域的撥款，1980 萬新幣用於文化配額基金，2.8 億新幣用於圖書館服務（見表 A-7）。民間所進行的文化藝術捐贈從 2010 年的 3,990 萬新幣，增長到 2016 年的 7,430 萬新幣，其中 2015 年因為新加坡獨立 50 週年及國家美術館的落成，文化藝術捐贈總額更是達到 1.5 億新幣（見表 A-8）。

9　Ministry of Culture, Community and Youth, Singapore, *Cultural Statistics 2017* [EB/OL]. https://www.nac.gov.sg/whatwedo/support/research/Research-Main-Page/Arts-Statistics-and-Studies/Statistics/sg-cultural-statictics.html，引用日期：2018 年 7 月 21 日。

表 A-7 2010-2016 年新加坡政府文化財政資助情況

單位：百萬新元

財政年度	2010	2011	2012	2013	2014	2015	2016
財政投入資金總額	495.9	554.0	541.4	689.4	884.0	936.7	712.7
藝術與遺產	280.6	344.2	320.4	439.6	495.1	522.7	412.8
文化配比資金	--	--	--	--	51.9	79.5	19.8
圖書館	215.3	209.8	221.0	249.8	337.0	334.5	280.1

數據來源：Singapore Cultural Statistics 2017

表 A-8 2010-2016 年新加坡藝術及文化慈善事業情況

單位：百萬新元

財政年度	2010	2011	2012	2013	2014	2015	2016
捐贈總額	39.9	43.1	45.4	54.8	74.4	152.6	74.3
藝術品實物捐贈	4.6	2.6	1.5	2.1	12.1	0.5	1.4
現金、物資捐贈和贊助	35.3	40.5	43.9	52.7	62.3	152.1	72.9

數據來源：Singapore Cultural Statistics 2017

（一）政府藝術資助部門及機構

目前新加坡政府文化領域的主管部門是文化、社區與青年部（The Ministry of Culture, Community and Youth，MCCY）。該部門成立於 2012 年 11 月，其前身是信息、通訊和藝術部（Ministry of Information, Communications and the Arts, MICA），後來新加坡政府將文化部門獨立出來，和社區與青少年發展部整合在一起，成立新加坡文化、社區與青年部。這一行政結構上的變化，顯示了新加坡政府日益重視文化藝術作為社會建設與整合力量所發揮出的作用，將文化藝術的軟工具性與國家構建、社會凝聚緊密聯繫在一起。重新組合成

立的部門，其工作主要涵蓋以下六個領域：1. 藝術與文化遺產；2. 體育；3. 社區；4. 慈善組織、社會企業與互動機構；5. 國家身份認同；6. 青少年。工作目標則是鼓勵新加坡人參與藝術及體育活動，以推動新加坡社會的團結統一與活力發展，從而增強新加坡公民的身份認同與歸屬感；幫助青年人融入社會，推廣志願者文化和慈善活動，使新加坡人能夠共享高品質的生活，建設更為親切友好和充滿關愛的社會。[10] 其行動方針是：通過建立合作夥伴關係以有所成就；通過在各個層面發揮領導作用，推動社會發生改變。該部門在藝術領域的宗旨則是：鼓勵民眾對藝術的參與及投入；支持新加坡居民充分發揮並實踐其藝術靈感、支持藝術卓越性的發展與藝術教育的發展；大力發展新加坡的藝術產業與藝術設施，推動社會文化活力及生活質量得到提升。[11] 該部門對文化領域的扶植主要體現為對社區藝術與文化發展的投資、幫助新加坡藝術家走向國際的投資及為鼓勵藝術贊助與捐贈而進行的投資。該部門也負責新加坡公共藝術基金（1,000 萬新幣）等文化領域相關基金的運作和管理。[12]

作為主導新加坡藝術發展的法定機構，新加坡國家藝術理事會（National Arts Council，NAC）隸屬於新加坡文化、社區及青年部。藝術理事會在為新加坡藝術的整體發展及各門類發展制定戰略規劃的同時，也負責政府在文化領域撥款的具體分配與落實。國家藝術理事會的戰略使命是：弘揚藝術作為人們藉以進行表達、學習與思考手段的價值；通過藝術活動推動新加坡的文化發展；為藝術創作提供可持續發展的環境，以實現藝術所具有的娛樂、豐富及啟發功能。國家藝術理事會所發放的基金、獎學金、獎項等，以及所建設的各類平台，

10　李婉珺：〈2017 年新加坡文化發展報告〉，載劉志強等主編：《東盟文化發展報告（2018）》，北京：社會科學文獻出版社 2018 年版，第 47 頁。

11　參見新加坡文化、社區及青年部官方網站，https://www.mccy.gov.sg/en/About-us.aspx。

12　李婉珺：〈2017 年新加坡文化發展報告〉，載劉志強等主編：《東盟文化發展報告（2018）》，北京：社會科學文獻出版社 2018 年版，第 49 頁。

都是為幫助藝術從業者及專家發揮其能力與天賦、打造更加多樣化及成熟的環境而服務。國家藝術理事會目前下設六個主要部門：藝術發展部（Arts Sector Development）負責文學藝術、新加坡作家節與相關項目、視覺藝術、舞蹈與傳統藝術、戲劇與音樂等領域的發展；藝術參與部（Arts Engagement）負責推動藝術與社區、藝術與青少年等相關領域的互動發展；資源開發部（Resource Development）負責區域發展與能力建設；企業服務部（Corporate Services）負責提供財務、企業交流與市場推廣、人力資源管理與行政等方面的服務；以及戰略規劃部（Strategic Planning）、內部審計部（Internal Audit）。[13]

　　自成立以來，國家藝術理事會大力拓展各種大型藝術活動——如新加坡藝術節、新加坡美術展、新加坡作家節和新加坡雙年展等——以吸引人才，提升新加坡在國際藝術界的知名度。為發掘及鼓勵有潛力的藝術人才，理事會設有獎學金及多種針對個人的藝術獎項，如文化勳章獎、青年藝術家獎等。目前，國家藝術理事會主要通過種子基金、重點團隊發展計劃、創作基金、製作基金、呈現及參與基金、市場與觀眾發展基金、能力發展基金、研究基金、藝術基金、傳統藝術保護基金、藝術創作基金等各有側重的項目，為新加坡藝術的發展提供支持。據最新年報顯示，2016-2017 財政年度，在政府上一年度撥款餘額 5,546 萬新幣的基礎上，新增政府撥款 1.26 億新幣，即國家藝術理事會共獲得政府財政撥款 1.81 億新幣。支出方面，國家藝術理事會撥付政府對文化藝術領域的撥款 7,002 萬新幣，支付獎學金等 158 萬新幣，購買服務 581 萬新幣，用於廣告、市場營銷與推廣的費用為 300 萬新幣，用於「藝術房屋補助計劃」的費用為 833 萬新幣。[14]

13　Organization Structure [EB/OL]. https://www.nac.gov.sg/aboutus/manaement.html.

14　National Arts Council Annual Report FY 2016/2017 [EB/OL]. https://www.nac.gov.sg/media-resources/annual-reports/annual-report-2016-2017.html，引用日期：2018 年 8 月 10 日。

新加坡政府十分重視文化外交及藝術領域的國際化發展,國家藝術理事會和新加坡國際基金會 [15] 是其中兩家重要的推動機構。2014年,新加坡政府設立了總值 2,500 萬新幣的「文化外交基金」,資助藝術家到海外表演交流。在該基金的支持下,國家藝術理事會得以更進一步地推動國際交往活動。國家藝術理事會撥款支持的國際推廣項目包括:國際遊歷資助計劃、國際合作資助計劃、市場發展資助計劃等。[16] 同年,新加坡文化、社區與青年部也宣佈在未來五年裏,將額外投入 2,000 萬新幣,幫助新加坡藝術家、新加坡獨特的文化遺產及藝術作品走向國際,以此作為對國家藝術理事會現有國際化扶植資金的補充。國家藝術理事會積極與國外機構合作,為新加坡藝術家提供國際發展機會,如威尼斯雙年展、國際駐地活動、交流活動及培訓工作坊等。新加坡政府將文化藝術作為新加坡國際形象推廣的重要組成部分,積極通過各種國際平台,向國際社會展示新加坡文化藝術的獨特內容。國家藝術理事會為在海外藝術機構、場所及活動中展出的「本地作品及展覽巡展」提供資金支持,國家文物局也正在推出類似的海外巡展支持。新加坡通過對藝術國際傳播與交流的資助和推動,既培養了具有全球視野和國際思維方式的藝術家和受眾 [17],又為文化走出去降低了文化折扣(Cultural Discount)的產生。

作為新加坡政府法定機構,新加坡國家文物局 [18]2008 年推出「文化遺產事業援助計劃」(Heritage Industry Incentive Programme)預算 5 年內政府撥款 800 萬新元,協助修建博物館、擴展市場、提升

---

15 新加坡國際基金會(Singapore International Foundation)成立於 1991 年,是新加坡專門致力於國際合作與交流的社會組織。藝術與文化是新加坡國際基金會五大重點領域之一,基金會積極推動新加坡藝術家到國際上分享新加坡的文化藝術成就,通過藝術來推動新加坡與國際社會的文化交流。如基金會資助的「共善藝術」團隊(Arts for Good Fellowship)年度國際藝術交往活動,以藝術活動推動社會改善與進步。

16 資助項目發展從 2010 年的 214 項迅速增長到 2015 年的 435 項,2016 年稍有回落,為 401 項。

17 岳曉英:〈資助藝術國際傳播與塑造國家形象——新加坡的經驗〉,《東南亞南亞研究》2016 年第 4 期。

18 成立時下屬文化部門,目前為新加坡文化、社區及青年部下屬機構。

相關知識與技能、加強遺產與文藝產品的發展工作，以及發展科技與研究等。從事推動和保存文化遺產工作的私人機構和民間組織可在這一計劃中申請最多 10 萬新元的撥款資助或 50% 的發展經費。這個計劃也鼓勵個人和公司把維護文化遺產視為一種商業活動，既可申請補助來創立私人博物館，也可用補助來開拓市場，開發文化產品。[19] 此後，2013 年 7 月啟動的「文化遺產補助金計劃」，由新加坡政府撥款 500 萬新幣，資助一些能力有限、但又想開展文化項目的個人或團體，幫助他們參與推動本地社區文化遺產項目。該計劃的撥款分為兩種：一是參與津貼，資助展覽或文化活動等小規模的計劃，每個項目每年最高撥款 5 萬新幣；另一種是項目津貼，每個項目每年撥款最高為 15 萬新幣。[20] 此外，為了提升新加坡文化遺產及博物館景觀，新加坡博物館定期與國家文物局和其他公私合作夥伴舉辦聯合活動，如每年 5 月舉行的國際博物館日（International Museum Day）和旨在培養兒童興趣的兒童博物館季（Children's Season）。從以上項目可見，即便有政府財政撥款和支持，項目運作也十分強調多元參與，注重藉助社會力量協同推動地區文化藝術發展。

（二）政府對藝術家及藝術團體的資助

新加坡政府希望新加坡的藝術活動能夠反映社會的不斷成熟與發展，同時響應全世界對亞洲日益濃厚的興趣。藝術創作與藝術活動的活躍離不開藝術家與藝術團體的參與及創作力。為厚植新加坡的藝術土壤，新加坡政府始終非常重視對個人與藝術團隊的鼓勵與扶持。以 2016-2017 財政年為例，國家藝術理事會下發政府撥款 1,634 萬新幣，分別通過「重大團隊基金」為 48 個新納入及原有團隊進行扶植，

---

19 〈新加坡推出文化遺產事業援助計劃〉，2008 年 10 月 1 日，新華網 http://news.163.com/08/1001/07/4N5FICPP000120GU.html，引用日期：2018 年 9 月 27 日。

20 〈新加坡政府撥款五百萬設文化遺產補助金計劃〉，2013 年 7 月 22 日，新華網，http://sg.xinhuanet.com/2013-07/22/c_125043783.htm，引用日期：2018 年 9 月 28 日。

通過「種子基金」為 15 個新納入及原有團隊進行扶植。

　　為滿足對打造新加坡本地內容的需求，國家藝術理事會不斷推出新的委託項目及藝術家駐地計劃，扶植本地藝術家及團隊創作具有原創性的內容，聚焦於表現新加坡的歷史，在亞洲的身份、地位及未來。新加坡藝術節、新加坡雙年展及新加坡作家節即是發現新加坡本地人才及亞洲人才的重要平台，它們通過委託創作及首演更多新作品的方式，意將新加坡發展成為新晉人才走向國際化的理想跳板。隨著新加坡政府對藝術資助的逐步深入，新加坡藝術界也變得更加富有活力，藝術團體數量大量增加，不少藝術家和藝術團體逐漸從半職業轉為職業。[21] 國家藝術理事會通過設立專項基金的方式，鼓勵藝術家和藝術團隊申請資助，以滿足他們在不同領域及不同階段的發展需要。NAC 基金 [22] 包括以下幾種：

　　1. 種子基金（Seed Grant）：幫助新成立及正在成長的非盈利藝術機構順利展開活動及項目，並幫助其實現運作和管理的正規化。該項撥款最高不超過機構合理運營費用的 70%，扶植年限最高為 3 年，每年需要重新進行評估。每家機構每年可獲得的扶持資金通常在 5 萬到 15 萬新幣之間。

　　2. 重點團隊基金（Major Company Scheme）：幫助新加坡的藝術機構成長為具有藝術卓越性及代表性的機構，面向已經有所建樹的藝術機構。要求：（1）該機構能夠反映、代表及塑造新加坡的文化多樣性、文化身份、文化價值、文化傳統與文化追求；（2）該機構的活動能夠豐富新加坡觀眾及各社會群體的生活；（3）對新加坡文化景觀、藝術實踐、專業水平及青年人才的成長做出自己的貢獻；（4）創作出高質量的、能被新加坡及國際觀眾共同欣賞的藝術內容及藝術欣賞經驗；（5）表現出良好的管理水平及資金上的可持續發展能力。該項

21　朱潔樹：〈新加坡藝術政策：不遺餘力使其融入生活〉，《東方早報》2014 年 9 月 3 日。

22　以下內容參見新加坡國家藝術理事會官網，https://www.nac.gov.sg。

基金為藝術製作、藝術推廣及藝術中介類公司分別提供不超過其運營費用總額 50%、60% 和 70% 的費用開支，以幫助提升藝術團隊的能力，將相應領域專業化。

3. 創作基金（Creation Grant）：扶持傑出藝術內容的生產、改編及再發展，鼓勵通過嚴謹的創作過程，進一步提升能夠吸引海內外觀眾的新加坡作品的經典性及影響力。該項基金主要面向擁有良好藝術成就及藝術作品的藝術家，申請者必須是新加坡公民或永久居民，可申請的領域為表演藝術、視覺藝術、文學、數碼藝術及跨界藝術等。藝術創作基金每年提供 3-10 項資助，每個項目最高可申請撥款 5 萬新幣，最長資助期限為 18 個月，資助內容可以是新作品創作，也可以是跨藝術門類或跨媒體的藝術改編及再度創作等；優先資助的範圍包括對與新加坡相關內容的改編；將優秀新加坡作者所寫的文學作品翻譯成其他語言、尤其是新加坡官方語言及其他使用者眾多的語言等。2018 年，該基金宣佈將優先資助在創作及展示過程中大量使用數字技術的項目。對表演及視覺藝術項目的申請者，該基金還提供面向潛在製作人及發行人舉行小型展演活動的經費，以及舉辦演後談活動等。獲得基金資助的創作成果需要體現為具有原創性與完整性的劇本、樂譜、記錄、錄音、展覽及片段的現場展示；數碼藝術項目的成果為模型、小樣、宣傳片、在綫平台或網站等。具有國際合作性質的創作，需要有新加坡及海外兩種展示活動或作品版本。基金對每個項目的資助最高不超過 5 萬新幣，用於作品開發及製作過程。

4. 製作基金（Production Grant）：為包括表演藝術、視覺藝術、文學及多媒體等多種藝術形式的項目製作、最終呈現及市場推廣提供補助。受資助項目需要具有能夠產生重大藝術影響的潛力。申請者需要擁有良好的前期製作經驗及藝術成就，並且能夠證明自身將長期投入該藝術在新加坡的發展。扶植的項目類型可以是表演、活動或展覽（不管是作為原創作品、改編作品還是長期項目的一部分），也可以

是主題系列活動的印刷與出版，以及大型會議、比賽、展覽及藝術節等。2018 年，該項基金同樣優先扶持在創作與製作過程中大量使用數碼科技的項目。該項基金平均每年扶持 3-10 個項目，有的可以作為項目獲得贊助的配套資金。

5. 展示及參與基金（Presentation and Participation Grant）：扶持更多領域的藝術從業者與藝術機構表達及豐富新加坡的藝術多樣性，提升新加坡人對藝術的欣賞與參與熱情。該項資助可以覆蓋個人及非營利機構或團體高達 50% 的真實預算，每年單個項目的資助金額不超過 5 萬新幣；對營利性機構來說，最高資助額度為項目預算的 30%，每年對單個項目的資助金額同樣不超過 5 萬新幣。對出版活動來說，對個人、非營利機構及營利性機構的資助都最高不超過真實預算比例的 50%，每年單項資助金額不超過 10 萬新幣。對音樂出版的資助也有具體規定：對第一次出版音樂專輯或迷你碟的個人或非盈利機構，一次性資助 1 萬新幣；已出版數張專輯的，資助金額不超過其真實預算的 50%，每年單項資助不超過 5 萬新幣；對營利性機構初次出版音樂專輯或迷你碟的，一次性資助 1 萬新幣，其他資助額度不超過其真實預算的 30%，每年單項資助不超過 5 萬新幣。該項基金資助每年約發放 350 項，每項資助額度在 1,000 新幣到 3 萬新幣之間。

6. 市場與觀眾發展基金（Market and Audience Development）：扶持在國內外為藝術項目發展觀眾、吸引藝術贊助人及支持者的活動。該基金不僅針對藝術家，也針對藝術中介機構，如畫廊、組織者、經理人、出版商等，扶持資金用於幫助新加坡藝術家拓展新觀眾與新市場等。扶植內容包括：（1）市場推廣及觀眾培養項目，包括市場調研、品牌打造、為藝術團隊、藝術公司或某個項目進行市場推廣與媒體宣傳等，包括宣傳材料製作或為贊助商及觀眾提供的輔助材料製作；（2）國際性活動，包括國際巡演或巡展、參加國際藝術節、博覽會、雙年展等、以及媒體及藝術家所參與的各種國際活動；藝術家

參與國際競賽或會議的經費則在「能力發展基金」項目下申請。

7. 能力發展基金（Capability Development Grant）：鼓勵並支持藝術與文化領域的工作者持續提升其專業能力，扶持藝術界接觸並學習不同藝術領域的各種功能與實踐。該項資助可用於參與工作坊、大師班、研討會、會議、駐地計劃和其他各種專業發展及技能培訓項目，時間不超過 12 個月。藝術家還可申請該基金資助其參加專業文憑培訓課程及競賽活動等；機構也可申請此項資助用以派遣僱員、會員等參與各種競賽活動。機構可以申請基金扶持，在工作場所為僱員、會員等組織各種培訓活動，如團隊建設、參與或組織各種實習活動、導師活動等。對個人、非營利機構和營利機構，基金每年分別資助不超過其實際開支的 70%、70% 和 30%，每年最多資助 7.5 萬、7.5 萬和 2 萬新幣。國家藝術理事會意識到培養下一代專業藝術工作者、為其不斷提供學習與專業發展機會的重要性，故十分重視與國內外業界夥伴、專家一起，為新加坡藝術團隊與個人提供領袖能力、機構建設能力及藝術專業能力發展的學習與訓練機會。其對新加坡藝術專業技能發展的扶植主要集中在以下領域：（1）聚焦於教育的藝術實踐，工作對象是社區及青少年，譬如輔助成長與教育等；（2）聚焦於傳統藝術形式、能夠反映新加坡華人、馬來西亞裔和印度裔文化遺產的藝術實踐；（3）視覺藝術策展；（4）文藝出版、編輯、翻譯和創意寫作；（5）技術產品設計、管理及科技藝術；（6）藝術管理；（7）藝術研究、批評與紀錄等。

8. 研究基金（Research Grant）：支持能夠推動文化藝術領域的知識與信息增長的研究，包括對傳統藝術及社區藝術發展實踐的記錄與保存等，個人與團隊每年所獲資助最高不超過 5 萬新幣，機構所獲資助最高不超過 10 萬新幣。

9. 藝術基金（Arts Fund）：為能夠給新加坡人的藝術享受與藝術啟迪提供高質量的表演與展覽活動的藝術家及藝術團隊提供進一步支

持。該基金用於鼓勵藝術團隊更多地與當地社區聯繫，為社區人民提供欣賞和參加各種藝術形式的機會。2018 年度，該基金的總額為 150 萬新幣。申請者可以同時申請國家藝術理事會的其他扶持項目。

10. 傳統藝術保護基金（Traditional Arts Repository）：支持傳統藝術團隊對具有歷史價值、能夠保存新加坡藝術遺產的傳統藝術進行記錄及數字化轉換。成立 10 年以上並且經常舉辦活動的傳統藝術機構才有資格申請該基金。每家機構每年所獲資助額度不超過 2 萬新幣。從 2010 財政年到 2014 財政年年底，新加坡政府對傳統藝術的資助總額將近 1,700 萬元。年度撥款從 2010 年的 110 萬新元，增加到 2014 年的 500 多萬元，增幅將近五倍。目前，新加坡擁有 100 多個活躍的傳統藝術團體，每年提供約 1,400 場藝術表演，佔整個藝術表演的 19%。平均來說，26% 的國家藝術理事會的撥款資助是投放給傳統藝術的。新加坡「國家傳統藝術五年計劃」為傳統藝術的發展提供 2300 萬新幣的資助，包括提升展示與推廣基金對藝術家及藝術團體的支持力度、種子基金對所有傳統藝術機構開放、建立與傳統藝術推廣普及的戰略夥伴關係三項新的資助活動。[23]

此外，新加坡政府每年都為表演藝術、視覺、文學及電影領域的藝術家頒發國家級獎章，以鼓勵他們的成就，包括代表了新加坡最高藝術成就的「文化勳章獎」（Cultural Medallion）及為青年藝術家頒發的「青年藝術家獎」（Young Artist Award），後者的年齡不能超過 35 歲。兩個獎項均由公眾提名候選人名單，由專家組成的評選委員根據評選標準選出最終的獲獎名單。1979 年 3 月由已故總統王鼎昌創建的「文化勳章獎」（Cultural Medallion），獎勵那些在舞蹈、戲劇、音樂、文學、攝影、藝術（1997 年以後增加了電影）等領域取得卓越藝術成果的個人，成立時由新聞、通訊及藝術部頒發，受新

23　New Initiatives To Grow Traditional Arts[EB/OL]. https://www.nac.gov.sg/media-resources/press-releases/New-Initiatives-To-Grow-Traditional-Arts.html，引用日期：2018 年 7 月 21 日。

加坡國家藝術理事會管理，目前由文化、社區與青年部負責頒發。一位藝術家一生只能領取一次文化勳章獎，獎金總額不超過 8 萬新幣；自 2001 年起，獎項規定藝術家需要將獎金用於從事與藝術相關的項目，包括到社區舉辦工作室或展覽、獲獎者進一步深造或參與藝術家駐地項目、為新加坡本地藝術家提供指導、或者是以各種媒介整理與紀錄獲獎者本人或新加坡本地的藝術成就。

　　「藝術安家計劃」（Art Housing Scheme）始於 1985 年，為藝術團體及藝術家提供負擔得起的、可以開展藝術活動的空間。國家藝術理事會貼補房屋的租賃費用，團體只需要支付公用事業費和維護費用。在此計劃的幫助下，在滑鐵盧大街、中國城和小印度形成了由數棟藝術空間大樓形成的「藝術帶」，藝術帶的很多建築物是戰前的廢棄倉庫或舊商店。目前已有 60 多家藝術機構和藝術家被安置在 34 幢建築物中，包括 29 幢單棟住宅、3 幢多租戶的藝術中心、2 幢混合功能大樓。藝術團隊為當地提供了藝術創意的動力，藝術也幫助當地獲得了復興和重生。[24]

　　為了給藝術社區提供更好支持，為藝術家提供可以多元合作的創作環境，增進藝術家和社區交流，2010 年起，國家藝術理事會在新開發的古德曼藝術中心（Goodman Arts Centre）引入了新的「藝術空間框架」，該框架將逐漸取代實施了近 30 年的「藝術房屋計劃」，由委員會屬下的「藝術之家有限公司」（Arts House Limited，AHL）負責運營。該公司作為公共企業成立於 2002 年 12 月，原名「舊議會大廈有限公司」，隸屬於國家藝術理事會；2014 年 3 月正式改名為「藝術之家有限公司」。作為一家非盈利機構，其目標是通過藝術豐富人們的生活。其運營的場所包括「舊國會大廈藝術之

24　New Funding Framework in FY2017 promotes Diversity, Growth and Sustainability of Arts Landscape [EB/OL]. https://www.nac.gov.sg/media-resources/press-releases/MCSG-2017.html，引用日期：2018 年 7 月 21 日。

家」——一家位於新加坡市中心的市政區、由舊國會大廈改造而來、聚焦於文學活動的跨界藝術中心，同時負責管理為藝術家、藝術團隊和創意公司提供「創意飛地」的古德曼藝術中心（Goodman Arts Centre）和艾麗華藝術中心（Aliwal Arts Centre）等。公司積極利用手下的藝術場地打造各種藝術節，包括新加坡國際藝術節、國家藝術理事會委辦的慶祝新加坡表演藝術發展的年度盛典。上述場地的公共空間也對藝術團隊、藝術家和藝術公司開放短期場租服務，供他們舉辦與藝術相關的活動。

（三）政府對民間資源的整合

國家藝術理事會通過舉辦各種活動，力爭在新加坡實現藝術多方面的價值：吸引公眾參與、建設社區、推動青年藝術發展、推動藝術教育、加強能力建設、大力發展公共空間中的藝術等。在與藝術家、企業及社區合作開展各種與藝術有關的活動過程中，國家藝術理事會與諸多社會團體建立了密切聯繫。

新加坡政府認為青少年學生與社群是文化藝術領域最重要的團體，因為他們代表了目前及將來的觀眾、消費者、參與者與創造者。國家藝術理事會通過藝術教育項目（Arts Education Programme）為學校提供組織藝術欣賞活動的資金，學校可以用這筆資金組織學生觀看演出或展覽，也可以請藝術家或藝術團體到學校來創作作品或是舉辦演講，大約有 99% 的學校及 60% 的學生參與了至少一項由國家藝術理事會藝術教育項目所提供的活動。[25]

社區是整個文化生態系統的基礎，對社區藝術的發展，國家藝術理事會主要著眼於以下四個方面：（1）社區作為藝術實踐者與創造者。鼓勵公眾不僅作為觀眾，而且作為參與者和創造者，與文化遺產

25　任明：〈新加坡二十一世紀以來城市文化發展觀測〉，《上海文化》2014 年第 5 期。

領域的專家們一起，打造具有特色的社區藝術，以反映社區的身份與遺產，探討社區問題，並加強社區間的聯繫。（2）針對具有不同需求的社群舉辦各種活動，譬如低收入家庭、年輕人、老年人、具有特殊需要的群體或處於危險邊緣的個體等。（3）社區藝術人才的專業發展。以社區為基礎的文化藝術群體大多處於業餘愛好者或是半專業水平，國家藝術理事會將為他們提供更多提升及展示他們藝術才華的機會，爭取使其中一些團體可以成長為為新加坡爭光的專業團體。（4）積極鼓勵創新獨特的街區藝術項目。

為實現上述目標，國家藝術理事會推出「為所有人的藝術」社區參與計劃（Arts for All Community Engagement Plan），通過提供「社區參與基金」（Community Participation Grant），扶植為社區帶來益處的、由社區發起的文化藝術項目。2014 年 5 月，文化、社區及青年部宣佈投入 500 萬新幣建設社區藝術中心，使新加坡人能在未來 3 年間，就近接觸到近 2,300 種不同藝術活動，並宣佈於 2025 年前，在全島建設 25 個社區藝術中心。

此外，新加坡政府還通過各種手段推動民間資源參與到文化藝術環境營造及遺產保護中去。「藝術抵達」（Art Reach）是文化、社區與青年部和國家藝術理事會以藝術為手段對社會不平等進行干預及推動社區復興的項目。該項目通過扶持藝術家及志願者性質的社會福利組織，合作開展通過藝術實現社會干預的項目，譬如挽救在犯罪邊緣的青少年、團結社區中的孤獨老人、為來自貧困家庭的兒童提供自我表達的機會等。「我們關心」基金是國家藝術理事會與「人民聯盟」（the People's Association）合作成立的基金，由新加坡的五個社區發展委員會運營管理，該基金的目標是為社會救濟受益人提供接觸藝術的機會。社會工作志願者組織可以利用此項基金，與藝術家合作發展滿足其援助對象需要與興趣的互動性藝術工作室，包括表演、視覺、文學或多媒體等各種形式。

2013 年 11 月，新加坡文化、社區及青年部宣佈啟動一項「文化配比基金」（Cultural Matching Fund），劃撥 2 億新幣，鼓勵私人及企業對藝術和遺產部門捐款。該基金將為私人及企業對文化部門的現金捐贈提供等額的配比撥款，且不設最低捐款限制，但只有藝術和遺產類的慈善機構才有資格獲得基金的配額撥款。文化、社區及青年部表示，每年收到配比撥款額不到 30 萬新幣的機構可以靈活支配捐贈資金，有申請資格的機構中約有 90% 屬這一類型；而每年收到配比撥款額超過 30 萬新幣的機構，則必須把資金用於可持續發展類項目，如業務發展、培訓和研究等，此類機構包括新加坡濱海藝術中心、新加坡交響樂團等。每個機構劃撥配額撥款的上限是 1,000 萬新幣。[26]2015 年 9 月開始，配比基金由 1,000 萬元頂限提高到 1,500萬元。即每個組織或機構所籌款額在「配比」後，最高可達 3,000 萬元。比如，2017 年揭幕的新加坡華族文化中心，籌建期間，當地華人籌募超過 2,900 萬新元，中心以此獲得「文化配比基金」撥款 1,500萬新元。[27] 新加坡文化、社區及青年部希望通過這項措施，確保中小型機構也能從中受益。以 2016 年 12 月為例，有 80 多家公共性質的文化機構獲得了文化配比基金的配額。2017 年，該配額基金的撥放額度達到 1.5 億新幣。在沒有推出「文化配比基金」以前，2012 年和2013 年新加坡企業與私人部門對文化領域的捐贈分別為 2,870 萬、2,970 萬新幣，推出配比基金以後，2014 和 2015 年企業與私人部門對文化藝術領域的捐贈分別達到 5,520 萬和 1.49 億新幣，拉動效果十分顯著。[28]

26　鄭茜：〈新加坡文化配比基金鼓勵私人捐贈〉，《中國文化報》2013 年 12 月 6 日。

27　李婉珺：〈2017 年新加坡文化發展報告〉，載劉志強等主編：《東盟文化發展報告（2018）》，北京：社會科學文獻出版社 2018 年版，第 51 頁。

28　National Arts Council Annual Report FY 2016/2017 [EB/OL]. https://www.nac.gov.sg/media-resources/annual-reports/annual-report-2016-2017.html，引用日期：2018 年 8 月 10 日。

三、藝術贊助獎及藝術捐贈減稅政策

　　對新加坡實現全球城市目標來說，僅有政府的財政資助是不夠的，成熟的文化領域需要建立一個同時包括私人領域與公共領域的經濟模式。在新加坡，包括企業贊助在內的私人投入平均每年在 4000 萬新幣左右，大約佔每年投入文化藝術領域運作資金的 25%，但如果加上文化領域的基礎設施建設開支，私人部門投入所佔比例就低得多 [29]。為推動文化藝術的長期可持續發展，新加坡政府始終積極鼓勵企業和個人對藝術進行贊助，並於 1983 年設立藝術贊助獎（Patron of the Arts，POA），獎勵那些在過去一年中以金錢或實物支持藝術創作和發展的團體和個人。每年由國家藝術理事會頒發的「藝術贊助獎」，按企業與個人劃分，各分為三個等級：對企業來說，「卓越藝術贊助獎」頒發給年贊助 150 萬新幣及以上的企業；「藝術贊助人獎」頒發給年贊助 30 至 150 萬新幣之間的企業；「藝術之友獎」頒發給年贊助 5 至 30 萬新幣之間的企業；對個人來說，獲得「卓越藝術贊助獎」的標準為年贊助 10 萬新幣及以上；獲得「藝術贊助人獎」的標準為年贊助 5 至 10 萬新幣之間；獲得「藝術之友獎」的標準為年贊助 1 至 5 萬新幣之間。[30] 新加坡報業控股基金連續 20 多年獲得最高殊榮。2016 年，新加坡藝術部門獲得來自 118 家機構和 186 位個人，共計 6,480 萬新幣的捐贈，其中 4,420 萬為現金捐贈，2,060 萬為實物捐贈；個人捐款為 1,940 萬新幣，比上一年增長了兩倍多。[31]2018 年 7 月 4 日，新加坡文化、社區與青年部部長為 2017 年的 302 名藝術

29　Renaissance City Plan3, 2008 [EB/OL]. https://www.nac.gov.sg/dam/jcr:18cf2883-7907-4938-9931-384333e210ce，引用日期：2018 年 7 月 21 日。

30　Ministry of Culture, Community and Youth [EB/OL]. https://www.mccy.gov.sg，引用日期：2018 年 8 月 10 日。

31　Ministry of Culture, Community and Youth, Singapore, Cultural Statistics 2017 [EB/OL]. https://www.nac.gov.sg/whatwedo/support/research/Research-Main-Page/Arts-Statistics-and-Studies/Statistics/sg-cultural-statictics.html，引用日期：2018 年 7 月 21 日。

捐贈人進行了頒獎，包括 104 家企業及機構捐贈者、198 名個人捐贈者；2017 年新加坡企業與個人對藝術的捐贈總額為 5,160 萬新幣，現金捐贈為 3,710 萬新幣，實物捐贈價值 1,450 萬新幣。2017 年有 80 多位來自各界的新的捐助者，其中企業界對藝術的捐贈呈現多方參與的態勢，獲獎者包括葬禮服務公司、電器公司、跨國汽車公司及中小型企業等。[32] 藝術贊助獲得減稅實惠並非贊助者唯一動機，榮譽感也是其中極為重要的因素。

連續 20 多年獲得企業「卓越藝術贊助獎」的新加坡報業控股集團於 2003 年成立基金會，並於 2011 年推出專門用於文化藝術領域的藝術基金，自成立以來已經為新加坡藝術領域捐獻 800 萬新幣。基金會在文化藝術領域的目標是致力於打造推動創意與文學表達的充滿活力的環境。新加坡報業控股集團（SPH）基金會所贊助的 "SPH 音樂禮物" 音樂會系列，自 2005 年推出以來一直為新加坡觀眾提供免費的音樂欣賞活動，在市中心、公園、購物中心等地舉行免費音樂，同時也為新加坡各交響樂團及音樂團隊的人才提供了展示才能的機會。此外，凡是經過國家藝術理事會認可的新加坡藝術團隊，都可以為演出向報業控股集團申請票務贊助經費，用該經費所購買的演出票，可以發放給表演團隊所指定的慈善機構。這一舉措既為名聲不夠響亮的表演團隊提供了更多與不同觀眾接觸的機會，也為經濟困難、沒錢買票觀看演出的群體提供了觀看演出的機會。[33]

在政府的支持與鼓勵下，新加坡的各種社會公益組織，如新加坡中華語言和文化基金會、亞太釀酒基金會、新加坡聯合拍賣藝術品基金會、新加坡國際藝術青年交流基金會、南洋美術基金會等，

32　Help Fill our World with the Arts, National Arts Council Singapore[EB/OL]. https://www.nac.gov.sg/whatwedo/championing-the-arts/arts-philanthropy/A-World-Filled-with-the-Arts.html，引用日期：2018 年 8 月 10 日。

33　Singapore Press Holdings Foundation [EB/OL]. http://www.sphfoundation.org.sg，引用日期：2018 年 8 月 10 日。

都積極參與到新加坡文化藝術活動的傳播與發展之中。新加坡楊秀桃音樂學院，分別於 2003 年、2008 年接受楊路林信託基金每筆金額為 2,500 萬新幣的捐款，作為新加坡第一所音樂學院，學院的發展從私人部門得到了很大的資金保障，也獲得新加坡教育部等配套基金的支持 [34]。創立於 2008 年的亞太釀酒基金會「特出藝術獎」（APB Foundation Signature Art Prize），由亞太釀酒基金會和新加坡美術館聯合舉辦，亞太釀酒基金會承諾為 2008-2020 年間舉辦的五屆特出藝術獎，提供總額高達 475 萬新幣的獎金及活動經費。該獎項三年一度，由國際評審選出當代藝術大獎，旨在從亞太地區知名和新興藝術家中遴選出最傑出的當代藝術創作，目前已成為亞太地區的藝術盛事。2014 年，來自泰國、韓國、巴基斯坦、新西蘭、日本、中國、印尼、越南、澳大利亞、印度、孟加拉國、新加坡等 24 個國家和地區的共 104 件作品入圍該獎；2018 年的獎項，有來自亞太和中亞地區的 46 個國家的 113 件藝術作品獲得提名，其中五件作品來自新加坡；進入最終入選名單的 15 件作品，於 2018 年 5 月 25 日-9 月 2 日在新加坡國家博物館舉行入選作品展。2018 年該獎項的總價值為 10 萬新幣，其中 6 萬新幣頒給頭獎獲得者，另外 3 萬新幣分別頒給兩名「評審團選擇獎」獲得者，餘下 1 萬作為「人民選擇獎」，頒給現場獲得觀眾最高投票的作品。[35]

　　新加坡政府不僅通過「文化配比基金」為企業與個人捐款提供等額撥款，以擴大社會捐款的效益與影響力，還通過各種減稅政策推動企業與個人對藝術的捐贈熱情。新加坡國稅局規定，從 2006 年

34　新加坡楊秀桃音樂學院是在新加坡國立大學裏面的一個音樂學院，於 2001 年開始興建，是新加坡第一所音樂學院。楊路林信託基金 2003 年向該學院捐贈了第一筆 2500 萬新幣，學院建成以後以其女兒、音樂教育家楊秀桃命名。https://www.ystmusic.nus.edu.sg/history/，引用日期：2018 年 8 月 10 日。

35　Asia Pacific Breweries Signature Art Prize 2018[EB/OL]. https://sagg.info/event/asia-pacific-breweries-signature-art-prize-2018/，引用日期：2018 年 8 月 10 日。

4 月 1 日起，企業及個人對公共空間藝術展示及維護提供捐款或者是向具有一定資質的博物館捐贈藝術作品，可以獲得捐贈價值 2.5-3 倍的稅收減免額度。[36] 根據此政策，2018 年對新加坡美術館進行捐贈的亞太釀酒基金會、星橋騰愛心基金 (Ascendas-Singbridge Gives Foundation)、德意志銀行和擁有 90 年建築歷史的新加坡富勒頓酒店都可以獲得價值捐贈款項 250% 的稅收減免。創立於 2012 年的星橋騰愛心基金贊助了新加坡美術館的 2018 總理青年人才大展，以及一項新的社區項目——Touch Collection—Singapore Edition。

《商業時報》的藝術新苗基金（The Business Times Budding Artists Fund, BT BAF），認為無論來自什麼家庭背景的兒童，都應該享有追求藝術的機會。該基金為 5-19 歲、家庭經濟條件困難的兒童與青少年提供接觸藝術及發掘個人藝術才能的機會。從 2004 年基金成立以來，已有 16000 多名兒童與青少年受益於基金會所提供的各項藝術活動 [37]。基金會所成立的「小小藝術學院」（The Little Arts Academy）擁有三座校園，分別為兒童和青少年提供免費的藝術教育與培訓。濱海灣金沙酒店集團也是該項目的長期贊助者。濱海灣金沙酒店集團自 2012 年以來，連續 6 年獲得新加坡政府頒發的企業「卓越藝術贊助獎」。其旗下的濱海灣金沙藝術科學博物館，是新加坡的地標性建築，共設有 21 個展覽空間，目標是探索藝術、科學、文化與科技的結合，開業以來與世界各地的著名展館聯合舉辦過達芬奇、達利、安迪‧沃霍爾、梵高、M.C. 艾雪等著名藝術家的藝術大展，以及大數據、海洋生物、天體物理等各種展覽，此外還提供教育、表演、放映等各種活動，成為企業積極參與新加坡文化景觀打造的典範。

36　Deductions for Individuals (Reliefs, Expenses, Donations)[EB/OL]. https://www.iras.gov.sg/IRASHome/Individuals/Locals/Working-Out-Your-Taxes/Deductions-for-Individuals/Donations/，引用日期：2018 年 8 月 10 日。

37　The Business Times Budding Artists Fund，http://baf.sg/，引用日期：2018 年 8 月 10 日。

新加坡關於藝術贊助獎及藝術捐贈減稅等制度安排，激勵了藝術投資、公共收藏和藝術贊助行為，企業或個人捐贈給博物館藝術作品或向藝術項目提供贊助都能獲得某種減稅鼓勵。這一運作機制不僅擴大了藝術消費人口，而且也拓展了整個社會的文化藝術空間，是將藝術大眾化、民主化的重要手段。

四、新加坡文化藝術資助政策的反思與啟示

新加坡文化政策呈現政府主導的模式，政策制定執行具有自上而下的典型特徵。儘管政府投入了大量財政資金建設文化藝術基礎設施及軟環境，在調動社會力量、整合民間資源、集聚創意人才方面也出台了一些行之有效的激勵政策。但新加坡在文化資源存量、藝術集聚的空間資源，及國內藝術消費的需求規模等方面的局限性，對其創意競爭優勢的形成還是有制約影響的。[38] 今後，新加坡亟需處理好社會文化積澱及全球流動性資源的平衡及互動關係。從經濟領域表現來看，2014 年、2015 年、2016 年新加坡藝術、娛樂與休閒產業（Arts, Entertainment & Recreation）的實際增長分別為 3.2%、-6%、-2%[39]；同期，新加坡實際 GDP 同比增幅分別為 3.6%、1.9%、2.0%[40]。新加坡以文化藝術投入為手段，未能達致拉動經濟收益提升的目標，顯然與「全球藝術之都」國家預設形象也有一定差距。經濟發展背後的影

38　錢志中：〈「全球藝術之都」：新加坡創意產業發展戰略檢討〉，《江蘇社會科學》2016 年第 6 期。

39　2017 年新加坡經濟調查數據中未顯示藝術、娛樂與休閒產業的實際增長值。參見新加坡貿易與工業部官網 https://www.mti.gov.sg，其他數據分別來源：Economic Survey of Singapore 2014, p.69[EB/OL]. https://www.mti.gov.sg/ResearchRoom/SiteAssets/Pages/Economic-Survey-of-Singapore-2014/FullReport_AES2014.pdf；Economic Survey of Singapore 2015, p.75 [EB/OL]. https://www.mti.gov.sg/ResearchRoom/SiteAssets/Pages/Economic-Survey-of-Singapore-2015/FullReport_AES2015.pdf；Economic Survey of Singapore 2016, p.75 [EB/OL]. https://www.mti.gov.sg/ResearchRoom/SiteAssets/Pages/Economic-Survey-of-Singapore-2016/FullReport_AES2016.pdf，引用日期：2018 年 9 月 29 日。

40　新加坡統計局 2017 年 2 月 17 日發佈。參見新加坡統計局官網：https://www.singstat.gov.sg。

響因素是複雜的，很難以獨木力挽全局。之前歐盟委員會對歐洲29個文化城市的評估已經證明：通過公共文化的巨大投入刺激後工業城市經濟增長、促進城市再生的目標基本是失敗的。有學者反思新加坡政府僅在文化領域投入巨大資源是不夠的，更重要的是要與其他方面——政治、經濟、社會等建設的協同發展，只有建立了良性循環才能驅動國家的可持續發展。[41] 李歐梵認為政府的文化政策和民間社會的文化空間成負比關係，政策愈多，空間愈少。他認為亞洲華人地區中最沒有活力的地方是新加坡，因為過度制度化和嚴密程序往往導致一般市民的文化生活受到過多的建制之累，失去其自動自發性，社會文化活力也受到極大影響。[42] 事實上任何文化政策都不是一成不變的，它始終處於公共政策干預、回應社會需求（包括市場運作邏輯及公民社會訴求），及權力的制約與平衡過程之中。

新加坡政府及相關機構根據國家文化建設的發展及民眾的需要、潛力，不斷調整文化藝術資助策略及資助重點。因應藝術從業者結構的變化、藝術新興市場的興起、新藝術形式的出現及藝術觀眾和社區的變化，政府文化藝術領域的整體投入呈現出一條從鼓勵人才與團隊發展，到側重創意產業發展，到回歸社會文化建設的軌跡。國家藝術理事會從 2011 年開始謀劃，與藝術家、藝術團體進行多次研討後，於 2013 年正式出台了新的資助架構，以更加靈活的方式滿足被資助者的需求：對新的藝術形式更加包容、惠及更多藝術團體（甚至包括營利性機構）、延長藝術資助時間（從原有的一到兩年延長至三年）、撥款上綫有所提高（從批准合格成本的 30% 提高到 50%），

41　錢志中：〈文化工具主義與當代英國文化政策的實施效果評價〉，《江蘇社會科學》2015 年第 4
　　期；錢志中：〈「全球藝術之都」：新加坡創意產業發展戰略檢討〉，《江蘇社會科學》2016 年第
　　6 期。

42　李歐梵：〈文化政策與人文空間〉，載《尋回香港文化》，桂林：廣西師範大學出版社 2003 年版，
　　第 93 頁。

等等。[43] 新資助框架注重對藝術市場和觀眾的培植，體現了資助機構更加關注如何增強藝術家及藝術團體的競爭力和自立能力建設。學界及媒體對新加坡政府藝術政策——偏向於實用及商業考量，忽視學術體系發展——一直持有不少批評意見。這與新加坡藝術教育基礎薄弱有關。新加坡於 2001 年才在國立大學內成立了第一所音樂學院——楊秀桃音樂學院。其他還有應付市場需求成立的南洋藝術學院、新加坡拉薩爾藝術學院、新加坡萊佛士藝術設計學院等。雖然政府逐漸意識到鼓勵創意過程的重要性，但因其學術體系薄弱，導致各種創意過程難以形成學術性積澱及教育化推廣。為了彌補這一欠缺，新加坡政府有意在 2008 年設立了「藝術創作基金」資助藝術創意創新發展。藝術學術體系的建設與研究積累，對於藝術的可持續發展來說，仍是尤為重要的關鍵環節，僅僅依靠項目資助是很難建立根基的。

　　作為英聯邦國家之一，新加坡的法律體系承襲英美法系框架。但在發達國家之中，新加坡又是對於言論自由表達、公共空間秩序審查最嚴厲的國家。新加坡政府針對藝術的審查常常成為爭議性話題，被認為是不相信藝術家的責任感及觀眾的判斷力。也有人批評新加坡社會缺少自由隨意的空間及文化彈性的尺度，導致在這裏自由、開放、活躍的創作空間受到壓抑。嚴格的監察制度與苛刻的空間限制阻礙了藝術表達。[44]2014 年《公共娛樂和集會法案》（Public Entertainment and Meeting Act）公佈後，藝術家們為法案中無數的懲罰性措施和警告而擔心。藝術從業者為確保遵守權威的分類準則，必須對新加坡媒體發展管理局（Media Development Authority，MDA）的內容評估標準十分清楚。可是，藝術家未必認同將自己的

43　岳曉英：〈資助藝術國際傳播與塑造國家形象——新加坡的經驗〉，《東南亞南亞研究》2016 年第 4 期。

44　Darryl Wee, Countries Singapore, ALMANAC 2013[EB/OL]. http://artasiapacific.com/Magazine/Almanac2013/Singapore/Zh，引用日期：2018 年 9 月 30 日。

作品納入分類中「不適合年輕觀眾」，或者「R18」（即僅限於 18 歲及上人士）及最嚴格的「不允許評級」。藝術家認為這是迫使他們站在官方角度去看待問題。而藝術的創新價值之一就是能夠站在非常規的角度發現問題。依據法案，沒有得到合適分類的藝術作品將會招致 5000 新加坡元罰款，甚至有可能被吊銷執照。[45]2017 年為制止業者利用公共娛樂場所進行非法活動，以及阻止不當業者走法律漏洞等，新加坡政府又再次修訂了《公共娛樂與集會法案》，更嚴格監管業者，同時提高相關刑罰。藝術公共干預中「支持」和「審查制度」之間的矛盾，在新加坡藝術實踐與文化政策中較為凸顯，如何化解並轉化成為積極因素還需要各方面人員的溝通與互動。

　　新加坡政府十分注重文化藝術政策制定的科學性及適用性，階段性評估政策實施的效果並作出調整。作為公共資助者（public funder）的國家藝術理事會，設立了專門的藝術研究機構，定期發佈相關文化統計數據；並積極與其他非政府智庫、學術機構以及統計組織合作，開展聚焦藝術與文化方面的研究項目。為了有更開闊的國際視野，國家藝術理事會還積極審議其他國家實施的與藝術相關的政策和法規，分析它們是否符合本地藝術產業的發展需要；並利用海外機構和智庫的研究成果，考慮在地實施的可行性，確定本國文化藝術發展框架下優先事項、分配資金及需要執行的新措施。[46] 因此，「與時俱進」是新加坡藝術資助政策的顯著特徵。為了避免藝術團體 / 機構對政府財政資金依賴性過強，新加坡政府積極推動文化慈善事業，鼓勵私人贊助並將貢獻精神與新加坡精神相結合加以推廣；完善現有獲得認可的措施——藝術贊助獎；發展贊助中介類機構並組織各種工作坊及研討會、宣傳活動以提升藝術機構籌資能力；幫助商業機構深

45　朱潔樹：〈新加坡藝術政策：不遺餘力使其融入生活〉，《東方早報》2014 年 9 月 3 日。

46　薛菁華：〈新加坡《藝術發展計劃》〉，2015 年 5 月 29 日，上海情報服務平台：http://www.istis.sh.cn/list/list.aspx?id=8576，引用日期：2018 年 9 月 30 日。

化對藝術行銷的理解及在企業發展中的運用。許多獲得藝術贊助獎的商業機構都指出支持藝術是他們企業文化的重要組成部分，藝術贊助行為不僅有助於提升企業形象和品牌塑造；而且也是企業履行社會責任的重要方式，通過藝術實踐來思考並解決社會問題有助於化解社會矛盾。同時，將藝術行銷與商業營銷相結合為企業帶來經濟收益，已被許多實證研究結果證明是有效的，越來越多的新加坡企業也正在認識到這點。

　　文化藝術領域是受新冠疫情衝擊程度最大的行業之一。據最新統計數據顯示，2020 年受疫情影響，新加坡文化藝術活動的觀眾人數急劇下降。不售票的文化藝術活動出席人數下降為 2019 年的 32%（2020 年為 440 萬人次，2019 年為 1,360 萬人次）；售票表演活動的觀眾人數僅佔 2019 年的 9%（2020 年為 18 萬人次，2019 年為近 200 萬人次）；博物館委員會（包括五十幾家公共和私人博物館及遺產展示廳）成員單位的參觀人數下降為 2019 年的 32%（2020 年 310 萬人次，2019 年 960 萬人次）。[47] 新加坡政府在實施紓困救助措施的同時，致力於加強文化與藝術生態系統的可持續性。2020 年新加坡政府通過追加預算案，撥款 5,500 萬新元設立文化藝術堅韌配套（The Arts and Culture Resilience Package，ACRP），資助藝術與文化領域，2021 年政府再注入 2,000 萬新元。獲得幫助的文化藝術機構有 900 多家，資助方式有：機構運營津貼、場地租用補貼，還有涉及能力提升和數字轉型的補助，鼓勵面向後疫情時代的長期能力培養。ACRP 也為文化藝術界的自由職業者提供了 2,500 個左右的工作和培訓機會，並提供可申請的津貼。新加坡政府將數字化作為文化藝術領域當下和未來的主要賦能工具。2020 年推出的「數字化提升基金」，幫助文化藝術領域發展數字呈現的新技能。2022 年推出的「藝術和文化數

47　藝術與遺產統計和出版物，https://www.mccy.gov.sg/about-us/news-and-resources/statistics/2022/Mar/Arts-Heritage-statistics-and-publications，訪問日期：2022 年 5 月 18 日。

字路綫圖」（Arts and Culture Digital Roadmap）項目，進一步促進藝術和文化生態系統中數字化採用——數字化呈現、數字技能發展及數字化解決方案。ACRP 扶持了 1,500 多個數字化項目，在疫情期間為公眾提供了數字開放通道和文化娛樂產品。以 2020 年推出的新加坡青年藝術節為例，新加坡學校和社會上的藝術項目均持續以現場、在綫及兩者結合的混合模式展開。2022 年 1 月，新加坡文化、社區和青年部決定在 ACRP 結束後，繼續投入 1,200 萬新元支持疫情期間的優秀項目。[48] 疫情已持續兩年多，文化藝術領域需要適應可能會長期存在的新的常態。新加坡文化、社區和青年部正在努力使全體民眾可以在疫情期間繼續參與文化藝術活動，同時留住文化藝術領域的人才。政府積極與文化藝術界合作，重新佈局可能的發展方向，為新加坡打造一個富有韌性、可持續發展、迎向未來的文化與藝術生態系統。

48　新加坡文化、社區和青年部網站 https://www.mccy.gov.sg，訪問日期：2022 年 5 月 18 日。

後 記

　　2003 年我入職由國家文化部和深圳市文化局聯合創辦的研究機構——深圳市特區文化研究中心，從事公共文化政策研究工作的同時，開始介入「上海‧台北‧香港‧深圳城市文化交流會議」行政工作至 2009 年。期間參加過在深舉辦的粵港澳文化合作會議行政工作。2010 年我調入深圳市社會科學院文化研究所工作至今，曾參與深圳市政府相關機構的智庫研究：深港文化合作專題、深圳與香港文化創意產業發展報告、全球創業觀察：深圳和香港研究等。這些經歷是我從事香港研究的起點。

　　這部書稿是在我的博士論文基礎上補充研究、修改而成的。2017 年開始啟動，2020 年完成初稿，由於受疫情影響無法前往香港，故此後斷斷續續做了些文本上的補充研究。2020 年以來，根據黨中央關於健全中央依照憲法和基本法對特別行政區行使全面管治權決策部署，全國人大及其常委會通過有關決定、制定香港國安法、修改完善香港特別行政區選舉制度，這些為「愛國者治港」提供了堅實的制度支撐，香港得以進入由亂到治的關鍵期。港澳制度也進入重要創新發展階段。當前亟需從學術理論上探討和解決香港長期積累的深層次問題和文化體制機制運行問題，並不斷提升特區政府文化治理能力和水平。本書的研究即是一種嘗試。

　　感謝我的博士生導師張江教授對這項研究予以了肯定和期許。感謝我的博士生導師劉洪一教授，是他的一再鼓勵和支持，使我下定決心研究香港問題，並將研究重心從公共文化政策研究拓展到身份認

同問題論域，也一併涉及香港文化領域制度問題探討。我在參與導師主持的國家社科基金重大項目——「一國兩制」新形勢下香港青年國家認同問題及其對策研究——過程中，獲得許多跨學科學習研討的機會，這對深入研究內容，拓展研究思維多有助益。感戴恩師惠我良多，以智慧書啟蒙人生修為之道。感謝吳予敏教授，他是我的碩士研究生導師，得益於他二十多年來的諄諄教誨，正是他的博學睿智和求真尚實，引導我步入學術道路。感謝鄒平學教授認可這項研究，並同意將這本著作納入其主編的「港澳制度研究叢書」，我深感榮幸。感謝導師組張政文教授最初給予的鼓勵和研究建議；感謝導師組高建平研究員、李鳳亮教授悉心審閱博士論文篇章，不僅指出錯處，還提出了積極的建議和尖銳的批評，幫助我一步步完善研究。感謝趙培傑教授、張曉紅教授、周建新教授、李健教授等，在兩次開題期間給予研究內容方面的意見和建議。衷心感謝博士論文五位匿名評閱專家的細心評閱，衷心感謝七位答辯委員會評委：黨聖元研究員、張政文教授、高建平研究員、陳曉明教授、王寧教授、李春青教授、劉成紀教授給予的肯定和鼓勵，他們提出了不少切中肯綮的建議。感謝王為理研究員、毛少瑩研究員、周笑冰教授、楊立青研究員、田歡副教授就相關內容時常與我交換觀點。感謝《深港書評》的創刊主編莊向陽先生、海天出版社副社長魏甫華先生，撥出私人寶貴時間，審閱書稿並給予了修改意見和批評。儘管我沒有專門為本書的研究進行大量採訪，但亦借各種機會收集了許多有用的綫索和資料。感謝研究起步時金敏華先生、張志和先生接受訪談，尤其金敏華先生為我提供了許多幫助。感謝其他慷慨接受我諮詢並與我探討各種細節問題的多位師友。感謝深圳市社會科學院及楊建副院長對我學術研究的支持和幫助。感謝任明副研究員、宋陽副研究員，她們參與我主持的國家社會科學基金課題，獻智助力，與我亦友亦師，本書附錄中台灣地區及新加坡案例研究歸功於她們的努力。感謝香港攝影家文化交流協會主席

羅定明先生授權使用三幅攝影作品，為拙著增色不少。感謝香港中國旅遊出版社張磊先生給予的友情幫助。尤其要感謝的是陳敏女士在整個研究過程中所予我的必要的輔助。書中的一些內容曾在學術會議和學術期刊上發表，承蒙李康化教授、鄭崇選研究員、周映希編審、馬明編審、吳福平研究員等指教。

感謝周怡教授、趙稀方研究員給予的學術啟迪。在此，我還要感謝彭立勳教授、溫憲元研究員、烏蘭察夫教授一直以來的關切和扶助，前輩學者的熱情鼓勵和支持，是我完成這本著作的精神動力。感謝三聯書店（香港）有限公司周建華總編的信任和抬愛，感謝責任編輯李斌老師嚴謹認真，對本書的編校頗費心力，他細緻高效地推進出版工作，讓人感動。

限於學識才力，這本著作還存在不少不盡人意之處，筆者願意承擔此文責。並在此拋磚引玉，以就正於方家。

任 珺

2022 年 5 月 26 日

於深圳梅林

策劃編輯	李　斌
責任編輯	龍　田
書籍設計	道　轍

港澳制度研究叢書

主　　編　　鄒平學

書　　名	**身份認同與香港文化政策研究**
著　　者	任　珺
出　　版	三聯書店（香港）有限公司
	香港北角英皇道 499 號北角工業大廈 20 樓
	Joint Publishing (H.K.) Co., Ltd.
	20/F., North Point Industrial Building,
	499 King's Road, North Point, Hong Kong
香港發行	香港聯合書刊物流有限公司
	香港新界荃灣德士古道 220-248 號 16 樓
印　　刷	美雅印刷製本有限公司
	香港九龍觀塘榮業街 6 號 4 樓 A 室
版　　次	2022 年 12 月香港第一版第一次印刷
	2024 年 6 月香港第一版第二次印刷
規　　格	16 開（170 mm × 240 mm）416 面
國際書號	ISBN　978-962-04-5122-5

© 2022 Joint Publishing (H.K.) Co., Ltd.

Published & Printed in Hong Kong, China.